für die kompliziertesten Esser der Welt... ich habe Euch lieb!

... und ja, es stimmt: vermutlich bin ich nur so kreativ, weil ihr so kompliziert seid...

Impressum

Unser Service für Sie:

Wenn Sie Fragen zu den Rezepten in diesem Buch haben, schreiben Sie bitte einfach eine Mail an kristina@koch-atlas.de oder rufen Sie uns an. Wir helfen gerne weiter!

Thermomix® ist eine eingetragene Marke der Firma Vorwerk® in Wuppertal. Alle Rezepte in diesem Buch werden mit dem Thermomix® TM 31 zubereitet und sind mit dieser Maschine getestet. Sie interessieren sich für ein solches Gerät? Informieren Sie sich bitte unter www.thermomix.de.

Printed in Germany

ISBN: 978-3-944786-00-1

1. Auflage: September 2013

verantwortlich für Inhalt und Druck
Rezeptverlag „Koch-Atlas von Kristina Wedi“
Thomas Ravenberg e.K.
Poggenpohl 38
D-48282 Emsdetten
Telefon: +49 25 72 / 8 91 39
Fax-Nr. +49 25 72 / 95 89 97
kristina@koch-atlas.de
www.koch-atlas.de

Kristina WEDI

Inhaltsverzeichnis

mit Fisch und Meeresfrüchten

lecker vegetarisch

Eintöpfe & Suppen

mit Fleisch

mit Fisch und Meeresfrüchten

vegetarisch

All inclusive aus dem Ofen

mit Fleisch

mit Fisch & Meeresfrüchten

mit viel gutem Gemüse!

„Sattmacher"-SALATE

mit Fleisch

mit Fisch & Meeresfrüchten

Grundrezepte zum Abwandeln & vegetarisch!

Süßes zum Sattwerden

Hauptrollen auf dem Teller

mit Fleisch

mit Fisch

vegetarisch

Vorspeisen, Süppchen & Party-Food

lecker vegetarisch

mit Fleisch

mit Fisch & Meeresfrüchten

Beilagen

vegetarisch

Pasta-Saucen

vegetarisch

mit Fleisch

mit Fisch & Meeresfrüchten

Saucen

vegetarisch

Salat-Dressing

Bedienungsanleitung für den Koch-Atlas

So finden Sie im Koch-Atlas genau was Sie suchen:

Ist auf der Seite ein

roter Rand: die Rezepte enthalten Fleisch

grüner Rand: die Rezepte sind vegetarisch (aber evtl. mit Angaben, wie Sie sie mit Fleisch und Fisch anreichern können)

blauer Rand: Rezepte mit Fisch und Meeresfrüchten

gelber Rand: Orientierungsseiten: Inhaltsverzeichnis, Zutatenindex (am Ende des Buches)

lila Rand: Tipps und Tricks im Umgang mit dem TM 31

Finden Sie das passende Gericht mit dem super-ausführlichen **Zutatenindex** (hinten im Buch, gelber Rand): Wenn Sie noch eine bestimmte Zutat „auf Lager" haben, schauen Sie einfach im Zutaten- und Rezeptregister nach, was Sie alles damit kochen können: nicht nur die Seitenzahl, sondern auch den Namen des Rezepts!

AI-Menü heißt „All-Inclusive-Menü" - ein komplettes Hauptgericht mit allem, was dazu gehört! (Hier sagen wir auch „westfälische Dreifaltigkeit" mit Fleisch, Fisch oder einer vegetarischen Hauptrolle mit Sättigungsbeilage und Gemüse...)

low fat heißt, dass dieses Rezept auch im Rahmen einer kalorienreduzierten Ernährung geeignet ist, da der Fettgehalt bei gutem Geschmack möglichst niedrig gehalten ist.

Eiweißgericht bedeutet, dass das Gericht im Rahmen einer Kohlehydrat-reduzierten Ernährung geeignet ist.

glutenfreie Rezepte sind speziell gekennzeichnet (bei Zöliakie).

„Reste-Fest" heißt, dass hier häufig anfallende Reste verarbeitet werden. Wenn Sie z.B. ein Rezept für Brot- oder Eiweißreste suchen, finden Sie es so schneller wieder (auch im Zutatenindex finden Sie die Angabe als „Reste-Fest") oder bei der entsprechenden Zutat.

Übrigens: das Wort „**Dampfgaren**" bezeichnet die „höchste Kochstufe" für konstante „mehr als 100°C"-Power. Stellen Sie auf Ihrem Wundertopf einfach „Varoma" ein. Das ist nämlich mehr oder weniger die Übersetzung für **V**apeur (= Dampf) und **Aroma**.

Die Rezepte sind üblicherweise für **4 Personen** berechnet. Ansonsten steht's dabei. Bei Backwaren gilt die 4-Personen-Regel aber nicht. Bitte beachten Sie dann die Tipps.

Wenn Sie **informiert** werden möchten, sobald mein **nächstes Kochbuch** oder mein nächster Koch-Atlas fertig ist, können Sie sich bei mir „registrieren" lassen. Als registrierter Kunde erhalten Sie unverbindliche Informationen bei Neuerscheinungen und besonders günstige Angebote für Ihren nächsten Einkauf. Schreiben Sie mir hierzu **Ihre Meinung** auf dem beigefügten Bogen. Schließlich habe ich den Koch-Atlas für Sie gemacht - und er soll **nach Ihrem Geschmack** und Ihren Bedürfnissen immer besser werden. Ein großer Strauß an Rezepten, die Ihnen das ganze Jahr hindurch und über viele Jahre hinweg große Freude bereiten!

Nun aber wirklich viel Spaß mit Ihrem Koch-Atlas!

Genial einfach – einfach genial...

...Kochen mit dem Koch-Atlas

über die Autorin

Liebe TM 31-Köchin, lieber TM 31-Koch!

ich bin schon seit meiner Kindheit begeisterte Köchin. Und der TM 31 hat meine Küchenerfahrungen mehr als revolutioniert. Heute - als Hausfrau und Mutter ist für mich das Kochen zu 75% „Pflicht" - und zu 25% „Kür". - Ich weiß also aus eigener Erfahrung, wie schwierig es ist, die „hungrigen Mäuler" möglichst gesund, gut schmeckend aber auch mit möglichst minimalem Zeitaufwand zum Strahlen zu bringen. Und wenn man dann in 25% der „anderen Fälle" mal so richtig das Kochen genießen möchte, hat man mit dem TM 31 ja soooo viele Möglichkeiten, das Beste aus der Küche „herauszuholen"...

Als TM 31-Repräsentantin habe ich in Vorführungen so oft gehört: „Mensch, Du weißt so viel über den TM 31 und kennst so viele Tipps und Tricks, die musst Du doch mal aufschreiben." Und während meiner Zwillings-Babypause war es dann so weit: Der Koch-Atlas entstand.

Ganz nebenbei bemerkt: weil ich ein echter „Kochbuch-Junkie" bin – und Kochbücher lese, wie andere Menschen Romane – musste ein „gutes System" her, damit der interessierte Leser ein bestimmtes Rezept auch schnell wieder findet. Daher ist der „ursprüngliche" Koch-Atlas als „wachsende Lose-Blatt-Sammlung" mit 24 Kapiteln in hübschen Sammelordnern entstanden. Sobald ein neuer Rezeptband (jeweils 200-250 neue Rezepte) dazu gekommen ist, wird dieser kapitelweise in die Sammelordner einsortiert und der Koch-Atlas-Liebhaber bekommt ein neues Inhaltsverzeichnis sowie ein neues Zutaten- und Rezeptregister. Genial einfach – einfach genial – und mit einem Griff ist das gewünschte Rezept zur Hand.

Da der Ruf nach einer „umfassenden Hauptgerichtsammlung" immer größer wurde, habe ich zuerst aus den Hauptgericht-Rezepten der Bände 1-6 ein gebundenes Buch gemacht. Hier sind jetzt einige Jahre und viele Erfahrungen später alle Gerichte vom Koch-Atlas 7-10 noch einmal richtig gut aufbereitet, umfassend indiziert, in vielen Fällen fotografiert und als Buch gebunden.

Für Sie daher nie wieder die unbeantwortete Frage: „**Was koche ich bloß morgen**?" – Denn mit dem Koch-Atlas Hauptgerichte haben Sie für mehr als ein ganzes Jahr ausgesorgt!!!

Wenn Sie ein Lieblingsrezept haben, das Sie gerne in einer der nächsten Ausgaben vom Koch-Atlas wiederfinden möchten, lade ich Sie ganz herzlich ein, mir das Rezept zuzuschicken! Wenn es veröffentlicht wird, sichern Sie sich damit eine Ausgabe des Bandes als Geschenk und selbstverständlich bedanke ich mich bei Ihnen auch „unter dem Rezept". Denn nichts ist besser als eine große Auswahl an Lieblingsrezepten, mit denen Sie nicht nur Ihre Familie, sondern auch viele andere erfreuen können!

Qualität war mir immer wichtiger als Quantität: auch wenn mittlerweile wirklich viele Rezepte im Koch-Atlas stehen. Aber dennoch: **alle Gerichte** habe ich selber **ausprobiert**, **optimiert** und **übersichtlich zusammengestellt**. (Und man sieht es mir an, dass es schmeckt!) Für Sie heißt das: die Rezepte müssten genau so funktionieren, wie sie hier „im Buche" stehen. Sollte dennoch etwas nicht funktionieren (z.B. Tippfehler), bin ich Ihnen dankbar für Ihre Nachricht!

Nun aber ganz viel **Guten Appetit** und **viel Spaß** mit dem Koch-Atlas! Und wenn Sie Fragen, Anregungen, Wünsche oder Kritik haben, können Sie sich gerne an mich wenden!

Ihre

Kristina Welt

Per E-Mail: **kristina@koch-atlas.de**

oder über
die Webseite: **www.koch-atlas.de**

oder per **Telefon: +49 25 72 / 8 91 39**

oder per **Fax: +49 25 72 / 95 89 97**

Hauptgerichte für die Sie nur den TM 31 brauchen

mit Geflügel

AI-Menü **Hähnchengeschnetzeltes, Kaisergemüse & Kartoffeln** (Foto)

3 EL Öl
1 ½ TL Paprika edelsüß
1 TL Salz
½ TL Pfeffer .... in einem tiefen Teller gründlich miteinander vermischen. Dies ist die Marinade.

500 g Hähnchen- oder Putenfleisch .... in mundgerechten Stücken in der Marinade wenden. Das Fleisch so lange marinieren, bis Sie den Rest vorbereitet haben.

500 g TK-Kaisergemüse oder Gemüse der Saison, mundgerecht .... in den Dampfgaraufsatz geben. Auf genügend Dampflöcher achten! Gerade zwischen TK-Gemüse (das noch tiefgekühlt ist) ist die Dampf-Zirkulation besonders wichtig, damit das Gemüse nicht zu einem großen Eisblock „verschmilzt".

500 g Wasser
1 Brühwürfel (für 0,5 l Flüssigkeit)..... in den Mixtopf geben.

Das Garkörbchen, gefüllt mit

800 g Kartoffeln, mundgerecht gewürfelt .... einhängen.

Nun das Fleisch in den Einlegeboden geben (auch hier auf genügend Dampflöcher achten) und alles **30 Minuten/Dampfgaren/Stufe 1** garen. Nach Ende der Garzeit das Gemüse, das Fleisch und die Kartoffeln warm stellen.

Von der Garflüssigkeit 350 g (ggf. mit Wasser auffüllen) zurück in den Mixtopf geben. Nun für die

Sauce:
100 g Schmand
50 g Milch
2 EL Currypulver
½ TL Salz
¼ TL Pfeffer
1 ½ EL (= ca. 15 g) Speisestärke
2 EL (= ca. 15 g) Sojasauce........ sowie 70 g des gegarten Kaisergemüses (oder der Kartoffeln) zum Garsud geben, zuerst **15 Sekunden/Stufe 8** mischen und anschließend **3 Minuten/90°C/Stufe 2-3** zu einer Sauce einkochen. Die mundgerechten Fleischstückchen (und nach Wunsch noch etwas Gemüse) zur Sauce geben, vorsichtig mischen und zusammen mit den Kartoffeln servieren.

Tipp:

Wenn Sie Tiefkühlgemüse im Wundertopf garen, ist es ganz besonders wichtig, auf genügend Dampflöcher zu achten. Erbsen sollten Sie beispielsweise „locker" und in nur einer Lage z.B. über Möhren „streuen", damit sie gar werden.

Spargelstangen als „Gitter" in den Dampfgaraufsatz stapeln. Erbsen nur in einer Lage über anderes Gemüse streuen. Ansonsten verklebt das TK-Gemüse durch den Dampf zu einem dicken Eisblock und braucht ewig lange, bis es zuerst angetaut und dann irgendwann gar ist..

AI-Menü **Putenbrust mit Orangensauce** (low fat, Foto)

1000 g Wasser 1 Brühwürfel (für 0,5 l Flüssigkeit) 1 TL Salz	in den Mixtopf geben. Den Garkorb einhängen.
250 g parboiled Reis	in den Garkorb einwiegen.
500 g Putenbrust, in Scheiben	mit
Salz Pfeffer Curry	würzen und in den Einlegeboden des Dampfgaraufsatzes legen.
500 g Gemüse der Saison, in mundgerechten Stücken	in den Dampfgaraufsatz geben. Alles **30 Minuten/Dampfgaren/ Stufe 1** garen.
	Den Reis, das Gemüse und das Hähnchenfleisch warm stellen, den Garsud auffangen. Für die
Sauce:	200 g Garsud (evtl. mit Wasser auffüllen) zurück in den Mixtopf geben.
3 gehäufte TL Speisestärke 75 g Orangensaft 1 walnussgroßes Stück Ingwer, in 1 mm dünnen Scheiben 1 ½ TL gekörnte Brühe ¼ TL Muskatnuss, gemahlen 2 Prisen Muskatblüte, gemahlen ⅛ TL Pfeffer	in den Mixtopf geben und **30 Sekunden/Stufe 10** fein zerkleinern. Anschließend **3-4 Minuten/100°C/Stufe 2-3** zu einer Sauce einkochen. Nun
40 g kalte Butter	zur Sauce geben und alles **1 Minute/Stufe 10** aufschäumen. Sofort zu Reis, Gemüse und Putenbrust servieren.

Tipp: Die Sauce schmeckt frisch aufgeschäumt besonders lecker. Zum Aufwärmen eignet sie sich nicht.

AI-Menü **Serviettenknödel mit Hähnchenragout** (Reste-Fest: Brot, Brötchen)

350 g Toastbrot, Brötchen, Brezeln, ruhig schon einen Tag alt	in Stücken in den Mixtopf geben und in Intervallen mit der Turbotaste zerkleinern. Die Krümel umfüllen.
1 Bund Petersilie, in Stücken	in den Mixtopf geben und **6 Sekunden/Stufe 6** zerkleinern und umfüllen (zu den Krümeln geben).
1 Zwiebel, halbiert 20 g Butter	in den Mixtopf geben und **5 Sekunden/Stufe 5** zerkleinern, anschließend **3 Minuten/Dampfgaren/Stufe 1** dünsten.
120 g Milch ½ TL Salz ½ TL Muskatnuss, gemahlen ⅛ TL Pfeffer 1 Brühwürfel (für 0,5 l Flüssigkeit).....	dazu geben und **2 ½ Minuten/70°C/Stufe 2** erwärmen.
2 Eier (Größe M)	zufügen und **20 Sekunden/Stufe 4** mischen. Die Brotkrümel und die Petersilie zugeben und mit Hilfe des Spatels auf **Stufe 5-6** mischen. Den Teig **15 Minuten** quellen lassen, dann mit Hilfe des Spatels noch einmal kurz vermischen. Den Teig in 2 Portionen teilen, und daraus 2 ca. „Deckelöffnungs-" (=5 cm-Durchmesser) große Rollen formen (die unter den Einlegeboden in den Dampfgaraufsatz passen). Die Rollen in saubere Baumwoll- oder Leinenservietten (daher der Name!, hitzebeständige Frischhaltefolie, Backpapier, Bratschlauch oder ähnliches wickeln. Die Knödelrollen in den Dampfgaraufsatz legen. Den Mixtopf ausspülen und abtrocknen.
1 Zwiebel, in Stücken 1 Knoblauchzehe 200 g Möhren, in Stücken..............	**6 Sekunden/Stufe 5** zerkleinern.
40 g Butter	zufügen und **3 Minuten/Dampfgaren/Stufe 1** dünsten.
30 g Sojasauce 1 Brühwürfel (für 0,5 l Flüssigkeit) 1 TL Paprikapulver edelsüß 450 g Wasser 30 g Tomatenmark 50 g Madeira oder Sherry...........	hinzu geben. Den Dampfgaraufsatz mit den Serviettenknödeln aufsetzen. Nach Wunsch noch
500 g Gemüse der Saison (das keine Flüssigkeit abgibt, also z.B. frische Möhrenscheiben, Paprika, frischer Brokkoli oder Blumenkohl oder Kohlrabi [kein Tiefkühlgemüse!] – sonst kommt die Flüssigkeitsmenge des Ragouts durcheinander!)	in mundgerechten Stücken in den Einlegeboden geben. Alles **15 Minuten/Linkslauf/Stufe 1** vorgaren. In der Zwischenzeit
500 g Hähnchenbrustfilet 1 Zwiebel, in Ringen 1 Paprikaschote.........................	in mundgerechte Würfel schneiden und beiseite stellen, bis die erste Garzeit vorüber ist. Nach Ende der Garzeit zuerst die Sauce **20 Sekunden/Stufe 10** pürieren und anschließend das Fleisch, die Zwiebel und die Paprika dazu geben, den Dampfgaraufsatz wieder aufsetzen und alles **10 Minuten/100°C/Linkslauf/Rührstufe** zu Ende garen.
150 g Sahne oder Kaffeesahne 3 TL Speisestärke......................	klümpchenfrei verrühren, zum Ragout geben und **1 Minuten/100°C/ Linkslauf/ Stufe 1** zu einer Sauce einkochen. Zusammen mit den Knödeln servieren.

Tipp: Superlecker! Und für ein Knödelgericht recht schnell gemacht!

AI-Menü **Fruchtiger Mandel-Hähnchentopf mit Reis** (Foto)

2 Zwiebeln, geviertelt .... in den Mixtopf geben und **4 Sekunden/Stufe 6** zerkleinern.

20 g Butter .... zugeben und **3 Minuten/Dampfgaren/Stufe 1** andünsten.

1200 g Wasser
2 Brühwürfel (für je 0,5 l Wasser) ..... dazu geben und den Garkorb einhängen. In den Garkorb

280 g parboiled Reis.................. einwiegen.

800 g Hähnchenbrustfilet........... in mundgerechte Würfel schneiden und kräftig mit

Salz
Pfeffer
Curry
Paprika, edelsüß .... würzen und im Einlegeboden des Dampfgaraufsatzes und im Dampfgaraufsatz verteilen.

1 Ananas, geschält, in mundgerechten Stücken oder 1 große Dose Ananas-Stücke, abgetropft (ca. 450 g Abtropfgewicht) .... zwischen den Hähnchenfleischwürfeln verteilen. Auf genügend Dampflöcher achten.

Den Mixtopf verschließen, den Dampfgaraufsatz aufsetzen und alles **30 Minuten/Dampfgaren/Stufe 1** garen.

Nach Ende der Garzeit Früchte, Fleisch und Reis warm stellen. Den Mixtopf ausleeren, die Garflüssigkeit aufbewahren (evtl. mit Wasser auffüllen oder bei Konservenfrüchten mit Ananassaft – dann aber den Zucker bei der Sauce weglassen!). Für die Sauce

380 g Garflüssigkeit
1 Hähnchenbrühwürfel
35 g Mehl
2 TL Currypulver
⅛ TL Ingwerpulver
1 TL Zucker
⅛ TL Cayenne-Pfeffer
1 TL Zitronensaft
100 g Butter .... in den Mixtopf geben, zuerst **6 Sekunden/Stufe 6** mischen und dann

5 Minuten/100°C/Stufe 2-3 zu einer Sauce einkochen, anschließend **30 Sekunden/Stufe 10** pürieren.

1 Dose Gemüsemais, nicht abgetropft
40 g Mandelblättchen .... dazu geben und **2 Minuten/Linkslauf/Stufe 1-2** erwärmen. Die Sauce mit den Früchten und dem Hähnchen in einer Schüssel vermischen und mit dem Reis zusammen servieren.

Tipp

Sehr lecker! Diese Menge reicht für 5-6 Personen aus. Servieren Sie eventuell noch einen grünen Salat dazu.

Übrigens: mit frischer Ananas ist das Gericht weit weniger süß als mit Konserven-Ananas. Eventuell müssen Sie also noch nachsüßen.

Tipp:

Schnell ist das Frikassee vor allem deshalb, weil man normalerweise für Hühnerfrikassee zuerst ein Suppenhuhn zu Suppe verarbeitet. Das Fleisch von den Knochen absucht, dann klein schneidet und mit der Brühe zu Hühnerfrikassee verarbeitet...

Ich finde diese schnelle Version supergenial – und vor allem noch schmackhafter, da das Fleisch durch das Dampfgaren wesentlich zarter wird und nicht so verkocht.

AI-Menü **Schnelles Hähnchen-Frikassee mit Reis** (Foto)

1000 g Wasser 2 (Hühner-)Brühwürfel	in den Mixtopf geben. Den Garkorb einhängen.
250 g parboiled Reis	in den Garkorb einwiegen.
20 g Butter, in Flöckchen 1 EL Zitronensaft	auf dem Reis verteilen.
3-4 Möhren	schälen und in hübsche Würfel oder grobe Stifte schneiden. In den Dampfgaraufsatz legen.
8 Stangen Spargel (evtl. TK)	in mundgerechte Stücke schneiden und über den Möhren verteilen. Achten Sie insbesondere bei TK-Ware darauf, dass die tiefgekühlten Stücke nicht zu nah beieinander liegen, damit sie nicht als erstes einen Iglu formen, anstatt sich zu Frikassee weiter verarbeiten zu lassen. In jedem Fall auf genügend Dampflöcher achten.
1 TL Zucker	auf den Möhren und dem Spargel verteilen. Den Einlegeboden darüber legen.
500 g Hähnchenbrustfilet	in mundgerechte Würfel schneiden und im Einlegeboden verteilen. Auf genügend Dampflöcher achten.
150 g Erbsen (TK)	gut gestreut auf dem Fleisch verteilen. (Auch hier darauf achten, dass keine „Ballungsgebiete" entstehen...). Alles zusammen setzen und **30 Minuten/Dampfgaren/Stufe 1** garen. Nach Ende der Garzeit das Fleisch, Gemüse und den Reis warm stellen. Vom Garsud 400 g abmessen und zurück in den Mixtopf geben. Nun für die

Sauce:

100 g Sahne 40 g Mehl ½ TL Muskatnuss, gemahlen ⅛ TL Pfeffer 1 (Hühner)Brühwürfel 20 g Worcestershire-Sauce	zu den 400 g Garsud geben und **4 Minuten/100°C/Stufe 2** zu einer Sauce einkochen.
50 g kalte Butter, in Stücken	zugeben und **30 Sekunden/Stufe 10** pürieren, anschließend
½ Bund Petersilie, abgezupft	dazu geben und noch einmal **10 Sekunden/Stufe 8** zerkleinern. Die Sauce zusammen mit dem Hähnchenfleisch und dem Gemüse in eine vorgewärmte Terrine geben und vermischen. Zusammen mit dem Reis servieren.

AI-Menü **Gefüllte Hähnchenbrust mit Kartoffeln und Gemüse** (Foto)

4 dicke Hähnchenbrustfilets (ca. 500 g)	waschen und trockentupfen und in die Filets eine Tasche hineinschneiden. In die Taschen insgesamt
150 g Frischkäse mit Kräutern, z.B. Bresso	in die Taschen verteilen und die Taschen mit
Zahnstochern	verschließen. Die Taschen außen mit
Salz Pfeffer Paprika edelsüß	würzen und in den Einlegeboden legen.
500 g Gemüse der Saison	in mundgerechten Stücken in den Dampfgaraufsatz legen.
800 g Kartoffeln, in Stücken	in den Gareinsatz geben.
500 g Wasser 1 Brühwürfel (für 0,5 l Flüssigkeit).....	in den Mixtopf geben. Alles zusammen setzen, den Mixtopf verschließen und **30 Minuten/Dampfgaren/Stufe 1** garen. Nach Ende der Garzeit Kartoffeln, Fleisch und Gemüse warm stellen. Für die

Sauce:

300 g Garflüssigkeit 100 g Frischkäse mit Kräutern 25 g Mehl ½ TL Muskat ⅛ TL Chiliflocken	in den Mixtopf geben, zuerst **6 Sekunden/Stufe 6** mischen, dann **4 Minuten/100°C/Stufe 2-3** zu einer Sauce einkochen, die Sauce vor dem Servieren **20 Sekunden/Stufe 10** aufschäumen.

Tipp: Richtig lecker und trotz viel Eindruck nicht all zu viel Aufwand.

AI-Menü **Puten-Involtini mit Frühlingskräuter-Hollandaise** (Reste-Fest: 6 Eigelb)

4 dünne Putenschnitzel (insgesamt ca. 500 g) .... mit einer Frischhaltefolie belegt mit einem Schnitzelklopfer schön flach klopfen. Mit

Salz
Pfeffer
Paprika
Currypulver .... von beiden Seiten würzen.

2 Hände voll Frühlingskräuter (z.B. Basilikum, Petersilie, Bärlauch, Sauerampfer, Kresse, usw.) .... abgezupft in den Mixtopf geben und **5 Sekunden/Stufe 6** zerkleinern.

30 g Öl .... dazu geben und **10 Sekunden/Stufe 5** vermischen. Die Hälfte der Paste jeweils auf der Innenseite des Schnitzels verteilen jedes Schnitzel mit 1 Scheibe von

4 dünnen Scheiben Kochschinken belegen. Die so gefüllten Schnitzel (einzeln) aufrollen und mit einem

Zahnstocher oder Küchengarn ..... befestigen.

Die restliche Paste um die Involtini herum rollen.

Die Röllchen in den Dampfgaraufsatz (nicht in den Einlegeboden!) legen. Wenn Sie nicht möchten, dass Fleischsaft auf den Kartoffeln zu Eiweiß gerinnt, können Sie auch eine Lage kochfeste saubere Stoffserviette in den Dampfgaraufsatz legen. Den Einlegeboden einsetzen. Bitte geben Sie

500 g Frühlingsgemüse (z.B. Kohlrabistifte, Spargelstücke, Möhren, Erbsen, Kaiserschoten, Champignons) in mundgerechten Stücken .... mit genügend „Dampf-Abstand" in den Einlegeboden. Den Dampfgaraufsatz verschließen und beiseite stellen.

Sie brauchen den Mixtopf nicht ausspülen. Nun geben Sie

500 g Wasser
1 Brühwürfel (für 0,5 l Flüssigkeit) ..... in den Mixtopf. Das Garkörbchen einsetzen.

800–900 g Kartoffeln, geschält .... in das Garkörbchen füllen. Den Mixtopf verschließen. Den Dampfgaraufsatz aufsetzen. Alles **30 Minuten/Dampfgaren/Stufe 1** garen.

Nach Ende der Garzeit das Gemüse, die Kartoffeln und das Fleisch beiseite stellen und den Mixtopf ausleeren. Den Garsud können Sie anderweitig verwenden.

Für die

Sauce:

100 g Butter, in Stücken
6 Eigelb
Saft ½ Limette (ca. 5-15 g)
1 TL Salz
⅛ TL Pfeffer
200 g Schmand .... in den Mixtopf geben und **6 Minuten/80°C/Stufe 3(-4)** zu einer Sauce einkochen.

1 Hand voll frische Kräuter, z.B. Basilikum, Petersilie, Kresse, Sauerampfer (siehe oben) .... dazu geben und **15(-20) Sekunden/Stufe 10** zerkleinern und aufschlagen. Die Sauce sofort servieren.

Tipp:

Sehr lecker! Ein echtes Festessen! Wenn Ihnen das mit den Putenröllchen zu aufwendig ist, können Sie so auch prima Hähnchenfilet oder auch Lachsfilet (mit den Kräutern bestrichen und in Kochschinken eingewickelt) oder andere Fischfilets (ohne Aufrollen) zubereiten. Die Sauce eignet sich übrigens NICHT zum Aufwärmen. Sollten Sie sie aufwärmen müssen, dann bitte wieder im Wundertopf bei 80°C bei Stufe 3-4 - und anschließend noch einmal 10 Sekunden/Stufe 10 aufschlagen.

AI-Menü **Zucchini-Spargel-Topf mit Pute und rotem Reis** (low fat)

½ Bund Petersilie...................... abgezupft in den Mixtopf geben und **5 Sekunden/Stufe 5** zerkleinern und umfüllen.

250 g roten Reis (Camargue-Reis) ... in das Garkörbchen wiegen und in eine Schüssel mit reichlich Wasser stellen. Den Reis ca. **10 Minuten** lang einweichen lassen.

750 g Spargel, ungeschält gewogen... schälen, in mundgerechte Stücke schneiden und in den Dampfgaraufsatz legen.

1 TL Zucker
25 g Butterflöckchen .... auf den Spargelstücken verteilen.

500 g Putenbrust .... in vier Stücke schneiden und von beiden Seiten mit

Salz
Pfeffer
Paprika, edelsüß .... würzen. Das Fleisch in den Einlegeboden legen.

2 kleine Zucchini (etwa 300 g) .... (falls sie doch „groß" sind, bitte die Kerne entfernen) und in etwa fingerdicke Scheiben schneiden und zur Putenbrust bzw. zum Spargel in den Dampfgaraufsatz und den Einlegeboden geben.

900 g Wasser
1 (Hühner-) Brühwürfel (für 0,5 l Flüssigkeit)
1 TL Kräutersalz......................... in den Mixtopf geben. Das Garkörbchen mit dem gewaschenen Reis einhängen. Den Mixtopf verschließen, den Dampfgaraufsatz aufsetzen und alles **30 Minuten/Dampfgaren/Stufe 1** garen.

Nach Ende der Garzeit Reis, Gemüse und Fleisch warm stellen. Die Garflüssigkeit auffangen.

Für die

Sauce:

100 g Orangensaft
100 g Kaffee-Sahne (mit 12% Fett)
¼ TL Pfeffer
25 g Mehl
1 (Hühner-) Brühwürfel (für 0,5 l Flüssigkeit) .... sowie 300 g des Garsuds in den Mixtopf geben und **6 Sekunden/Stufe 6** vermischen. Anschließend **4 Minuten/100°C/Stufe 2-3** zu einer Sauce einkochen. In der Zwischenzeit die Putenbrust in Scheiben schneiden und in eine große Schüssel füllen. Spargel und Zucchini zum Fleisch geben. Die Sauce eventuell noch einmal abschmecken, zum Fleisch und zum Gemüse geben. Alles vorsichtig vermischen und mit der zerkleinerten Petersilie bestreuen. Zusammen mit dem Reis servieren.

Tipp:

Sie können selbstverständlich auch (anderen) Naturreis oder Parboiled Reis verwenden - aber mit rotem Reis sieht es besonders hübsch aus! Der rote Camargue-Reis erhält seine Farbe durch die rot-braune Außenhaut des Korns. Camargue-Reis ist also ein vollwertiger Naturreis. Weil er in Europa vor allem in der südfranzösischen Camargue angebaut wird, erhält man ihn hier auch unter dem Namen Camargue-Reis [sprich: „kamaag-Reis"], z.B. im gut sortierten Kaufhaus oder im Reformhaus.

Herzlichen Dank liebe Marita Möllmann für das leckere Rezept!

AI-Menü **Kürbis-Geflügelragout mit Naturreis** (Foto)

1 Brühwürfel (für 0,5 l Flüssigkeit).....	in den Mixtopf geben. Den Garkorb einsetzen und
250 g Naturreis..........................	einwiegen.
1000 g Wasser..........................	über den Naturreis gießen. Den Deckel auf den Mixtopf setzen.
500 g festes Kürbisfleisch, in Würfeln (z.B. Hokkaido, Butternuss-Kürbis)	in den Dampfgaraufsatz legen.
3 Zwiebeln, in Spalten....................	über den Kürbiswürfeln verteilen. Auf genügend Dampflöcher achten! Den Einlegeboden in den Dampfgaraufsatz legen.
500 g Hähnchenbrustfilet...........	in mundgerechte Würfel schneiden. Mit
Salz Pfeffer Currypulver..............................	würzen und in den Einlegeboden legen. Den Garaufsatz verschließen und alles **30 Minuten/Dampfgaren/Stufe 1** garen. (Beim Garen ruhig schon eine große Schüssel oder Terrine oben auf den Dampfgaraufsatz stellen, damit sie vorgewärmt wird.) Nach Ende der Garzeit das Kürbis-Zwiebel-Gemüse in die vorgewärmte Terrine geben. Den Reis warm stellen. Für die Sauce
200 g Garsud 25 g Mehl 1 gehäufter EL (!) Currypulver 400 g Kokosmilch 1 ½ TL Zucker..........................	in den Mixtopf geben und **8 Minuten/100°C/Stufe 2-3** zu einer Sauce einkochen. Die fertige Sauce **30 Sekunden/Stufe 10** pürieren. Die Sauce über das Fleisch, die Kürbisstücke und die Zwiebelspalten geben und gut vermischen. Zusammen mit dem Reis servieren.

Tipp: Viel besser, als ich dachte! Sogar richtig lecker! Ich bin wahrlich kein großer Kürbisfreund – aber dieses All-Inclusive-Menü ist superlecker und schön würzig. Und wenn Sie's mal ohne Kürbis essen möchten – es eignen sich auch z.B. Brokkoli oder Möhren dafür!

AI-Menü **Putenröllchen mit Schafskäse und Kräuterreis** (Foto)

500 g buntes Gemüse der Saison
in mundgerechten Stücken .... in den Dampfgaraufsatz legen.

1 Knoblauchzehe
1 Zweig Rosmarin, abgezupft
½ Bund Petersilie, abgezupft
½ Bund Thymian, abgezupft
⅛ TL Cayennepfeffer................. in den Mixtopf geben und **6 Sekunden/Stufe 6** zerkleinern.

40 g Olivenöl .... zufügen und **10 Sekunden/Stufe 4** vermischen.

4 dünne Putenschnitzel (à 150 g)... mit dem Pinsel von beiden Seiten mit dem Kräuteröl bestreichen (das restliche Öl wird noch für den Reis gebraucht) und beiseite stellen, bis die Füllungspäckchen vorbereitet sind

200 g milden Schafskäse .... in 4 Stücke teilen und diese von allen Seiten (wie ein längliches Geschenk, damit nichts ausläuft) fest in

4 - 8 Scheiben Kochschinken....... einwickeln. Die Schinkenpäckchen in die Putenschnitzel längs einrollen und mit Zahnstochern oder mit Küchenband fest binden. Die Rollen in den Einlegeboden vom Dampfgaraufsatz legen.

2 Zwiebeln, geviertelt .... zum restlichen Kräuteröl in den Mixtopf geben und **5 Sekunden/Stufe 5** zerkleinern, anschließend **3 Minuten/Dampfgaren/Stufe 1** andünsten.

250 g parboiled Reis.................. dazu geben und mit dem Spatel gut durchmischen. Den Kräuterreis jetzt in den Garkorb geben und wieder in den Mixtopf einhängen.

1000 g Wasser
1 Brühwürfel (für 0,5 l Flüssigkeit)
½ TL Salz................................ in den Mixtopf geben. Alles **30 Minuten/Dampfgaren/ Stufe 1** garen. Gemüse, Reis und Putenröllchen beiseite stellen. Für die Sauce

100 g Garsud
400 g passierte Tomaten
1 Knoblauchzehe
¼ TL Muskat
1 TL Paprika edelsüß
1 Brühwürfel (für 0,5 l Flüssigkeit)
25-30 g Mehl
100 g Sahne .... in den Mixtopf geben und **20 Sekunden/Stufe 10** fein zerkleinern, anschließend **6 Minuten/100°C/Stufe 2-3** zu einer Sauce einkochen lassen. Zu Reis, Gemüse und Putenröllchen servieren.

AI-Menü **Hähnchen mit frischer Tomaten-Buttersauce** (low fat)

4 Hähnchenbrustfilets (ca. 500 g) ...	waschen und mit
Salz Pfeffer Paprika, edelsüß ...	würzen und in den Einlegeboden legen.
500 g Gemüse der Saison ...	in mundgerechten Stücken in den Dampfgaraufsatz legen.
400 g Tomaten, frisch ohne grünen Strunk (aber ansonsten möglichst ganz lassen!) ...	im Einlegeboden und im Gareinsatz verteilen. Auf genügend Dampflöcher achten!
800 g Kartoffeln, in Stücken ...	in den Gareinsatz geben.
500 g Wasser 1 Brühwürfel (für 0,5 l Flüssigkeit) ...	in den Mixtopf geben. Alles zusammen setzen, den Mixtopf verschließen und **30 Minuten/Dampfgaren/Stufe 1** garen. Nach Ende der Garzeit Kartoffeln, Fleisch und Gemüse warm stellen. Den Mixtopf leeren, 200 g Garsud abwiegen und zurück in den Mixtopf geben. Die ganzen gegarten Tomaten ebenfalls in den Mixtopf geben. Für die Sauce
½ TL Muskat ½ TL Pfeffer 25-30 g Mehl ...	zu den 200 g Garsud und den gegarten Tomaten geben. **10 Sekunden/Stufe 8** mischen, dann **5 Minuten/100°C/Stufe 2-3** zu einer Sauce einkochen.
50 g Butter, kalt, in Stücken...	zugeben und **20 Sekunden/Stufe 10** untermischen. Die Sauce sofort zu Fleisch, Gemüse und Kartoffeln servieren.

AI-Menü **Hühnerpaprikasch mit Kartoffeln** (low fat)

1 große Zwiebel, geviertelt...	in den Mixtopf geben und **5 Sekunden/Stufe 5** zerkleinern.
40 g Schweineschmalz (oder Öl) ...	dazu geben und **3 Minuten/Dampfgaren/Stufe 1** andünsten.
500 g passierte Tomaten 1 Apfel, geschält und geviertelt 1 TL Salz 2 Brühwürfel (für je 0,5 l Flüssigkeit) 1 TL Rosenpaprika 3 geh. TL Paprika edelsüß 1 TL Zucker 200 g Wasser ¼ TL Pfeffer ...	dazu geben und **6 Sekunden/Stufe 6** vermischen.
1 kg Kartoffeln, geviertelt...	in den Dampfgaraufsatz und den Einlegeboden verteilen. Auf genügend Dampflöcher achten! Den Dampfgaraufsatz auf den Mixtopf aufsetzen und **25 Minuten/Dampfgaren/Stufe 1** vorgaren. In der Zwischenzeit
2 Paprikaschoten...	in kleine Würfel schneiden und
500 g Hähnchenbrustfilet...	in mundgerechte Würfel schneiden und beiseite stellen. Nach Ende der Vorgarzeit die Hähnchen- und Paprikawürfel zur Tomatensauce in den Mixtopf geben, den Dampfgaraufsatz wieder aufsetzen und alles **12 Minuten/Dampfgaren/Linkslauf/Rührstufe** zu Ende garen. In der letzten Garminute
100 g Saure Sahne oder Schmand ...	zur Masse in den Mixtopf geben und aufwärmen.

Tipp: Ungarisch inspiriert. Lecker und unkompliziert. Wenn Sie noch mehr Beilagen wünschen, können Sie noch einen grünen Salat dazu servieren.

AI-Menü **Wirsing-Rouladen mit Käse-Wirsing und Kartoffeln** (low fat, Foto, Reste-Fest: Brot)

1 Wirsingkohl .... putzen und waschen, 8-10 große und möglichst unbeschädigte Blätter vom Wirsingkohl abtrennen. (Nehmen Sie lieber 10, falls ein oder zwei Blätter kaputt gehen.)

Zum Blanchieren der Wirsingblätter

750 g Gemüsebrühe .... in den Mixtopf geben.

Die abgetrennten Wirsingkohl-Blätter in 2 Etappen à jeweils 4-5 Blätter evtl. leicht eingerollt nebeneinander in den Dampfgaraufsatz (ohne Einlegeboden) geben und in ca. **8-10 Minuten/Dampfgaren/Stufe 1** blanchieren. (So lange, bis sie nicht mehr brechen, sondern sich problemlos aufrollen lassen.) Die zweite Portion mit weiteren 4-5 Blättern nur **4 Minuten/Dampfgaren/Stufe 1** blanchieren.

Alle Blätter kalt abbrausen, den Mittelstrunk mit einem scharfen Messer flach schneiden und trocken tupfen und beiseite stellen.

200 g Zwiebeln .... **8 Sekunden/Stufe 4** zerkleinern.

100 g trockenes Brot in Stücken
1 TL Salz
1 TL Paprikapulver edelsüß
2 TL Senf
½ TL Majoran
¼ TL Pfeffer
½ TL Curry .... zufügen und **8 Sekunden/Stufe 5** zerkleinern.

500 g Hähnchen- oder Putenbrustfilet in Stücken .... dazu geben und **25 Sekunden/Stufe 5-6** zerkleinern.

1 Ei .... in den Mixtopf geben und **20 Sekunden/Stufe 5** vermischen. Die Füllung mittig unten auf die 8-10 blanchierten Wirsingblätter verteilen, die Seiten rechts und links über die Füllung klappen, die Füllung mit dem Rest „einrollen" und mit der Nahtstelle nach unten in den Einlegeboden legen. (Es ist nicht zwangsläufig nötig, sie noch weiter mit Küchengarn oder Zahnstochern zu fixieren.) Es wird übrigens recht eng im Dampfgaraufsatz - achten Sie trotzdem darauf, dass genügend Dampf „durchkommen" kann.

Vom Inneren des restlichen Wirsings so viel entweder mit dem Messer oder im Mixtopf auf **Stufe 4** mundgerecht zerkleinern, dass es in den Dampfgaraufsatz passt und der Einlegeboden noch problemlos oben drauf passt. Auf genügend Dampflöcher achten.

800 g geschälte Kartoffeln .... in den Gareinsatz geben. Garflüssigkeit im Mixtopf gegebenenfalls auf **500 g** auffüllen und **35 Minuten/Dampfgaren/Stufe 1** garen. Rouladen, Wirsing und Kartoffeln warm stellen. Topf leeren, den Garsud aufheben. Für die

Sauce:

350 g Garsud
200 g Schmelzkäse, fettarm, Kräuter
30 g Mehl
½ TL Muskatnuss
⅛ TL Pfeffer .... in den Mixtopf geben **6 Sekunden/Stufe 6** mischen, dann und in ca. **5 Minuten/90°C/Stufe 3** eine Soße kochen. Die Sauce **30 Sekunden/Stufe 10** aufschlagen, eventuell abschmecken, anschließend

½ Bund Petersilie
1 TL körniger Senf..................... zugeben und noch einmal **10 Sekunden/Stufe 8** zerkleinern.

Den Wirsing zur Sauce geben und mit dem Spatel vermischen (nicht weiter zerkleinern!). Anschließend alles zusammen servieren.

Tipp: Sehr lecker! Und wenn Ihnen das mit dem Einrollen zu aktig ist, können Sie aus der Füllung auch „kleine Kugeln" formen. Auch lecker und ein bisschen weniger Arbeit (weil das Blanchieren entfällt). Die Füllung ist allerdings saftiger, wenn Sie im Kohlblatt gedämpft wird.

AI-Menü **Mit Mett gefüllte Hähnchenbrust mit Kartoffeln**

In

4 Stücke Hähnchenbrust (möglichst dickere Stücke, ca. 500g ...... jeweils eine tiefe Tasche hineinschneiden. In die Taschen jeweils ¼ von

150 g gewürztem Schweinemett.. geben. Die Taschen mit

Zahnstochern ...... verschließen. Die Hähnchentaschen in den Einlegeboden des Dampfgaraufsatzes legen und von beiden Seiten gründlich mit

Salz
Pfeffer
Paprika edelsüß ...... bestreuen.

1-2 Zweige Rosmarin ...... abzupfen. Die Rosmarinnadeln auf und unter den Hähnchenstücken im Einlegeboden verteilen.

1 Zwiebel, geviertelt
1 Knoblauchzehe ...... in den Mixtopf geben und **3 Sekunden/Stufe 6** zerkleinern.

30 g Butter ...... dazu geben und **3 Minuten/Dampfgaren/Stufe 1** andünsten.

500 g **heißes** Wasser
1 Brühwürfel (für 0,5 l Flüssigkeit)..... zugeben. Den Garkorb mit

800 g Kartoffeln, in Stücken ...... in den Garkorb geben. Den Dampfgaraufsatz mit

500 g langsam garendes Gemüse der Saison, z.B. grüne Bohnen, Rosenkohl, mundgerecht
2 Tomaten, halbiert ...... füllen. Den Einlegeboden einsetzen.

Den Mixtopf verschließen, den Dampfgaraufsatz mit dem Einlegeboden aufsetzen und alles **35-40 Minuten/Dampfgaren/Stufe 1** garen.

Nach Ende der Garzeit das Fleisch, die Kartoffeln und das Gemüse warm stellen. Für die

Sauce:

25 g Mehl
5 Scheiben Chester-Schmelzkäse
½ TL Muskat
¼ TL Pfeffer ...... sowie die gegarten Tomaten zur Garflüssigkeit geben. Alles **6 Sekunden /Stufe 8** mischen, anschließend **3 Minuten/100°C/Stufe 2-3** zu einer Sauce einkochen, anschließend **30 Sekunden/Stufe 10** homogenisieren.

½ Bund Petersilie, abgezupft...... zugeben und **10 Sekunden/Stufe 9** zerkleinern.

Die Sauce über das Fleisch gießen und alles zusammen servieren.

Tipp:

Superlecker! Da Geflügelfleisch aber nur vollständig durchgegart verzehrt werden soll, sollten Sie die Taschen vor der Zubereitung der Sauce einmal anschneiden und überprüfen, ob sie vollständig durchgegart sind. Es erst auf dem Teller zu bemerken wäre zu schade!

AI-Menü **Hähnchen Mexicana** (Foto)

2 Brühwürfel (für je 0,5 l Flüssigkeit)..	in den Mixtopf geben und den Gareinsatz einsetzen.
250 g parboiled Reis..................	in den Gareinsatz einwiegen und
1000 g Wasser..........................	darüber schütten.
500 g Gemüse der Saison	in den Dampfgaraufsatz geben.
500 g Hähnchenbrustfilet...........	mit
Salz Pfeffer Paprika edelsüß.........................	würzen und in den Einlegeboden des Dampfgaraufsatzes geben. Alles **30 Minuten/Dampfgaren/ Stufe 1** garen. In der Zwischenzeit
6 Tomaten	entkernen, den grünen Strunk heraus schneiden, nur das feste Fleisch würfeln und beiseite stellen. Nach Ende der Garzeit alles warm stellen, den Garsud auffangen und den Mixtopf leeren.
1 Knoblauchzehe ½ - 1 Chilischote.......................	in den Mixtopf geben und 2 x **6 Sekunden/Stufe 6** zerkleinern.
250 g Chester-Schmelzkäse ½ TL Muskat 30 g Mehl	dazu geben und **6 Sekunden/Stufe 5** mischen, anschließend **3-4 Minuten/100°C/Stufe 4** zu einer Sauce einkochen. (Sie muss einmal aufgekocht werden!) Die gewürfelten Tomaten zur Sauce geben und **10 Sekunden/Linkslauf/Stufe 2** mischen. Zusammen mit dem Gemüse, dem Reis und dem Fleisch servieren. Die Sauce eventuell noch nachwürzen (z.B. mit Salz, Brühepulver oder Chiliflocken).

Tipp: Sehr lecker! Mit hübschen Farben und mit mexikanischem Touch. Als Gemüse eignet sich Karotten, Brokkoli, Paprika, Zucchini, Mais – alles was mexikanisch anmutet oder aber mexikanische Farben hat... (weiß, rot, grün)

AI-Menü **Geflügelspieße mit süß-saurer Balsamicosauce**

4 Hähnchenbrustfilets	in etwa Gulasch-große Würfel schneiden und mit
Paprika Curry Salz Pfeffer	würzen. Nun die Fleischwürfel abwechselnd mit
350 g Paprikaschoten (entspricht etwa 500 g ungeputzt) 1 Gemüsezwiebel, in Achteln	auf 4 Spieße stecken. Die Spieße in den Einlegeboden legen. Das restliche Gemüse mit
2 Möhren, mundgerecht	in den Garaufsatz legen. Einlegeboden darauf geben.
900 g Wasser 1 Brühwürfel (für 0,5 l Flüssigkeit)	in den Mixtopf geben. Den Garkorb einsetzen.
250 g parboiled Reis, gewaschen	in den Garkorb geben. Alles **28 Minuten/Dampfgaren/Stufe 1** garen. Reis, Gemüse und Spieße warm stellen. Den Mixtopf ausleeren. Garsud auffangen.
50 g Butter 40 g Rübenkraut/Zuckerrübensirup ½ TL Cayenne-Pfeffer 30 g Balsamico-Essig, dunkel 20 g Speisestärke 1 Brühwürfel (für 0,5 l Flüssigkeit)	sowie 400 g Garsud dazu geben und **6 Sekunden/Stufe 6** mischen. Anschließend **4 Minuten/100°C/Stufe 2-3** zu einer Sauce aufkochen. Fleisch mit Gemüse, Reis und der Sauce zusammen servieren.

Tipp: Ganz nach Geschmack können Sie noch abgetropfte Konserven-Ananas mit zur Sauce geben.

AI-Menü **Hähnchen mit Portwein und rotem Reis** (low fat)

1 Paprika, rot, in Stücken ca. 150 g 150 g Möhren, in Stücken 1 Brühwürfel (für 0,5 l Flüssigkeit)	in den Mixtopf geben und **4 Sekunden/Stufe 4** zerkleinern. Darüber den Garkorb einsetzen und
200 g parboiled Reis	einwiegen. Den Reis im Garkorb und das Gemüse darunter mit
1000 g Wasser	überschütten (so braucht der Reis vorher nicht eingeweicht werden).
500 g Gemüse der Saison	in mundgerechten Stücken in den Dampfgaraufsatz legen.
400 g Hähnchenfleisch	mit
Salz Pfeffer Paprika edelsüß	würzen und in den Einlegeboden des Dampfgaraufsatzes legen.
250 g Champigons, mundgerecht	dazu legen. Alles zusammen setzen und **30 Minuten/Dampfgaren/ Stufe 1** garen. Nach Ende der Garzeit das Gemüse, den Reis und das Fleisch warm stellen und
35 g Sojasauce 30 g Mehl 100 g Schmand 30 g Portwein ½ TL Salz	zufügen und in **4 Minuten/100°C/Stufe 3-4** zu einer Sauce kochen. Alles zusammen servieren.

Tipp: Für dieses Rezept ist es wichtig, dass Sie wirklich Parboiled Reis verwenden, da sonst die Flüssigkeitsmenge für die Sauce nicht passt. Das Gericht ist wirklich sehr sehr lecker! Eine tolle Kombination!

AI-Menü **Hähnchenbrustmenü mit Röstzwiebelsauce** (Foto)

1 Zwiebel, halbiert 1 Knoblauchzehe	in den Mixtopf geben und **3 Sekunden/Stufe 6** zerkleinern.
20 g Öl	dazu geben und **3 Minuten/Dampfgaren/Stufe 1** andünsten.
500 g Wasser 1 Brühwürfel (für 0,5 l Flüssigkeit)	dazu geben. Den Garkorb in den Mixtopf einhängen.
900 g Kartoffeln, in Stücken	in den Garkorb geben. Den Mixtopf verschließen.
500 g Gemüse der Saison	in mundgerechten Stücken in den Dampfgaraufsatz geben. Den Einlegeboden in den Dampfgaraufsatz setzen.
500 g Hähnchenbrustfilet	mit
Salz Pfeffer Paprika, edelsüß	würzen. So gewürzt in den Einlegeboden geben. Den verschlossenen Dampfgaraufsatz auf den Mixtopf aufsetzen. Alles **30 Minuten/Dampfgaren/Stufe 1** garen. Nach Ende der Garzeit die Kartoffeln, das Gemüse und das Fleisch warm stellen. Die Garflüssigkeit auffangen. 300 g Garflüssigkeit in den Mixtopf geben.
100 g Frischkäse, natur 25 g Mehl ½ TL Muskatnuss ⅛ TL Pfeffer ¼ TL Salz 15 g Röstzwiebeln (Fertigprodukt)	dazu geben und **4 Sekunden/Stufe 5** mischen. Anschließend **4 Minuten/100°C/Stufe 3** aufkochen, dann **10 Sekunden/Stufe 10** aufschäumen. Sofort servieren.

Tipp: Besonders lecker und mit Biss, wenn Sie das Gericht am Schluss noch mit Röstzwiebeln bestreuen.

AI-Menü **Putengeschnetzeltes, Würz-Reis & fruchtige Currysauce** (low fat, Foto)

2 Zwiebeln, halbiert	in den Mixtopf geben und **3 Sekunden/Stufe 6** zerkleinern.
5 g Öl	dazu geben und **3 Minuten/Dampfgaren/Stufe 1** andünsten.
1000 g Wasser 1 Brühwürfel (für 0,5 l Flüssigkeit) 1 TL Salz	dazu geben. Den Garkorb in den Mixtopf einhängen.
200 g parboiled Reis	in den Garkorb füllen. Den Mixtopf verschließen.
500 g Paprika, rot, gelb, grün, in mundgerechten Stücken 2 Zwiebeln, in Spalten	in den Dampfgaraufsatz geben. Den Einlegeboden in den Dampfgaraufsatz legen.
500 g Putenbrustfilets, mundgerecht geschnitten	mit
Salz Pfeffer Curry Paprika, edelsüß	würzen. So gewürzt in den Einlegeboden geben. Den verschlossenen Dampfgaraufsatz auf den Mixtopf aufsetzen. Alles **30 Minuten/Dampfgaren/Stufe 1** garen. In der Zwischenzeit
1 Dose Pfirsiche	abtropfen lassen. Den Saft auffangen. Die Pfirsiche in mundgerechte Stücke schneiden. **5 Minuten vor Ende der Garzeit** die Pfirsichstücke zum Heißwerden zum Fleisch geben. Nach Ende der Garzeit den Reis, das Gemüse und das Fleisch warm stellen. Die Garflüssigkeit auffangen. 300 g Garflüssigkeit in den Mixtopf geben.
150 g Frischkäse, 16% Fett, natur 30 g Mehl 2 EL Currypulver 100 g Pfirsichsaft (Konserve) ¼ TL Salz	dazu geben und **4 Sekunden/Stufe 5** mischen. Anschließend **4 Minuten/100°C/Stufe 3** aufkochen, dann **10 Sekunden/Stufe 10** aufschäumen. Das Fleisch mit den Pfirsichen, der Paprika und der Sauce in eine vorgewärmte Terrine füllen.

Tipp:

Sehr lecker, wenn Sie das Menü am Schluss noch mit gerösteten Erdnüssen oder Cashew-Kernen bestreuen. Das gibt noch etwas mehr „Knack".

Sie können die Hälfte der Pfirsiche auch durch eine (nicht zu reife) in Stücke geschnittene halbe Banane ersetzen.

Tipp:

Wenn Sie die Sauce etwas „farbintensiver" möchten, können Sie einen Teil der gekochten (roten!) Paprikaschoten vor dem letzten Schritt (während Sie die Sauce **30 Sekunden/Stufe 10** schaumig schlagen) zur Sauce hinzu geben.

AI-Menü **Zigeuner-Jäger-Hähnchen mit Kartoffeln** (Foto)

1 Zwiebel, geviertelt 1 Knoblauchzehe	in den Mixtopf geben und **5 Sekunden/Stufe 5** zerkleinern.
10 g Öl	zugeben und **3 Minuten/Dampfgaren/Stufe 1** andünsten.
500 g Wasser 1 Brühwürfel (für 0,5 l Flüssigkeit)	dazu geben und den Garkorb mit
900 g Kartoffeln	hineingeben. Den Mixtopf verschließen.
1-2 Paprika, in mundgerechten Stücken 100 g Champignons, mundgerecht	im Dampfgaraufsatz verteilen. Den Einlegeboden einhängen und
500 g Hähnchenbrustfilet	gewürzt mit
Paprika edelsüß Salz Pfeffer	hineinlegen. Den Dampfgaraufsatz verschließen und auf den Mixtopf stellen. Alles **30 Minuten/Dampfgaren/Stufe 1** garen. Fleisch, Gemüse und Kartoffeln warm stellen, aus dem Garsud im Mixtopf eine Sauce herstellen. Hierzu
2 TL Senf 50 g Tomatenmark 1 TL Paprika edelsüß 30 g Mehl 200 g Schmand ⅛ TL Pfeffer 2 Prisen Cayenne-Pfeffer	zum Garsud in den Mixtopf geben **6 Sekunden/Stufe 6** vermischen, anschließend **4 Minuten/90°C/Stufe 2** zu einer Sauce einkochen. Anschließend die Sauce **30 Sekunden/Stufe 10** schaumig schlagen. Die Sauce mit dem Gemüse mischen und zusammen mit den Kartoffeln und dem Hähnchen servieren.

Tipp: Ganz sicher ganz anders als bei „Fritten-Frieda" - aber trotzdem ein prima Gericht, wenn man sich nicht so richtig entscheiden kann, ob man lieber ein Hähnchenbrustfilet mit Jäger- oder doch lieber mit Zigeunersauce haben möchte...

AI-Menü **Grünes Hähnchencurry mit Basmatireis** (Foto)

1 TL Salz
½ TL Zucker
1 TL Zitronensaft
10 g Butter .... in den Mixtopf geben und den Gareinsatz einsetzen.

200 g Basmatireis....................... einwiegen und alles mit

1 Liter Wasser............................ bedecken (oder das Wasser einwiegen) – dadurch wird das Einweichen vom Reis unnötig.

500 g grünes und/oder weißes Gemüse (z.B. Brokkoli, Kaiserschoten, Erbsen, grüne Paprika, Blumenkohl, Zucchini, ...) .... in mundgerechten Stücken den Gareinsatz geben. Einlegeboden einlegen.

500 g Hähnchenbrust, in Streifen.... mit

Salz
Pfeffer .... würzen und im Einlegeboden verteilen. Alles zusammen setzen und **30 Minuten/Dampfgaren/ Stufe 1** garen. Das Fleisch, das Gemüse und den Reis warm stellen und 200 g vom Garsud (falls nicht genug davon da ist bitte mit Wasser aufwiegen) sowie

½-1 TL Currypaste, grün (Achtung, lieber eher weniger, sie ist sehr scharf!!)
200 g Kokosmilch, ungesüßt
20 g Mehl
1 Brühwürfel (für 0,5 l Flüssigkeit)..... dazu geben und **6 Sekunden/Stufe 6** mischen, dann **4-5 Minuten/100°C/Stufe 3** zu einer Sauce einkochen. Mit dem Reis, dem Gemüse und dem Hähnchen servieren.

Tipp: Sehr lecker! Auch wenn „das Grün" in erster Linie vom Gemüse und nicht von der Currypaste kommt – wenn Sie keine grüne Currypaste haben, können Sie natürlich auch eine andersfarbige benutzen {oder 1-2 EL (!)} Currypulver. (Achten Sie auf die Angaben - Currypasten können irre scharf sein! Die Schärfe von Currypaste ist eine ganz besondere.

mit Hackfleisch, Rindfleisch & anderen Fleischsorten

AI-Menü **Sauerbraten-Ragout mit Gnocchi & Rotkohlspalten** (low fat, Foto)

Beize: Zum Einlegen des Sauerbratens - für die Beize:

2 Zwiebeln, geviertelt
3 Lorbeerblätter
8 Wacholderbeeren
5 Pimentkörner
½ TL Pfefferkörner
2 Gewürznelken
1 EL Senfkörner .... in den Mixtopf geben und **3 Sekunden/Stufe 6** zerkleinern.

250 g Rotweinessig
250 g Wasser
2 TL Salz
1 TL Zucker
2 TL Dijon-Senf .... dazu geben und **10 Sekunden/Linkslauf/Stufe 3** vermischen.

800 g Rindfleisch (aus der Nuss) ..... in die Beize geben und **3-4 Tage** im Kühlschrank marinieren. Das Fleisch sollte vollständig mit der Marinade bedeckt sein. Für das

Ragout:

150 g Zwiebeln .... in den Mixtopf geben und **3 Sekunden/Stufe 5** zerkleinern.

10 g Öl oder Schmalz .... dazu geben und **3 Minuten/Dampfgaren/Stufe 1** andünsten.

In der Zwischenzeit das gebeizte Rindfleisch aus dem Sud nehmen, abtupfen, evtl. abwaschen und trocken tupfen, anschließend in ca. 2 x 2 cm große Würfel schneiden.

Das Rindfleisch zu den angedünsteten Zwiebeln geben und **5 Minuten/Dampfgaren/Linkslauf/Stufe 1** andünsten.

200 g Rotwein
100 g Himbeeressig oder Rotweinessig
300 g Wasser
1 Brühwürfel (für 0,5 l Flüssigkeit)
2 TL Dijon-Senf
1 EL Zuckerrübensirup (oder Zucker)
⅛ TL Pfeffer
150 g Honigkuchen oder Kräuterprinten oder Lebkuchen (ohne Schokolade!, in ca. 1 x 1 cm großen Stücken .... zugeben.

500 g Rotkohl, in kleinen Spalten, die am „ausgedünnten" Strunk zusammen gehalten sind .... in den Dampfgaraufsatz geben.

500 g Gnocchi (oder Tagliatelle, frisch aus der Kühltheke) .... in den Einlegeboden des Dampfgaraufsatzes geben. Den Dampfgaraufsatz verschließen und auf den Mixtopf aufsetzen.

Alles **30 Minuten/Dampfgaren/Linkslauf/Stufe 1** garen.

Nach Ende der Garzeit

50 g Schmand........................... zugeben und **1 Minute/Dampfgaren/Linkslauf/Stufe 1** zugeben. Sofort mit den Gnocchi und dem Rotkohl servieren.

Obschon ich wirklich kein Sauerbraten-Fan bin, war ich von diesem Sauerbraten-Ragout wirklich sehr begeistert! Wenn Sie sich nicht „trauen", Rotkohl in dieser unklassischen Art und Weise zuzubereiten, können Sie selbstverständlich auch jedes andere Gemüse der Saison verwenden! Oder aber Sie machen (vorher) schon Rotkohl nach dem Rezept in Hauptgerichte 1 - Beilagen und wärmen ihn rechtzeitig zum Servieren noch einmal auf.

Tipp: Ein Klassiker ganz neu aufgelegt! Wenn Sie's noch süß-saurer mögen, können Sie auch den Rotwein teilweise oder vollständig durch Essig ersetzen. Fügen Sie zum Ausgleich von mehr Säure oder einfach nur für zusätzliche Süße ganz nach Geschmack noch 50 g Rosinen oder einige Löffel Zuckerrübensirup zu. Da es aber recht viele Rosinen-Verachter gibt, habe ich ein Rezept ganz ohne Rosinen bevorzugt. Wenn Sie unbedingt eine sehr dunkle Sauce wünschen, können Sie diese mit Zuckercouleur (gibt's im Gewürzregal) noch dunkler machen (es verändert den Geschmack nicht großartig).

Tipp:

Anstelle von Gemüse können Sie auch frische Birnen, halbiert geschält, ohne Kerngehäuse und mit Zitronensaft beträufelt in den Gareinsatz legen. Nach dem Garen geben Sie einfach noch Preiselbeeren in die „Löcher, in denen vorher das Kerngehäuse saß". Schmeckt sehr gut dazu – und wenn Sie nicht auf Gemüse verzichten wollen und die Birnen nicht warm sein sollen, können Sie auch „eingeweckte Früchte" verwenden.

AI-Menü **Hirsch-Gulasch mit Preiselbeer-Sauce** (Foto)

1 Knoblauchzehe 2 Zwiebeln (ca. 150 g, geviertelt........	in den Mixtopf geben und **5 Sekunden/Stufe 5** zerkleinern.
20 g Öl......................................	dazu geben und **3 Minuten/Dampfgaren/Stufe 1** andünsten.
500 g Hirsch-Gulasch 3 TL Wild-Gewürz.......................	dazu geben und **5 Minuten/Dampfgaren/Linkslauf/Stufe 1** andünsten.
1 Brühwürfel (für 0,5 l Flüssigkeit) ½ TL Salz 1 Lorbeerblatt 2 Wacholderbeeren 250 g Rotwein 250 g heißes Wasser 300 g Pfifferlinge (TK müssen nicht aufgetaut werden)..........................	dazu geben. Den Mixtopf verschließen.
250 g grüne Bohnen oder Rosenkohl 200 g Champignons, mundgerecht...	in den Dampfgaraufsatz legen.
500 g frische Nudeln (Kühltheke)...	in den Einlegeboden legen und in den Dampfgaraufsatz setzen. Dampfgaraufsatz auf den Mixtopf stellen. Alles **30-35 Minuten / Dampfgaren/Linkslauf/Rührstufe** garen. (Bitte nach 30 Minuten beim Fleisch eine Garprobe machen, es soll nicht zerfallen aber schön weich sein! - Ansonsten bitte noch Zeit bei gleicher Einstellung zugeben.) In der Zwischenzeit
50 g Rotwein 3-4 TL Speisestärke....................	im Messbecher vermischen. (Nach Wunsch nun auch die Wacholderbeeren und das Lorbeerblatt herausfischen!)
50-80 g Preiselbeeren 150 g Schmand..........................	mit der in Rotwein vermischten Speisestärke zum Fleisch geben und **3 Minuten/Dampfgaren/Linkslauf /Rührstufe** vermischen. Sofort alles zusammen servieren.

Herzlichen Dank für dieses Rezept an Susanne M. aus H. Ohne Sie wäre ich sicher so schnell dem Wunsch nach Wild-Rezepten nicht nachgekommen. Ich muss aber sagen, dass es auch mir außerordentlich gut geschmeckt hat (- sehr zu meinem Erstaunen, da ich zwar manchmal wild werden kann, aber kein großer Wild-Fan bin!!!)

AI-Menü **Rindertopf mit Couscous [sprich: kuskus]** (Foto, low fat)

300 g Couscous (mittel)
2 TL Salz
2 EL Öl
300 g kaltes Wasser .... in eine Schüssel geben und **10-15 Minuten** vorquellen lassen.
In der Zwischenzeit

2 Knoblauchzehen
300 g Zwiebeln .... **4 Sekunden/Stufe 5** zerkleinern

20 g Öl .... zugeben und **4 Minuten/Dampfgaren/Stufe 1** dünsten

500 g Rindergulasch, in kleinen mundgerechten Stücken (ca. 3 x 3 cm groß) .... zugeben und **6 Minuten/Dampfgaren/Linkslauf/Rührstufe** garen

500 g Möhrensaft
400 g Tomatenstücke (Konserve)
30 g Couscous (zusätzlich, nicht eingeweicht, zum Binden)
30 g Rosinen
1 TL Zucker
1 EL Currypulver
1 EL Paprikapulver edelsüß
1 TL Salz
1 Brühwürfel (für 0,5 l Flüssigkeit)
½ TL Pfeffer
1 Spritzer Zitronensaft .... zugeben. Das Gulasch schon einmal **10 Minuten/Dampfgaren/Linkslauf/Rührstufe** vorgaren. In der Zwischenzeit

500 g Paprika, geputzt gewogen (am besten in rot, orange, gelb & grün) .... in mundgerechte Stücke schneiden und in den Dampfgaraufsatz verteilen.

Nun das Couscous in den Einlegeboden geben (wenn Sie nicht möchten, dass etwas Couscous auf die Paprika fällt, können Sie eine saubere Leinen- oder Bauwollserviette auf den Boden des Einlegebodens legen und danach das Couscous einfüllen, den Dampfgaraufsatz verschließen und alles **30-35 Minuten/100°/Linkslauf/Rührstufe** garen. (Bitte überprüfen Sie, ob das Fleisch gar ist!). Ansonsten bitte noch Zeit bei gleicher Einstellung zugeben.

Tipp:

Noch orientalischer wird das Ganze, wenn Sie zusammen mit den anderen Gewürzen noch ⅛ TL Zimt zur Sauce geben.

Keine Sorge - es schmeckt nicht durch, verleiht dem Rindertopf aber eine ganz besondere Note.

Couscous ist ein nordafrikanisches Nationalgericht.

Ich habe es oft in Frankreich gegessen, da viele Algerier und Marokkaner in Frankreich leben. Es wird aus Hartweizen, Weizen, Gerste oder Hirse hergestellt und ist schon vorgekocht. Daher hat Couscous eine nur sehr kurze Kochzeit. Traditionell wird Couscous zuerst angefeuchtet und anschließend in einer sogenannten Couscousière gedämpft, anschließend wird es mit Öl vermischt und noch einmal für 20 Minuten gedämpft.

Wenn wir es in Frankreich in der Mensa serviert bekommen haben, wurde einfach ein Topf mit Couscous in ein Chaving-Dish gefüllt, dieselbe Menge kochendes Wasser darüber gegossen, einmal umgerührt und 5 Minuten gewartet. Mir persönlich war diese (vielleicht doch etwas spartanische??) Zubereitungsart immer etwas zu „al dente". Aber wenn er gekocht und weich ist, schmeckt Couscous sehr gut! Und damit er weniger „al dente" ist, habe ich ihn vor meinen Wundertopf-Zeiten immer einfach mit der doppelten Menge Brühe sprudelnd aufkochen lassen und anschließend 5 Minuten ruhen lassen. Fertig. Und da das so schnell ging, gab es bei mir so zubereiteten Couscous in Studentenzeiten rund 3 x die Woche – einfach nur mit einem Stich Butter. (Nicht zu strapaziös für Studenten-Portemonnaies + schnell fertig... - vor allem kannte ich zu der Zeit die Vorzüge eines Wundertopfes noch nicht...

Mit Couscous wird übrigens auch Taboulé-Salat zubereitet. (Gegartes Couscous mit Gurke, Paprika, Minze, Rosinen und Dressing vermischt).

AI-Menü **Köttbullar mit Kartoffeln** (Foto, Reste-Fest: Brot, Brötchen)

130 g Brötchen oder Brot vom Vortag	mit
Wasser	in eine Schüssel oder einen tiefen Teller geben und **20 Minuten** einweichen lassen. Anschließend gut ausdrücken und beiseite stellen.
2 Zwiebeln, geviertelt	in den Mixtopf geben und **6 Sekunden/Stufe 6** zerkleinern.
500 g Rinderhackfleisch (oder halb und halb) 1 Ei 1 TL Salz 1 TL Currypulver 2 TL Senf 20 g Sojasauce	sowie das ausgedrückte Brot dazu geben und **2 Minuten/Knetstufe** zu einem homogenen Teig verkneten. Aus dem Teig 28 kleine Bällchen formen und die Köttbullar in den Einlegeboden des Dampfgaraufsatzes verteilen. Dabei auf genügend Dampflöcher achten.
500 g Gemüse der Saison	in mundgerechten Stücken in den Dampfgaraufsatz legen.
500 g Wasser 1 Brühwürfel (für 0,5 l Flüssigkeit)	in den Mixtopf geben und das Garkörbchen einsetzen.
900 g Kartoffeln	in das Garkörbchen legen. Alles zusammen setzen und **30 Minuten/ Dampfgaren/ Stufe 1** garen.
350 g Garsud 200 g Schmand 35 g Mehl 35 g Sojasauce	in den Mixtopf geben und **3 Minuten/100°C/Stufe 3** zu einer Sauce einkochen. Alles zusammen servieren.

Tipp: Im schwedischen Möbelhaus werden dazu Preiselbeeren serviert – und mittlerweile finde ich auch, dass sie sehr gut dazu passen (dort werden die Köttbullar vor dem „Wiederaufwärmen" übrigens gebraten) - Aber diese Version steht dem in Nichts nach...

mit Schweinefleisch

AI-Menü **Schweinemedaillons mit Meerrettichsauce** (Foto: Vorseite)

30 g Meerrettich, frisch .... in den Mixtopf geben und **6 Sekunden/Stufe 8** zerkleinern.

1 Bund Petersilie
1 Bund Basilikum .... abzupfen, dazu geben und **6 Sekunden/Stufe 6** zerkleinern.

20 g Öl
1 TL Salz
½ TL Pfeffer .... dazu geben und **10 Sekunden/Stufe 4** verrühren. Diese Marinade mit den Händen auf und um

8 gut 4-5 cm dicke Schweine-Medaillons (ca. 600 g) .... verteilen. Ca. 1 Esslöffel der Kräutermarinade beiseite stellen (für die Sauce). Die Medaillons in den Einlegeboden des Dampfgaraufsatzes legen.

insgesamt etwa 600 g Kohlrabi, Möhren und Porree nach Geschmack gemischt, in mundgerechten Stücken .... in den Dampfgaraufsatz legen. Den Einlegeboden darüber setzen und den Dampfgaraufsatz verschließen.

500 g Wasser
1 Brühwürfel (für 0,5 l Flüssigkeit)
2 Lorbeerblätter
5 Nelken
1 TL Salz
10 Wacholderbeeren .... in den Mixtopf geben. Den Garkorb mit

800 g Kartoffeln, evtl. mundgerecht zerkleinert .... füllen. Den Mixtopf verschließen und den Dampfgaraufsatz aufsetzen. Alles **28 Minuten/Dampfgaren/Stufe 1** garen.

Nach Ende der Garzeit die Kartoffeln, das Fleisch und das Gemüse warm stellen. Die Garflüssigkeit durch ein feines Sieb abgießen und auffangen. Die Gewürze entsorgen. 400 g des Garsuds in den Mixtopf wiegen.

25 g Speisestärke
100 g Schmand
¼ TL Muskat
½ TL Salz
30-40 g Meerrettich, frisch, geschält und in Stücken (alternativ: 35-50 g Meerrettich aus dem Glas) .... dazu geben und **30 Sekunden/Stufe 10** mischen, anschließend **2-3 Minuten/100°C/Stufe 2-3** zu einer Sauce einkochen. Danach noch einmal **20 Sekunden/Stufe 10** pürieren. Nun den zurückbelassenen Esslöffel der Marinade zur Sauce geben und **10 Sekunden/Stufe 4** vermischen.

Die Medaillons zusammen mit dem Gemüse, der Sauce und den Kartoffeln servieren.

Tipp: Die Medaillons sollten unbedingt 4-5 cm groß sein, ansonsten könnten sie beim Dampfgaren zäh werden.

Und übrigens - Meerrettich aus dem Glas ist von der Schärfe her ganz anders als frischer Meerrettich!! Sahnemeerrettich (aus dem Glas) ist definitiv weit weniger scharf als der „reine geriebene" Meerrettich. Sie sollten (da Meerrettich wirklich scharf ist!!) lieber erst einmal mit weniger anfangen, probieren und gegebenenfalls noch „nachlegen"...

AI-Menü **Malzbier-Geschnetzeltes mit Kartoffeln** (Foto)

2 Knoblauchzehen 300 g Zwiebeln, geviertelt	in den Mixtopf geben und **6 Sekunden/Stufe 6** zerkleinern.
35 g Öl 750 g Schweineschnitzel, in 2 cm breite Streifen geschnitten	dazu geben und **5 Minuten/Dampfgaren/Linkslauf/Stufe 1** andünsten.
2 TL Paprika, edelsüß 1 ½ TL Salz 1 Brühwürfel (für 0,5 l Wasser) ½ TL Pfeffer 2 TL Dijon-Senf 500 g Malzbier 50 g Tomatenmark 1 TL Majoran, getrocknet 150 g Wasser	dazu geben und **5 Minuten/100°C/Linkslauf/Rührstufe** vorgaren. In der Zwischenzeit
1 kg Kartoffeln	schälen, in etwa gleich großen Stücken mit genügend Platz, damit Dampf zirkulieren kann, in den Dampfgaraufsatz legen und auf genügend Dampflöcher achten. Den Dampfgaraufsatz auf den Mixtopf setzen und weitere **25 Minuten/Dampfgaren/Linkslauf /Rührstufe** garen.
300 g Paprika, in Streifen geschnitten	in den Mixtopf zugeben und weitere **8 Minuten/Dampfgaren/Linkslauf/Rührstufe** garen. Nun überprüfen, ob das Fleisch und das Gemüse schon gar genug sind, ansonsten noch Zeit bei gleicher Einstellung nachgeben. Sobald das Fleisch gar ist,
50 g Wasser 20 g Speisestärke	in einer Tasse miteinander vermischen. Die angerührte Speisestärke zur Sauce geben und **2 Minuten/100°C/Linkslauf/Rührstufe** andicken. Alles zusammen servieren.

Tipp: Wenn Ihnen die 300 g Paprika nicht genug Gemüse sind, können Sie noch 150 g Champignons, in Scheiben geschnitten, dazu geben (zusammen mit der Paprika zur Sauce geben).

Das Bier-Geschnetzelte ist übrigens sehr lecker. Keine Sorge - durch das Malzbier wird es nur leicht süßlich - , wirklich schön rund im Geschmack.

AI-Menü **Käse-Spitzkohl mit Kasseler**

500 g Wasser 1 Brühwürfel (für 0,5 l Flüssigkeit).....	in den Mixtopf geben und den Garkorb einhängen. In das Garkörbchen
800 g Kartoffeln	füllen und den Mixtopf schließen.
600 g Spitzkohl	in mundgerechten Stücken in den Dampfgaraufsatz legen, auf genügend Dampflöcher achten! Nun
4 Scheiben Kasseler (ohne Knochen) à ca. 150 g	oben auf den Spitzkohl legen. Alles **30 Minuten/Dampfgaren/ Stufe 1** garen. Nach Ende der Garzeit das Gemüse und das Fleisch warm stellen, den Mixtopf ausleeren und den Garsud auffangen. 250 g Garsud in den Mixtopf einwiegen.
250 g Milch 30 g Mehl ½ TL Muskat ¼ TL Pfeffer	dazu geben und **3-4 Minuten/100°C/Stufe 2-3** zu einer Sauce einkochen.
100 g Käse, z.B. Pikantje, in Stücken...	hinzufügen und **20 Sekunden/Stufe 10** zerkleinern.
20 g Petersilie	zugeben und **10 Sekunden/Stufe 10** zerkleinern. Alles zusammen servieren.

Tipp: Einfach, preiswert und sehr lecker!

AI-Menü **Curry-Schweinefleisch mit Jasminreis**

250 g Jasminreis 800 g Wasser 1 ½ TL Salz	in den Mixtopf geben **12 Minuten/100°C/Stufe 1** vorgaren. Den Reis durch und den Einlegeboden abgießen, gut im Einlegeboden verteilen (und dabei auf genügend Dampflöcher achten). In der Zwischenzeit
500 g Gemüse der Saison in mundgerechten Stücken	vorbereiten und in den Dampfgaraufsatz legen.
2 Zwiebeln, geviertelt 1 Knoblauchzehe.......................	in den Mixtopf geben und **3 Sekunden/Stufe 6** zerkleinern.
20 g Öl	dazu geben und **3 Minuten/Dampfgaren/Stufe 1** andünsten.
600 g Schnitzelfleisch, in ca. 1-2 cm großen Streifen.............................	hinzufügen und **5 Minuten/Dampfgaren/Linkslauf/Rührstufe** andünsten.
20 g Sojasauce, hell (oder 1 TL Salz) 1 EL Currypulver (gehäuft) 1 Brühwürfel (für 0,5 l Flüssigkeit) 200 g Apfelsaft 250 g Kartoffeln, roh in dünnen Scheiben (ca. 1 mm) zum Binden 200 g Wasser...........................	dazu geben und **32-40 Minuten/Dampfgaren/Linkslauf/Rührstufe** garen. (Bitte überprüfen Sie nach 32 Minuten das Fleisch, damit es nicht zerfällt!) Sobald das Fleisch gar ist
100 g Crème fraîche 1-2 TL Currypulver	dazu geben und **20 Sekunden/Linkslauf/Stufe 1** verrühren.

Tipp: Toll, dass die Sauce direkt beim Klingeln „fertig" ist und Sie nicht mehr minutenlang Geduld bewahren müssen (...). Die Sauce schmeckt Curry-fruchtig ohne mit Früchten zu sein. Sehr lecker!

AI-Menü **Klassische Maultaschen in klarer Brühe** (low fat, Reste-Fest: Brot/ Brötchen)

300 g Mehl
2 Eier (Größe M)
50 g Wasser
1 TL Salz
¼ TL Muskat, gemahlen .... in den Mixtopf geben und **20 Sekunden/Stufe 5** zu einem geschmeidigen Teig verarbeiten, der sich gut ausrollen lässt.

Den fertigen Teig zu einer Kugel formen und (falls es etwas länger dauert) in Frischhaltefolie eingeschlagen beiseite stellen, bis die Füllung vorbereitet ist.

Für die **Füllung**:

100 g (ca. 1) Zwiebel, geviertelt
1 Hand voll frische Kräuter (oder abgetropfter Spinat, ca. 10 g)............. in den Mixtopf geben und **5 Sekunden/Stufe 5** zerkleinern.

1 altbackenes Brötchen ca. 35g, in Stücken.. dazu geben und **5 Sekunden/Stufe 6** zerkleinern (das Brot sollte schön klein sein, damit es sich gut mit den restlichen Zutaten vermischen lässt, ansonsten bitte noch einmal kurz auf Stufe 6 zerkleinern.)

350 g mageres Schweinemett oder Bratwurstfüllung
1 Ei
1 Eiweiß (Eigelb zum Bestreichen lassen)
1 TL Salz
1 TL körniger Senf oder Dijon-Senf
1 TL Paprika edelsüß
¼ TL Pfeffer
10 g Hartweizengrieß .... dazu geben und **1 Minute/Stufe 6-7** eventuell mit Hilfe des Spatels vermischen. Die Füllung beiseite stellen.

Nun den Teig dünn ausrollen (ca. 1-2 mm dick) etwa doppelt so groß wie ein Backblech ausrollen und in Rechtecke schneiden, die doppelt so lang sind wie breit ausrollen.

Es ist wirklich wichtig, dass der Teig schön dünn ausgerollt wird (sonst werden die Maultaschen zu „teigig" und zu mächtig) - wenn Sie haben, sollten Sie ruhig eine Nudelmaschine verwenden, damit wird der Teig schön dünn!

Den Teig in ca. 16 Rechtecke à 8 x 16 cm schneiden.

Jeweils **einen Esslöffel** der Füllung in die Mitte der Teigrechtecke geben. De Rand mit dem verbliebenen Eigelb einstreichen, die Teigplatten übereinander klappen und den Rand mit einer Gabel fest andrücken.

Die Maultaschen werden nun in Brühe gegart, hierzu

2 Liter Wasser
1 Bund Suppengrün, mundgerecht
1 TL Salz
2 Brühwürfel (für je 0,5 l Flüssigkeit).. in einen Topf (auf dem Herd) geben und aufkochen. In das siedende Wasser (bitte nicht mehr kochend, nur siedend!) vorsichtig die Maultschen hineinlegen und **18 Minuten** lang gar ziehen lassen.

Währenddessen

250 g frische Champignons......... putzen und in dünne Scheiben schneiden. In den letzten **2 Minuten** die Champigonscheiben zur Brühe geben und garen. Sofort heiß servieren.

Tipp: Es gibt übrigens auch „Maultaschenhelfer" (sie sind meistens rund) - man kann mit ihnen die Maultaschen ausstechen, die Füllung hinein geben, die Ränder mit Eigelb bestreichen und dann zusammenklappen. Die Menge reicht als leichtes Hauptgericht für 5-6 Personen aus.

Wenn Sie's eilig haben, können Sie das Suppengrün auch (am besten bevor Sie die Füllung zubereiten) im Mixtopf zerkleinern. Geben Sie es hierzu in Stücken in den Mixtopf und zerkleinern Sie es 4-5 Sekunden/Stufe 4-5 nicht zu fein. Wenn's richtig schön aussehen soll, würde ich aber empfehlen, wenigstens den Lauch per Hand in schöne kleine Ringe zu schneiden.

AI-Menü **Medaillons im Schinkenmantel** (Foto)

500 g Wasser 1 Brühwürfel (für 0,5 l Flüssigkeit)	in den Mixtopf geben. Den Garkorb mit
900 g Kartoffeln	einhängen. Mixtopf verschließen.
500 g Gemüse der Saison, mundgerecht	in den Dampfgaraufsatz legen. Den Einlegeboden einlegen.
12 Schweinemedaillons	mit
Salz Pfeffer	würzen, dann dünn mit
Dijon-Senf	einpinseln. Jedes der Medaillons mit einer von
12 Scheiben geräuchertem Schinken	umwickeln. Die Medaillons mit der „Nahtseite“ nach unten in den Einlegeboden des Dampfgaraufsatzes legen. Den Dampfgaraufsatz verschließen, auf den Mixtopf aufsetzen und alles **30 Minuten/ Dampfgaren/ Stufe 1** garen. Nach Ende der Garzeit das Gemüse, das Fleisch sowie die Kartoffeln warm stellen. Dann für die

Sauce:

20 g Speisestärke 150 g Milch ½ TL Pfeffer ½ TL Muskat 2 TL Dijon-Senf 2 Scheiben Schinken, in Stücken	zu 350 g vom Garsud geben (ggf. mit Brühe auffüllen). Diese Masse **20 Sekunden/Stufe 8** zerkleinern und mischen, dann **5 Minuten/ 90°C/Stufe 2** zu einer Sauce einkochen.
½ Bund Petersilie, abgezupft ⅛ TL Estragon 100 g Butter, kalt, in Stücken	zugeben und **30 Sekunden/Stufe 10** zerkleinern und mischen. Die Sauce evtl. noch einmal abschmecken und zum Fleisch, den Kartoffeln und dem Gemüse servieren.

Tipp: So schmeckt auch Schweinefleisch aus dem Dampfgaraufsatz ganz ausgezeichnet.

AI-Menü **Grünkohl mit Pinkel** (Foto)

2 Zwiebeln ca. 150 g, geviertelt 50 g Bauchspeck, in Stücken	in den Mixtopf geben und **6 Sekunden/Stufe 6** zerkleinern.
20 g Schmalz oder Butter............	dazu geben und **3 Minuten/Dampfgaren/Stufe 1** andünsten.
750 g TK-Grünkohl, aufgetaut	aufteilen. Zuerst nur 500 g vom Grünkohl hinzufügen und **5 Minuten/ Dampfgaren/Stufe 1** andünsten. Die restlichen 250 g Grünkohl sowie
2 Brühwürfel (für jeweils 0,5 Liter Flüssigkeit) 1 Mettwurst, in Stücken 350 g Kartoffeln, in Stücken 1 Prise Zucker 2 TL Dijon-Senf ¼ TL Muskat	dazu geben.
ca. 500 g heißes Wasser	(maximal bis zur 2-Liter-Markierung im Topf) in den Mixtopf geben. Nun weitere
600 g Kartoffeln, evtl. in Stücken......	in den Dampfgaraufsatz geben. Auf genügend Dampflöcher achten.
500 g Pinkel (-Kochwurst) oder grobe Bratwurst zum Kochen 200 g Kasseler ohne Knochen..........	in den Einlegeboden legen. Den Dampfgaraufsatz auf den Mixtopf aufsetzen und noch einmal **30-40 Minuten/Dampfgaren/Linkslauf / Stufe 1** zu Ende garen.

Tipp: Das ist mal deftige Hausmannskost. Das Wort „Pinkel" gehört für mich nicht gerade zu denen, die mir besonders leicht aus der Feder fließen... Aber Pinkel ist eine grobkörnige geräucherte Grützwurst (mit Hafergrütze gemacht, die besonders in Norddeutschland beliebt ist. (Als ich Korrekturen eingegeben habe, haben mir auch meine beiden Söhne mit zwei Freunden über die Schulter geschaut und sich lustig gemacht: Mama, da steht ja Pinkel... Die Kids mögen zwar keinen Grünkohl - Pinkel kannten sie aber [allerdings in einem anderen Zusammenhang]...

Diese Version hier schmeckt übrigens sogar mir.... (Ich bin bekennender Nicht-Fan von Grünkohl...)

Für viele muss der Grünkohl schon richtig matschig gekocht sein – dann heißt er auch „Braunkohl" (den das Kochen zieht die grüne Farbe aus dem Grünkohl!) – dann sollten Sie noch 20-30 Minuten Kochzeit zugeben.

In Norddeutschland ist „Grünkohl mit Pinkel" und hier bei uns das „Grünkohlessen" ein Winterklassiker. Viele Vereine und Clubs haben jedes Jahr dafür einen festen Termin. Wenn man richtig norddeutsch genießen möchte, kann man vor dem Genuss des wärmenden Grünkohls noch „Boßeln" (oder Klootschießen) – eine Art „Straßenkegeln" das teilweise als richtige Sportart betrieben wird. ... Gelegentlich wird es auch als Aufhänger benutzt, sich unter jeder Straßenlaterne mit heißem Grog oder Glühwein unter jeder Straßenlaterne aufzuwärmen... und anschließend wird dann in gemütlicher Atmosphäre der Grünkohl genossen.

AI-Menü **Zigeunerbällchen**

500 g Wasser
1 Brühwürfel (für 0,5 l Flüssigkeit)..... in den Mixtopf geben. Den Gareinsatz einsetzen.

800 g Kartoffeln, in Stücken .... im Gareinsatz verteilen. Den Mixtopf verschließen.

500 g Paprika in mundgerechten Stücken (geputzt gewogen!) .... in den Garaufsatz legen.

500 g frische grobe Bratwurst ..... aus der Pelle drücken und in Bällchen in den Einlegeboden legen. Alles zusammensetzen und **30 Minuten/Dampfgaren/Stufe 1** garen.

Nach Garzeitende Kartoffeln, Paprika und Bratwurst warm stellen. Den Garsud auffangen und 220 g abwiegen und in den Mixtopf geben.

200 g Sahne oder Kaffeesahne
30 g Mehl
¼ TL Muskat
1 TL Paprika edelsüß
1 Brühwürfel (für 0,5 l Flüssigkeit)
¼ TL Pfeffer
40 g Tomatenketchup
1 TL Senf.................................. dazu geben und **3-4 Minuten/100°C/Stufe 2-3** zu einer Sauce einkochen. Die Sauce mit den Paprikastreifen und mit de Bällchen mischen.

Tipp: Einfach, bodenständig und lecker. Übrigens: Kaffeesahne (nicht Kondensmilch!) ist mit 10-12% Fettgehalt etwas leichter als Sahne mit 28-35% Fett.

AI-Menü **Leberkäs-Rouladen mit Lauchsauce und Kartoffeln**

3 dicke Stangen Lauch................ putzen. Vom unteren Stangenende ca. **10 cm** abschneiden und längs vierteln (dieser Teil wird in die Rouladen eingewickelt, so dass Sie insgesamt 12 ca. 10 cm lange Viertel von den drei Stangen haben müssten.

Den restlichen Lauch können Sie in mundgerechten Stücken in den Dampfgaraufsatz legen. Auf genügend Dampflöcher achten.

Die Lauchviertel jeweils in eine von

12 Scheiben Leberkäse / Fleischkäse in ca. **1-2 mm dicken** Scheiben (am besten vom Metzger schneiden lassen!!) .... einwickeln. Die Rollen nebeneinander in den Einlegeboden des Dampfgaraufsatzes legen und mit

Paprikapulver edelsüß................ bestreuen. Den Mixtopf mit

500 g Wasser
1 Brühwürfel (für 0,5 l Flüssigkeit)..... füllen. Den Gareinsatz mit

800 g Kartoffeln .... füllen, einhängen und den Mixtopf verschließen. Den verschlossenen Dampfgaraufsatz aufsetzen und alles **28 Minuten/Dampfgaren/Stufe 1** garen. Nach Garzeitende die Kartoffeln, Rouladen und den Lauch warm stellen. Für die

Sauce:
100 g Schmelzkäse (Kräuter)
30 g Mehl
½ TL Muskatnuss
¼ TL Pfeffer
1 TL Dijon-Senf oder scharfer Senf
¼ TL Majoran........................... zur Garflüssigkeit im Mixtopf geben und **3 Minuten/100°C/Stufe 3-4** aufkochen lassen. Den Lauch in einer Schüssel mit der Sauce vermischen und mit den Leberkäserouladen und den Kartoffeln servieren.

Tipp: Wieder ein geniales Rezept von Marita Möllmann! Einfache Zutaten, relativ wenig Aufwand und wieder ziemlich viel Eindruck! Und dann auch noch lecker! Klasse und herzlichen Dank!

AI-Menü **Kartoffeln mit lauwarmem Kohlrabi-Salat** (low fat)

500 g Wasser 1 Brühwürfel (für 0,5 l Flüssigkeit).....	in den Mixtopf geben. Den Garkorb einsetzen und
800 g Kartoffeln, mundgerecht	in den Garkorb geben. Mixtopf verschließen.
4-5 Kohlrabi, geputzt ca. 1 kg...........	in mundgerechten Stäbchen im Gareinsatz und im Einlegeboden verteilen. Die Kohlrabi mit
1 TL Zucker 30 g Butter, in Flöckchen	bestreuen. Auf genügend Dampflöcher achten! Alles **28 Minuten/ Dampfgaren/Stufe 1** garen. Den Garkorb und den Dampfgaraufsatz beiseite stellen. Für das Dressing 150 g Garsud abwiegen (den Mixtopf brauchen Sie nicht ausspülen!)
1 EL körniger Senf 1 EL Dijon-Senf 1 TL Salz ¼ TL Pfeffer 50 g Balsamico bianco 50 g (Basilikum-) oder neutrales Öl 1 EL Zucker	zu den oben genannten 150 g Garsud in den Mixtopf geben und **30 Sekunden/ Stufe 6** mischen. Dann
½ -1 Bund Basilikum, abgezupft.....	dazu geben und **20 Sekunden/Stufe 7-8** zerkleinern.
250 g Kochschinken, in Streifen 250-500 g Kirschtomaten............	mundgerecht mit den Kohlrabi und dem Dressing vermischen.
	Sofort zu den Kartoffeln oder abgekühlt (und mit den Kartoffeln vermischt) servieren.

Tipp: Lecker! Schmeckt nach Frühlingsgefühlen...! Als AI-Menü reicht diese Menge für 4 Personen aus.

Wenn Sie die Kartoffeln in mundgerechten Stücken mit dem fertigen lauwarmen Kohlrabi-Salat verrmischen, machen Sie daraus auch einen sehr leckeren Salat für's Picknick oder für's Büro. Der Salat passt prima zu kalten Frikadellen oder kalten Schnitzelchen - oder als vegetarische Variante: reichen Sie einfach ein Käsebrötchen dazu.

Hauptgerichte

mit Fisch und Meeresfrüchten

AI-Menü **Fischklößchen mit Gemüse und Kräutersauce** (Foto, low fat)

600 g Seelachs	mit
Salz Saft ½ Zitrone	beträufeln.
1 Zwiebel, geviertelt ½ Bund Petersilie, abgezupft ½ Bund Dill, abgezupft	in den Mixtopf geben und **4 Sekunden/Stufe 6** zerkleinern. Den Seelachs, in Stücke geschnitten aber gut abgetropft sowie
1 Ei (Größe M) 1 TL Salz 70 g Paniermehl 2 TL Kräutersalz (oder 1 TL Salz) ½ TL Muskat ½ TL Pfeffer	dazu geben und **30 Sekunden/Stufe 4** mit Hilfe des Spatels vermischen. Die Masse stehen lassen, bis alles andere vorbereitet ist. Den Einlegeboden des Dampfgaraufsatzes mit Backpapier auslegen und leicht buttern.
500-800 g Gemüse der Saison	vorbereiten und in den Dampfgaraufsatz geben.
900 g Kartoffeln, in Stücken	in den Garkorb geben. Aus der Fischmasse Klößchen formen und diese in den mit Backpapier ausgelegten leicht gebutterten Einlegeboden geben. Den Mixtopf gründlich ausspülen und mit
500 g Wasser 1 Brühwürfel (für 0,5 l Flüssigkeit)	füllen. Den Garkorb mit den Kartoffeln einsetzen und den Mixtopf schließen. Den Dampfgaraufsatz mit dem Gemüse und dem Einlegeboden aufsetzen. Alles **30 Minuten/Dampfgaren/ Stufe 1** garen. Nach Ende der Garzeit Gemüse und Kartoffeln warm stellen. Von der Garflüssigkeit 300 g abwiegen (gegebenenfalls mit Wasser auf 300 g auffüllen).
200 g Milch 50 g Butter 1 Brühwürfel (für 0,5 l Flüssigkeit) ¼ TL Pfeffer 30 g Mehl 2 EL Zitronensaft	dazu geben und **6 Sekunden/Stufe 6** mischen. Anschließend **4-6 Minuten/100°C/Stufe 2-3** aufkochen. Wenn die Sauce angedickt ist und **100°C** erreicht hat,
½ Bund Dill, abgezupft ½ Bund Petersilie, abgezupft	zur Sauce geben und **10 Sekunden/Stufe 8** zerkleinern. Mit den Fischklößchen, den Kartoffeln und dem Gemüse zusammen servieren.

Tipp: Sehr lecker! Und nicht „zu fischig" (man kann es also auch Kindern servieren, die sonst nicht so begeistert sind, wenn es Fisch gibt...). Die vielen Kräuter verleihen nicht nur ein hübsches Aussehen, sondern auch viel gesundes Aroma.

AI-Menü **Fischfilet Benedikt mit Kartoffeln** (Reste-Fest: 5 Eigelb)

500 g Fischfilet.......................... mit

Salz
Pfeffer
Zitronensaft.............................. würzen und in den Einlegeboden legen (eventuell vorher den Einlegeboden mit Backpapier oder Alufolie auslegen, damit kein Fischeiweiß auf den Spinat tropft)

500 g Spinat, aufgetaut, in Würfeln.... mit

Salz
Muskat.................................... bestreuen und in den Dampfgaraufsatz legen.

500 g Wasser
1 Brühwürfel (für 0,5 l Flüssigkeit)..... in den Mixtopf geben und den Gareinsatz einsetzen.

800 g Kartoffeln........................ in den Garkorb legen, alles **30 Minuten/Dampfgaren/ Stufe 1** garen.

Nach Ende der Garzeit den Fisch, Spinat und die Kartoffeln warm stellen. Den Mixtopf ausleeren und den Garsud anderweitig verwenden.

Für die

Sauce:
50 g Sahne
100 g Butter, in Stücken
5 Eigelb
1 EL Zitronensaft
1 TL Salz
¼ TL Pfeffer
¼ TL Muskat............................ in der angegebenen Reihenfolge in den Mixtopf geben (damit das Eigelb nicht gerinnt) und **4 Minuten/80°C/Stufe 3** erhitzen, anschließend **20 Sekunden/Stufe 8** aufschlagen, sofort servieren.

Tipp: Kolossal köstlich – ich gerate schon beim Aufschreiben wieder ins Schwärmen! Und es ist mit Edelfischfilets besonders lecker, z.B. Pangasiusfilet.

AI-Menü **Garnelen-Spargelragout mit Kartoffeln** (low fat)

700 g Spargel, geschält in Stücken (das entspricht etwa 1 kg ungeschält).......... in den Dampfgaraufsatz legen.

1 EL Zucker
1 EL Butter, in Flöckchen................ darüber verteilen.

500 g Garnelen/Scampis (roh, aber geschält, dürfen noch tiefgefroren sein).. in den Einlegeboden geben.

500 g Wasser
1 Hühnerbrühwürfel.................. in den Mixtopf geben. Den Garkorb mit

900 g Kartoffeln........................ einhängen. Den Mixtopf verschließen, den Dampfgaraufsatz aufsetzen und alles **28 Minuten/Dampfgaren/Stufe 1** garen.

Für die

Sauce: den Garsud eventuell mit

Wasser/Weißwein (nicht zu trocken) . auf 500 g auffüllen (= erste Markierung im Mixtopf).

30 g Mehl
10 g Zitronensaft
½ TL Muskat
⅛ TL Pfeffer
¼ TL Salz................................ dazu geben und **3 Minuten/100°C/Stufe 2** zu einer Sauce einkochen.

50 g Butter, in Stücken................. hinzufügen und **30 Sekunden/Stufe 10** aufschlagen.

Die Sauce sofort in einer vorgewärmten Terrine mit dem Spargel und den Garnelen vermischen, zusammen mit den Kartoffeln servieren.

Tipp: So schmeckt das Paradies. Himmlisch lecker und sehr sehr edel! Allein für dieses Rezept lohnt es sich, auf die Spargelzeit zu warten! Eine so wie hier aufgeschäumte Sauce sollten Sie allerdings möglichst sofort servieren. Lange Stehzeiten (oder wieder aufgewärmt werden) sind da Tabu!

AI-Menü **Gemüse-Fisch-Traum mit Kokos-Sauce**

400 g Pangasius- oder Lachsfilet...	in mundgerechte Stücke schneiden.
250 g Garnelen / Shrimps / Krabben (verzehrfertig aufgetaut)	mit
Zitronensaft Salz Pfeffer	würzen und im Kühlschrank etwa **15 Minuten** marinieren.
400 g Gemüse der Saison, z.B. Lauch, Möhren, Champignons, Paprika, Erbsen, Sojasprossen........................	putzen und in den Dampfgaraufsatz geben. Auf genügend Dampflöcher achten. Den Einlegeboden einsetzen (nach Wunsch mit Backpapier auslegen) und den Fisch und die Garnelen hinein legen.
900 g Wasser 2 TL Salz 20 g Butter 20 g Zitronensaft........................	in den Mixtopf geben. Den Garkorb einhängen.
200 g Basmatireis.......................	hineinwiegen. Den Mixtopf verschließen. Den Dampfgaraufsatz darauf setzen und alles **25 Minuten/Dampfgaren/Stufe 1** garen. Nach Ende der Garzeit das Gemüse, den Fisch und den Reis warm stellen. Für die Sauce den Mixtopf ausleeren und
400 g Kokosmilch 3 TL Curry (oder 1 - 1 ½ TL milde Curry-Paste) 80 g Apfelsaft 1 Brühwürfel (für 0,5 l Flüssigkeit) 1 EL Fischsauce / Austernsauce (alternativ: ½ TL Salz) 25 g Mehl (oder Reismehl) 1 EL Zitronensaft........................	in den Mixtopf geben und **6 Sekunden/Stufe 6** mischen, anschließend **6 ½ Minuten/90°C/Stufe 2-3** zu einer Sauce einkochen.
(nach Wunsch) noch 1-2 Zweige Thai-Basilikum	abgezupft dazu geben (ansonsten die Sauce ohne die Kräuter aufschlagen): **20 Sekunden/Stufe 10** mischen. Die Sauce mit dem Fisch und den Garnelen vermischen und zusammen mit dem Gemüse und dem Basmatireis servieren.

Tipp: Lecker! Sehr hübsch sieht es auch aus, wenn Sie die Fischstücke und die Garnelen abwechselnd locker auf in Wasser getränkte Spieße stecken. Natürlich können Sie auch etwas vom Gemüse mit aufspießen. Sieht appetitlich aus und jeder weiß sofort, wie viel „Fisch ihm zusteht"... Wenn Sie übrigens anstelle von Basmatireis Parboiled Reis verwenden, verlängert sich die Garzeit um 3-4 Minuten.

AI-Menü **Seelachsröllchen mit Gorgonzolafüllung**

30 g verschiedene Kräuter, z.B. Petersilie, Dill, Borretsch (gemischt)	in den Mixtopf geben und **4 Sekunden/Stufe 7-8** zerkleinern. Gut 1 ½ Teelöffel beiseite stellen (zum Dekorieren, zu den restlichen Kräutern im Mixtopf
200 g Gorgonzola	dazu geben und in **20 Sekunden/Stufe 4-5** zu einer homogenen Masse verarbeiten.
4 Seelachsfilets (möglichst breit und dünn)	mit
Zitronensaft Salz Pfeffer	würzen und eine Seite der Seelachsfilets schön dick mit der Kräuter-Käsemasse bestreichen. Den Gareinsatz mit einer Lage Backpapier auslegen (damit kein Saft auf das Gemüse tropft)
1 lange dünne junge Zucchini......	mit einem Gurkenhobel oder Sparschäler in 1-2 mm dicke Scheiben hobeln und die schönsten Scheiben beiseite legen, alle anderen Scheiben auf die Seelachsfilets legen und hübsche Rollen formen. Die Rollen mit den schönen Zucchinischeiben wie einen Gürtel umwickeln und mit der Naht nach unten in den Einlegeboden des Garaufsatzes legen. In den Dampfgaraufsatz
400 g Gemüse der Saison	in mundgerechten Stücken legen. Auf genügend freie Dampflöcher achten.
500 g Wasser 1 Brühwürfel (für 0,5 l Flüssigkeit).....	in den Mixtopf geben. Den Garkorb einsetzen und mit
800 g Kartoffeln, in Stücken	füllen. Mixtopf verschließen und den Dampfgaraufsatz aufsetzen. Alles **25 Minuten/Dampfgaren/Stufe 1** garen. Nach Ende der Garzeit die Kartoffeln, das Gemüse und die Fischrollen warm stellen. Für die
Sauce: 25 g Mehl 100 g Crème fraîche ⅛ TL Muskat ⅛ TL Pfeffer	sowie die restliche Kräuter-Käse-Paste zu 300 g der Garflüssigkeit* geben und **3 Minuten/100°C/Stufe 3** zu einer Sauce einkochen. Anschließend **20 Sekunden/Stufe 7** crèmig schlagen. Die Fischröllchen mit dem Gemüse und den Kartoffeln zur Sauce servieren und mit den übrig gebliebenen Kräutern dekorieren.

Tipp: (*Bitte benutzen Sie auch den Garsud aus dem Einlegeboden, den Sie zuvor mit Backpapier ausgelegt haben; ansonsten, falls erforderlich, mit Wasser auffüllen.)

„Echter Gorgonzola" ist immer sehr viel milder, als andere Blauschimmelkäsesorten.

Sollte der Garaufsatz für die Rollen zu flach sein, können Sie anstelle des Deckels auch eine Lage Alufolie darüber decken (unten möglichst dicht) – allerdings sollten Sie oben in der Folie unbedingt 3-4 Dampflöcher mit einem Messer einpieksen, damit der überschüssige Dampf austreten kann und die Dichtigkeit nach unten nicht zu Ungunsten der Temperatur verringert wird.

Tipp:

Wenn Sie den Einlegeboden des Dampfgaraufsatzes mit einer Lage Backpapier auslegen, kann kein Fischsaft auf das Gemüse tropfen. Durch das Zitronengras schmeckt die Sauce richtig nach Thai-Küche! Wenn Sie den Lachs gefroren verwenden, wird er nicht „zu gar" – ansonsten sollten Sie den Einlegeboden mit dem Lachs erst nach ca. 15 Minuten in den Dampfgaraufsatz einsetzen.

AI-Menü **Thai-Lachs mit Reis und Gemüse** (Foto)

2 Zwiebeln, geviertelt 1 walnussgroßes Stück Ingwer in 2 mm Scheiben 2 Stangen Zitronengras, in 5 cm langen Stücken ½ rote Chilischote, ohne Kerne	in den Mixtopf geben und **5 Sekunden/Stufe 5** zerkleinern.
30 g Öl (vorzugsweise Erdnuss- oder Sesamöl)	zugeben und **5 Minuten/Dampfgaren/Stufe 1** andünsten.
400 g Kokosmilch	zugeben und **6 ½ Minuten/100°C/Stufe 1-2** mit eingesetztem Messbecher aufkochen lassen. Den Sud (inklusive der Stücke) abgießen und beiseite stellen, damit sich die Gewürze mit der Kokosmilch verbinden.
4 Lachsfilets, gefroren (à ca. 150 g) ...	säubern und abtrocknen, dann mit
Zitronensaft Salz Pfeffer	säuern und würzen und auf einer Lage Backpapier (damit das Gemüse nicht mit Eiweiß volltropft) in den Einlegeboden des Dampfgaraufsatzes legen.
500 g Gemüse der Saison	in mundgerechten Stücken in den Dampfgaraufsatz legen. Dampfgaraufsatz verschließen.
1 Liter Wasser 20 g Butter 20 g Zitronensaft 2 TL Salz	in den Mixtopf geben. Den Gareinsatz einhängen und
250 g Basmatireis, gewaschen	in den Gareinsatz geben. Den Reis noch einmal durchmischen, damit er sich mit dem Wasser im Mixtopf vermischt. Den Mixtopf verschließen, den Dampfgaraufsatz aufsetzen und alles **28 Minuten/Dampfgaren/ Stufe 1** garen. Nach Ende der Garzeit Gemüse, Reis und Lachsfilets warm stellen und den Mixtopf leeren (die Garflüssigkeit brauchen Sie nicht mehr). Den beiseite gestellten Kokossud durch den Gareinsatz (oder ein feines Sieb) in den Mixtopf geben.
15-20 g Speisestärke 1 Brühwürfel (für 0,5 l Flüssigkeit) 60 g Portwein (Weißwein, Sherry oder leichte Brühe oder eine Mischung daraus)	zugeben und **10 Sekunden/Stufe 10** vermischen, anschließend **4 Minuten/100°C/Stufe 2-3** aufkochen. Zusammen mit Lachs, Gemüse und Reis servieren.

AI-Menü **Seezungen-Involtini mit Noilly-Prat & Scampi-Sauce**

4 Seezungenfilets	säubern und mit
Salz Pfeffer Zitronensaft Dill (getrocknet oder frisch)	würzen. Nun auf jede Scheibe eine von
4 Scheiben Räucherlachs	legen. Die Filets aufrollen und mit einem Zahnstocher feststecken. Wenn Sie lieber kleine Röllchen mögen, können Sie die Röllchen auch in der Mitte durchschneiden. Den Einlegeboden des Dampfgaraufsatzes mit Backpapier auslegen und die Involtini hineingeben.
500 g Gemüse der Saison in mundgerechten Stücken	in den Dampfgaraufsatz geben.
500 g Wasser 1 Brühwürfel (für 0,5 l Flüssigkeit)	in den Mixtopf geben.
800 g Kartoffeln	in den Garkorb geben. Garkorb einhängen, Mixtopf verschließen und den Dampfgaraufsatz aufsetzen. Alles **25 Minuten/Dampfgaren/Stufe 1** garen. Fisch-Involtini, Kartoffeln und Gemüse warm stellen. Den Mixtopf leeren und den Garsud beiseite stellen. Sie benötigen ihn noch teilweise für die Sauce.
150 g Garsud 150 g Sahne 40 g Noilly Prat (oder anderer trockener Wermut) 20 g Mehl ½ Brühwürfel (für 0,5 l Flüssigkeit) ¼ TL Muskat ⅛ TL Pfeffer	in den Mixtopf geben und **6 Sekunden/Stufe 6** mischen, dann **3-4 Minuten/100°C/Stufe 3-4** zu einer Sauce einkochen.
100 g Butter	zugeben und **30 Sekunden/Stufe 10** aufschlagen.
200 g gegarte Krabben, abgetropft	dazu geben und **1 Minute/90°C/Linkslauf/Stufe 1** erwärmen. Die Seezungen-Involtini mit dem Gemüse, den Kartoffeln und der Sauce servieren.

Tipp: Wenn Sie genügend Platz im Dampfgaraufsatz oder Einlegeboden haben, können Sie die Scampis oder Krabben auch während des Garvorgangs erwärmen und Sie später nur mit der Sauce vermischen.

Ein großartiges Gericht für Gäste! Edle Zutaten ganz edel gegart. Ein Hochgenuss!

AI-Menü **Pesto-Fisch mit Kartoffeln, Gemüse und Sauce**

500 g Fischfilet, z.B. Kabeljau, Pangasiusfilet, Seelachs .... säubern. Dann mit etwas

Zitronensaft oder Balsamico bianco
Salz .... säuern und würzen. Im Einlegeboden abtropfen lassen.

50 g Parmesankäse, in Stücken
20 g Pinienkerne
½ Bund Petersilie, abgezupft
½ Bund Basilikum, abgezupft
1 Knoblauchzehe
½ TL Salz
¼ TL Pfeffer .... in den Mixtopf geben und **6 Sekunden/Stufe 8** zerkleinern und mischen.

25 g Olivenöl
20 g Balsamico bianco .... dazu geben und **5 Sekunden/Stufe 4** vermischen und umfüllen.

Sie brauchen den Mixtopf nicht ausspülen.

500 g Wasser
1 Brühwürfel (für 0,5 l Wasser)......... in den Mixtopf geben. Das Garkörbchen einhängen.

900 g Kartoffeln, in Stücken .... in das Garkörbchen legen. Den Mixtopf verschließen.

500 g Gemüse der Saison (z.B. Pilze, Kohlrabi, Paprika, Spargel, Bohnen, Möhren, ...) .... in mundgerechten Stücken in den Dampfgaraufsatz legen. Den Einlegeboden ausgespült in den Dampfgaraufsatz hängen. (Gegebenenfalls eine Lage Backpapier hineinlegen, wenn Sie verhindern möchten, dass Pesto oder Eiweiß auf das Gemüse tropfen.)

Den Fisch nun mit einem Küchentuch trocken tupfen (damit es nicht zu sauer wird, dann von beiden Seiten - vor allem von oben - mit dem Pesto bestreichen. Restliches Pesto beiseite stellen (es wird für die Sauce verwendet).

125 g Mozzarella .... in Scheiben oder Streifen auf dem Pesto-Fisch verteilen. Streifen sehen besonders hübsch aus - dann ist der Fisch weiß-grün gestreift. Den Dampfgaraufsatz verschließen und auf den Mixtopf aufsetzen. Alles **30 Minuten/Dampfgaren/Stufe 1** garen.

Den Fisch, das Gemüse und die Kartoffeln warm stellen. Die restliche Flüssigkeit im Mixtopf, eventuell auch die Flüssigkeit, die im Einlegeboden auf dem Backpapier aufgefangen wurde - in den Mixtopf wiegen. Es sollten 300 g Garflüssigkeit sein. Zu dieser Garflüssigkeit

100 g Milch
50 g Butter
25 g Mehl
¼ TL Muskatnuss
⅛ TL Pfeffer .... dazu geben. Alles **6 Sekunden/Stufe 6** mischen, anschließend **3 Minuten/90°C/Stufe 2-3** zu einer Sauce einkochen. Die Sauce **30 Sekunden/Stufe 10** aufschlagen. Nun das restliche Pesto zur Sauce geben und die Sauce **10 Sekunden/Stufe 6** mischen. Sofort mit Kartoffeln, Gemüse und Fisch servieren.

Tipp: Sehr lecker! Frische Kräuter und Fisch harmonieren einfach blendend miteinander! Wenn Ihnen Mozzarella zu fade schmeckt, können Sie auch Gouda oder Schmelzkäse-Scheiben verwenden.

AI-Menü **Fisch in Salzkruste mit Mallorquinischen Kartoffeln** (low fat)

	Rühraufsatz einsetzen.
3 Eiweiß	in den Mixtopf geben und **3 Minuten/Stufe 3-4** ganz steif schlagen.
	Rühraufsatz entfernen.
1 kg grobes Meersalz	zum Eischnee im Mixtopf geben und **40 Sekunden/Stufe 3** mit dem Eischnee mischen. Falls ein Teil des Eischnees auf den Weg nach oben an den Rand „geflohen" ist, bitte entweder mit dem Linkslauf oder mit dem Spatel zurück auf das Messer schieben. Ein sauberes Leinen- oder Baumwolltuch in den Dampfgaraufsatz legen, etwa die Hälfte der Salzmasse hineingeben.
1-2 ganze Fische, küchenfertig ausgenommen (z.B. Wolfsbarsch, Seebarsch, oder Goldbrasse [= Dorade], Lachsforelle, dicke Forelle insgesamt ca. 800 g schwer)	innen und außen unter fließendem Wasser waschen und trocken tupfen. Innen und außen mit
Pfeffer Salz Zitronensaft	würzen. Wenn Sie möchten, können Sie
(nach Wunsch) 2 Knoblauchzehen, ganz	mit in den Bauch geben. Den Fisch in das Salzbett legen und die restliche Salzmasse auf den Fisch geben und leicht andrücken. Das Tuch „einrollen" und den Dampfgaraufsatz mit dem umpolsterten Salzfisch im Tuch verschließen.
500 g Wasser 1 Brühwürfel (für 0,5 l Flüssigkeit)	in den Mixtopf geben.
800 g ganz kleine Kartoffeln mit Schale (Frühkartoffeln bzw. ganz junge Kartoffeln, sie heißen auch „Pfannenkartoffeln" oder Drillinge)	in den Garkorb geben. Alles zusammen setzen und **30 Minuten/ Dampfgaren/Stufe 1** garen. Vor dem Servieren das Salz vom Fisch ablösen (das geht in „Schollen") und vorsichtig herunter nehmen, so dass möglichst kein Salz mit dem Fischfilet in Berührung kommt. Den Fisch direkt filetieren (Vorsicht, dass kein Salz auf das Fischfilet rieselt!) auf einer vorgewärmten Platte servieren. Den Fisch und die Kartoffeln ganz klassisch mit
(nach Wunsch) Aioli, Mojo (= spanische Knoblauchmayonnaise) oder einem anderen Dip	servieren.

Tipp: Leckerer, saftiger und ursprünglicher kann Fisch nicht sein! Genial!!!

Zum Filetieren des Fisches am besten das Salz möglichst vollständig von der Haut des Fisches entfernen. Sonst fällt es auf das Filet und „versalzt Ihnen den Fisch gründlich"! Nun zuerst die unterhalb der Augen liegenden „Bäckchen" des Fisches (eine echte Delikatesse!) ausheben. Anschließend Rücken-, Bauch- und Schwanzflossen mit dem Fischmesser vom Fisch abtrennen. Um die Haut des Fisches ablösen zu können, muss man ihn über die gesamte Länge des Rückgrats einschneiden. Setzen Sie hierzu am besten unter den Kiemenlappen an und ziehen bis zur Schwanzflosse hin durch. Vom Kopf her können Sie die Haut mit einer Gabel anheben und dann mit dem Fischmesser vom Fischfilet abziehen. Die beiden frei gelegten Filets jetzt vorsichtig abheben, indem Sie das Messer zwischen Gräten und Fischfleisch schieben. Die Filets dabei ganz vorsichtig von den Gräten lösen. Den Grätenstrang nun (am Schwanzende beginnend) mit der Gabel anheben und bis zum Kopf vom Fischfilet ablösen. Die jetzt praktisch grätenfreien Fischfilets können nun leicht von der Hautfläche abgenommen werden.

Dies ist ein spanisches Lieblingsrezept. Hierzulande isst man ja eigentlich viel zu wenig Fisch (finden Sie auch?) – wo er doch nachweislich so gesund ist! In Spanien isst man zu Fisch in Salzkruste klassischerweise Aioli, eine Mayonnaise oder Vinaigrette oder Mojo [sprich „mocho"] (Rezepte dazu ebenfalls in diesem Buch).

Ursprünglich (d.h. als es noch keinen Wundertopf gab...) wird der Fisch in Salzkruste im Ofen gebacken. Sehr spektakulär wird die Salzkruste in Spanien dann „aufgehämmert" – Dann wird **mindestens** die doppelte Menge an Eiweiß und Salz gebraucht.

AI-Menü **Kräuterfisch mit Gurkengemüse und Kartoffeln** (low fat, Foto)

1 Salatgurke / Schlangengurke....	schälen, in Stücke schneiden und in den Dampfgaraufsatz verteilen. Die Scheiben mit
½ TL Kräutersalz	würzen.
2 Frühlingszwiebeln..................	in Ringe schneiden und zu den Gurken geben.
3-4 Fischfilets (z.B. Seelachs, Pangasius, Lachs)..........................	mit
Salz Pfeffer Zitronensaft Dill..	würzen und in den Einlegeboden des Dampfgaraufsatzes geben (Eventuell den Dampfgaraufsatz vorher mit Backpapier auslegen).
350 g Wasser 1 Brühwürfel (für 0,5 l Flüssigkeit).....	in den Mixtopf geben und den Garkorb einhängen.
800 g geschälte Kartoffeln, längs geviertelt...................................	in den Garkorb geben. Den Mixtopf verschließen und den Dampfgaraufsatz verschlossen aufsetzen. Alles **25 Minuten/ Dampfgaren/Stufe 1** garen.
	Nach Ende der Garzeit den Fisch, das Gemüse und die Kartoffeln warm stellen. Für die

Sauce:

25 g Mehl 50 g Sahne 1 EL Dill ⅛ TL Pfeffer ¼ TL Muskat 1 EL Zitronensaft.......................	zur restlichen Garflüssigkeit (= ca. 250 g) in den Mixtopf geben und **2 Minuten/100°C/Stufe 4** aufkochen. Alles zusammen servieren.

Foto: Fischgulasch mit Safran-Reis und Tomatensauce

AI-Menü **Fischfilet mit Tomaten-Senfsauce** (low fat)

450 g Wasser
1 Brühwürfel (für 0,5 l Flüssigkeit)..... in den Mixtopf geben geben. Den Garkorb hineingeben.

900 g Kartoffeln, in Stücken .... in den Garkorb geben. Den Mixtopf verschließen.

500 g Gemüse der Saison, mundgerecht
2 große Tomaten, halbiert .... in den Dampfgaraufsatz geben. Den Einlegeboden in den Dampfgaraufsatz legen.

500 g Fischfilet, z.B. Seelachs, Kabeljau, Pangasiusfilet, Rotbarsch .... säubern und abtrocknen, anschließend mit

Zitronensaft
Salz
Pfeffer
Dillspitzen .... würzen. Den Einlegeboden mit einem zugeschnittenen Backpapier auslegen (Dampflöcher am Rand sollten frei bleiben!), anschließend den Fisch in den Einlegeboden geben. Den verschlossenen Dampfgaraufsatz auf den Mixtopf aufsetzen.

Alles **28 Minuten/Dampfgaren/Stufe 1** garen.

Nach Ende der Garzeit die Kartoffeln, das Gemüse und den Fisch warm stellen. Die Garflüssigkeit auffangen. 300 g Garflüssigkeit in den Mixtopf geben.

150 g Vollmilch-Joghurt
20 g Butter
25 g Mehl
½ TL Muskatnuss
⅛ TL Pfeffer
¼ TL Salz
1 Knoblauchzehe
70 g Tomatenmark
1 TL Dill (evtl. getrocknet)
1 gehäufter EL körniger Senf....... sowie die beiden gegarten Tomaten dazu geben und **10 Sekunden/Stufe 8** mischen.

Anschließend **4 Minuten/100°C/Stufe 3** aufkochen und am Schluss **10 Sekunden/Stufe 10** aufschäumen. Sofort servieren.

Tipp: Lecker! Besonders lecker mit „sanftem Pangasius-Filet", das auf der Zunge zergeht.

AI-Menü **Fischgulasch mit Safran-Reis und Tomatensauce** (Foto, low fat)

150 g (ca. 2 Stück) Zwiebeln, halbiert
1 Knoblauchzehe .... in den Mixtopf geben und **3 Sekunden/Stufe 6** zerkleinern.

10 g Butter oder Butterschmalz ... dazu geben und **3 Minuten/Dampfgaren/Stufe 1** andünsten.

1000 g Wasser
1 Brühwürfel (für 0,5 l Flüssigkeit)
1 TL Salz
1 TL Zucker
2 Portionen Safran (= 0,2 g) .... dazu geben. Den Garkorb in den Mixtopf geben. (Achtung: der Garkorb wird sich durch den Safran verfärben, das verfliegt aber nach einigen Durchgängen in der Spülmaschine.)

200 g parboiled Reis .... in den Garkorb geben. Den Mixtopf verschließen.

2 Fleischtomaten, (ca. 200 g) halbiert ohne Strunk
500 g Gemüse der Saison, in mundgerechten Stücken .... in den Dampfgaraufsatz geben. Den Einlegeboden in den Dampfgaraufsatz legen. (Nach Geschmack den Einlegeboden mit Backpapier oder einem Küchentuch auslegen, damit kein Eiweiß herunter tropft.)

500 g Fischfilet, mundgerecht geschnitten .... mit

Salz, Pfeffer
Zitronensaft .... würzen. So gewürzt in den Einlegeboden geben. Dampfgaraufsatz verschließen.

Den verschlossenen Dampfgaraufsatz auf den Mixtopf aufsetzen.

Alles **30 Minuten/Dampfgaren/Stufe 1** garen.

Nach Ende der Garzeit den Reis, das Gemüse und das Fleisch warm stellen. Die Garflüssigkeit auffangen. 300 g Garflüssigkeit in den Mixtopf geben.

100 g Frischkäse (16% Fett)
25 g Mehl
¼ TL Salz
⅛ TL Pfeffer
2 TL Paprika, edelsüß
70 g Tomatenmark ....

sowie die gegarten Fleischtomaten dazu geben und **4 Sekunden /Stufe 5** mischen. Dann **4 Minuten/100°C/Stufe 3** aufkochen.

1 Hand voll frische Kräuter (z.B. Petersilie, Dill, Basilikum) .... dazu geben, dann **10 Sekunden/Stufe 10** aufschäumen und zerkleinern. (Wenn Sie TK-Kräuter verwenden, reichen ca. 10 g TK-Kräuter, die Sie bitte erst nach dem Aufschäumen **3 Sekunden/Stufe 5** untermischen.)

Den Safran-Reis mit dem Fisch, dem Gemüse und der Sauce servieren.

Tipp:

Sehr lecker! Möglicherweise verfärbt sich der Garkorb durch den Safran gelb. Das verschwindet aber mit der Zeit wieder. Statt „Geduld und Spucke" (wie man hier so schön sagt) braucht man hier nur „Geduld und eine geduldige Spülmaschine"...

Tipp:

Lecker und farbenfroh! Allerdings muss dieses Essen frisch gegessen werden. Zum Aufwärmen eignet es sich überhaupt nicht, da die Sauce sonst an Geschmack und Konsistenz verliert!

AI-Menü **Fischfilet mit Mangold in Zitronensauce** (Foto)

650 g Mangold, frisch .... gründlich (am besten Blatt für Blatt) waschen, faserige Teile abschneiden.

Die Blätter abzupfen, grob klein schneiden und zunächst beiseite stellen. (Nur die Blätter kommen später in die Sauce.)

Die Stiele in mundgerechte Stücke schneiden und in den Dampfgaraufsatz legen.

2 rote Paprikaschoten .... mundgerecht klein schneiden und zu den Mangoldstielen legen. Auf genügend Dampflöcher achten.

1 Zitrone (unbehandelt) .... gründlich mit warmem Wasser waschen. Aus der Mitte 4 dünne runde Scheiben schneiden (und beiseite legen, die beiden Enden auspressen, Saft beiseite stellen.

Backpapier in den Einlegeboden des Dampfgaraufsatzes legen (einen Rand hochziehen, damit kein Eiweiß oder Zitronensaft auf das Gemüse tropft)

4 Fischfilets (etwa 500-600 g, z.B. Rotbarsch, Kabeljau, Seelachs)............ in den mit Backpapier versehenen Einlegeboden geben und die Fischfilets von beiden Seiten mit dem Zitronensaft beträufeln. Ebenfalls beide Seiten mit

Salz
Pfeffer .... bestreuen. Auf jedes Fischfilet ca. 10 g von

40 g Butter .... in kleinen Flöckchen verteilen.

500 g Wasser
1 Brühwürfel (für 0,5 l Flüssigkeit)
1 TL Zucker (!).......................... in den Mixtopf geben. Den Gareinsatz mit

900 g Kartoffeln, in Stücken .... in den Mixtopf hängen. Den Mixtopf verschließen. Den Dampfgaraufsatz aufsetzen und alles **25 Minuten/Dampfgaren/Stufe 1** garen.

Nach Ende der Garzeit den Fisch, das Gemüse und die Kartoffeln warm stellen.

Insgesamt **500 g** Garsud (aus dem Backpapier im Einlegeboden sowie Garsud aus dem Mixtopf) in den Mixtopf geben.

25 g Mehl
100 g kalte Butter
½ TL Muskat
⅛ TL Pfeffer .... zum Garsud in den Mixtopf geben und **3 Minuten/100°C/Stufe 2-3** zu einer Sauce einkochen. Die Sauce **1 Minute/Stufe 10** aufschlagen.

Nun die mundgerecht geschnittenen Mangoldblätter (eventuell in mehreren Portionen von oben „nachstopfen") zur Sauce geben und **3-5 Minuten/ 100°C/Linkslauf/Stufe 1** (je nach „al dente"-Wunsch) zusammen fallen lassen.

Die Sauce zusammen mit dem Fisch, dem Gemüse und den Kartoffeln servieren, mit den Zitronenscheiben garnieren.

AI-Menü **Porree-Käse-Fisch mit Reis** (low fat, Foto: nächste Seite)

200 g parboiled Reis	in das Garkörbchen wiegen, mit reichlich kaltem Wasser abspülen.
1000 g Wasser 1 Brühwürfel (für 0,5 l Flüssigkeit) 1 TL Salz	in den Mixtopf geben. Den Garkorb mit dem gewaschenen Reis einhängen. Den Mixtopf verschließen.
4 Stücke Fischfilet, z.B. Pangasius, Seelachs, insgesamt ca. 500 g	waschen, trocken tupfen und von beiden Seiten mit
Zitronensaft	beträufeln, anschließend beidseitig mit
Salz Pfeffer	würzen und in den mit Backpapier ausgelegten Dampfgar-Einlegeboden legen.
1.000 g Porree (ungeputzt, entspricht ca. 540 g geputzt gewogen)	gründlich säubern und gut 1 Hand voll davon in ca. 2 mm dünne Ringe schneiden. Die dünnen Ringe auf den Fischfilets verteilen. Den Rest des Porrees in mundgerechte ca. 1 cm dicke Ringe schneiden und in den Dampfgaraufsatz (unter den Einlegeboden) legen.
100 g Kirschtomaten	neben den Fischfilets in den Einlegeboden verteilen. Auf jedes Fischfilet jeweils ein bis zwei von
8 Chester-Schmelzkäse-Scheiben, leicht	legen, wenn nötig, die Käsescheiben etwas zu recht schneiden. (Die übrig gebliebenen Schmelzkäse-Scheiben kommen nachher mit in die Sauce.) Den Einlegeboden in den Dampfgaraufsatz geben, den Dampfgaraufsatz verschließen und auf den verschlossenen Mixtopf setzen. Nun alles **30 Minuten/Dampfgaren/Stufe 1** garen. Nach Ende der Garzeit den Fisch, das Gemüse und den Reis warm stellen. Vom Garsud auf dem Backpapier und dem restlichen Garsud im Mixtopf 400 g abwiegen. (Den Rest anderweitig verwenden, falls der Reis zu viel Garsud aufgesaugt hat, bitte mit die Menge entsprechend mit Wasser oder Milch auffüllen.)
100 g Frischkäse (max. 16% Fett) ½ TL Muskat ½ TL Pfeffer 25-30 g Mehl	sowie die restlichen Schmelzkäse-Scheiben zum Garsud geben, **6 Sekunden/Stufe 6** vermischen, anschließend in **4 Minuten/90°C / Stufe 2-3** eine Sauce daraus kochen. Anschließend **1 Minute/Stufe 10** aufschlagen. Die Sauce zusammen mit dem Reis, dem Gemüse und dem Fisch servieren.

Tipp: Sehr lecker! Mild, frisch, cremig. So muss ein AI-Menü mit Fisch schmecken! Allerdings darf man ja über Geschmack bekanntlich nicht streiten...

Schmelzkäse ist aufgrund der Schmelzsalze nicht unbedingt „natürliche Vollwertkost" - aber ich persönlich mag Chester-Schmelzkäse einfach nur sehr gerne... Natürlicher und vollwertiger wird das AI-Menü mit Gouda-Käse-Scheiben. Wenn Sie „normalen Käse" verwenden, sollten Sie ihn bei der Sauce allerdings erst in den Mixtopf geben, bevor die Sauce 1 Minute/Stufe 10 aufgeschlagen wird - ansonsten setzt sich der Käse am Mixtopf und am Messer ab..

Foto: Porree-Käse-Fisch mit Reis

<u>AI-Menü **Fischragout mit Reis und Champignons**</u>

1 Hand voll Kräuter (Petersilie, Basilikum, Kerbel, Dill, abgezupft	in den Mixtopf geben und **6 Sekunden/Stufe 6** zerkleinern <u>und umfüllen</u>.
250 g Lachsfilet 250 g Fischfilet	würfeln und in
Zitronensaft	wenden. Mit
Salz Pfeffer	würzen und ungefähr die Hälfte der Kräuter darüber streuen. Den Fisch in den Einlegeboden des Dampfgaraufsatzes geben.
400 g Champignons, mundgerecht geputzt	in den Dampfgaraufsatz geben. Einlegeboden mit den gewürzten Fischwürfeln hinein stellen.
3 Tomaten, entkernt geviertelt	zu den Fischwürfeln legen.
200 g Basmatireis	in den Garkorb wiegen.
2 Brühwürfel (für je 0,5 l Flüssigkeit) 800 g Wasser	in den Mixtopf geben. Den Garkorb mit dem Reis einhängen. Den Mixtopf verschließen und den Dampfgaraufsatz aufsetzen. Alles **24 Minuten/Dampfgaren/Stufe 1** garen. Nach Ende der Garzeit den Fisch und das Gemüse in eine vorgewärmte Terrine geben. Zum restlichen Garsud (ca. 400 g)
20 g Zitronensaft ⅛ TL Muskatblüte, gemahlen ⅛ TL Pfeffer 25 g Speisestärke	dazu geben **6 Sekunden/Stufe 6** vermischen, danach **2 Minuten /100°C/Stufe 2-3** zu einer Sauce einkochen.
100 g Butter, kalt, in Stücken	dazu geben und **30 Sekunden/Stufe 10** untermischen. Sofort die restlichen Kräuter zugeben und **6 Sekunden/Stufe 4** vermischen und mit dem Fisch und dem Gemüse in die Terrine geben. Vorsichtig umrühren. Sofort mit dem Reis servieren.

<u>Tipp</u>: Sehr lecker! Die Sauce sollte unbedingt ganz frisch gegessen werden. Sie eignet sich nicht zum Aufwärmen, da die aufgeschlagene Butter sich absetzt.

lecker vegetarisch

fleischlos aber alles andere als reizlos!

AI-Menü **Spargel mit Kartoffeln und herzhafter Zabaglione**

500 g Wasser 1 Brühwürfel (für 0,5 l Flüssigkeit).....	in den Mixtopf geben und den Gareinsatz einsetzen.
900 g Kartoffeln	in das Garsieb geben. Den Mixtopf verschließen.
2 kg Spargel	schälen und im Dampfgaraufsatz verteilen. Auf genügend Dampflöcher achten (oder den Spargel einfach „gitterartig" in den Dampfgaraufsatz schichten. Den Spargel mit
20 g Butterflöckchen 1 TL Zucker	bestreuen. Falls vorhanden, können Sie noch
einen Zweig Liebstöckel/ Maggikraut	auf den Spargel legen. Alles **30-35 Minuten/Dampfgaren/Stufe 1** garen. Die Kartoffeln und den Spargel warm stellen, den Mixtopf leeren und den Garsud auffangen. Den Mixtopf einmal kalt ausspülen.
5 Eigelb 60 g Weißwein 1 TL Speisestärke ½ TL Salz ¼ TL Muskat ¼ TL Pfeffer 50 g Garsud 50 g Butter, in Stücken	**Rühraufsatz einsetzen.** in den Mixtopf geben und **5-6 Minuten/80°C/Stufe 3-4** aufschlagen. Ein Tuch über den Deckel oder einfach den Dampfgaraufsatz wieder auf den Deckel legen, damit es nicht so spritzt. Sofort mit dem Spargel und den Kartoffeln servieren.

Tipp: Zabaglione ist nicht ganz so gehaltvoll wie Sauce Hollandaise. Hierzu passt sehr gut ein roher oder gekochter Schinken (für die Fleischesser, Rührei oder Lachs für die vegetarische Fraktion oder die Fischesser.

AI-Menü **Ungarisches Lescó [sprich: letscho] mit Zartweizen** (low fat)

700 g Paprikaschoten (geputzt gewogen)	in mundgerechten Stücken in den Dampfgaraufsatz verteilen.
1 Gemüsezwiebel, in Spalten 4 Tomaten, ohne grünen Stielansatz ...	ebenfalls in den Dampfgaraufsatz geben.
1200 g Wasser 1 Brühwürfel (für 0,5 l Flüssigkeit) 1 TL Salz	in den Mixtopf geben. Den Garkorb einsetzen.
250 g Zartweizen, z.B. Ebly	in den Garkorb einwiegen. Mixtopf verschließen, den Dampfgaraufsatz aufsetzen und alles **30 Minuten/Dampfgaren/Stufe 1** garen. Am Ende der Garzeit den Zartweizen und das Gemüse warm stellen, den Mixtopf leeren und 200 g des Garsuds (ggf. mit Wasser auffüllen) abwiegen und in den Mixtopf zurück geben.
200 g Tomatenmark 1 TL Zucker ¼ TL Pfeffer 2 TL Paprika edelsüß 1 Brühwürfel (für 0,5 l Flüssigkeit).....	zum Garsud in den Mixtopf geben und **30 Sekunden/Stufe 10** mischen, dann **3 Minuten/100°C/Stufe 2-3** erhitzen.
50 g Butter, in Stücken	zugeben und **30 Sekunden/Stufe 10** mischen. Das Gemüse mit der Sauce zusammen in einer Terrine vermischen, mit dem Zartweizen servieren.

Tipp: Peppen Sie das Gericht noch mit geriebenem Käse oder Parmesankäse auf. Fleischesser können es mit Debreziner-Wurstscheiben anreichern. Lescó ist ein typisch ungarisches Gericht. Dort wird er gerne als Beilage zu Fleisch gegessen.

Zartweizen, z.B. Ebly, gibt es mittlerweile in der „Reisabteilung" in jedem Supermarkt. Sie können ihn aber auch in türkischen Geschäften kaufen. Zartweizen ist „für Einsteiger" bei neuen Getreide-Beilagen (die ihr Nudel-, Reis-, Kartoffel-Sortiment anreichern möchten) eine gute Alternative. Trauen Sie sich und probieren Sie's aus!

AI-Menü **Italienischer Lauch mit Parmesan und Weißwein-Sauce** (Foto)

150 g Parmesan, in Stücken	in den Mixtopf geben und in **20 Sekunden/Stufe 10** fein reiben und umfüllen. (Mixtopf nicht ausspülen).
400 g Wasser 1 Brühwürfel (für 0,5 l Flüssigkeit).....	in den Mixtopf geben. Den Gareinsatz einsetzen.
800 g Kartoffeln, in Stücken	mit genügend Platz für den Dampf locker im Garkorb verteilen. Den Mixtopf verschließen.
1 kg Lauch................................	putzen und schräg in ca. 2 cm lange Stücke schneiden. Die Lauchstücke im Dampfgaraufsatz verteilen und auf genügend Dampflöcher achten. Den Dampfgaraufsatz auf den Mixtopf aufsetzen und alles **30 Minuten/ Dampfgaren/ Stufe 1** garen. Nach Ende der Garzeit die Kartoffeln und den Lauch warm stellen. Die Garflüssigkeit auffangen.
25 g Stärkemehl (z.B. Mondamin) ¼ TL Muskat ⅛ TL schwarzer Pfeffer 100 Weißwein (trocken)	sowie 300 g der Garflüssigkeit zugeben und in **2 Minuten/100°C/ Stufe 2-3** z einkochen. 50 g des geriebenen Parmesans sowie
40 g Olivenöl	zur Sauce dazu geben und **30 Sekunden/Stufe 10** mischen.
½ Bund Petersilie, abgezupft..........	hinzugeben und noch einmal **10 Sekunden/Stufe 10** zerkleinern. Die aufgequirlte Sauce mit den Kartoffeln und dem Lauch servieren und auf dem Teller (oder der Servierplatte) mit Parmesan bestreuen.

Tipp: Besonders hübsch sieht es aus, wenn Sie einen Teil des Parmesans (zum Servieren) in Scheiben hobeln (z.B. mit einem Sparschäler). Als Hauptgericht werden (in dieser vegetarischen Variante) ca. 3 Personen satt. Mit einer Fleischbeilage (z.B. 8 Eier, gut abgewaschen und in Alufolie eingewickelt oder für Fleisch- oder Fischesser auch 500 g Hähnchenbrust oder Fischfilet, die Sie im Einlegeboden mitgaren können)

Sie können das Gericht auch als warme Vorspeise für 6 Personen servieren.

AI-Menü **Schwarzwurzel-Ragout mit Kartoffeln** (Foto)

2 Zwiebeln, geviertelt	in den Mixtopf geben und **5 Sekunden/Stufe 5** zerkleinern.
500 g Wasser 1 Brühwürfel (für 0,5 l Flüssigkeit).....	dazu geben. Das Garkörbchen einsetzen.
800 g Kartoffeln	in das Garkörbchen geben.
750-1.000 g Schwarzwurzeln (ungeputzt gewogen)	schälen (siehe Tipp!) und in mundgerechten Stücken in den Dampfgaraufsatz geben.
500-750 g Möhren (ungeputzt gewogen)	in mundgerechte, kleine Scheiben oder Würfel schneiden und in den Dampfgaraufsatz bzw. in den Einlegeboden geben. Auf genügend Dampflöcher achten!
	Den Mixtopf verschließen, den Dampfgaraufsatz aufsetzen und alles **45 Minuten/Dampfgaren/Stufe 1** garen.
	Nach Ende der Garzeit das Gemüse und die Kartoffeln warm stellen. Zur Garflüssigkeit mit den gegarten Zwiebeln
25-30 g Mehl 1 Brühwürfel (für 0,5 l Flüssigkeit) 1 TL Zucker 1 Knoblauchzehe 2 TL Currypulver 150 g Schmand	geben und **10 Sekunden/Stufe 10** mischen, anschließend **3 Minuten/100°C/Stufe 2-3** zu einer Sauce einkochen. Die Sauce mit dem Gemüse vermischen und zusammen mit den Kartoffeln servieren.

Tipp: Die Schwarzwurzeln zu schälen ist schon ganz schön „schwarz", denn der Saft hinterlässt an den Händen dunkle Flecken und einen fiesen Klebefilm. Ziehen Sie zum Schälen daher unbedingt Einweg- oder Gummihandschuhe an. (Es wird dann nicht ganz so schmutzig.) Anschließend sollten Sie die Schwarzwurzeln unter fließendem Wasser abwaschen und sie dann bis zur Weiterverwendung in Wasser mit einem Schuss Milch oder Essig aufbewahren (damit sie sich nicht verfärben - auch das passiert sonst sehr schnell...).

Küchengeräte (und Hände) haben nur mit Spülmittel kaum eine Chance. Reiben Sie sie am besten vorher mit Speiseöl ein und spülen es dann gründlich mit Spülmittel ab.

Durch das Dampfgaren bleiben die Schwarzwurzeln übrigens schön bissfest.

Schwarzewurzeln wurden hierzulande früher als „Arme-Leute-Spargel" bezeichnet - heute dürfte sich das preislich fast die Balance halten.... - aber „Dreck" machen die Schwarzwurzeln immer noch...

AI-Menü **Grünkohl-Curry**

200 g Basmatireis 600 g Wasser 20 g Butter 10 g Zitronensaft evtl. 1 TL Salz	in den Mixtopf geben und **11 Minuten/100°C/Stufe 1** aufkochen. Den Reis durch den Dampfgaraufsatz-Einlegeboden abgießen (dort wird er später weiter gegart).
3 Paprikaschoten, am besten rot, orange und gelb, in mundgerechten Streifen	in den Dampfgaraufsatz legen. Den Einlegeboden mit dem Reis darüber setzen. Den Deckel darüber legen und beiseite stellen, bis der Mixtopf-Inhalt vorbereitet ist. Hierfür
2 Zwiebeln, geviertelt 1 Knoblauchzehe 1 walnussgroßes Stück Ingwer, in 1 mm dünne Scheiben geschnitten 1 Chili-Schote (ohne Kerne)	in den Mixtopf geben und **5 Sekunden/Stufe 6** zerkleinern.
20 g Öl 2 TL Currypulver ½ TL Zucker oder Rohrzucker 1 TL Kurkuma ½ TL Kreuzkümmel (Cumin, gemahlen ½ TL Koriander, gemahlen	dazu geben und **3 Minuten/Dampfgaren/Stufe 1** andünsten.
450 g TK-Grünkohl, aufgetaut (mit 30 Minuten Garzeit laut Packungsanweisung) oder 450 g blanchierter frischer Grünkohl 1 Dose Kokosmilch, ungesüßt, à 400 g 250 g Wasser 2 Brühwürfel (für jeweils 0,5 l Wasser) ½ TL Salz 200 g Orangensaft	hinzu fügen. Alles **45 Minuten/Dampfgaren/Linkslauf/Stufe 1** garen.

Eventuell nachwürzen (z.B. mit Tabasco und Salz) - manchmal ist nämlich der Grünkohl schon „vorgewürzt". Wenn Sie die Sauce etwas andicken möchten, können Sie 1 TL Speisestärke mit etwas Wasser anrühren und das kurz vor Ende der Garzeit dazu geben.

Das Grünkohl-Curry mit den Paprikastücken in eine vorgewärmte Terrine füllen und durchmischen. Zusammen mit dem Basmatireis servieren.

Tipp: Falls das Rezept nicht auffällig genug erscheint: dieses Rezept sagt dem „klassischen Grünkohl" definitiv den Kampf an, oder? Und es verbindet auf wunderbare Weise etwas, das eigentlich gar nicht zusammen passen sollte oder kann, oder? Wenn Sie's so richtig „indisch" mögen, dann können Sie etwa **5 Minuten** vor Ende der Garzeit noch 50 g Rosinen zum Mixtopf-Inhalt dazu geben.

Zugegeben: Rosinen und Grünkohl gehören beide zu den Dingen, die man entweder mag - oder eben einfach nicht mag. Aber es harmoniert wirklich. [Dennoch: mir persönlich reicht die Kampfansage auch ohne Rosinen schon...]

AI-Menü **Tomaten-Kräuter-Nudeln mit Schafskäse**

75 g Möhren, in Stücken 75 g Zwiebeln, geviertelt 1 Knoblauchzehe	in den Mixtopf geben und **5 Sekunden/Stufe 7** zerkleinern.
20 g Öl	dazu geben und **3 Minuten/Dampfgaren/Stufe 1** andünsten.
500 g Wasser 1 Brühwürfel (für 0,5 l Flüssigkeit) ¾ TL Salz 1 TL Zucker 400 g Pizzatomaten (Konserve) ½ TL Pizzagewürz	dazu geben. Alles **6 Sekunden/Stufe 6** vermischen.
250 g Hartweizennudeln	z.B. Farfalle, hinzufügen. Den Mixtopf verschließen. Folgende Zutaten in den Dampfgaraufsatz geben:
300 g buntes Gemüse (schnell kochend, z.B. Champignons, Zucchini, Paprikastücke, Mini-Brokkoliröschen)	in wirklich sehr dünnen Stücken in den Dampfgaraufsatz legen.
60-80 g Schafskäse	in Würfeln auf dem Gemüse verteilen. Nach Wunsch mit
Oregano	bestreuen. Den Dampfgaraufsatz auf den verschlossenen Mixtopf stellen. Alles **18 Minuten/Dampfgaren/Linkslauf/Rührstufe** garen. Nach Ende der Garzeit die Nudeln mit der Sauce auf 3 Tellern verteilen, das Gemüse darüber anrichten und sofort servieren.

Tipp: Lecker, schnell gemacht. Ein Sattmacher für 3 Personen. Sie sollten das Gericht sofort nach der Fertigstellung servieren, ansonsten pappen die Nudeln schnell. Danke für dieses Rezept an Bettina P. aus Marl.

AI-Menü **Veggie-Curry mit Jasminreis** (low fat)

300 g Jasminreis 680 g Wasser 1 ½ TL Salz 20 g Butter 10 g Zitronensaft	direkt in den Mixtopf geben (d.h. ohne Gareinsatz) und **12 Minuten/100°C/ Stufe 1** aufkochen. In der Zwischenzeit
300 g Brokkoli, in kleinen Röschen 1 Bund Frühlingszwiebeln, in Ringen 250 g Paprika, mundgerecht	im Dampfgaraufsatz verteilen. Auf genügend Dampflöcher achten! Nun den Reis durch den Einlegeboden des Dampfgaraufsatzes „abgießen“ (es ist nicht mehr viel Flüssigkeit) und gut verteilen. Dampflöcher schaffen. Einlegeboden einsetzen und verschließen. Beiseite stellen...
1 Zwiebel, geviertelt 1 Knoblauchzehe	in den Mixtopf geben und **6 Sekunden/Stufe 6** zerkleinern.
10 g Butter	zugeben und **3 Minuten/Dampfgaren/Stufe 1** andünsten.
600 g Kartoffeln, in mundgerechten – eher etwas größeren - Würfeln 1 Liter Gemüsesaft 2 Brühwürfel (für je 0,5 l Flüssigkeit) 100 g rote Linsen 1 TL Zucker 3 TL Salz 1 TL Paprika edelsüß 1 TL Oregano 1 TL Zucker 3 TL Curry	in den Mixtopf geben. Den Mixtopf verschließen, den Dampfgaraufsatz aufsetzen und alles **25 Minuten/Dampfgaren/Linkslauf/Stufe 1** garen.

Tipp: Diese Menge macht 5-6 Hungrige satt. Es ist nicht nur lecker, sondern strotzt auch nur so vor guten Vitaminen, Mineralstoffen, hochwertigem Eiweiß und Faserstoffen. In der kalten Jahreszeit wärmt das Curry „von innen“, in der warmen Jahreszeit belastet es den Körper nicht, weil es nicht schwer im Magen liegt.

Brüsseler Dampf-Topf (Foto)

300 g Gouda, mittelalt	in den Mixtopf geben **5-7 Sekunden/Stufe 5** zerkleinern und umfüllen.
800 g Kartoffeln, geschält	in 4-5 mm dicke Scheiben schneiden und mit den Händen gründlich mit
1 ½ TL Salz ¼ TL Pfeffer ⅛ TL Muskat	mischen. 350 g der Kartoffeln in den Dampfgaraufsatz (nicht das Garkörbchen!) legen und gut die Hälfte von
500 g Rosenkohl, geputzt und halbiert	darüber geben. Knapp die Hälfte des Reibkäses darüber verteilen. Nun die restlichen Kartoffelscheiben, den restlichen Rosenkohl sowie den restlichen Käse darüber verteilen. (Der Käse ist die oberste Schicht.)
250 g Wurzelpetersilie, in Stücken 300 g Zwiebeln, geviertelt	in den Mixtopf geben und **5 Sekunden/Stufe 5** zerkleinern.
35 g Butterschmalz	dazu geben und **5 Minuten/Dampfgaren/Stufe 1** andünsten.
500 g heißes Wasser 1 Brühwürfel (für 0,5 l Flüssigkeit) ½ TL Salz ½ TL Muskat 1 TL Zucker	hinzufügen, den Mixtopf schließen, den Dampfgaraufsatz aufsetzen und alles **40 Minuten/Dampfgaren/Stufe 2** garen. Mehrmals mit einem spitzen Messer in den Dampfgaraufsatz stechen, um zu testen ob alles gar geworden ist. (Falls mehr Garzeit erforderlich ist, bitte Zeit zugeben.) Wenn Kartoffeln und Rosenkohl gar sind, wird zum Dampfgarinhalt
150 g Schmand	zugegeben und **30 Sekunden/Stufe 10** püriert. Zusammen servieren.

Tipp: Als leckeres Hauptgericht reicht die Menge für 2-3 Personen! Trauen Sie sich ruhig an Wurzelpetersilie heran! Sie essen gerne Fleisch? Dann schichten Sie vor dem Käse 100 g rohe Schinkenwürfel ein.

Übrigens: von der Sauce haben Sie jede Menge! Und sie ist unglaublich lecker!! Geben Sie einfach zum Rest der Sauce ½ Liter Milch oder Gemüsebrühe (oder eine Mischung daraus), mischen alles gut durch, dann ab in Suppentassen, Toastscheiben drauf, Reibkäse drüber und ab in den Ofen zum Überbacken. – So haben Sie gleich zwei Tage etwas davon... ganz nach meinem Geschmack!

Das Gericht heißt übrigens Brüsseler-Dampf-Topf, weil Rosenkohl auf Englisch „Brussels sprouts" oder auf Französisch „Choux de Brussels" heißt.

Eintöpfe & Suppen

mit Fleisch

AI-Menü **Kohlrabi-Gurken-Topf mit Mettklößchen** (Foto)

2 Kohlrabi .... schälen, die feinen zarten Blättchen der Knolle aufbewahren. Die Knolle in Stifte schneiden und in den Dampfgaraufsatz legen.

1 Salatgurke .... schälen, längs halbieren, die Kerne entfernen, in mundgerechte Scheiben schneiden und zu den Kohlrabi geben.

500 g grobe Bratwurst .... aus der Pelle drücken, zu kleinen Klößchen formen, in den Einlegeboden verteilen und kräftig mit

Paprika edelsüß .... würzen.

3 Stängel Bleichsellerie/
Staudensellerie/Stangensellerie ... putzen und von den Fäden befreien (die feinen Blätter aufbewahren, in dünne Scheiben schneiden und beiseite stellen.

1 Zweig Liebstöckel/Maggikraut
oder 1 TL getrockneter Liebstöckel
1 ¼ TL Salz
¼ TL Muskat
½ TL Pfeffer
2 Zwiebeln, geviertelt
300 g Möhren, in Stücken.............. sowie die feinen Kohlrabiblättchen und das Selleriegrün in den Mixtopf geben und **4-5 Sekunden/Stufe 4-5** nicht zu fein zerkleinern.

20 g Butter .... zugeben und **4 Minuten/Dampfgaren/Stufe 1** andünsten.

5 mittelgroße Kartoffeln, in Stücken .... hinzufügen und **4-5 Sekunden/Stufe 4** zerkleinern.

100 g Schinken- oder
Schinkenspeckwürfel
600 g heißes Wasser
2 Brühwürfel (für je 0,5 l Flüssigkeit).. sowie die Bleichselleriescheiben dazu geben. Den Mixtopf verschließen, den Dampfgaraufsatz aufsetzen und alles ca. **25 Minuten/Dampfgaren/Linkslauf/Stufe 1** garen.

Nach Ende der Garzeit alles zusammen in eine vorgewärmte Terrine füllen und mischen, mit feinem Selleriegrün bestreuen und sofort servieren.

Tipp: Wenn Sie nicht so auf Sellerie stehen (oder für den Eintopf nicht extra welchen kaufen mögen, können Sie ihn auch ersatzlos weglassen. Anstelle des Maggikrauts können Sie auch 1 TL Flüssigwürze (z.B. Maggi) dazu geben. Der Eintopf ist frühlings- und sommerfrisch und trotzdem sehr herzhaft. Vielen Dank für dieses leckere Rezept an Marita – meine ständige Muse & Inspiration!

AI-Menü **Weiße Bohnen Eintopf mit Heißwürstchen**

2 große Zwiebeln, geviertelt
10 g Öl .... in den Mixtopf geben und **5 Sekunden/Stufe 5** zerkleinern. Anschließend **3 Minuten/Dampfgaren/Stufe 1** andünsten.

500 g Möhren, in Stücken
100 g Sellerie, in Stücken .... dazu geben und 2 x (mit einer Pause dazwischen!) **4 Sekunden/Stufe 4** in grobe Stücke zerkleinern.

600 g Kartoffeln, mundgerecht
650 g Wasser
2 Brühwürfel (für je 0,5 l Flüssigkeit)
½ TL Muskat
¼ TL Pfeffer .... hinzufügen, den Mixtopf schließen und den Dampfgaraufsatz aufsetzen.

1 Dose weiße Bohnen mit
Suppengrün (800 g Gesamtgewicht)... in den Garaufsatz schütten, so dass die Flüssigkeit mit in den Mixtopf geht. 4-5 Dampflöcher frei machen. Alles **22 Minuten/Dampfgaren / Linkslauf/Stufe 1** garen. Danach

4 Heißwürstchen .... in den Einlegeboden geben und noch einmal **5 Minuten/Dampfgaren/Linkslauf/Rührstufe** zu Ende garen.

Tipp: Obschon ich kein erklärter Eintopf-Fan bin – diesen Eintopf habe ich schon als Kind gerne gemocht. Mir hat Apfelmus immer sehr gut dazu geschmeckt – aber das ist natürlich Geschmackssache...

AI-Menü **Herzhafter Nudel-Topf**

1 Knoblauchzehe
1 große Zwiebel, geviertelt
200 g Mettwurst /Salami, in nicht zu dünnen Scheiben .... in den Mixtopf geben und **2 x 5 Sekunden/Stufe 6** zerkleinern, zwischendurch mit dem Spatel zurück auf das Messer schieben.

Die Masse **3 Minuten/Dampfgaren/Stufe 1** andünsten.

600 g Wasser
330 g Ajvar (Paprikapaste)
100 g Sahne
1 Messerspitze Sambal Oelek
½ TL Salz
1 Brühwürfel (für 0,5 l Flüssigkeit)..... dazu geben und **7 Minuten/100°C/Stufe 1** aufkochen. Nun

400 g Hartweizennudeln, z.B. Penne oder Farfalle .... zugeben und **Kochzeit der Nudeln + 1 Minute/100°C/Linkslauf / Rührstufe** garen.

Tipp: Herzlichen Dank für dieses Rezept an Ute H. aus Siegen. Dieses Gericht ist ein Lieblingsrezept ihrer Tochter Louisa-Marie, das mindestens einmal wöchentlich auf dem Speiseplan stehen muss. – Es ist schnell zubereitet, enthält Zutaten die man immer im Haus haben kann und ist sehr lecker!

Als vegetarische Variante können Sie die Mettwurst durch einen (weiteren!) Brühwürfel ersetzen. Dann ist es immer noch schön herzhaft, aber eben fleischlos.

Da hier die Nudeln in der Sauce zubereitet werden, ist es wichtig, die fertigen Nudeln **sofort** zu servieren. Sonst pappen sie schnell.

AI-Menü **Linsensuppe mit Mettendchen** (Foto)

1 Bund Suppengrün (Möhre, Sellerie, Porree/Lauch und Petersilie)	putzen. Den Porree in Ringe schneiden und beiseite stellen. Alle anderen Teile vom Suppengrün in den Mixtopf geben und
1 Zwiebel, geviertelt	dazu geben. Alles **4 Sekunden/Stufe 4(-5)** etwas grober als Rohkost zerkleinern.
20 g Öl	zugeben und **5 Minuten/Dampfgaren/Stufe 1** andünsten.
150 g Pardina Linsen (= Linsen mit 30 Minuten Kochzeit, die nicht eingeweicht werden müssen) 400 g Kartoffeln, in eintopfgroßen Stücken 2 Mettendchen, in Stücken 2 Brühwürfel (für je 0,5 l Flüssigkeit) ½ TL Pfeffer	hinzufügen, jetzt die Lauchringe zugeben und den Topf mit
Wasser	bis zur 2-Liter-Marke auffüllen.
4-8 Heißwürstchen	in den Dampfgaraufsatz legen und auf den Mixtopf setzen.
	Den Eintopf jetzt in **40 Minuten/100°C /Linkslauf/Stufe 1** garen. Die Würstchen zum Eintopf geben und alles schön heiß servieren.

Tipp: Sie können den Eintopf noch süßsauer mit Zucker und Essig abschmecken oder aber zum Servieren einen Klacks Crème fraîche auf jeder Portion verteilen. Lecker übrigens auch mit Heißwürstchen!

AI-Menü **Nudel-Hühnersuppentopf** (low fat)

2 Bund Suppengrün (mit Porree, Sellerie, Möhre, Petersilie)	putzen. Die Petersilie vom Suppengrün in den Mixtopf geben und **6 Sekunden/Stufe 6** zerkleinern und umfüllen. Die Möhre und den Sellerie in groben Stücken in den Mixtopf geben
150 g Zwiebel, geviertelt	dazu geben und **4 Sekunden/Stufe 4-5** zerkleinern.
20 g Öl 3 Brühwürfel (für je 0,5 l Flüssigkeit)	hinzufügen und **8 Minuten/Dampfgaren/Linkslauf/Stufe 1** andünsten.
1 Muskatblüte, ganz o ¼ TL gemahlen 1 TL Zucker 1 TL Salz	in den Mixtopf geben und den Lauch in hübschen Ringen dazu geben. Den Topf mit
Wasser	bis zur 2-Liter-Marke füllen.
500 g Gemüse der Saison (z.B. Kohlrabi, Erbsen, Möhren, Lauch, ganz dünne feine Bohnen, Zucchini, ...)	in mundgerechten Stücken in den Dampfgaraufsatz geben und
500 g Hähnchenbrustfilet	in suppenlöffelgroßen Würfeln in den Einlegeboden legen. Mixtopf schließen, Dampfgaraufsatz aufsetzen und rechnen. ... Für die Zeiteinstellung müssen Sie nämlich ein bisschen rechnen: **30 Minuten - Kochzeit der Nudeln in Minuten**, d.h. wenn die Nudeln 11 Minuten Kochzeit haben, stellen Sie den TM 31 bitte auf 19 Minuten/ **Dampfgaren/Stufe 1**. Nach Ablauf dieser Zeit geben Sie bitte
250 g Hartweizennudeln oder Suppennudeln	dazu und garen die Suppe zu Ende: **Kochzeit der Nudeln + 1 Minute/ Dampfgaren/Linkslauf/Rührstufe**. Falls die Nudeln noch zu bissfest sind, noch minutenweise Zeit nachgeben. Vor dem Verzehr füllen Sie den Dampfgaraufsatz-Inhalt sowie den Mixtopf-Inhalt in eine Terrine. Möglichst die (ganze) Muskatblüte entfernen. Mit der gehackten Petersilie bestreuen und sofort und heiß genießen!

Tipp: So eine Suppe hilft nicht nur bei Erkältungen! Lecker und schnell gemacht. In unserer „Großfamilie" mit Verwandten und Anverwandten essen wir zur Suppe gerne Zwieback.

AI-Menü **Moderne dicke Bohnen**

2 Zwiebeln, geviertelt
100 g durchwachsener Speck, in Stücken
1 EL frisches Bohnenkraut (oder 1 TL getrocknet)
1 Knoblauchzehe .... in den Mixtopf geben und **6 Sekunden/Stufe 6** zerkleinern. Anschließend **5 Minuten/Dampfgaren/Stufe 1** andünsten.

800 g Kartoffeln, in mundgerechten Stücken
300 g frische dicke Bohnen, ca. 800 g ungepahlt
500 g Wasser
¼ TL Muskat
2 TL Grillgewürz
1 TL Zucker
300 g passierte Tomaten
2 Brühwürfel (für je 0,5 l Flüssigkeit).. dazu geben und **30-35 Minuten/100°C/Linkslauf/Stufe 1** garen.

Tipp: Eigentlich sind dicke Bohnen überhaupt nicht mein Ding. Aber so schmecken sie richtig lecker – wirklich überraschend lecker! Der mediterrane Touch überdeckt das sonst eher mehlige von dicken Bohnen. Hier dürften selbst Skeptiker schwach werden.

AI-Menü **Sauerkrauteintopf**

2 Zwiebeln, geviertelt
50 g Sellerie
1 Möhre, in Stücken .... in den Mixtopf geben **5 Sekunden/Stufe 4-5** zerkleinern.

100 g Schinkenwürfel
20 g Öl .... dazu geben und **5 Minuten/Dampfgaren/Stufe 1** andünsten.

750 g Kartoffeln, in mundgerechten Stücken
1 TL Majoran
3 Brühwürfel (für je 0,5 l Flüssigkeit)
½ TL Muskat
200 g Apfelsaft.......................... hinzufügen und den Topf mit
ca. 600 g Wasser .... bis zur 2-Liter-Marke auffüllen. (Ja, ruhig bis da oben!) Mixtopf schließen.

4-6 grobe frische Bratwürstchen
800 g Sauerkraut (evtl. etwas zerkleinert, auf jeden Fall „zerzupft")
1 Lorbeerblatt
5 Wacholderbeeren .... in den Dampfgaraufsatz geben. Den Dampfgaraufsatz auf den Mixtopf aufsetzen und alles **30 Minuten/Dampfgaren/Linkslauf/Stufe 1** garen.

Nach Ende der Garzeit den Inhalt des Dampfgaraufsatzes komplett, sowie ca. 2/3 des Mixtopf-Inhalts in eine große vorgewärmte Terrine füllen. Zum restlichen Drittel im Mixtopf

200 g Apfelsaft
200 g Brühe.............................. dazu geben und **3 Minuten/100°C/Stufe 1** erwärmen.

Soll der Eintopf schön sämig werden? Dann jetzt den Mixtopfinhalt **20 Sekunden/Stufe 8** pürieren und zum Rest in die Terrine geben, ansonsten einfach unpüriert und nur erwärmt in die Terrine geben und heiß genießen.

Tipp: Ein Winterklassiker! Besonders gut schmeckt „frisches Sauerkraut" (gibt es bei gut sortierten Metzgern). Sauerkraut bringt nicht nur den Darm auf Trab, es enthält auch jede Menge gesundes Vitamin C!

Ich erinnere mich noch gut an die „alten Ton-Sauerkrauttöpfe", denn meine liebe Tante Heti machte (als ich ein Kind war) das Sauerkraut gerne selbst. Eine ziemliche „Malooche", wenn man den heutigen Preis für Sauerkraut dagegen hält... denn erst wird der Weißkohl geputzt und in ganz dünne Fäden gehobelt (oder geschnitten) und anschließend milchsauer vergoren.

AI-Menü **Süßkartoffelsuppe mit Salbeibacon** (Foto)

50 g Pecanusskerne (o. Walnüsse) .. in den Mixtopf geben und **3 Sekunden/Stufe 5** zerkleinern und umfüllen.

100 g Zwiebeln, geviertelt
1 walnussgroßes Stück Ingwer, geschält, in dünnen Scheiben .... in den Mixtopf geben und **3 Sekunden/Stufe 6** zerkleinern.

40 g Butter .... dazu geben und **3 Minuten/Dampfgaren/Stufe 2** andünsten.

400 g Süßkartoffeln (Bataten, geschält, in Stücken
150 g Möhren, in Stücken
8 Pimentkörner
500 g Geflügelfond oder Hühnerbrühe
1 ¾ TL Salz
½ TL Muskat
¼ TL Chiliflocken .... in den Mixtopf geben und **5 Sekunden/Stufe 6** zerkleinern. **16 Minuten/100°C/Stufe 2** aufkochen, anschließend

250 g Orangensaft
1 TL Orangenschale
2 EL Ahornsirup
2-3 TL Zitronenschale
1 Spritzer Zitronensaft .... dazu geben und **2 Minuten/90°C/Stufe 2** erhitzen, anschließend **1 Minute/Stufe 10** pürieren.

In der Zwischenzeit

8 Scheiben Frühstücksspeck / Bacon
25 Salbeiblätter......................... sowie die gehackten Nüsse in einer richtig heißen Pfanne knusprig anbraten (so dass vom weißen des Specks nichts mehr zu sehen ist).

2 EL Ahornsirup .... dazu geben, bis der Sirup dickflüssig eingekocht ist. Die Suppe mit der Baconmischung (evtl. klein geschnitten oder gebröselt) und

Chiliflocken .... anrichten.

Tipp: Ganz herzlichen Dank für dieses außergewöhnliche Rezept an Hildegard Schürmann – sie sprüht immer nur vor guten Ideen – und meist sind ihre Rezepte ganz „unerwartet" – so auch dieses: eine schöne Kombination von süß und deftig – für anspruchsvolle Schlemmerer!

AI-Menü **Würz-Topf** (Foto)

1 Knoblauchzehe 1 walnussgroßes Stück Ingwer, in 1 mm dünnen Scheiben	in den Mixtopf geben und **3 Sekunden/Stufe 6** zerkleinern.
1 Gemüsezwiebel, in Achteln	dazu geben und **4 Sekunden/Stufe 5** zerkleinern.
20 g Öl	hinzufügen und **5 Minuten/Dampfgaren/Stufe 1** andünsten.
350 g Schweineschnitzel, in mundgerechten Streifen	dazu geben und **5 Minuten/Dampfgaren/Linkslauf/Stufe 1** andünsten. In der Zwischenzeit das Gemüse für den Dampfgaraufsatz vorbereiten:
500 g Kartoffeln, in Würfeln je 1 rote, grüne und gelbe Paprika, in Streifen 200 g Brokkoli-Röschen, mundgerecht 150 g Pilze, mundgerecht	im Dampfgaraufsatz verteilen. Dabei auf genügend Dampflöcher achten!
700 g Wasser ¼ TL Pfeffer 2 TL Paprika edelsüß 2 Brühwürfel (für je 0,5 l Flüssigkeit) 2 TL Salz 2 TL Currypulver 2 TL scharfer Senf 150 g Kartoffeln, in Würfeln (zum Andicken des Eintopfes) 2 Tomaten, geviertelt	zum Fleisch geben. Den Mixtopf verschließen, den Dampfgaraufsatz aufsetzen und alles **33 Minuten/Dampfgaren/Linkslauf/Rührstufe** garen.
100 g Schmand 70 g Tomatenmark	zum Inhalt des Mixtopfes geben, noch einmal den Dampfgaraufsatz aufsetzen und noch einmal **2 Minuten/Dampfgaren/Linkslauf/Rührstufe** zu Ende garen. Den Mixtopf-Inhalt gegebenenfalls würzig mit Salz und Pfeffer abschmecken und zusammen mit dem Gemüse aus dem Dampfgaraufsatz in eine vorgewärmte Terrine geben. Sofort servieren.

Tipp: Schön würzig – mal ein „nicht typischer"-Eintopf, der allen Testessern prima geschmeckt hat!

AI-Menü **Tomateneintopf mit Mettbällchen und Naturreis** (Foto)

250 g Naturreis 500 g heißes Wasser 1 Brühwürfel (für 0,5 l Flüssigkeit).....	(ohne eingesetzten Garkorb! direkt in das Wasser!) in den Mixtopf geben und **17 Minuten/100°C/Stufe 1** aufkochen. In der Zwischenzeit aus
500 g gewürztem Thüringer Mett....	hübsche Kugeln (ca. 20 Stück) rollen und diese mit etwas Abstand in den Dampfgaraufsatz legen. Die Mettbällchen großzügig mit
Paprika edelsüß..........................	bestreuen. Nach Ende der Reis-Vorgarzeit den Reis **in den Einlegeboden** des Dampfgaraufsatzes abgießen (das restliche Garwasser aufbewahren und für die Suppe weiterverwenden!). Den Einlegeboden in den Dampfgaraufsatz einsetzen und den Dampfgaraufsatz mit dem Deckel verschließen. Den Mixtopf kurz ausspülen.
2 große Zwiebeln, geviertelt 1 Knoblauchzehe 2 Brühwürfel (für je 0,5 l Flüssigkeit) 20 g Öl.....................................	in den Mixtopf geben und **6 Sekunden/Stufe 6** zerkleinern. Nun **3 Minuten/Dampfgaren/Stufe 1** andünsten.
800 g geschälte Tomaten (Konserve inkl. Saft, oder 800 g frische Tomaten, geviertelt, ohne grünen Strunk gewogen) 600 g (Gar-)Wasser ½ TL Salz 1 EL Zucker 1 ½ TL Pizzagewürz ½ TL Pfeffer 1 ½ TL Paprika edelsüß 1 ½ TL Curry 70 g Tomatenmark.....................	dazu geben. Den Mixtopf verschließen, den Dampfgaraufsatz aufsetzen und alles **30 Minuten/Dampfgaren/Stufe 1** garen. Nach Ende der Garzeit den Dampfgaraufsatz absetzen, den Messbecher einsetzen und die Suppe **1 Minute/Stufe 10** fein pürieren. Den Eintopf entweder in einer großen Terrine zusammen mischen oder alles separat servieren, so dass jeder selbst entscheiden kann, wie viel er von welcher Einlage essen möchte.

Tipp:

Selbstverständlich können Sie anstelle von Reis auch einfach Gemüse (z.B. Paprika, Zucchini, Pilze, ohne Vorgaren!) in den Dampfgaraufsatz legen und die Mett-Bällchen dann im Einlegeboden zubereiten. Wenn dann eine „Sättigungsbeilage" dabei sein soll, können Sie ca. **10 Minuten** vor Ende der Garzeit auch Nudeln mit in die Tomatensuppe geben und die Suppe im **Linkslauf** zu Ende garen.

AI-Menü **Cheeseburger-Suppe** (Foto)

1 Knoblauchzehe	in den Mixtopf geben und **3 Sekunden/Stufe 6** zerkleinern.
200 g Zwiebeln, geviertelt	dazu geben und **4 Sekunden/Stufe 5** zerkleinern.
50 g Schinkenspeckwürfel (evtl. 20 g Öl)	hinzufügen. Dieses Zwiebelgemisch **5 Minuten/Dampfgaren/ Linkslauf/Stufe 1** andünsten.
700 g Wasser 350 g Chester-Schmelzkäse 2 Brühwürfel (für je 0,5 l Flüssigkeit) ½ TL Muskat ½ TL Chiliflocken ½ TL Salz	dazu geben und **7 Minuten/100°C/Stufe 1** erhitzen, dann **20 Sekunden/Linkslauf/Stufe 4** mischen.
	In der Zwischenzeit die Tomaten zum Häuten vorbereiten. Hierzu
500 g Tomaten	über Kreuz einritzen und in einen hitzebeständigen Behälter geben. Mit
2 Liter kochendem Wasser	überschütten und ca. **5 Minuten** abwarten. In der Zwischenzeit
500 g Hackfleisch	in den Mixtopf zupfen. Den Mixtopf auf **14 Minuten/100°C/Linkslauf/ Stufe 1** schalten. In der Zwischenzeit die Tomaten jetzt häuten, entkernen und filetieren. Das Innere der Tomaten ohne Strunk können Sie (während des Kochvorgangs durch die Deckelöffnung) in den Mixtopf geben. Die Tomatenfilets werden gewürfelt und beiseite gestellt.
	Wenn die Suppe fertig ist, die Tomatenwürfel zugeben und mit dem Spatel vermischen. Die fertige Suppe auf Suppentassen verteilen und mit
Röstzwiebeln und Croûtons	bestreut servieren.

Tipp: Wenn Sie magere Schinkenwürfel verwenden, sollten Sie die in Klammern angegebenen 20 g Öl zum Andünsten dazu geben. Diese Suppe dürfte doch jedes Teenager-Herz höher schlagen lassen, oder? Sehr lecker mit einer appetitlichen Farbe.

AI-Menü **Gyrossuppe**

1 Knoblauchzehe 1 Zwiebel, geviertelt	in den Mixtopf geben und **4 Sekunden/Stufe 6** zerkleinern.
20 g Öl	zugeben und **3 Minuten/Dampfgaren/Stufe 1** andünsten.
500 g Gyrosgeschnetzeltes (fertig gewürzt, vom Metzger)	dazu geben und **5 Minuten/Dampfgaren/Linkslauf/Stufe 1** andünsten.
500 g passierte Tomaten 500 g heißes Wasser 40 g Metaxa oder Weinbrand 2 Brühwürfel (für je 0,5 l Flüssigkeit) 200 g Kartoffeln, in Stücken 1-2 TL Salz (hängt von der Würze des Fleisches ab) ½ TL Cayenne-Pfeffer 2 TL Paprika edelsüß 2 TL Currypulver 1 TL Zucker 2 Paprikaschoten, in mundgerechten Streifen (= ca. 200 g) 1 Zwiebel, in Streifen oder Ringen (ca. 70 g)	dazu geben und **25 Minuten/100°C/Linkslauf/Rührstufe** garen.
200 g Schmand	dazu geben und **1 Minute/90°C/Linkslauf/Stufe 1** vermischen. Die Suppe (eventuell noch mit Salz, Pfeffer und Cayenne-Pfeffer abschmecken) und sofort servieren.

Tipp: Eine echte „Männer-Suppe" - und satt macht sie auch. Diese Menge macht als Hauptgericht 4 Personen (mit etwas Brot) satt. Als „Snack-Suppe", z.B. auf einer Party - reicht die Menge für 6-8 Personen aus.

AI-Menü **Käse-Suppe mit Hackfleisch und viel Gemüse**

1 Stange Lauch, in Stücken 4 große Möhren, in Stücken	in den Mixtopf geben und **5 Sekunden/Stufe 5** zerkleinern und umfüllen.
1 Zwiebel, geviertelt	in den Mixtopf geben und **4 Sekunden/Stufe 5** zerkleinern. Die Zwiebeln auf das Messer zurück schieben.
30 g Öl	dazu geben und **3 Minuten/Dampfgaren/Stufe 1** andünsten.
300 g Hackfleisch	hinzufügen und **3 Minuten/Dampfgaren/Linkslauf/Rührstufe** anbraten.
	Das zerkleinerte Gemüse sowie
½ TL Pfeffer ¼ TL Muskatnuss, gemahlen 2 Brühwürfel (für je 0,5 l Flüssigkeit) ½ Stange Lauch in ganz dünnen Ringen (ca. 2 mm dünn)	in den Mixtopf geben.
ca. 850 g Wasser	bis zur 2-Liter-Markierung im Mixtopf dazu geben und **11 Minuten/100°C/Linkslauf/Rührstufe** aufkochen.
1 Spritzer Zitronensaft 200 g Schmelzkäse, in Stücken	hinzufügen und **10 Minuten/90°C/Linkslauf/Rührstufe** auflösen.

Tipp: Eine der schnellen Lieblingssuppen von Mario F. aus Asbach-Bäumenheim. Ein (männlicher!) begeisterter Wundertopf-Koch, der in seiner ansonsten weiblichen Kochgruppe gerne zeigt, dass Kochen durchaus auch von Männern beherrscht wird! Ich habe es ausprobiert und muss ihm Recht geben: die Suppe schmeckt am nächsten Tag noch besser als frisch gekocht!

Sein Rezept war übrigens ohne zusätzliche Lauchringe - ich fand sie „ganz ohne" allerdings etwas zu „breiig" - schließlich isst das Auge ja mit... (Das „Breiige" wird allerdings beim Bekochen von Kindern durchaus als Vorteil empfunden ... - denn die halten den geschredderten Lauch evtl. für Hackfleisch und beschweren sich nicht über Vitamin-Alarm...).

AI-Menü **Crèmiger Bohneneintopf mit Fleischeinlage**

½-1 Hand voll gemischte frische Kräuter: Petersilie, Basilikum, Kerbel, Schnittlauch (Röllchen) ...	in den Mixtopf geben und **6 Sekunden/Stufe 6** zerkleinern und umfüllen. Schnittlauch am besten in Röllchen dazu geben (er wird im Mixtopf nicht so schön zerkleinert - und es sieht einfach schöner aus!)
1 Knoblauchzehe 1 Zwiebel, geviertelt 1 Chilischote, ohne Kerne	in den Mixtopf geben und **6 Sekunden/Stufe 6** zerkleinern.
30 g Olivenöl 3 Möhren, in Stücken 1 TL Zucker	zugeben und **4 Sekunden/Stufe 4-5** zerkleinern, anschließend **3 Minuten/Dampfgaren/Stufe 1** andünsten.
800 g Wasser 2 Brühwürfel ½ TL Salz ¼ TL Muskat	dazu geben. In das Garkörbchen von
1.000 g Kartoffeln	(geschält gewogen) mundgerecht klein gewürfelt so viel locker in das Garkörbchen schichten, wie hinein passt. Die restlichen Kartoffeln, in kleinen Stücken direkt unten in den Mixtopf geben (das macht den Eintopf sämig). Den Mixtopf verschließen und die Kartoffeln im Mixtopf **5 Sekunden/Stufe 6** zerkleinern. Nun das Garkörbchen mit den Kartoffeln in den Mixtopf einhängen.
500 g feine grüne Bohnen (frisch oder TK, aufgetaut).........................	mundgerecht schneiden und in den Dampfgaraufsatz geben. Mit
2 TL Bohnenkraut......................	bestreuen und vermischen. Auf genügend Dampflöcher achten. Den Einlegeboden in den Dampfgaraufsatz legen. In den Einlegeboden
500 g Hähchenbrust, in mundgerechten Stücken	geben. Die Hähnchenbruststücke mit
Salz Pfeffer Paprika edelsüß.........................	würzen. Den Dampfgaraufsatz mit dem gefüllten Einlegeboden verschließen und auf den Mixtopf setzen. Den Eintopf **35 Minuten / Dampfgaren/Stufe 1** garen. Nach Ende der Garzeit Kartoffeln, Bohnen und Hähnchenstücke in eine vorgewärmte Terrine füllen und warm stellen. In den Sud im Mixtopf
200 g Schmand 200 g Wasser............................	geben, dann **2 Minuten/90°C/Stufe 2-3** erwärmen, anschließend **30 Sekunden/Stufe 10** aufschlagen. Zusammen mit den zerkleinerten Kräutern in die Terrine geben, noch einmal umrühren und sofort servieren.

Tipp: Wer's lieber deftiger mag, kann anstelle des ½ TL Salz unten in den Garkorb (unter die Kartoffeln) noch 75 - 100 g Schinkenwürfel geben (sie geben jede Menge Geschmack an das Kochwasser ab. Außerdem können Sie das Hähnchenbrustfilet auch durch grobe frische Bratwurst (oder Hackbällchen aus grober frischer Bratwurst) ersetzen.

AI-Menü **Tex-Mex-Eintopf** (low fat)

1 Knoblauchzehe 2 Zwiebeln, geviertelt 1 Chilischote, ohne Kerne (mutige lassen die Kerne drin)	in den Mixtopf geben und **3 Sekunden/Stufe 6** zerkleinern.
5 g Olivenöl	dazu geben und **3 Minuten/Dampfgaren/Stufe 1** garen.
1 Paprikaschote, in Stücken	dazu geben und **4 Sekunden/Stufe 4-5** zerkleinern.
500 g mageres Hackfleisch 1 Ei 1 TL Salz 1 TL körniger Senf 1 TL Paprika edelsüß ½ TL Pfeffer 1 TL Curry 30 g Paniermehl ¼ TL Koriander, getrocknet	hinzufügen und **1 Minute/Teigstufe** zu einem homogenen Teig verarbeiten. Nun eine feuchte Stoffserviette oder ein Leinentuch in den Dampfgaraufsatz legen (damit das Eiweiß die Luftlöcher nicht verklebt). Aus der Hackfleischmasse etwa 20 Bällchen formen und diese in den Dampfgaraufsatz (nicht in den Einlegeboden) verteilen. Die Bällchen mit
Paprika edelsüß	bestreuen.
1 Dosen Kidneybohnen, abgetropft (Abtropfgewicht 250 g) 1 Dose Mais, abgetropft (Abtropfgewicht 285 g) 2 Paprikaschoten, in Streifen	im Einlegeboden verteilen. Den Mixtopf ausspülen und abtrocknen.
1 große Zwiebel, geviertelt 2 Knoblauchzehen 1-1 ½ Chilischoten 1 TL Thymian, getrocknet	in den Mixtopf geben und **6 Sekunden/Stufe 6** zerkleinern.
150 g Möhren, in Stücken 5 g Olivenöl	zugeben und **5 Sekunden/Stufe 5** zerkleinern, anschließend **5 Minuten/Dampfgaren/Stufe 2** andünsten.
800 g geschälte Tomaten (Konserve) 2 Brühwürfel 1 TL Salz 1 geh. TL Pizzagewürz 1 geh. TL Zucker 2 Paprikaschoten, in Streifen 1 kleine Zucchini, in Stücken	zufügen, **6 Sekunden/Stufe 4** zerkleinern. Den Topf bis zur 2-Liter-Markierung mit
ca. 400-500 g Wasser	auffüllen. Mixtopf verschließen und den Dampfgaraufsatz mit dem Einlegeboden darauf setzen. Nun **45-50 Minuten/Dampfgaren/Linkslauf/Rührstufe** kochen. Nach Ende der Kochzeit die Suppe eventuell noch pikanter abschmecken und in einer vorgewärmten Terrine mit den Hackbällchen und dem Gemüse vermischen. Sofort heiß servieren. Nach Geschmack mit
frischem Koriander, gehackt	bestreuen.

Tipp: Superlecker! Sehr fruchtig und tomatig mit einer großen Portion Gemüse (das auch im Winter erschwinglich ist.) Dieser sättigende Eintopf passt prima zu frisch gebackenem Baguette oder aufgebackenem Fladenbrot. Eine prima Partysuppe für 6 (-8) Personen! Als Hauptgericht definitiv für 6 Personen ausreichend!

Eintöpfe & Suppen

mit Fisch und Meeresfrüchten

Meer-Eintopf nach Neptuns Geschmack...

AI-Menü **Sämiger Kürbiseintopf mit Scampis und Kokosmilch** (Foto)

150 g Porree, in Stücken	in den Mixtopf geben und **5 Sekunden/Stufe 5** zerkleinern.
20 g Butter	dazu geben und **3 Minuten/Dampfgaren/Stufe 1** andünsten.
400 g Kürbis (Butternuss oder Hokkaido) 200 g Kartoffeln 2 Brühwürfel 2 EL Currypulver	hinzufügen und alles **10 Sekunden/Stufe 5** zerkleinern.
550 g Wasser 200 g Apfelsaft..........................	dazu geben. Den Deckel aufsetzen.
600 g Krabben oder Scampis (geschält und ggf. aufgetaut)	mit
Zitronensaft Salz Pfeffer	würzen und in den Einlegeboden des Dampfgaraufsatzes legen.
2-3 Stangen Porree	in hübsche Ringe schneiden und in den Dampfgaraufsatz geben. Alles zusammen setzen und **23 Minuten/Dampfgaren/Stufe 2** garen (Das Gargut im Mixtopf sollte sich bewegen!). Nach Ende der Garzeit zu den Zutaten im Mixtopf
400 g Kokosmilch 1-2 TL Zitronensaft....................	zufügen, den Dampfgaraufsatz wieder aufsetzen (zum Warmhalten) und die Suppe noch einmal **3 Minuten/100°C/Stufe 2** erwärmen. Anschließend den Dampfgaraufsatz abnehmen, den Messbecher einsetzen und die Suppe **1 Minute/Stufe 10** pürieren. Die Meeresfrüchte und den Lauch zur Suppe geben und sofort servieren.

Tipp: Sehr lecker! Die verschiedenen Aromen verbinden sich ganz ausgezeichnet miteinander!

Eintöpfe & Suppen vegetarisch

... denn Gemüse ist der beste Koch!

AI-Menü **Blitz-Pasta für 2-3 Personen** (Foto)

100 g Gouda, mittelalt oder Emmentaler, in Stücken	in den Mixtopf geben, **4 Sekunden/Stufe 6** zerkleinern und umfüllen. (Sie brauchen den Mixtopf nicht ausspülen.)
200 g Ajvar 500 g heißes Wasser 100 g Sahne 1 Brühwürfel (für 0,5 l Flüssigkeit) ¼ TL Pfeffer ½ TL Salz................................	in den Mixtopf geben und **7 Minuten (oder weniger)/100°C/Stufe 1** (je heißer das Wasser ist, desto schneller geht es...) aufkochen (es sollte nur einmal aufkochen und ganz heiß sein!). Nun
250 g Hartweizennudeln, z.B. Sprialen, Penne oder Farfalle..............	zugeben und **Kochzeit der Nudeln + 1 Minute/100°C/Linkslauf / Rührstufe** bissfest garen. Sofort servieren und mit dem Käse bestreuen.

Tipp: Geht wirklich flott und ist sehr lecker. Sie können selbstverständlich auch schon geriebenen Käse (oder Parmesankäse) verwenden. Das Gericht sollte aber wirklich sofort serviert werden, sonst werden die Nudeln schnell pappig.

AI-Menü **Bohneneintopf mit Birne und Safran** (low fat)

2 Zwiebeln, geviertelt 1 Knoblauchzehe 2 Brühwürfel (für je 0,5 l Flüssigkeit)..	in den Mixtopf geben und **4 Sekunden/Stufe 5-6** zerkleinern.
10 g Olivenöl	dazu geben und **3 Minuten/Dampfgaren/Stufe 1** andünsten.
2 TL Salz 500 g Wasser............................	hinzufügen. Den Garkorb mit
900 g Kartoffeln, in mundgerechten Stücken	in den Garkorb geben. Den Mixtopf verschließen.
1 kg Prinzessbohnen, frisch, geputzt, in mundgerechten Stücken ohne Fäden...	mit
2 TL Bohnenkraut, getrocknet.........	vermischen, dann im Dampfgaraufsatz verteilen. Auf genügend Dampflöcher achten. Alles **30 Minuten/Dampfgaren/Stufe 1** garen. Während der Garzeit
2 Birnen, weich	schälen, vierteln und beiseite stellen. Nach Ende der Garzeit die Bohnen und die Kartoffeln (bis auf 150 g) in eine vorgewärmte Terrine füllen. Die erwähnten 150 g gegarten Kartoffeln, die geschälten Birnen sowie
½ TL Zucker 1 Portion Safran 0,1 g ¼ TL Muskat ⅛ TL Pfeffer 500 g kochendes Wasser	zum verbliebenen Garsud im Mixtopf geben und **6 Sekunden/Stufe 6** mischen, anschließend **3 Minuten/100°C/Stufe 1** aufkochen. Dann
30 g Butter	dazu geben und **30 Sekunden/Stufe 10** aufschlagen, sofort über die Bohnen und die Kartoffeln geben, kurz durchmischen und sofort servieren.

Tipp: Lecker, fettarm und wärmend.

AI-Menü **Käse-Nudeln mit Saisongemüse** (Foto)

100 g Käse, z.B. Emmentaler oder Gouda, in Stücken	in den Mixtopf geben und **3-5 Sekunden/Stufe 8** zerkleinern und umfüllen.
1 Knoblauchzehe 1 Zwiebel, geviertelt	in den Mixtopf geben und **3 Sekunden/Stufe 6** zerkleinern.
20 g Öl	dazu geben und **3 Minuten/Dampfgaren/Stufe 1** andünsten.
450 g Wasser 350 g Milch 2 Brühwürfel ¼ TL Muskat 250 g Hartweizennudeln	dazu geben und den Mixtopf verschließen **(abhängig von der Nudelsorte kann es nötig sein, dass Sie 200 g Wasser mehr benötigen!)**
800 g eher schnell garendes buntes Gemüse der Saison, in mundgerechten Stücken (z.B. Pilze, Paprikastreifen, Kaiserschoten, Zucchini, oder eher dünne kleine Stücke von langsam garendem Gemüse, z.B. 1 mm dünne Karottenscheiben, Mini-Brokkoliröschen, Mini-Blumenkohl-Röschen)	in den Dampfgaraufsatz legen. Den Dampfgaraufsatz auf den Mixopf stellen und alles **16-18 Minuten/Dampfgaren/Linkslauf/Rührstufe** garen. Bitte machen Sie kurz vor Ende der Garzeit einen Gartest, damit die Nudeln nicht matschig werden. Nach Ende der Garzeit die Nudeln in der Sauce in eine vorgewärmte Schüssel geben, mit dem geriebenen Käse bestreuen und das Gemüse oben auf den Nudeln anrichten (nicht vermischen, dann sieht es nicht mehr so schön aus).

Tipp: Schnell, einfach und sehr lecker! Sie sollten bei der Garzeit der Nudeln etwas aufpassen und das Gericht am besten wirklich direkt vor dem Servieren zubereiten, damit die Nudeln in der Sauce nicht matschig werden. Ich mag matschige Nudeln zwar ganz gerne (aber ich weiß auch, dass ich damit eher alleine stehe). Das Gericht reicht als Hauptgericht für ca. 3 Personen aus.

Lecker vegetarisch!

AI-Menü **Großer Gemüse-Käse-Eintopf** (low fat)

2 Zwiebeln, geviertelt ½ Bund Petersilie	in den Mixtopf geben und **6 Sekunden/Stufe 6** zerkleinern.
40 g Butter	dazu geben und **5 Minuten/Dampfgaren/Stufe 1** andünsten.
150 g Sellerie, in Stücken 900 g Möhren, in Stücken	hinzufügen und ca. **10 Sekunden/Stufe 4** mit Hilfe des Spatels in grobe, aber mundgerechte Stücke zerkleinern.
½ TL Muskat 2 Brühwürfel 1 TL Salz 1 TL Zucker	hinzufügen und den Mixtopf mit
ca. 750 g heißem Wasser	bis zur 2-Liter-Marke im Mixtopf auffüllen. Den Garaufsatz mit
300 g Blumenkohl, in Röschen 100 g Paprika, mundgerecht 200 g Porreeringen	bestücken. Auf genügend Dampflöcher achten. Einlegeboden auflegen und auf dem Einlegeboden
700 g Kartoffeln, mundgerecht	verteilen. Dampfgaraufsatz verschließen und alles **35 Minuten/ Dampfgaren/Linkslauf/Stufe 1** garen. Nach Ende der Garzeit den Mixtopf-Inhalt (bis auf ca. ¾ Liter) in eine vorgewärmte große Terrine füllen. Zum Rest im Mixtopf
300 g Milch 200 g Kräuter-Schmelzkäse, leicht	zugeben und **3 Minuten/90°C/Stufe 4** erwärmen, anschließend **20 Sekunden/Stufe 10** pürieren. Das Gemüse aus dem Dampfgaraufsatz mit in die Terrine geben. Alles gründlich mischen und sofort servieren.

Tipp: Ein perfekter vegetarischer Eintopf: einfach und lecker. Lässt sich prima mit Pfannkuchen oder Brühwürstchen (vegetarisch oder auch nicht) aufwerten.

AI-Menü **Italienischer Frühlingstopf** (low fat)

2 Zwiebeln, geviertelt 1 Knoblauchzehe	in den Mixtopf geben und **6 Sekunden/Stufe 6** zerkleinern.
20 g Öl	dazu geben und **3 Minuten/Dampfgaren/Stufe 1** andünsten.
200 g Wirsing, in groben Stücken	dazu geben und **4 Sekunden/Stufe 4** mundgerecht zerkleinern.
400 g passierte Tomaten (Dose) 450 Kartoffeln in mundgerechten Stücken 1 rote Paprika in mundgerechten Stücken 3 Brühwürfel 1 ½ TL Salz 1 TL Zucker 1 TL Curry 1 TL Paprika edelsüß ½ TL Pfeffer 500 g Wasser 1 TL Pizzagewürz	dazu geben und **25 Minuten/100°C/Linkslauf/Stufe 1** garen.
150 g frische Champignons	in mundgerechten Scheibchen dazu geben und **3 Minuten/100°C/ Linkslauf/Stufe 1** garen. Den Italienischen Frühlingseintopf auf 4 Teller verteilen und jeden Teller mit einem Klacks von
50 g Crème fraîche	servieren.

Tipp: Ein Hauch Italien verleiht dem Wirsing eine ganz neue – wenig traditionelle Note. Ein sehr leckerer Eintopf! Probieren Sie's!

AI-Menü **Spargeltopf Primavera**

1 Bund Petersilie	in den Mixtopf geben und **6 Sekunden/Stufe 6** zerkleinern und umfüllen.
2 Zwiebeln, geviertelt	in den Mixtopf geben und **5 Sekunden/Stufe 5** zerkleinern.
30 g Butter	zugeben und **3 Minuten/Dampfgaren/Stufe 1** andünsten.
400 g Möhren, in Stücken	dazu geben und **5-8 Sekunden/Stufe 4** mundgerecht zerkleinern.
900 g Kartoffeln, festkochend, in mundgerechten Stücken 4 Brühwürfel 1 TL Salz ½ TL Muskat 1 TL Zucker ½ TL Pfeffer	beifügen und den Mixtopf bis zur 2-Liter-Marke mit
ca. 850 g Wasser	auffüllen.
250 g Brokkoliröschen 1 Kohlrabi, in Stiften 400 g Spargelstücke (ca. 600 g mit Schale)	in mundgerechten Stücken in den Dampfgaraufsatz legen. Auf genügend Dampflöcher achten. Alles **30-35 Minuten/Dampfgaren/ Linkslauf/Stufe 1** garen. Nach Ende der Garzeit den Dampfgaraufsatz-Inhalt in eine vorgewärmte Terrine geben. Die zerkleinerte Petersilie dazu geben.
150 g Crème fraîche	dazu geben. Den Mixtopf-Inhalt zugeben und mit dem Spatel vorsichtig vermischen. Sofort servieren.

Tipp: Das schmeckt nach Frühling (Primavera heißt übrigens „Frühling" auf Italienisch) dieser Eintopf ist gesund und sehr schmackhaft und macht 5-6 Personen satt!

AI-Menü **Asiatische Linsensuppe** (low fat)

1 Knoblauchzehe 1 Stück Ingwer (walnussgroß, in 1 mm dünne Scheiben geschnitten, sonst bleibt er „faserig")	in den Mixtopf geben und **5 Sekunden/Stufe 5** zerkleinern.
200 g Möhren, in Stücken	dazu geben und **5 Sekunden/Stufe 4** zerkleinern.
20 g Öl	hinzufügen und **3 Minuten/Dampfgaren/Stufe 1** andünsten.
1000 g Wasser 2 Brühwürfel (für je 0,5 l Flüssigkeit) ½ Stange Lauch, in 0,5 cm Ringen ½ rote Paprika, in mundgerechten Stücken 200 g Champignons, in Scheiben 150 g rote Linsen 5 EL süß-saure Chili-Sauce (transparent mit roten Stücken, für Frühlingsrollen) ½ TL Salz 1 TL „5-Gewürze" (oder Chinagewürz) ¼ TL Zucker	dazu geben und **25 Minuten/100°C/Linkslauf/Stufe 1** garen.
2 EL Sojasauce 1 TL Zitronensaft	zugeben und **15 Sekunden/Linkslauf/Stufe 2-3** vermischen.

Tipp: Eine außergewöhnliche und sättigende vegetarische Suppe – und das Rezept stammt wieder von Marita Möllmann (ich kann nur immer wiederholen: gekonnt ist gekonnt!!). Sie können das Rezept auch mit Berglinsen zubereiten (die gibt es im Reformhaus) – so ist es authentischer, allerdings bekommen Sie die roten Linsen mittlerweile in jedem Supermarkt, insofern vielleicht einfacher...

Wenn Sie gerne Fleisch dazu mögen, können Sie mundgerechte Hähnchenbrustwürfel mit den Linsen dazu geben.

AI-Menü **Spanischer Spargeltopf** (Foto)

1 Zwiebel, geviertelt 1 Knoblauchzehe	in den Mixtopf geben und **3 Sekunden/Stufe 5**
40 g Butter	zugeben und **3 Minuten/Dampfgaren/Stufe 1** andünsten.
2 Brühwürfel 1 ½ TL Salz ½ TL Muskat 200 g Weißwein 300 g Wasser ½ TL Pfeffer	hinzufügen und den Garkorb einsetzen.
500 g Kartoffeln, festkochend, in mundgerechten Würfeln 250 g Möhren, mundgerecht	in den Garkorb füllen. Mixtopf verschließen.
700 g Spargel, geschält in Stücken 2 Paprika, rot, in Stücken 1 kleine Zucchini 150 Erbsen, TK	in mundgerechten Stücken darüber verteilen. Den Dampfgaraufsatz aufsetzen und alles **35 Minuten/Dampfgaren/ Stufe 1** garen. Das Gemüse aus dem Garkörbchen und aus dem Dampfgaraufsatz in eine vorgewärmte Terrine füllen. Zum Mixtopfinhalt
40 g Mehl 200 g Schmand	hinzufügen, **5 Sekunden/Stufe 5** mischen, dann **3 Minuten/90°C/ Stufe 2** zu einem gebundenen Suppenfond einkochen. Den Suppenfond zum Gemüse geben und alles vorsichtig mischen. Heiß servieren.

Tipp: Lecker! Und mal eine sehr würzige Version von Spargel-Eintopf! Wenn's noch würziger sein soll, können Sie bei Fleisch-Liebhabern noch spanische Chorizo-Wurst (mit in den Garkorb) legen.

AI-Menü **Klare reichhaltige Zwiebelsuppe**

500 g Zwiebeln, in Stücken	in den Mixtopf geben und **4 Sekunden/Stufe 5** zerkleinern.
600 g Wasser 100 g Weißwein 3 Brühwürfel ½ TL Muskat ¼ TL Pfeffer	dazu geben und **15 Minuten/Dampfgaren/Stufe 1** garen. Nun können Sie sich an das „Schichten" der Suppe machen: 1) Brot, 2) Käse, 3) Suppe, 4) Brot, 5) Käse. Dazu jeweils eine von
8 Scheiben Weiß- oder Toastbrot	in 4 große hitzebeständige Suppentasse füllen und mit ⅛ von
200 g Reibkäse	bestreuen. Die Suppentassen zu Dreiviertel mit Suppe füllen und als Abschluss wieder eine Scheibe Brot und jeweils verteilt den restlichen Käse darauf streuen. Die Suppe im vorgeheizten Backofen bei **200°C Heißluft** ca. **15 Minuten** überbacken. Sofort servieren.

Tipp: Die Suppe wärmt so richtig von innen. Lecker – und ein Rezept von meiner lieben Schwiegermutter. Wenn die Zeit furchtbar knapp ist, können Sie den Käse sogar in der Mikrowelle schmelzen. Mit einem leckeren Dessert ergibt die Suppe eine vollständige Mahlzeit für 4 Personen. Scharf. Heiß. Zwiebelig.

AI-Menü **Kartoffelsuppe** (Foto)

150 g Zwiebeln, geviertelt ¼ Chilischote ohne Kerne	in den Mixtopf geben und **4 Sekunden/Stufe 5** zerkleinern.
20 g Butter	dazu geben und **4 Minuten/Dampfgaren/Stufe 1** andünsten.
300 g Porree / Lauch, in Stücken 500 g Kartoffeln, in Stücken	dazu geben und **8 Sekunden/Stufe 5** zerkleinern.
2 Brühwürfel 600 g Wasser 1 TL Salz ½ TL Muskat	dazu geben und **5 Sekunden/Stufe 3-4** mischen, dann **15 Minuten/100°C/Stufe 1** mit eingesetztem Messbecher garen, dann **30 Sekunden/Stufe 10** pürieren.
500 g Milch	dazu geben und **3 Minuten/100°C/Stufe 2-3** erwärmen.
200 g Crème fraîche mit Kräutern	hinzufügen und **20 Sekunden/Stufe 8** mischen.

Tipp: Einfach, preiswert, traditionell, wärmt den Bauch und ein bisschen auch die Seele... Sie können die Suppe noch mit verschiedenen Zutaten „aufpimpen", z.B. mit gegartem Spinat, mit Räucherlachsstreifen, mit Krabben oder Scampis (besonders hübsch auf Spießen gebraten!, mit Bratenstreifen oder Kasseler-Streifen, mit Backerbsen oder Croûtons – die Möglichkeiten sind unglaublich groß!

Lecker vegetarisch!

AI-Menü **Schnittlauch-Eintopf mit grüner Kapuze**

150 g Schnittlauch, in groben Stücken
1 Knoblauchzehe .... in den Mixtopf geben und **10 Sekunden/Stufe 6** zerkleinern.

1 TL Salz
¼ TL Pfeffer .... zugeben und **1 Minute/Stufe 7** zu einer Paste verrühren und umfüllen (den Mixtopf nicht ausspülen).

700 g Wasser
3 Brühwürfel (für je 0,5 l Flüssigkeit)
½ TL Muskat
1 TL Salz
½ TL Zucker
¼ TL Pfeffer
40 g Butter .... in den Mixtopf geben. Den Garkorb einhängen. In den Garkorb

750 g Kartoffeln, in mundgerechten Würfeln
80 g Schnittlauch, in Röllchen .... einfüllen. Den Mixtopf verschließen und **25 Minuten/100°C/Stufe 2** garen. Nach Ende der Garzeit den Gareinsatz mit den Kartoffeln entfernen.

20 g Mehl
200 g Crème fraîche
1 TL Dijon-Senf .... zur Suppe geben und **2 Minuten/100°C/Stufe 2-3** verrühren, anschließend **30 Sekunden/Stufe 10** aufschäumen. Die Kartoffeln und den Schnittlauch zugeben und jede Portion mit jeweils einem großen Klecks der grünen Schnittlauchcrème servieren.

Tipp: Wenn Sie die Suppe als Vorspeise reichen, reicht die Menge für 6-8 Personen aus. Als Hauptgericht reicht sie für 4 Personen. Wenn Sie möchten, können Sie die Suppe auch vor dem Aufschäumen mit gut der Hälfte der grünen Schnittlauch-Crème-fraîche anreichern, dann wird es eine grüne Suppe...

Ein tolles Rezept für alle, die sich eines eigenen Gartens erfreuen und irgendwann nicht mehr wissen, wohin mit dem ganzen Schnittlauch. Eine sehr würzige und sehr gesunde Suppe, da Lauch (und Schnittlauch) sehr gut für das Immunsystem sind!

AI-Menü **Linsen-Tomaten-Topf**

1 Zwiebel, geviertelt
1 Knoblauchzehe .... in den Mixtopf geben und **5 Sekunden/Stufe 5** zerkleinern.

20 g Öl .... dazu geben und **3 Minuten/Dampfgaren/Stufe 1** andünsten.

1 TL Majoran, getrocknet
200 g braune Linsen (nicht eingeweicht)
800 g geschälte Tomaten (Dose)
500 g Wasser .... dazu geben und **6 Sekunden/Stufe 5** mischen dann **20 Minuten/100°C/Linkslauf/Stufe 1** vorgaren (mit eingesetztem Messbecher)

300 g Kartoffeln, mundgerecht
300 g Karotten, mundgerecht
3 Brühwürfel
1 TL Zucker
2 TL Salz
2 Spritzer Tabasco
1 TL Pizzagewürz
1 TL Curry .... dazu geben, **3 Sekunden/Linkslauf/Stufe 3-4** mischen, dann **25 Minuten/100°C/Linkslauf/Rührstufe** zu Ende garen.

Nach Garzeitende die einzelnen Portionen mit
einem Klacks Sauerrahm .... servieren.

Tipp: Sehr lecker – und nicht „altbacken"... Wenn Sie Fleischliebhaber in der Familie haben, können Sie noch 150 g Mini-Cabanossi oder kleine Wiener-Würstchen dazu servieren.

Stielmus-Eintopf mit Hollandaise (low fat, Foto)

2 Zwiebeln, geviertelt 20 g Butter	in den Mixtopf geben und **3 Sekunden/Stufe 6** zerkleinern. Anschließend **3 Minuten/Dampfgaren/Stufe 1** andünsten.
400 g Wasser 1 TL Salz 10 g Butter 850 g Kartoffeln, in Vierteln	(ohne Garkörbchen) in den Mixtopf geben und **16 Minuten/100°C / Linkslauf/Stufe 1** vorgaren. In der Zwischenzeit
700 g Stielmus (ungeputzt, entspricht etwa 350 g geputzt)	putzen, d.h. von den (groben) Blättern befreien und in etwa 3-5 cm lange Stiele schneiden. Diese sowie
¼ TL Muskat 1 Prise Pfeffer ¼ TL Zucker	zu den vorgegarten Kartoffeln geben und **12 Minuten/100°C/ Linkslauf/Rührstufe** mit eingesetztem Messbecher garen.
100 g Sauce Hollandaise leicht (Fertigprodukt)	dazu geben und **30 Sekunden/Linkslauf/Rührstufe** mischen. Sofort servieren.

Tipp: Stielmus ist ein echtes Frühlings- und Sommergemüse. Bei uns hier (auf dem Lande) gibt es das nur entweder aus dem eigenen Garten oder aber vom Wochenmarkt. Es muss nämlich wirklich frisch verarbeitet werden und Stielmus mit welken Blättern würde man gar nicht erst kaufen.

Meine Mutter fand die Vorstellung immer furchtbar, dass vom Stielmus die Blätter abgemacht und weggeworfen werden, deshalb gab es bei uns nie welches. (Bei allen anderen Gemüsen - mal abgesehen vom Rhabarber - ist das ja nun anders herum....) Wenn man sich aber vom Gedanken befreit, dass die Blätter bei einer Pflanze nicht unbedingt das Beste sein müssen, dann öffnet man sich damit einem echten Geschmackserlebnis! (Fand übrigens auch meine Mutter, der habe ich dann nämlich auch welches gekocht!)

Stielmus hat nämlich schon im Eigengeschmack eine leichte „Butter-Note" und schmeckt mit wenig zusätzlichem Fett ganz butterig und wirklich hervorragend! Probieren Sie's bei nächster Gelegenheit einfach aus!

Auch wenn ich eigentlich kein großer Freund von Fertigsaucen bin, hier ist sie nötiges „Übel" – zum einen unterstreicht sie den Buttergeschmack vom Stielmus und zum anderen eignet sich selbst gemachte Hollandaise in diesem Fall leider nicht, da sie gerinnen würde!

Lecker vegetarisch!

AI-Menü **Bunter Mais-und Bohnentopf** (Foto, low fat)

600 g Prinzessbohnen (frisch oder aufgetaut)	in den Dampfgaraufsatz legen und mit
1 TL Bohnenkraut (getrocknet) ½ TL Zucker (ja, Zucker, nicht Salz!) ..	bestreuen. Den Einlegeboden des Dampfgaraufsatzes darüber legen und
1 Dose Mais (abgetropft, 285 g) 1 Dose Kidneybohnen (abgetropft 240 g)	im Einlegeboden verteilen. Da diese Zutaten ja schon gar sind, ist es nicht so wichtig, dass noch Dampflöcher frei bleiben.
1 Zwiebel, geviertelt 1 Knoblauchzehe	in den Mixtopf geben und **4 Sekunden/Stufe 6** zerkleinern.
1 Bund Suppengrün (ca. 250 g insgesamt aus Knollensellerie, Petersilie, Möhre, Porree/Lauch)	in groben Stücken dazu geben und **3 Sekunden/Stufe 5** zerkleinern.
30 g Butter	hinzufügen und **5 Minuten/Dampfgaren/Stufe 1** andünsten. In der Zwischenzeit
700 g Kartoffeln, geschält gewogen ..	in mundgerechten, also eintopfgroßen Stücken vorbereiten. Nach der Andünstzeit
800 g Wasser 2 Brühwürfel ½ TL Muskat 1 TL Curry 1 TL Paprika edelsüß 1 TL Salz ½ TL Pfeffer	mit den Kartoffeln in den Mixtopf geben und alles **30 Minuten/ Dampfgaren/Linkslauf/ Stufe 1** garen. Nach Ende der Garzeit alles zusammen in eine vorgewärmte Terrine füllen und mit dem Spatel vorsichtig durchmischen. Sofort servieren.

Tipp: Farbenfroh, ballaststoffreich, fettarm, schnell gemacht (ca. 15 Minuten Arbeitszeit) und dann auch noch sehr lecker! Reichen Sie dazu eventuell noch knuspriges Baguette. Wenn Sie den Eintopf noch mit Fleisch aufpeppen möchten, eignen sich dafür Chorizo-Würstchen aber auch Heißwürstchen sehr gut.

AI-Menü **Tortellini-Eintopf** (Foto)

½ Bund Basilikum	in den Mixtopf geben und **4 Sekunden/Stufe 5** zerkleinern und umfüllen.
1 Knoblauchzehe 1 Zwiebel, geviertelt	dazu geben und **3 Sekunden/Stufe 6** zerkleinern.
150 g Möhren, in Stücken	hinzufügen und **5 Sekunden/Stufe 4-5** zerkleinern und noch einmal auf das Messer zurückschieben.
30 g Öl	beigeben und alles **5 Minuten/Dampfgaren/Stufe 1** andünsten.
800 g geschälte Tomaten (Dose) 2 Brühwürfel 1 TL Salz 2 TL Zucker ~~350 g Wasser~~ 2 TL Pizzagewürz 1 TL Paprika edelsüß ¾ TL Pfeffer	dazu geben und **5 Sekunden/Stufe 5** zerkleinern, anschließend **12 Minuten/100°C/Stufe 2** aufkochen. In der Zwischenzeit Paprika und Pilze in dünne Streifen bzw. Scheiben schneiden:
200 g Paprika (geputzt gewogen, ca. 2 Stück z.B. grün und gelb)	in 3 mm dünne mundgerechte Streifen schneiden und noch einmal **3 Minuten/100°C/Linkslauf/Stufe 2** weiter garen.
100 g frische Champignons 250 g Tortellini (mit 2 Minuten Kochzeit, also Frischware)	zugeben und mit dem Spatel mischen, dass es wie ein „fertiger Eintopf" aussieht. Nun **2-3 Minuten/100°C/Linkslauf/Stufe 1** erwärmen. Den fertigen Tortellini-Topf mit dem gehackten Basilikum bestreut servieren.

Tipp: Ein schnelles Essen – denn es ist in gut 30 Minuten auf dem Tisch. Arbeiten müssen Sie davon ca. 10-15 Minuten lang. Und richtig lecker und schön tomatig! Allerdings sollten Sie nach der Fertigstellung nicht zu lange vor dem Essen bummeln, da sonst die Nudeln eventuell etwas durchpappen könnten. Dieser Eintopf schmeckt auch vielen Kindern ganz prima!

AI-Menü **Schneller Curry-Gemüse-Nudeltopf** (low fat)

1 Zwiebel, geviertelt	in den Mixtopf geben und **5 Sekunden/Stufe 5** zerkleinern.
2 Brühwürfel 10 g Öl	zugeben und **3 Minuten/Dampfgaren/Stufe 1** andünsten.
500 g Gemüse, in Stücken (z.B. Strunk vom Brokkoli, Kohlrabi, Möhren, Blumenkohl)	dazu geben und **4 Sekunden/Stufe 4-5** grob zerkleinern.
½ TL Pfeffer 2 TL Curry 200 g Apfelsaft 850 g Wasser 1 TL Salz	dazu geben und **10 Minuten/100°C/Linkslauf/Stufe 1** aufkochen.
250 g Vollkornnudeln (z.B. Spiralen oder Penne)	hinzufügen, zuerst **10 Sekunden/Linkslauf/Stufe 3** mischen, dann **Kochzeit der Nudeln laut Packungsanweisung + 2 Minuten/100°C/Linkslauf/Rührstufe** garen.
1 Scheibe Chester-Schmelzkäse 50 g Saure Sahne	in der letzten Garminute zugeben und sofort servieren.

Tipp: Diese Menge reicht für 2-3 Portionen als Hauptgericht aus.

AI-Menü **Spargel-Tortellini-Topf**

80 g Parmesan	in den Mixtopf geben und **5 Sekunden/Stufe 10** zerkleinern und umfüllen.
800 g frische Tortellini (Spinat-Ricotta oder Käse-Tortellini aus dem Kühlregal)	nebeneinander (nicht übereinander...!) im Dampfgaraufsatz und im Einlegeboden verteilen.
1000 g Spargel	schälen und schräg in ca. 3 cm lange Stücke teilen. Die Spargelstücke in das Garkörbchen für den Mixtopf legen.
1 TL Zucker 1 TL Butter	auf dem Spargel verteilen.
500 g Wasser 1 Brühwürfel (für 0,5 l Wasser)	in den Mixtopf geben. Den Garkorb mit dem Spargel einhängen. Den Mixtopf verschließen und den Dampfgaraufsatz auf den Mixtopf stellen. Alles **23 Minuten/Dampfgaren/Stufe 1** garen. In der Zwischenzeit
50 g Mandelblättchen	in einer trockenen Pfanne goldbraun rösten. Sofort aus der Pfanne nehmen (damit sie nicht schwarz werden - das kann ansonsten schnell noch passieren). Nach Ende der Garzeit
70 g Sahne 40 g herben Weißwein 2 TL Zitronensaft 1 TL Salz 30-40 g Mehl	in den Mixtopf zur restlichen Garflüssigkeit geben und **10 Sekunden/Stufe 6** vermischen, anschließend **2 Minuten/100°C /Stufe 2-3** aufkochen.
½ Bund Basilikumblätter	dazu geben und **10 Sekunden/Stufe 8** mischen. Die Tortellini und den Spargel in eine große vorgewärmte Schüssel füllen, die Sauce darüber verteilen und mit Parmesan und den Mandelblättchen garniert servieren.

Tipp: Wieder ein großartiges (und sehr einfaches!) Rezept von Marita Möllmann aus Selm. Es schmeckt übrigens auch mit anderen Gemüsesorten ganz prima (z.B. feinen grünen Bohnen, Möhren, Paprika, Brokkoli usw.) - Sie sollten nur darauf achten, dass im Garkorb genügend Dampf zirkulieren kann.

AI-Menü **Rote Linsensuppe** (low fat, Foto)

1 Zwiebel, geviertelt
1 Möhre, in Stücken
1 kl. Stange Lauch, in Ringen....... in den Mixtopf geben und 5 Sekunden/Stufe 4 zerkleinern.

40 g Olivenöl .... zugeben und **3 Minuten/Dampfgaren/Stufe 2** andünsten.

250 g rote Linsen
1 Liter Gemüsebrühe
100 ml Weißwein
Saft ½ Zitrone
2-3 TL Estragon
2 Msp. Cayenne-Pfeffer................ dazu geben und **20 Minuten/100°C/Stufe 2** kochen.

100 g Sahne .... zufügen und **25 Sekunden/Stufe 8** pürieren.

Tipp: Mit einem Klecks Sauerrahm in Suppentassen servieren. Mit frischem Estragon garnieren. Grandios als Einlage ist geräucherter Fisch.

Übrigens: obschon die Linsen ungekocht orange sind - die Suppe wird wegen des Lauchs eher grün als rot. Das ist auf dem Foto keine optische Täuschung...

AI-Menü **Rosenkohl-Eintopf** (Foto)

2 Zwiebeln, geviertelt 40 g Butter	in den Mixtopf geben und **5 Sekunden/Stufe 5** zerkleinern. Anschließend **3 Minuten/Dampfgaren/Stufe 1** andünsten.
500 g Möhren, in groben Stücken	zugeben und **4-5 Sekunden/Stufe 4-5** grob zerkleinern.
1 Stange Lauch, in Ringen 300 g Kartoffeln, gewürfelt 2 Brühwürfel 1 TL Salz 1 TL Majoran 1 TL Zucker 1 Lorbeerblatt ½ TL Muskat 1 EL (gehäuft) Currypulver	hinzufügen. Den Mixtopf **bis zur 2-Liter-Marke** mit
ca. 800 g Wasser	füllen. (Sie können den Mixtopf, wenn Sie unter Zeitdruck stehen, auch schon anstellen – es dauert ja eine Weile, bis der Mixtopfinhalt richtig kocht). Nun den Dampfgaraufsatz füllen:
750 g Rosenkohl (ungeputzt gewogen, geschält und als ganze Röschen oder halbiert	unten in den Dampfgaraufsatz legen. Die Röschen mit
1 TL Zucker (! ja, ehrlich)	bestreuen. Den Einlegeboden in den Dampfgaraufsatz geben und hierin
500 g Kartoffeln, gewürfelt	verteilen. Die Kartoffeln mit
½ TL Kräutersalz	würzen und auf genügend Dampflöcher achten.
	Alles zusammen setzen und **39 Minuten/Dampfgaren/ Linkslauf/ Stufe 1** garen.
	Nach Ende der Garzeit eine Garprobe bei den Kartoffeln und dem Rosenkohl machen. Ansonsten evtl. noch Zeit zugeben.
	Wenn Kartoffeln und Rosenkohl gar sind,
200 g Schmand	in den Mixtopf geben und **2 Minuten/100°C/Linkslauf/Stufe 2** mischen. Anschließend den Inhalt des Dampfgaraufsatzes und den Inhalt des Mixtopfes zusammen in eine vorgewärmte Terrine füllen, vorsichtig umrühren und heiß servieren.

Tipp: So können Sie die Garzeiten verkürzen: nehmen Sie direkt heißes Wasser – Rosenkohl und Kartoffeln brauchen etwa 25-28 Minuten, bis sie im Dampfgaraufsatz gar sind. Ganze Röschen werden schneller gar, wenn Sie den Strunk kreuzweise einritzen. Wenn Sie den Rosenkohl vierteln und die Kartoffeln in sehr kleine Würfel schneiden, verkürzt sich die Garzeit noch mehr. Als Hauptgericht reicht dieser Rosenkohleintopf für 5-6 Personen.

Wer es herzhafter mag und nicht auf Fleisch verzichten möchte, kann zum Mixtopfinhalt (zusammen mit den Gewürzen) noch 75 g Schinkenwürfel oder am Ende der Garzeit Kochschinken- oder Kasselerstreifen dazugeben.

Wenn Sie etwas übrig behalten, können Sie aus dem Rest eine wunderbare Crèmesuppe zubereiten. Hierfür das Lorbeerblatt entfernen, den Rest mit Brühe oder Milch pürieren und kräftig abschmecken.

Lecker vegetarisch!

AI-Menü **Vegetarischer Gesundtopf** (Foto, low fat)

1 Knoblauchzehe 2 Zwiebeln, geviertelt	in den Mixtopf geben und **3 Sekunden/Stufe 6** zerkleinern.
30 g Olivenöl	dazu geben und **3 Minuten/Dampfgaren/Stufe 1** andünsten.
500 g Brokkoli	putzen. Die Röschen in den Dampfgaraufsatz legen (es kommt später noch mehr Gemüse dazu!). Den Strunk mit folgenden Zutaten in den Mixtopf geben:
200 g Paprika, in Stücken 200 g Möhren, in Stücken 3 Tomaten, geviertelt, ohne Strunk	zum Brokkolistrunk in den Mixtopf geben und **6 Sekunden/Stufe 4** grob zerkleinern (eventuell etwas länger, die Stücke sollten aber mundgerecht sein!)
400 g Kartoffeln, gewürfelt 650 g Wasser 1 Brühwürfel 2 TL Salz ⅛ TL Pfeffer 2 TL Curry 2 TL Paprika edelsüß 330 g Möhrensaft	dazu geben.
1 rote Paprika	in dünnen Streifen in den Dampfgaraufsatz legen.
1 Dose Mais 1 Dose rote Kidneybohnen	abtropfen lassen und in den Einlegeboden legen. (Es brauchen nicht viele Dampflöcher frei bleiben – denn schließlich sind Mais und Bohnen ja schon gar – aber ein paar sollten es schon sein!). Den Eintopf **30 Minuten/Dampfgaren/Linkslauf/Stufe 1** garen. Nach Ende der Garzeit alle Komponenten in eine große Terrine schütten und sofort servieren.

Tipp: Sehr lecker, sehr fruchtig, vegetarisch, ballaststoffreich – wirklich: eine echte Gesundsuppe, die auch noch gut aussieht. Sollte Ihnen die Suppe noch nicht sämig genug sein, geben Sie bitte 3 TL Speisestärke, zusammengerührt mit ½ Messbecher Wasser in den letzten Minuten zu. So wird das Flüssige der Suppe noch sämiger.

Der Eintopf macht 4-6 Personen satt. Reichen Sie eventuell noch etwas knuspriges Brot dazu. Wer es sich erlauben kann, kann die Suppe noch mit einem Klecks Crème fraîche oder Saurer Sahne garnieren.

Lecker vegetarisch!

AI-Menü **Gemüseeintopf mit Basilikum-Klößchen** (Foto, low fat)

	Für die
Klößchen:	
200 g Milch 40 g Butter ⅛ TL Muskat 1 TL Kräutersalz	in den Mixtopf geben und **2 Minuten/90°C/Stufe 1** erhitzen.
100 g Hartweizengrieß	dazu geben und **1 Minute/90°C/Stufe 3** garen. Die Klößchen-Masse **10 Minuten** abkühlen lassen.
1 Ei (Größe M) 1 Hand voll Basilikumblätter	dazu geben und **10 Sekunden/Stufe 4** untermischen.
	Aus der Masse mit angefeuchteten Händen kleine Klößchen drehen und diese in den gefetteten Einlegeboden des Dampfgar-Aufsatzes legen.
	Den Mixtopf gründlich ausspülen.
	Für die
Suppe:	
1 Zwiebel, geviertelt	in den Mixtopf geben und **5 Sekunden/Stufe 5** zerkleinern.
20 g Butter	dazu geben und **3 Minuten/Dampfgaren/Stufe 1** andünsten.
1 TL Zucker 1000 g Wasser 2 Brühwürfel 1 TL Salz ⅛ TL Pfeffer	dazu geben. Den Gareinsatz einhängen.
200 g Möhren, in Scheiben 500 g Spargel, Brokkoli oder Blumenkohl oder Spargel, in mundgerechten Stücken	in den Gareinsatz geben.
200 g Kohlrabi oder weiße Rübchen, in mundgerechten Stiften 100 g Erbsen	in den Dampfgaraufsatz legen. Den Einlegeboden mit den Klösschen in den Dampfgaraufsatz setzen und verschließen. Alles zusammensetzen und **30 Minuten/Dampfgaren/Stufe 1** garen.
	Nach Ende der Garzeit den Inhalt aus Dampfgaraufsatz, Mixtopf und Einlegeboden in eine große vorgewärmte Terrine füllen und vermischen. Sofort servieren.

Tipp: Eine sehr feine und sehr leichte Gemüsesuppe. Mit Spargel (egal ob grün oder weiß) natürlich besonders edel. Servieren Sie die Suppe entweder als leichtes Hauptgericht oder als etwas sättigendere Vorsuppe. Selbstverständlich können Sie aber die Gemüsesorten auch abändern. Achten Sie nur darauf, dass langsam garende Gemüse eher unten in den Garkorb kommen und die schnell garenden oben in den Dampfgaraufsatz.

Lecker vegetarisch!

AI-Menü **Großer schneller Spargeleintopf**

1250 g Spargel, geschält und in mundgerechten Stücken, geschält gewogen = knapp 1,7 kg ungeschält	in den Dampfgaraufsatz legen.
1 TL Zucker ½ TL Muskat	mit den Spargelstücken vermischen. Auf genügend Dampflöcher achten!
30 g Butter, in Flöckchen	über dem Spargel verteilen.
500 g Wasser 1 Brühwürfel (für 0,5 l Flüssigkeit)	in den Mixtopf geben. Den Gareinkorb mit
900 g Kartoffeln, mundgerecht gewürfelt in Eintopfgröße	einsetzen. Den Mixtopf verschließen, den Dampfgaraufsatz aufsetzen und alles **25-35 Minuten/Dampfgaren/Stufe 1** garen. Bitte überprüfen Sie den Gargrad des Spargels und schalten Sie das Gerät rechtzeitig ab. Nach Ende der Garzeit Spargel (bis auf 200 g davon) und Kartoffeln (bis auf 200 g davon) in eine vorgewärmte Terrine füllen. Zum restlichen Garsud im Mixtopf
300 g Sauce Hollandaise (Fertigprodukt aus dem Tetra-Pack) 250 g Sahne oder Kaffeesahne 1 Brühwürfel (für 0,5 l Flüssigkeit) 1 TL Salz 1 TL Zitronensaft	sowie 200 g der fertig gegarten Kartoffeln und 200 g Spargel in den Mixtopf geben und **2 Minuten/100°C/Stufe 2** auf Temperatur bringen
evtl. ½ Bund Petersilie, abgezupft	zugeben und **20 Sekunden/Stufe 9** pürieren. Den Mixtopfinhalt in die Terrine geben, gut durchmischen und sofort servieren.

Tipp: Eigentlich sind Fertigprodukte ja nicht mein Ding. Hier kann die Fix-Küche aber wirklich etwas bieten, was unsere selbstgemachte Sauce Hollandaise nicht kann: sie gerinnt nämlich nicht! Der Eintopf ist sehr lecker und lohnt die Ausnahme... Fleischesser können Kochschinken-, Fleischwurst- oder Kasseler-Streifen oder aber für Fisch-Liebhaber Räucherlachs-Streifen in den Eintopf geben.

AI-Menü **Kohlrabieintopf ohne Fleisch** (low fat)

½ Bund Petersilie, abgezupft	in den Mixtopf geben und **6 Sekunden/Stufe 6** zerkleinern und umfüllen. (Sie brauchen die Petersilie erst am Schluss zum Garnieren wieder.)
1 Bund Suppengrün	putzen. Den Porree in Ringe schneiden und beiseite stellen. Die Möhre, das Selleriestück und die Petersilie in den Mixtopf geben und **4 Sekunden/Stufe 4-5** zerkleinern.
10 g Butter 2 Brühwürfel (für je 0,5 l Flüssigkeit)	zugeben und **3 Minuten/Dampfgaren/Linkslauf/Stufe 1** andünsten. Den Linkslauf deaktivieren.
250 g Kohlrabi, in Stücken 250 g Kartoffeln, in Stücken	in den Mixtopf geben und **4 Sekunden/Stufe 4** grob zerkleinern.
250 g Kohlrabi, in schönen Stiften 300 g Kartoffeln, in schönen Würfeln 2 TL Salz ½ TL Muskatblüte (Macis-Blüte, gemahlen) ¼ TL Pfeffer 1 TL Zucker	dazu geben. Den Mixtopf maximal bis zur 2-Liter-Marke mit
ca. 600 g Wasser	füllen. Den Eintopf **25-28 Minuten/100°C/Linkslauf/Stufe 1** mit eingesetztem Messbecher garen.
100 g Kräuter Crème fraîche, leicht	zugeben und **2 Minuten/90°C/Linkslauf/Stufe 1** untermischen. Den Eintopf mit Petersilie bestreut servieren.

Tipp: Sehr leicht, sehr suppig. Da der Mixtopf recht voll ist und recht hart arbeiten muss, werden trotzdem 4 Personen davon satt. Planen Sie für Fleischliebhaber vielleicht noch ein paar Wiener Würstchen ein.

All inclusive aus dem Ofen

komplette Ofengerichte, Gratins, Lasagne & Co.

mit Fleisch

AI-Menü **Rheinischer Deppekoche** (Foto, Reste-Fest: Brötchen)

1 ½ kg Kartoffeln, in Stücken
1 TL Salz
2 Zwiebeln, in Stücken .... in 2 Portionen (bitte auch in beide Portionen jeweils die Hälfte vom Salz und von der Zwiebel geben, damit sich die Masse richtig gut vermischt!) in den Mixtopf geben und **2 x 5 Sekunden/Stufe 4-5** mit Hilfe des Spatels etwas größer als auf „Reibeplätzchengröße" zerkleinern.

Die erste Portion sofort nach dem Zerkleinern in ein Sieb geben (zum Abtropfen, die zweite Portion anschließend dazu geben.

Die Masse ca. **10 Minuten** im Sieb abtropfen lassen, bis die Milchmischung fertig ist. Sie brauchen den Mixtopf nicht ausspülen. Für die Milchmischung

2 altbackene Brötchen .... in Stücken in den Mixtopf geben und **10 Sekunden/Stufe 6** zu Paniermehl zerkleinern (wenn die Brötchen noch nicht so alt sind, bitte länger zerkleinern).

500 g Milch
1 ½ TL Salz
1 Brühwürfel (für 0,5 l Flüssigkeit)
½ TL Muskat
½ TL Pfeffer .... dazu geben und **8 Minuten/70°C/Stufe 2** erwärmen. Anschließend **20 Sekunden/Stufe 10** pürieren. Den Mixtopf auf **Stufe 2-3** stellen und durch die Deckelöffnung

2 Eier .... in die Milchmischung geben und **20 Sekunden/Stufe 2-3** vermischen.

Nun die abgetropften Kartoffeln zur Milchmischung geben und mit Hilfe des Spatels **20 Sekunden/Linkslauf/Stufe 4** (Achtung! Langsam hoch drehen, der Topf ist sehr voll!!) gründlich miteinander vermischen.

Die Hälfte der Kartoffelmischung in einen gefetteten gusseisernen Bräter (mit Deckel, alternativ in einen Römertopf oder in eine große Auflaufform mit Deckel füllen. Die Kartoffelschicht mit

400 g Fleischwurst in dicken Scheiben oder alternativ 2 Mettwürstchen .... in Scheiben geschnitten, belegen. Die restliche Kartoffelmasse darüber geben und die letzte Schicht mit

100-200 g Speckwürfeln oder Speckstreifen (nicht zu mager!!) .... bestreuen. Den verschlossenen Topf **50-60 Minuten** im vorgeheizten Backofen bei **175°C Heißluft** garen. In den letzten **20 Minuten** den Deckel abnehmen, damit der Deppekoche eine schöne Kruste bekommt. (Je nach Form verändert sich die Backzeit! Wenn Sie einen gusseisernen Topf verwenden, braucht er länger, bis er aufgeheizt ist, hält dann aber länger warm als eine Auflaufform!)

Tipp: Zum Deppekoche oder Döppekoche (ich spreche kein „Rheinisch", aber meiner Recherche nach heißt das „Topfkuchen") gehört Apfelmus. Ein richtig ursprünglich rheinisches Rezept von Gabi A. aus Koblenz.

AI-Menü **Grünkohl-Moussaka** (Foto)

100 g Käse	in den Mixtopf geben und **5 Sekunden/Stufe 6** zerkleinern und umfüllen.
500 g Kartoffeln, in Stücken 1 TL Kräutersalz	in den Mixtopf geben und **8 Sekunden/Stufe 4** zerkleinern, in eine gefettete Auflaufform schichten. Der Mixtopf muss nicht ausgespült werden.
2 mittelgroße Zwiebeln, geviertelt	in den Mixtopf geben und **5 Sekunden/Stufe 5** zerkleinern.
10 g Öl	dazu geben und die Zwiebeln **3 Minuten/Dampfgaren/Stufe 1** andünsten.
500 g Hackfleisch	zugeben und **5 Minuten/Dampfgaren/Linkslauf/Stufe 1** andünsten.
1 EL Tomatenmark 1 ½ TL Salz ½ TL Pfeffer 1 TL Paprika edelsüß ½ TL Muskat 1 TL Oregano	hinzufügen und **2 Minuten/100°C/Stufe 1** andünsten und über die Kartoffeln streichen.
250 g Wasser 250 g Milch 20 g Butter 1 Brühwürfel (für 0,5 l Flüssigkeit) 1 ¼ TL Salz ½ TL Pfeffer ½ TL Muskat 40 g Mehl	in den Mixtopf geben und **7 Minuten/100°C/Stufe 2-3** zu einer Sauce einkochen. Die Hälfte der Sauce über die Hackfleischmasse geben.
400 g Grünkohl, aufgetaut	darauf verteilen, mit
½ TL Kräutersalz	würzen. Die restliche Sauce darüber verteilen und mit Käse bestreuen. Im vorgeheizten Backofen bei **200°C Ober- und Unterhitze** oder **180°C Umluft** in ca. **30-40 Minuten** goldbraun backen.

Tipp: Superlecker – und das, wo ich überhaupt kein Freund von Grünkohl bin!

AI-Menü **Hack-Kartoffelauflauf** (Reste-Fest: Brötchen)

200 g Käse, in Stücken	in den Mixtopf geben, **5 Sekunden/Stufe 6** zerkleinern und umfüllen.
2 Brötchen vom Vortag	in
Wasser	ca. **20 Minuten** einweichen, gut ausdrücken und beiseite stellen.
100 g Zwiebeln, geviertelt	in den Mixtopf geben und **5 Sekunden/Stufe 5** zerkleinern.
500 g Hackfleisch 2 geh. TL Dijon-Senf ¼ TL Pfeffer 1 TL Paprika edelsüß ¾ TL Salz 2 Eier	zusammen mit den gut ausgedrückten Brötchen dazu geben und **30 Sekunden/Stufe 3-4** mischen. Nun 6-8 Frikadellen daraus formen, die später auf den Auflauf gelegt werden.
1000 g Kartoffeln 200 g Schmand 5 g Zitronensaft 1 TL Salz ¼ TL Pfeffer ½ TL Muskat	in den Mixtopf geben und **5-10 Sekunden/Stufe 4** zerkleinern (gröber als Rohkost). Alles in eine leicht gefettete Auflaufform füllen (am besten schnell machen, damit die Kartoffeln nicht braun werden). Die Frikadellen mit genügend Abstand darauf legen. Den geriebenen Käse darüber verteilen und **70 Minuten** bei **175°C** im vorgeheizten Backofen bei **Heißluft** fertig garen.

Tipp: Die Menge reicht für 6 Personen aus. Sehr lecker – schnell gemacht und durchaus sehr sättigend (reichen Sie als Beilage vielleicht noch einen Salat dazu.)

AI-Menü **Cannelloni mit Hackfleisch und Béchamel-Sauce**

200 g Käse, in Stücken	in den Mixtopf geben, **5 Sekunden/Stufe 6** zerkleinern und umfüllen.
2 Zwiebeln, geviertelt 1 Knoblauchzehe	in den Mixtopf geben und **6 Sekunden/Stufe 5** zerkleinern.
500 g Hackfleisch 1 TL Salz ¼ TL Pfeffer 2 Eier 50 g Paniermehl	dazu geben und **20 Sekunden/Stufe 4** mischen.
100 g Reibkäse	hinzufügen und **10 Sekunden/Stufe 4** mischen. Zum Füllen der Nudelrollen die Masse in einen Spritzbeutel (am besten Einweg-) oder einen Gefrierbeutel füllen und eine Tülle abschneiden. (Mit einem Löffel oder mit der Hand ist das ein ganz schönes Gematsche...). Die Masse in
ca. 25-30 Cannelloni-Rollen	füllen. Die gefüllten Cannelloni in einer Lage (!) in eine große flache mit
Butter	ausgefettete Auflaufform legen. Für die Sauce müssen Sie den Mixtopf nicht ausspülen.
850 g Milch 2 Brühwürfel (für je 0,5 l Flüssigkeit) 50 g Butter 50 g Mehl ½ TL Muskat ¼ TL Pfeffer	in den Mixtopf geben und **6 Sekunden/Stufe 6** mischen. Anschließend **8 ½ Minuten/90°C/Stufe 2** aufkochen. Die fertige Sauce über die Rollen geben und mit dem geriebenen Käse bestreuen. Die Cannelloni in **25-30 Minuten** bei **180°C Heißluft** im vorgeheizten Backofen garen. Dampfend heiß servieren.

Tipp: Die Menge reicht für 5-6 Personen aus. Und es lässt sich prima vorbereiten. Wenn Sie die Cannelloni erst kalt werden lassen, bevor Sie sie in den Ofen geben, können Sie die vorbereitete Auflaufform auch in den kalten Backofen schieben und dann ca. 40 Minuten goldbraun garen.

Hähnchenbrust in Martini-Sauce (Foto)

8-10 Hähnchenbrüste (ca. 1 kg)	mit
Salz Pfeffer Paprika, edelsüß	bestreuen und in eine große leicht gefettete Auflaufform oder einen Bräter mit Deckel geben.
1 Knoblauchzehe 1 Hand voll Thymian, abgezupft	in den Mixtopf geben und **6 Sekunden/Stufe 6** zerkleinern.
30 g Butter	zufügen und **3 Minuten/Dampfgaren/Stufe 1** andünsten.
3 Tomaten, geviertelt, ohne Strunk	dazu geben und **20 Sekunden/Stufe 9** zerkleinern.
120 g Martini, lieblich 200 g Sahne 2 TL Salz 2 EL Paprika, edelsüß 1 TL Pfeffer 1 Brühwürfel (für 0,5 l Flüssigkeit) 10 g Speisestärke	hinzufügen und **20 Sekunden/Stufe 8** mischen. Die Sauce über dem Fleisch verteilen und das Fleisch mit der Sauce **30 Minuten** bei **180°C Heißluft** garen. Nach Ende der Garzeit die Fleischstücke in der Sauce noch einmal gut umrühren.

Tipp: Sehr aparter Geschmack! Und wirklich mal etwas anderes! Toll für Saucen-Liebhaber und es schmeckt sehr gut zu Bandnudeln, Baguette oder Reis.

Foto: Steckrübe

AI-Menü **Bällchen-Rübchen-Auflauf**

200 g Gouda, alt, in Stücken	in den Mixtopf geben und **6 Sekunden/Stufe 6** zerkleinern und umfüllen.
2 große Zwiebeln, geviertelt ½ Bund Petersilie 2 Brühwürfel (für je 0,5 l Flüssigkeit)..	in den Mixtopf geben und **5 Sekunden/Stufe 5** zerkleinern.
20 g Butter	dazu geben und **3 Minuten/Dampfgaren/Stufe 1** andünsten.
300 g Steckrüben (oder Möhren, in Stücken	zufügen und auf **4-6 Sekunden/Stufe 4** grob (aber mundgerecht) zerkleinern.
800 g Kartoffeln, geviertelt ½ TL Muskat 1 TL Zucker	direkt in den Mixtopf (ohne Garkörbchen) dazu geben und den Mixtopf mit
Wasser	bis zur 2-Liter-Marke auffüllen.
600 g Möhren, mundgerecht gewürfelt	in den Dampfgaraufsatz geben. Auf genügend Dampflöcher achten. Den Einlegeboden einsetzen.
600 g grobe Bratwurst	aus der Pelle drücken und als Bällchen in den Einlegeboden legen. Den Dampfgaraufsatz verschließen und aufsetzen. Das Ganze **23-25 Minuten/Dampfgaren/Linkslauf/Rührstufe** vorgaren.
	Den Einlegeboden aus dem Dampfgaraufsatz heraus nehmen und den kompletten Mixtopfinhalt durch den Dampfgaraufsatz abgießen. Die Garflüssigkeit auffangen. Alle vorgegarten Zutaten in eine leicht gefettete Auflaufform füllen. Die Bällchen oben auf hübsch anrichten. Nun 100 g der Garflüssigkeit sowie
150 g Kräuter-Crème fraîche ½ TL Salz	in den Mixtopf geben und **10 Sekunden/Stufe 2-3** mischen. Die Flüssigkeit gleichmäßig über dem Auflauf verteilen und mit den Gouda-Raspeln bestreuen. (Die restliche Garflüssigkeit können sie prima für eine Crèmesuppe verwenden.) Den Auflauf nun **15-20 Minuten** bei **180°C Heißluft** im vorgeheizten Backofen goldbraun backen. Heiß servieren.

Tipp: Einfache Zutaten, die ein deftiges Mahl ergeben. Der Auflauf lässt sich prima vorbereiten. Sie sollten dann allerdings ca. **30-40 Minuten** einkalkulieren, wenn Sie ihn ganz kalt in den Backofen schieben.

AI-Menü **Kartoffel-Lasagne**

Eine wirklich sehr große Auflaufform, zwei große Auflaufformen (wenn möglich mit Deckel!) oder aber eine tiefe Fettpfanne leicht einfetten.

150 g Käse, z.B. Gouda, mittelalt .... in den Mixtopf geben und **5 Sekunden/Stufe 6** zerkleinern. Den Käse in umfüllen.

1 Knoblauchzehe
2 Zwiebeln, in Stücken
3 Karotten, in Stücken — in den Mixtopf geben und **6 Sekunden/Stufe 5** zerkleinern.

50 g Olivenöl .... zugeben und **5 Minuten/Dampfgaren/Stufe 1** andünsten.

500 g Rinderhackfleisch .... zugeben und **5 Minuten/Dampfgaren/Linkslauf/Rührstufe** andünsten.

800 g Konserven-Tomaten, mit Saft oder die gleiche Menge frische Tomaten, geschält, geviertelt und ohne grünen Strunk
70 g Tomatenmark
1 Brühwürfel (für 0,5 l Flüssigkeit)
1 TL Salz
1 TL Zucker
½ TL Pfeffer
1 Prise Muskat
1 TL getrockneten Oregano
1 TL getrockneten Thymian
1 Prise Nelkenpulver .... zugeben und **15 Minuten/100°C/Linkslauf/Stufe 2** kochen lassen. In der Zwischenzeit

1 kg Kartoffeln, geschält gewogen
2 TL Zitronensaft......................... mit einem Gurkenhobel in dünne Scheiben hobeln und in eine große Schale geben. (Der Zitronensaft soll dabei helfen, dass die Kartoffeln nicht so schnell braun werden!) - bitte aber trotzdem schnell nach dem Hobeln die Kartoffeln mit

2 EL Weizengrieß
1½ TL Salz
½ TL Pfeffer
½ TL Muskatnuss, gemahlen
200 g Schmand .... vermischen (das geht am besten mit sauberen Händen!). Nun die Kartoffeln abwechselnd mit der Sauce in eine leicht gefettete Fettpfanne oder ein tiefes Backblech oder eine riesig große leicht gefettete Auflaufform schichten (es sollten ca. 3-4 Kartoffelschichten sein). Die erste und die letzte Schicht sollten Hackfleisch-Sauce sein.

Den Mixtopf ausspülen.

350 g Milch
20 g Mehl
30 g Butter
2 TL gekörnte Brühe
¼ TL Muskat
⅛ TL Pfeffer .... in den Mixtopf geben und **5 Minuten/90°C/Stufe 2-3** zu einer Sauce einkochen. Die Sauce über dem Auflauf verteilen.

Den geriebenen Käse auf der Kartoffel-Lasagne verteilen. Die Kartoffel-Lasagne abdecken (oder mit Alufolie abdecken) und im vorgeheizten Backofen bei **190°C Ober- und Unterhitze** ca. **50-60 Minuten** garen. Wenn die Käseschicht noch nicht goldgelb ist, die letzten **10 Minuten** ohne Deckel/Folie garen.

Tipp: Sehr lecker! Ist richtig gut angekommen - und die Menge macht (eventuell mit einem zusätzlichen Salat) sofort 8 Personen glücklich. Sie können (gerade bei einer kleineren Personenzahl, die satt werden soll) - die Menge auch in 2 Auflaufformen verteilen und die eine einfrieren (leichter Qualitätsverlust). Nicht aufgetaut liegt die Backzeit (bitte dann in den kalten Ofen schieben) bei ca. 70-80 Minuten.

AI-Menü **Lasagne Bolognese** (low fat)

50 g Gouda (30% Fett)
50 g Parmesankäse .... in Stücken in den Mixtopf geben und **5 Sekunden/Stufe 6** zerkleinern und umfüllen.

300 g mageres Rindergulasch, angefroren .... in den Mixtopf geben und **10 Sekunden/Stufe 6-7** zerkleinern und umfüllen. (Der Mixtopf muss nicht gespült werden.)

2 Knoblauchzehen
1 große Zwiebel, geviertelt
2 große Möhren, in Stücken
1 rote Paprika, in Stücken
2 Brühwürfel (für je 0,5 l Flüssigkeit).. in den Mixtopf geben und **5 Sekunden/Stufe 4-5** zerkleinern.

10 g Öl .... sowie das Rinderhackfleisch dazu geben und **10 Minuten/Dampfgaren/Linkslauf/Stufe 2** andünsten. In der Zwischenzeit

200 g Champignons
200 g Paprika (geputzt gewogen)..... putzen und in dünne Scheiben schneiden und beiseite legen.

Nach Ende der Garzeit

500 g passierte Tomaten
70 g Tomatenmark
2 TL Pizzagewürz / italienische Kräuter
½ TL Pfeffer
1 TL Zucker
1 TL Oregano
1 TL Salz
2 TL Paprika edelsüß
2 TL Senf.................................... sowie die geputzten Champignons und die Paprikastückchen zur Fleisch-Gemüsemischung geben und alles noch einmal **10 Minuten/100°C/Linkslauf/Stufe 1-2** aufkochen.

Die Sauce abwechselnd mit

250 g Lasagneblättern .... in eine leicht gefettete Auflaufform schichten. Unten in der Auflaufform mit der Sauce beginnen und oben zuletzt eine Schicht Nudeln einschichten.

Den Mixtopf gründlich ausspülen (damit die Béchamel-Sauce weiß bleibt). Dafür

30 g Butter
30 g Mehl
500 g Milch (1,5% Fett)
1 Brühwürfel (für je 0,5 l Flüssigkeit)
⅛ TL Pfeffer
⅛ TL Muskat .... in den Mixtopf geben **6 Sekunden/Stufe 6** mischen, dann **6 ½ Minuten/90°C/Stufe 2-3** aufkochen. Anschließend **30 Sekunden/Stufe 10** aufschlagen.

Die Sauce als letzte Schicht über die Lasagne geben, anschließend den geriebenen Käse darüber streuen und die noch heiße Lasagne bei **175°C Heißluft** ca. **35 Minuten** goldbraun überbacken.

Tipp: Lasagne eignet sich naturgemäß ganz prima zum Vorbereiten. Wenn Sie allerdings die „kalte" Lasagne in den Ofen schieben, müssen Sie 5-10 Minuten mehr Backzeit einplanen. Wenn Ihnen das Zerkleinern des Rindergulaschs zu aufwändig ist, können Sie auch 300 g Rindertatar oder mageres Rinderhackfleisch verwenden.

Ganz herzlichen Dank übrigens Frau Gabi H. aus Dortmund für das leckere Rezept! Für eine Lasagne recht fettarm und Lasagne mit viel gutem Gemüse und gutem Gewissen ist doch wirklich eine tolle Sache, oder?

AI-Menü **Chilenischer Pastel de Choclo**

50 g Rosinen	in einen kleinen Topf geben und mit
kochendem Wasser	übergießen. Die Rosinen **15 Minuten** lang quellen lassen. In der Zwischenzeit das Fleisch anbraten:
500 g Hackfleisch, gemischt 500 g Hähnchenbrustfilet, in mundgerechten Stücken	mit
etwas Olivenöl	in einer sehr großen Pfanne anbraten.
4 Knoblauchzehen 4 Zwiebeln, geviertelt 2 Chilischoten, ohne Kerne (oder später beim Würzen ½ TL Chilipulver oder Cayenne-Pfeffer)	in den Mixtopf geben und **3 Sekunden/Stufe 6** zerkleinern und zum Pfanneninhalt geben. (Mixtopf nicht ausspülen.) Die Zwiebeln mit dem Fleisch glasig anschwitzen. In der Zwischenzeit
4 Dosen Mais, (à 280 g Abtropfgewicht) abgetropft 60 g Milch ¼ TL Muskat ½ TL Salz 1 TL Zucker	in den Mixtopf geben und **10 Minuten/100°C/Stufe 2-3** aufkochen, anschließend **1 Minute/Stufe 10** mit Hilfe des Spatels pürieren. Das goldbraun angebratene Fleisch mit
2 TL Salz 2 TL Paprika edelsüß 2 TL Currypulver	würzen und gründlich vermischen.
60 g schwarze Oliven, entsteint	eventuell halbiert oder in kleinen Stücken - sowie die abgegossenen Rosinen dazu geben und gründlich miteinander vermischen. Den Pfanneninhalt in eine oder besser zwei Auflaufformen oder in einer großen Fettpfanne verteilen. Das Maispüree über dem Fleisch verteilen und glatt streichen. Die Auflaufform(en) in den vorgeheizten Backofen schieben und bei **200°C Ober- und Unterhitze** oder **180°C Heißluft** ca. **20-30 Minuten** goldbraun überbacken.

Tipp: Diese Menge reicht für 6 Personen aus. Reichen Sie noch einen einfachen grünen Salat dazu. Es ist eines der Lieblingsgerichte vieler Chilenen. Meine liebe Spanisch-Kollegin Karin L. aus Emsdetten hat mir das Rezept nicht nur aus Chile mitgebracht - sie hat es auch bei einem spanischen Kochabend zubereitet. Ansonsten hätte ich mich an das Rezept vermutlich gar nicht herangetraut. Rosinen, Oliven, Mais-Püree... aber vom Resultat war ich überraschend begeistert und wollte unbedingt an Sie weitergeben!

AI-Menü **Griechischer Nudelauflauf mit Schafskäse**

100 g Gouda, mittelalt, in Stücken	in den Mixtopf geben und **5 Sekunden/Stufe 6** zerkleinern und umfüllen. Sie müssen den Mixtopf nicht ausspülen und können ihn so weiter verwenden.
1500 g Wasser 2 TL Salz 1 EL Öl	in den Mixtopf geben und **10 Minuten/Dampfgaren/Stufe 1** aufkochen.
250 g Kritharakinudeln (= griechische Reisnudeln, die aussehen wie dicke Reiskörner, es sind aber Nudeln. Es gibt sie im Supermarkt in der Regel in der „ausländische Spezialitäten"-Abteilung) ...	dazu geben und **10-12 Minuten/100°C/Stufe 1** (je nach Packungsangabe: Kochzeit + 1 Minute) bissfest kochen. Nach Ende der Garzeit die Nudeln durch den Garkorb abgießen. Die Hälfte der Nudeln in eine gefettete Auflaufform geben. (Die andere Hälfte beiseite stellen.) Sie müssen den Mixtopf nicht ausspülen. Für die
Sauce:	
1 Zwiebel 1 Knoblauchzehe	in den Mixtopf geben und **3 Sekunden/Stufe 6** zerkleinern.
10 g Öl	hinzufügen und **3 Minuten/Dampfgaren/Stufe 1** andünsten.
500 g Hackfleisch	dazu geben und **5 Minuten/Dampfgaren/Stufe 2** dünsten. Das angedünstete Hackfleisch auf der ersten Nudelhälfte verteilen.
150 g Feta-Käse	in Würfeln auf dem Hackfleisch verteilen. Nun die restlichen Nudeln über dem Feta-Käse verteilen. Für die
Sauce:	
1 Dose geschälte Tomaten oder 800 g frische Tomaten oder 500 g Wasser und 300 g Tomatenmark 2 Brühwürfel (für je 0,5 l Flüssigkeit)..	in den Mixtopf geben und **1 Minute/Stufe 10** pürieren.
70 g Tomatenmark 1 TL Pizzagewürz ½ TL Pfeffer 1 TL Salz 2 TL Paprika edelsüß	dazu geben und **10 Minuten/100°C/Stufe 2** aufkochen. Die Sauce über dem Auflauf verteilen. Nun
200 g Sahne oder 200 g Schmand	als oberste Schicht darüber geben. Den geriebenen Käse darüber geben und alles bei **180°C Heißluft** im vorgeheizten Backofen **30-45 Minuten** (je nachdem, ob die Zutaten noch heiß sind oder zwischendurch kalt geworden sind) garen. Heiß servieren.

Tipp: Ein leckerer Auflauf (hier etwas abgewandelt) von Stefanie T. aus Biedenkopf.

Gerichte mit Fleisch

All inclusive aus aus dem Ofen

komplette Ofengerichte, Gratins, Lasagne & Co.

mit Fisch & Meeresfrüchten

AI-Menü **Matjes-Auflauf** (Foto: Vorseite)

8 Matjes-Filets (ca. 500 g abgetropft - es gehen auch die eingeschweißten aus dem Discounter)	gründlich mit klarem Wasser abwaschen (zum Entsalzen), anschließend trocken tupfen und in einer gut schließenden Kunststoffschüssel mit
250 g Buttermilch	übergießen. So mindestens **1 Stunde** (oder besser noch **über Nacht**) stehen lassen. (Auf diese Weise wird der Matjes etwas mehr entsalzt und wesentlich bekömmlicher.)
150 g Käse, in Stücken	in den Mixtopf geben und **5 Sekunden/Stufe 8** zerkleinern und umfüllen.
500 g Wasser 1 Brühwürfel (für 0,5 l Flüssigkeit)	in den Mixtopf geben ganz ohne Gareinsatz (also direkt ins Wasser mit dem Brühwürfel!)
800 g Kartoffeln, in ca. 1 cm dicken Scheiben	in den Mixtopf geben.
	Den Mixtopf verschließen und den Messbecher aufsetzen. Die Kartoffeln **8 Minuten/100°C/Linkslauf/Rührstufe** vorgaren.
	In der Zwischenzeit
100 g gekochter Schinken 1 Gemüsezwiebel	sowie die abgetropften und trocken getupften Matjes-Filets in mundgerechte Stücke bzw. Spalten schneiden und beiseite stellen. (Die Buttermilch können Sie weggießen.)
	Nach Ende der Garzeit die Kartoffeln abgießen. Die Brühe auffangen und separat beiseite stellen.
1 Gemüsezwiebel	in feine (wirklich feine!) Würfelchen schneiden. Die Kartoffeln mit dem Fisch, den Zwiebeln und dem Kochschinken in eine Auflaufform schichten.
	200 g der Garflüssigkeit zurück in den Mixtopf wiegen. (Die restliche Garflüssigkeit anderweitig verwenden.)
	Nun den Backofen zum Vorheizen auf **190°C Heißluft** stellen.
	Für die

Sauce:

200 g Milch 100 g Butter 1 Brühwürfel (für 0,5 l Flüssigkeit) 1 ¼ TL Pfeffer ½ TL Muskatnuss 2 TL Senf 20 g Kartoffelstärke	zur Garflüssigkeit geben und **6 Sekunden/Stufe 6** vermischen. Anschließend **4 Minuten/90°C/Stufe 2-3** eine Sauce daraus zubereiten.
	Die Sauce gleichmäßig über dem Auflauf verteilen. Den Käse über dem Auflauf verteilen und alles **25 Minuten** bei **190°C Heißluft** im vorgeheizten Backofen goldbraun gratinieren.

Tipp: Der Auflauf lässt sich auch prima vorbereiten. Allerdings müssen Sie, wenn Sie ihn fertig vorbereitet haben und kühl stellen mehr Backzeit einplanen. Stellen Sie dann den kalten Auflauf in den kalten Backofen und überbacken Sie ihn ca. 45 Minuten bei 180°C Heißluft.

Herzlichen Dank für dieses außergewöhnliche Rezept an Frau Claudia I. aus Iserlohn. Offen gestanden wäre ich alleine nie auf die Idee gekommen, Matjes als Auflauf zu verarbeiten...

AI-Menü **Fisch mit Tomatenhäubchen auf Reis** (Foto, low fat)

100 g getrocknete Tomaten (als Trockenprodukt, nicht eingelegt).......... in eine flache Schüssel geben und mit

500 g kochendheißer Brühe (500 g Wasser + 1 Brühwürfel).................... übergießen und **1 Stunde** quellen lassen.

70 g Parmesankäse, in Stücken
2 Knoblauchzehen
½ TL Pfeffer
1 Prise Zucker
½ Bund Petersilie...................... in den Mixtopf geben und **7 Sekunden/Stufe 7** zerkleinern.

Die eingelegten Tomaten abtropfen lassen (Einweichflüssigkeit aufbewahren und für den Reis verwenden).

Die Tomaten zu dem Gemisch im Mixtopf geben und **10 Sekunden/Stufe 6** zerkleinern.

Wenn die Masse noch nicht streichfähig ist (das hängt davon ab, wie viel Flüssigkeit die Tomaten intus haben, noch Öl oder Tomatenwasser zugeben und auf **Stufe 4-5** einarbeiten, damit sich die Masse verstreichen lässt.

200 g Basmatireis (bitte exakt abwiegen!)
1 EL gekörnte Brühe
400 g heißes Wasser .... in eine große flache Auflaufform geben.

400 g Champignons, in Scheiben..... auf den Reis geben.

500 g Fischfilet (Kabeljau, Seelachs, Pangasiusfilet)............................... säubern, säuern und salzen, anschließend mit der Tomaten-Paste bestreichen und auf die Champignonscheiben legen.

Die Auflaufform in den vorgeheizten Backofen bei **160°C Heißluft** stellen und **20-30 Minuten** garen. Probieren, ob der Reis gar ist, ansonsten noch etwas Garzeit zugeben.

Sofort und schön heiß servieren.

Tipp: Ihnen ist der Auflauf so zu trocken (leider heißt fettarm ja manchmal auch etwas trocken...)? Dann können Sie noch eine Béchamelsauce dazu reichen.

Sie stehen auf mehr Gemüse? Dann geben Sie noch geputzte und gut gewürzte Zucchinischeiben unter die Champignons... - herzlichen Dank für dieses leckere und fettarme Rezept an Marita Möllmann aus Selm! Immer wieder lecker Deine Rezepte!

AI-Menü **Fisch-Cannelloni**

200 g Käse, in Stücken .... in den Mixtopf geben und **6 Sekunden/Stufe 6** zerkleinern.

1 Stange Porree, in 5 cm Stücken
1 Brühwürfel (für 0,5 l Flüssigkeit)..... in den Mixtopf geben und **6 Sekunden/Stufe 6** zerkleinern.

5 g Öl.. dazu geben und **3 Minuten/Dampfgaren/Stufe 1** andünsten.

500 g Seelachs, aufgetaut, in Stücken
200 g Paniermehl
10 g Zitronensaft
½ TL Salz
½ TL Pfeffer
1 Ei .... dazu geben und **1 Minute/Stufe 4-5** vermischen. Die Masse mit feuchten Händen oder mit einem Spritzbeutel mit großer Lochtülle oder einen Frischhaltebeutel mit abgeschnittener Ecke in

ca. 24 Stück Cannelloni (= große italienische Röhrennudeln) .... füllen. Die gefüllten Cannelloni in eine gefettete Auflaufform füllen. Der Mixtopf muss nicht ausgespült werden.

Nun folgt die

Sauce:
1000 g Milch
45 g Mehl
30 g Butter
2 Brühwürfel (für je 0,5 l Flüssigkeit)
½ TL Muskat
¼ TL Pfeffer
1 TL Senf.................................. in den Mixtopf geben und **10 Minuten/90°C/Stufe 3-4** zu einer Sauce einkochen.

Die Sauce über den Cannelloni verteilen.

Den geriebenen Käse darüber verteilen und die Cannelloni im vorgeheizten Backofen bei **180°C Heißluft** in ca. **25-30 Minuten** fertig garen.

Tipp: Sehr lecker! Das fanden alle Testesser.

Ganz besonders lecker wird die Sauce, wenn Sie noch 150 g gegarte Krabben oder Scampis mit dazu geben (einfach mit dem Spatel unter die fertige Sauce heben und dann über die Nudelröhren.)

All inclusive aus aus dem Ofen

komplette Ofengerichte, Gratins, Lasagne & Co.

mit viel gutem Gemüse!

AI-Menü **Vegetarisches Moussaka für 8 Personen** (Foto: Vorseite)

200 g Parmesankäse	in Stücken in den Mixtopf geben und **15 Sekunden/Stufe 10** zerkleinern und umfüllen.
200 g Zwiebeln, halbiert 40 g Olivenöl 2 Knoblauchzehen	in den Mixtopf geben und **8 Sekunden/Stufe 5** zerkleinern, danach **3 Minuten/Dampfgaren/Stufe 1** andünsten.
800 g Dosentomaten mit Flüssigkeit 1 EL Pizzagewürz ½ TL Salz ½ TL Pfeffer 3 TL Brühepulver	in den Mixtopf geben und kurz auf **Stufe 4** zerkleinern bzw. verrühren.
300 g schwarze Linsen (roh, oder Pardina Linsen, in jedem Fall Linsen mit 30 Minuten Kochzeit ohne Einweichen, die im Verhältnis 1: 2 mit Wasser in der Quellmethode gegart werden) 350 g Rotwein oder Brühe 70 g Tomatenmark 2 TL Zucker	zufügen. Anschließend mit eingesetztem Messbecher (Spritzschutz!) **25 Minuten/Dampfgaren/Stufe 2** kochen. In der Zwischenzeit
500 g Zucchini oder Auberginen	in ca. 1 cm dicke Scheiben schneiden und beiseite stellen. Außerdem
1000 g Kartoffeln, geschält (und trocken!)	in 1 mm dünne Scheiben hobeln. Die Scheiben in einer separaten Schüssel mit
1 ½ TL Salz ½ TL Muskat ⅛ TL Pfeffer 200 g Sahne	gründlich vermischen und beiseite stellen. Folgende Schichten hat der Auflauf (von unten nach oben): 1) Linsen, 2) Kartoffeln, 3) Linsen, 4) Aubergine/Zucchini, 5) Béchamelsauce, 6) Parmesankäse. Da die Menge des Auflaufs sehr groß ist, müssen Sie also die Masse entweder auf 2 große Auflaufformen verteilen oder Sie haben eine große tiefe Fettpfanne. Nach Ende der Garzeit je ein Viertel der Linsensauce in zwei (!) große leicht gefettete Auflaufformen oder die Hälfte eine ganz tiefe Fettpfanne geben. Nun die Kartoffeln darüber schichten. Nun noch ein Viertel der Linsen (bzw. den Rest der Linsen in die Fettpfanne) darüber geben. Nun die Zucchini oder Auberginenscheiben darüber verteilen. Hierüber kommt eine Béchamelsauce:
1000 g Milch 80 g Butter 2 Brühwürfel (für je 0,5 l Flüssigkeit) 1 TL Salz ½ TL Muskat ½ TL Pfeffer 80 g Mehl	**10 Sekunden/Stufe 9** vermischen, dann **7 Minuten/90°C/Stufe 2** kochen. Die Sauce wird auf den Zucchini- und Auberginenscheiben verteilt. Über der Béchamelsauce den Parmesan verteilen und das Moussaka im vorgeheizten Backofen bei **190°C Ober- und Unterhitze** oder **175°C Heißluft** in ca. **60 Minuten** goldbraun backen.

Tipp: Diese Menge reicht für 8 Personen – daher auch wirklich 2 (große!) Auflaufformen benutzen!! Sie können aber eine davon auch prima vorgegart (also mindestens 40-50 Minuten gebacken) einfrieren oder für 2-3 Tage in den Kühlschrank stellen. Ein tolles Gericht für (vegetarische) Gäste! Sehr lecker!!

AI-Menü **Curry-Lauch-Gratin**

150 g Käse, in Stücken	in den Mixtopf geben und **5 Sekunden/Stufe 6** zerkleinern und umfüllen.
2 Brühwürfel (für je 0,5 l Flüssigkeit)	in den Mixtopf geben und den Gareinsatz einhängen.
250 g parboiled Reis	einwiegen.
1000 g Wasser	darüber gießen. Den Mixtopf verschließen und den Garaufsatz oben drauf stellen.
700 g Porree in 1 cm dicken Ringen (die Menge entspricht ca. 1 kg ungeputzt) 300 g Möhren, in Stiften	in den Dampfgaraufsatz legen. Auf genügend Dampflöcher achten. Nach Ende der Garzeit das Gemüse und den Reis in eine große Auflaufform schichten. Den Garsud auffangen und 200 g des Garsuds für die Sauce in den Mixtopf zurückschütten.
200 g Kokosmilch 1 EL Curry (Madras) 1 Brühwürfel (für 0,5 l Flüssigkeit) 30 g Mehl 100 g Apfelsaft	dazu geben und ca. **5 Minuten/100°C/Stufe 3** zu einer Sauce einkochen. Die Sauce über dem Auflauf verteilen und
	Den geriebenen Käse darüber streuen. Bei **200°C Ober- und Unterhitze** ca. **20-25 Minuten** gratinieren.

Tipp: Wenn Sie den Auflauf vorbereiten – was wirklich einfach ist – sollten Sie die Sauce erst vor dem Gratinieren über dem Auflauf verteilen und auch erst kurz vorher den Reibkäse darüber verteilen, sonst nimmt der Reis schon so viel von der Sauce auf und der Reis wird pappig. Allerdings sollten Sie bei kalten vorbereiteten Zutaten ca. **15 Minuten** mehr Zeit für das Überbacken einplanen.

AI-Menü **Rosenkohl mediterrano** (low fat)

500 g Wasser 1 Brühwürfel (für 0,5 l Flüssigkeit)	in den Mixtopf geben. Den Gareinsatz mit
800 g Kartoffeln	einhängen. Den Mixtopf verschließen.
600 g Rosenkohl (das entspricht etwa 1 kg ungeputzt)	in den Dampfgaraufsatz geben und **28 Minuten/Dampfgaren/Stufe 1** garen. Kartoffeln und Rosenkohl in einer gefetteten Auflaufform miteinander mischen. Die Brühe anderweitig verwenden. Für die
Sauce:	
1 Knoblauchzehe	in den Mixtopf geben und **3 Sekunden/Stufe 6** zerkleinern.
800 g geschälte Tomaten (aus der Dose, mit dem Saft) 1 Brühwürfel (für 0,5 l Flüssigkeit) 1 ½ TL Zucker 1 TL Thymian 2 TL Kräuter der Provence (getr.) ¼ TL schwarzer Pfeffer ½ TL Salz 20 g Mehl	dazu geben, zuerst **6 Sekunden/Stufe 6** mischen, dann **6 Minuten/100°C/Stufe 1** zu einer Sauce einkochen.
50 g schwarze Oliven, entsteint	zugeben und **4 Sekunden/Stufe 6** zerkleinern. Die Sauce sorgfältig über dem Gemüse verteilen.
200 g Fetakäse o. Schafskäse	in Würfeln oder zerbröselt darüber geben und **25 Minuten** bei **180°C Heißluft** im nicht vorgeheizten Backofen backen. Heiß servieren.

Tipp: Lässt sich prima vorbereiten. Wenn Sie den Rosenkohl kalt in den kalten Ofen schieben, sollten Sie ca. 40 Minuten Backzeit einplanen. Erwähnte ich eigentlich schon, dass ich Rosenkohl immer viel zu „kohlig" finde? Und hier „entkohlen" sie ihn wirklich ganz kräftig! Sehr lecker diese außergewöhnliche Kombination. Finden auch andere „Kein-Rosenkohl-Freunde"

AI-Menü **Herzhafter Herbst-Auflauf**

200 g Käse, in Stücken .... in den Mixtopf geben und **6 Sekunden/Stufe 6** zerkleinern und umfüllen.

500 g Wasser
1 Brühwürfel (für 0,5 l Flüssigkeit)
800 g Kartoffeln, mundgerecht
½ Blumenkohl, in Röschen .... in den Mixtopf geben (ohne Garkorb!!) und **15 Minuten/100°C/Linkslauf/Stufe 1** vorgaren. Danach sofort abgießen. Den Sud anderweitig (z.B. für Suppe) verwenden, die Kartoffeln und den Blumenkohl in eine leicht gefettete Auflaufform füllen.

200 g Schafskäse .... in Würfeln unter die Kartoffeln und den Blumenkohl mischen.

Den Mixtopf ausspülen und abtrocknen (wenn er schon trocken ist, kann er ruhig „rückständig" bleiben. An den feuchten Mixtopfwänden bleiben die Knoblauchstücke kleben und werden nicht richtig zerkleinert).

Für die Sauce

2 Knoblauchzehen
1 Brühwürfel (für 0,5 l Flüssigkeit) .... in den Mixtopf geben und **6 Sekunden/Stufe 6** zerkleinern.

20 g Butter .... zugeben und **3 Minuten/Dampfgaren/Stufe 1** andünsten.

200 g Paprika, in Stücken
1 Bund Frühlingszwiebeln, in Ringen
200 g Schmand
½ TL Pfeffer
½ TL Muskat
½ TL Salz .... dazu geben und **5 Sekunden/Stufe 4** zerkleinern. Dann gleichmäßig über dem Kartoffel-Blumenkohl-Schafskäse-Gemisch verteilen.

Den geriebenen Käse darüber verteilen und den Auflauf bei **180°C Heißluft** im vorgeheizten Backofen ca. **30 Minuten** fertig garen.

Tipp: Anstelle des Schafskäses können Sie auch 200 g Kochschinken in Würfeln unter die Masse mischen. Da Schafskäse sehr würzig ist, müssen Sie bei Kochschinken zusätzlich 1 TL Salz mit in das Vorkoch-Wasser geben.

AI-Menü **Porree-Pilz- Auflauf**

150 g Käse, in Stücken .... in den Mixtopf geben und **6 Sekunden/Stufe 6** zerkleinern und umfüllen

2 Brühwürfel (für je 0,5 l Flüssigkeit)
1000 g Wasser .... in den Mixtopf geben. Das Garkörbchen einsetzen.

250 g parboiled Reis .... in das Garkörbchen wiegen. Den Mixtopf verschließen.

750 g Porree / Lauch .... putzen und gründlich entsanden. Dann in schrägen mundgerechten Stücken in den Dampfgaraufsatz legen.

500 g Champignons .... putzen und geviertelt oder in mundgerechten Stücken in den Einlegeboden legen. Den Dampfgaraufsatz verschlossen auf den Mixtopf stellen und alles **25 Minuten/Dampfgaren/Stufe 1** garen.

Nach Ende der Garzeit abwechselnd Reis und Gemüse in eine leicht gefettete Auflaufform schichten. Für die

Sauce:

450 g Garflüssigkeit
200 g Kräuterschmelzkäse
½ TL Muskat
¼ TL Pfeffer
25 g Mehl .... in den Mixtopf geben und **6 Sekunden/Stufe 6** mischen, anschließend **4 Minuten/90°C/Stufe 2-3** zu einer Sauce einkochen. Die Sauce gleichmäßig über dem Auflauf verteilen und den Auflauf mit dem Käse bestreuen.

Den (heißen) Auflauf in den vorgeheizten Backofen schieben und **20 Minuten** bei **190°C Heißluft** zu Ende garen. (Wenn Sie den Auflauf kalt in den Backofen schieben, braucht er etwa 35-40 Minuten.)

Tipp: Schnell gemacht, lässt sich gut vorbereiten und sehr lecker. Wenn Sie eine Variante mit Fleisch wünschen, können Sie Kasseler- oder Putenbraten in Streifen dazu geben.

AI-Menü **Cannelloni ai funghi**

200 g geriebenen Käse, z.B. Gouda, mittelalt .... in den Mixtopf geben und **6 Sekunden/Stufe 6** zerkleinern und umfüllen. Er wird später über die vorbereiteten Cannelloni gestreut.

Für die Füllung:

100 g Toastbrot, in Stücken .... in den Mixtopf geben und **6 Sekunden/Stufe 6** zerkleinern und umfüllen.

1 Knoblauchzehe
2 Zwiebeln, geviertelt
1 Bund Petersilie .... in den Mixtopf geben und **3 Sekunden/Stufe 6** zerkleinern.

20 g Butter .... dazu geben und **3 Minuten/Dampfgaren/Stufe 1** andünsten.

600 g gemischte feste Pilze, z.B. Champignons (geputzt gewogen)
2 Eier
3 TL Gemüsebrühenpulver
1 TL Salz
½ TL Pfeffer
½ TL Muskat
½ TL Curry .... sowie das zerkleinerte Toastbrot dazu geben und **20 Sekunden/Stufe 3-4** mit Hilfe des Spatels vermengen. Der Mixtopf ist sehr voll. Die Masse sollte noch stückig sein. Falls einige Pilze gar nicht zerkleinert sind, einfach mit dem Spatel klein drücken.

Diese Masse in

ca. 20 Stück Cannelloni (= große italienische Röhrennudeln) .... füllen (das geht prima mit einem großen Einweg-Spritzbeutel).

Die gefüllten Cannelloni in eine gefettete Auflaufform füllen.

Wenn Sie von der Füllung noch etwas übrig behalten, können Sie den Rest der Masse umfüllen und sie am Schluss in die fertig gekochte Sauce einrühren. Der Mixtopf muss nicht ausgespült werden.

Nun folgt die

Sauce:

1 Knoblauchzehe
750 g Milch
45 g Mehl
30 g Butter
2 Brühwürfel (für je 0,5 l Flüssigkeit)
½ TL Muskat
¼ TL Pfeffer .... dazu geben und **15 Sekunden/Stufe 10** mischen, dann **8-9 Minuten/90°C/Stufe 2** zu einer Sauce einkochen.

1 EL körniger Senf .... (und falls Sie von der Füllung noch etwas übrig behalten haben, diese jetzt mit dem Senf in die Sauce geben) und **20 Sekunden/Stufe 3** mit der Sauce mischen.

150 g feste Pilze in mundgerechten Stücken .... dazu geben und mit Hilfe des Spatels unter die Sauce ziehen. Die Sauce über den Cannelloni verteilen.

Nun den geriebenen Käse darüber verteilen und die Cannelloni im vorgeheizten Backofen bei **180°C Heißluft** in ca. **25-30 Minuten** fertig garen.

Tipp: Aufläufe lassen sich fast immer sehr gut vorbereiten. Wenn Sie die Cannelloni allerdings „kalt", d.h. vorbereitet in den Backofen schieben, sollten Sie berücksichtigen, dass sich die Garzeit um ca. 10 Minuten verlängert!

AI-Menü **Hirseauflauf**

200 g Käse, in Stücken	in den Mixtopf geben und **6 Sekunen/Stufe 6** zerkleinern.
2 große Zwiebeln, geviertelt 1 Knoblauchzehe	in den Mixtopf geben und **6 Sekunden/Stufe 6** zerkleinern.
40 g Öl	dazu geben und **5 Minuten/Dampfgaren/Stufe 1** andünsten. In der Zwischenzeit können Sie
300 g Möhren 300 g Lauch / Porree	putzen und in mundgerechten Stücken in den Dampfgaraufsatz legen. Nach Ende der Garzeit geben Sie die Hälfte der Zwiebel-Knoblauch-Masse in eine Schüssel, die andere Hälfte lassen Sie im Mixtopf. Zu der Hälfte in der Schüssel geben Sie bitte
300 g Blattspinat, aufgetaut evtl. mundgerecht zerkleinert 1 TL Salz ½ TL Muskat ¼ TL Pfeffer	und mischen Sie alles kräftig durch. Anschließend beiseite stellen. Zur anderen Hälfte im Mixtopf geben Sie
250 g Hirse 750 g Wasser 2 Brühwürfel (für je 0,5 l Flüssigkeit) 1 Lorbeerblatt 1 TL Curry 1 TL Zucker	dazu. Alles **28 Minuten/Dampfgaren/Linkslauf/Stufe 1** garen.
70 g Tomatenmark	zugeben und **30 Sekunden/Linkslauf/Stufe 2-3** mischen. Das Lorbeerblatt aussortieren. Jetzt wird alles mit dem geriebenen Käse in eine Auflaufform geschichtet: • 1/3 der Hirse • Möhren und Lauch • 50 g Reibkäse • 1/3 der Hirse • Spinatmasse • 50 g Reibkäse • 1/3 der Hirse Hierüber kommt ein Guss:
2 Eier 200 g Milch ¼ TL Salz ½ TL Muskat ¼ TL Pfeffer	in den Mixtopf geben und **10 Sekunden/Stufe 3** mischen. Den restlichen Reibkäse darüber streuen und den Hirseauflauf **25-30 Minuten** bei **200°C Heißluft** im vorgeheizten Backofen garen.

Tipp: Der Hirseauflauf lässt sich sehr gut vorbereiten. Wenn Sie den Auflauf kalt, d.h. vorbereitet in den Ofen stellen, braucht er mindestens 35 - eher 45 Minuten, um wieder warm und gar zu werden. Stellen Sie den Auflauf dann ruhig in den kalten, nicht vorgeheizten Backofen. Der Tipp sowie das leckere Vollwertrezept kommt von Maria Busch aus Messel. Ganz herlichen Dank dafür! Diesen Hirseauflauf – bei ihr zu Hause auch „Hirselasagne" – mögen auch ihre Kinder sehr gern. (Dafür würde ich sie sofort adoptieren...)

AI-Menü **Großer Gemüseauflauf**

200 g Käse, in Stücken	in den Mixtopf geben und **6 Sekunden/Stufe 6** zerkleinern und umfüllen. Er wird später über den fertig vorbereiteten Auflauf gestreut.
500 g Wasser 1 Brühwürfel (für je 0,5 l Flüssigkeit)	in den Mixtopf geben. In den Gareinsatz
1000 g festkochende Kartoffeln, in mundgerechten Stücken	füllen und einhängen. Mixtopf verschließen. Den Dampfgaraufsatz komplett mit
ca. 1 kg Gemüse der Saison (Kohlrabistifte, Blumenkohlröschen, Brokkoliröschen, Möhrenscheiben, Champignons, Erbsen, ...)	in mundgerechten Stücken füllen und dabei auf genügend Dampflöcher achten. Alles **25 Minuten/Dampfgaren/Stufe 1** vorgaren. Gemüse und Kartoffeln beiseite stellen. Für die Sauce
400 g Milch 50 g Mehl 1 Brühwürfel (für 0,5 l Flüssigkeit) ½ TL Muskat ¼ TL Pfeffer 2 TL Senf 80 g Butter 1 TL Zucker	zum Garsud im Mixtopf geben und **6 Sekunden/Stufe 6** mischen, dann **6 Minuten/90°C/Stufe 2** eine Sauce kochen. In der Zwischenzeit
2 rote Paprika, in dünnen Streifen 1 Bund Frühlingszwiebeln, in Ringen 200 g Champignons, in Scheiben	vorbereiten. Das frische Gemüse mit den Kartoffeln und dem vorgegarten Gemüse mischen und in eine sehr (!) große gefettete Auflaufform oder Fettfangschale geben. Gründlich mit der Sauce übergießen, eventuell mischen. Mit dem geriebenen Käse sowie mit
50 g Sonnenblumenkernen	bestreuen und für ca. **25 Minuten** bei **180°C Ober- und Unterhitze** gratinieren. Heiß servieren.

Tipp: Einfach und lecker! Als vegetarisches Hauptgericht reicht die Menge für ca. 6 Personen aus, als Gemüsebeilage für 8-10 Personen. Einfach, lecker und preisgünstig. Außerdem lässt sich der Auflauf sehr gut vorbereiten. Wenn Sie ihn vorbereiten, sollten Sie den fertigen Auflauf abdecken (damit er nicht austrocknet) und erst vor dem Erwärmen im Ofen mit Käse und Kernen bestreuen.

Wenn Sie nicht auf Fleisch verzichten möchten, können Sie noch Kochschinkenstreifen – oder deftiger geräucherte Schinkenwürfel oder Mettendchenscheiben – dazu geben.

Foto: Ofenschlupfer „Caprese"

AI-Menü **Spinat-Pilz-Lasagne**

100 g Parmesankäse, in Stücken	in den Mixtopf geben und **10 Sekunden/Stufe 10** reiben und umfüllen.
200 g Käse, in Stücken, z.B. Gouda mittelalt oder Emmentaler	in den Mixtopf geben, **6 Sekunden/Stufe 6** zerkleinern und in eine andere Schüssel umfüllen.
500 g TK-Blattspinat	auftauen lassen.
2 Knoblauchzehen 2 Zwiebeln (ca. 100 g, geviertelt 1 Bund Petersilie	in den Mixtopf geben und **3 Sekunden/Stufe 6** zerkleinern.
80 g Butter	dazu geben und **3 Minuten/Dampfgaren/Stufe 1** andünsten.
1 Liter Milch 65 g Mehl 2 Brühwürfel (für je 0,5 l Flüssigkeit) 1 TL Zucker 1 ½ TL Salz ½ TL Muskat ½ TL Pfeffer	dazu geben und **15 Sekunden/Stufe 10** mischen, dann **10 Minuten/90°C/Stufe 2** zu einer Sauce einkochen.
	In der Zwischenzeit
500 g feste frische Champignons	putzen und in dünne mundgerechte Scheiben schneiden und beiseite stellen.
1 EL körnigen Senf (15 g)	sowie den aufgetauten Spinat (nicht ausgedrückt aber abgetropft, d.h. es bleiben ca. 430 g übrig) zur Sauce geben und **6 Sekunden/Stufe 6** mischen.
	Nun zuerst eine Lage Sauce, dann abwechselnd
ca. 250 g Lasagneplatten	mit den Champginons, dem Parmesankäse und der Sauce abwechselnd in eine Auflaufform schichten. Die letzte Schicht sollte Sauce sein.
	Den geriebenen Gouda darüber verteilen und die (heiße!) Lasagne bei **180°C Heißluft** in ca. **30-45 Minuten** fertig garen.

Tipp: Wenn Sie die Lasagne vorbereiten und (am besten abgedeckt) kalt stellen, dann sollten sie ca. 15-20 Minuten mehr Zeit zum Backen einplanen. Stellen Sie sie ruhig in den kalten Backofen.

Lecker vegetarisch!

AI-Menü **Ofenschlupfer „Caprese"** (Reste-Fest: Brot oder Brötchen, Foto)

Buttern Sie eine tiefe Fettfangschale oder aber eine sehr große feuerfeste Form. (Je mehr Fläche, desto geringer die Garzeit!)

Den Backofen auf **190°C Ober- und Unterhitze** (empfohlen) oder auf **175°C Heißluft** vorheizen.

100 g Parmesankäse
1 Bund Basilikum, abgezupft .... in den Mixtopf geben und **8 Sekunden/Stufe 8** zerkleinern und umfüllen. (Sie müssen den Mixtopf nicht ausspülen.)

6 Brötchen vom Vortag (möglichst weiße Weizenmehl-Brötchen - oder die entsprechende Menge altes Brot) .... in ca. 1-2 cm dicke Scheiben schneiden. Die Scheiben nun nebeneinander (ohne Abstand!) in die Fettfangschale legen.

600 g Fleischtomaten .... (nach Wunsch häuten. Hierzu die Tomaten über Kreuz einritzen und mit kochendem Wasser überbrühen ODER: die eingeritzten Tomaten in eine Pfanne mit kochendem Wasser setzen und **5 Minuten** ziehen lassen. Danach die Haut abziehen und die Tomaten vom grünen Strunk befreien.)

Die (nach Wunsch abgezogenen) Tomaten in ca. 0,5 cm dicke Scheiben schneiden. Die Scheiben von beiden Seiten mit

Kräutersalz
Pfeffer .... würzen.

400 g Mozzarella (Abtropfgewicht) - alternativ: Gouda-Scheiben .... abtropfen lassen und in ca. 0,2-0,3 cm dünne Scheiben schneiden. (Je dünner, desto besser.)

Nun die Tomatenscheiben und den Käse immer abwechselnd dachziegelartig in die Form schichten. Auf jede Tomatenschicht etwas Parmesan-Basilikum-Mischung streuen. (Die restliche Mischung kommt ganz am Schluss nach dem Backen oben drüber).

Nun

5 Eier
150 g Milch
1 TL Salz
1 TL Speisestärke
½ TL Muskatnuss
½ TL Pfeffer .... in den Mixtopf geben und **20 Sekunden/Stufe 4** verrühren. Die Eiermilch gleichmäßig über die Dachziegel-Kreation gießen.

50 g Butter, in Flöckchen .... auf den Auflauf geben und im vorgeheizten Backofen bei **190°C Ober- und Unterhitze** oder **175°C Heißluft** ca. **45-60 Minuten** backen, bis die Eiermilch komplett gestockt ist. (Wie gesagt: je größer die Fläche, desto geringer die Garzeit.) Um herauszufinden, ob die Eiermilch gestockt ist, bitte einfach mit einer Gabel zwei Schichten in der Mitte „auseinanderziehen" und nachsehen, ob sich das Loch noch mit flüssiger Eiermilch füllt, wenn ja, dann noch Garzeit zugeben.

Vor dem Servieren den restlichen Basilikum-Parmesan gleichmäßig auf dem Auflauf verteilen.

Den Auflauf richtig schön heiß servieren.

Tipp: So werden Sie „restliche Brötchen" oder altbackenes Brot auf ganz elegante Weise los... Wenn's noch etwas dazu geben soll, passt ein grüner oder gemischter Salat ganz wunderbar dazu.

Ihnen ist Mozzarella zu wenig würzig? Dann verwenden Sie 200 g Mozzarella und 200 g Schafskäse in dünnen Scheiben. Jeder andere Käse tut's natürlich auch...! Nur ist „Caprese" eben die Mischung aus Mozzarella, Tomaten und Basilikum... - Ohne Mozzarella sollten Sie den Ofenschlupfer dann anders nennen...

Diese Menge reicht als Hauptgericht für 4-5 Personen. Dazu passt (von der Menge aber nicht notwendig) ein grüner Salat.

Tomaten-Schafskäse-Auflauf

3 Knoblauchzehen	in den Mixtopf geben und **6 Sekunden/Stufe 6** zerkleinern.
3 Zweige Oregano, frisch	vom Stiel abzupfen und nur die Blätter in den Mixtopf geben. Noch einmal **6 Sekunden/Stufe 6** zerkleinern. (Wenn Sie keinen frischen Oregano haben, können Sie auch 2 TL getrockneten verwenden.)
150 g Zwiebeln, geviertelt	dazu geben und **3 Sekunden/Stufe 4(-5)** grob zerkleinern.
200 g Zwiebeln	in Ringe schneiden und ebenfalls in den Mixtopf geben. (Sieht einfach später schöner aus!)
100 g Olivenöl ½ TL Salz ½ TL Pfeffer 1 TL Zucker	dazu geben und alles **5 Minuten/Dampfgaren/Stufe 1** ohne eingesetzten Messbecher andünsten.
	In der Zwischenzeit
500 g reife, feste Tomaten	waschen, trocknen, vom Strunk befreien und in mundgerechte Stücke schneiden. In einer Auflaufform verteilen.
150 g schwarze oder grüne Oliven ohne Stein – eventuell halbiert	dazu geben.
400 g Schafskäse	in ca. (Spiel-)Würfel große Würfel schneiden und zu den Oliven und den Tomaten geben.
	Nun den Zwiebel-Sud in die Auflauf-Form geben und alles vorsichtig mischen (damit alles noch schön seine Form behält).
	Die Auflaufform für ca. **15-20 Minuten** in den vorgeheizten Backofen bei **180°C Ober- und Unterhitze** oder **160°C Heißluft** stellen, bis das Öl ordentlich blubbert und der Käse etwas Farbe angenommen hat.

Tipp: Mega-lecker zu frischem Fladenbrot. Als Hauptgericht mit Fladenbrot (eventuell noch einem zusätzlichen Salat) reicht die Menge für 2-3 Personen. Als Vorspeise definitiv für 8 Personen (sättigt sonst zu sehr).

Und selbst ich (die ja nicht so besonders auf Oliven steht) – mag sie in diesem Auflauf wirklich gerne!

Wir haben eine liebe Petra in unserer Clique, die diesen Auflauf hinkriegt, wie niemand sonst! Zu Partys muss sie gleich die 3-4-fache Menge mitbringen. Sie schichtet alles in eine große Auflaufform und backt den Auflauf dann erst auf der Party. (Bei der Menge dauert es dann gerne 25-30 Minuten im vorgeheizten Ofen). Super kann man auch in den letzten 5-8 Minuten das Fladenbrot noch einmal aufbacken...)

AI-Menü **Fettpfanne voll mit Gemüse-Auflauf** (Foto)

200 g Käse, in Stücken, z.B. Gouda, mittelalt, Emmentaler	in den Mixtopf geben, **5 Sekunden/Stufe 6** zerkleinern und umfüllen.
750 g TK-Kaisergemüse	in einem Sieb vollständig auftauen lassen (den Sud weggießen).
500 g Wasser 2 Brühwürfel (für je 0,5 l Flüssigkeit)	in den Mixtopf geben. Ohne Garkörbchen
1 kg Kartoffeln in mundgerechten Stücken	direkt (ohne Garkorb) zum Wasser und den Brühwürfeln geben. Alles **18 Minuten/100°C/ Linkslauf/Rührstufe** vorgaren. In der Zwischenzeit
500 g Paprikaschoten	putzen und in mundgerechte Stücke schneiden.
250 g Champignons	in mundgerechte Scheiben schneiden.
	Die Kartoffeln durch ein Sieb abgießen. Den Sud auffangen. Die Kartoffeln mit dem Kaisergemüse, der Paprika und den Champignons vermischt in eine große tiefe Fettpfanne für den Backofen geben.
600 g Garsud (ansonsten mit Milch auffüllen!) 30 g Mehl 100 g Butter, in Stücken ½ TL Muskat 2 TL Salz ½ TL Pfeffer	in den Mixtopf geben und **6 Sekunden/Stufe 7** mischen. Anschließend **4 Minuten/100°C/Stufe 2** zu einer Sauce einkochen.
1 Bund Petersilie, abgezupft	zugeben und **10 Sekunden/Stufe 10** zerkleinern. Die Sauce gleichmäßig über dem Gemüse verteilen.
	Anschließend den Käse darüber verteilen und den Auflauf im vorgeheizten Backofen bei **180°C Heißluft** ca. **20-30 Minuten** goldbraun backen.

Tipp: Das ist die richtige Menge für 10-12 Personen als Beilage zu Kurzgebratenem oder als vegetarische Mahlzeit für 6-8 Personen zusammen mit einem Salat. Für Nicht-Vegetarier kann man auch prima Schinken- oder Kasselerstreifen mit hinein geben.

Lecker vegetarisch!

AI-Menü **Nudelauflauf mit Spinat und Spargel** (Foto)

Bitte **parallel zur Zubereitung** des Gemüses:

200 g Käse, z.B. mittelalter Gouda, Emmentaler oder Edamer Käse .... in den Mixtopf geben, dann **5 Sekunden/Stufe 6** zerkleinern und umfüllen.

500 g (Vollkorn)Nudeln .... in reichlich gesalzenem Wasser nach Packungsanweisung bissfest kochen und abgießen. Die Nudeln anschließend in eine große leicht gefettete Auflaufform geben. In der Zwischenzeit

350 g Wasser
1 TL Salz
1 TL Zucker
20 g Butter .... in den Mixtopf geben und **5 Minuten/100°C/Stufe 1** aufkochen.

500 g Spargel .... schälen, die Enden abschneiden und in mundgerechte Stücke schneiden.

In das 100°C heiße Wasser die Spargelstückchen (eventuell die Spargelköpfe erst mit dem Spinat zusammen zugeben) und **5-7 Minuten/100°C/Linkslauf/Rührstufe** (je nach Dicke des Spargels) bissfest vorgaren. In der Zwischenzeit

400 g frischen Spinat (ungeputzt gewogen) .... gründlich waschen (d.h. 2-3 x, bis wirklich kein Wasser mehr im Waschwasser ist), dann trocken schleudern und in mundgerechte Stücke hacken oder schneiden. Den Spinat (eventuell mit den Spargelköpfen) zum Spargel geben und noch einmal **3 Minuten/100°C/Linkslauf/Stufe 1-2** zusammen fallen lassen. Zwischendurch den Spinat eventuell noch einmal mit dem Spatel nach unten auf das Messer schieben.

Nach Ende der Garzeit das Garwasser auffangen. Den Spinat und den Spargel zu den Nudeln geben. Vom Garwasser müssten ca. 400 g im Mixtopf sein, ansonsten bitte mit Wasser oder Milch auf 400 g auffüllen. Nun für die Sauce bitte

30 g Mehl
200 g Frischkäse
1 Brühwürfel (für 0,5 l Flüssigkeit)
¾ TL Muskat
¼ TL Pfeffer .... zum Garwasser geben, **6 Sekunden/Stufe 6** vermischen, anschließend **4 Minuten/90°C/Stufe 2-3** eine Sauce kochen. Anschließend **30 Sekunden/Stufe 10** aufschlagen. In der Zwischenzeit

400 g Kirschtomaten .... waschen und halbieren. Die halbierten Tomaten zu den Nudeln geben.

Die Sauce gleichmäßig über dem Gemüse und den Nudeln verteilen, anschließend mit dem geriebenen Käse bestreuen.

Den heißen Auflauf bei **180°C Heißluft** im vorgeheizten Backofen in ca. **20-30 Minuten** goldbraun überbacken.

Tipp: Die Menge reicht für 6 Personen aus. Wenn Sie keinen frischen Spinat haben, können Sie auch 300 Gramm tiefgekühlten Blattspinat verwenden und diesen einfach lassen, eventuell noch etwas klein hacken. Sie brauchen ihn nicht mehr mit dem Spargel vorzukochen, mischen Sie ihn direkt mit den Nudeln.

Ein Auflauf, der nach Frühsommer schmeckt. Farbenfroh, mit viel Gemüse und sehr lecker!

Wenn Sie den Auflauf vorbereiten möchten, sollten Sie die gegarten Nudeln mit dem gegarten Gemüse und die Sauce separat lagern und erst vor dem Backen miteinander vermischen, damit die Nudeln nicht schon die Flüssigkeit aus der Sauce aufsaugen. Die Nudeln würden dadurch pappig und der schöne Auflauf nur noch halb so gut...!

Nudelauflauf mit Spinat und Spargel

AI-Menü **Spinat-Tomatenlasagne mit körnigem Frischkäse**

200 g Käse, z.B. mittelalter Gouda, Emmentaler oder Edamer	
1 Zwiebel, geviertelt 2 Knoblauchzehen	in den Mixtopf geben und **6 Sekunden/Stufe 6** zerkleinern.
20 g Öl	dazu geben und **3 Minuten/Dampfgaren/Stufe 1** andünsten.
800 g geschälte Tomaten, Konserve (oder die gleiche Menge frische Tomaten, halbiert und ohne grünen Strunk) 2 TL Zucker 2 Brühwürfel (für 0,5 l Flüssigkeit) 1 TL Salz ⅛ TL Pfeffer 1 Prise Chilipulver	dazu geben und **6 Minuten/100°C/Stufe 1** kochen. Anschließend **1 Minute/Stufe 10** pürieren.
300 g TK-Blattspinat, aufgetaut	dazu geben. **6 Sekunden/Stufe 6** zerkleinern und mischen. Zuerst eine Portion der Sauce, anschließend jeweils eine Lage von
ca. 250 g Lasagneplatten	in eine leicht gefettete Auflaufform schichten. Zwischen jede Lage jeweils ein paar Kleckse von
500 g körnigem Frischkäse	verteilen. Die unterste und die oberste Schicht sollte Sauce mit Frischkäse-Klecksen sein. Zu aller letzt den geriebenen Käse über dem Auflauf verteilen. Die Lasagne (so, d.h. noch heiß) bei **190°C Ober- und Unterhitze** im vorgeheizten Backofen ca. **25 Minuten** goldbraun garen. Kochendheiß servieren.

Tipp: Dazu schmeckt ein grüner Salat ganz ausgezeichnet. Danke für das leckere Rezept an Jeannette Eggers. Wenn Sie die Lasagne vorbereiten und erst kalt in den Ofen schieben, müssen sie noch **20-25 Minuten** mehr Backzeit einplanen. Stellen Sie die Lasagne in den kalten Backofen - dann kann sie sich schon mit dem Backofen aufheizen...

AI-Menü **Vollwert-Spinatschnecken mit Nuss-Ricottafüllung** (Foto)

Bitte den Backofen mit einem Backblech auf **220°C Ober- und Unterhitze** vorheizen. (Das Backpapier evtl. am kalten Backblech anpassen, bitte aber noch nicht mit aufheizen! Brandgefahr!)

Für den

Belag:
150 g Käse, in Stücken, z.B. Gouda, mittelalt, Edamer oder Emmentaler .... in den Mixtopf geben, **5 Sekunden/Stufe 6** zerkleinern und umfüllen.

Für die

Pfannkuchen:
100 g Weizen .... in den Mixtopf geben und **1 Minute/Stufe 10** fein mahlen.

2 Eier
150 g Naturjoghurt
1 TL Salz
300 g TK-Spinat (aufgetaut, gut ausgedrückt = 200 g)
⅛ TL Pfeffer
50 g Butter, weich .... dazu geben und **30 Sekunden/Stufe 6** verrühren. Falls der Teig noch zu dickflüssig ist, bitte noch etwas

Mineralwasser .... zugeben. Vorsichtig das Backpapier auf das heiße Backblech geben, dann den Teig mit einem Tortenheber gleichmäßig auf dem heißen Backblech verteilen und in **13-15 Minuten** im vorgeheizten Backofen bei **220°C Ober- und Unterhitze** auf der untersten Schiene hellbraun backen. Während des Backens die Füllung vorbereiten. Für die

Füllung:
1 Knoblauchzehe
½ Bund Petersilie .... in den Mixtopf geben und **6 Sekunden/Stufe 6** zerkleinern.

250 g Ricotta
200 g Magerquark
2 Eier
½ TL Muskatnuss
¼ TL Cayennepfeffer
1 ½ TL Salz .... sowie 50 g des geriebenen Käses dazu geben und **10 Sekunden/Stufe 4-5** vermischen.

3 Frühlingszwiebeln, in Ringen
150 g Cashewkerne (geröstet und gesalzen) .... Nun den Pfannkuchen mit der Füllung bestreichen, wie eine Biskuitrolle aufrollen, ca. 3 cm dicke Schnecken schneiden und die Schnecken mit der Schnittseite nach oben (so dass die Schnecken sichtbar sind) in eine feuerfeste Auflaufform (leicht gefettet) oder auf ein mit Backpapier ausgelegtes Backblech legen.

Die Schnecken mit dem restlichen geriebenen Käse bestreuen.

Anschließend im vorgeheizten Backofen bei **200°C Ober- und Unterhitze** ca. **15 Minuten** backen.

Tipp: Lässt sich prima vorbereiten – auch wenn es zugegebenermaßen etwas mehr Arbeit ist – die Mühe lohnt sich und es ist ein leckeres vegetarisches Vollwertessen! Dazu passt eine Tomatensauce (die Sie nach Wunsch auch schon vor dem Aufbacken neben den Spinatschnecken in die Lücken füllen können). Reichen Sie einfach einen Salat dazu.

Foto: Vollwert-Spinatschnecken mit Nuss-Ricottafüllung

AI-Menü **Würziger Kartoffelauflauf mit Schafskäse** (low fat)

1,5 kg Kartoffeln	in dünne Scheiben hobeln (1 mm dick) – das geht ganz prima mit einem Gurkenhobel. Die Kartoffelscheiben in eine große Schüssel füllen.
2 TL Salz ½ TL Muskat 1 TL Pfeffer 1 TL Curry 250 g Sahne	zu den Kartoffel-Hobeln geben und gründlich durchmischen. Die Masse in einer gefetteten Fettpfanne oder einem tiefen Backblech verteilen.
1 Chilischote (ohne Kerne)	in den Mixtopf geben und **6 Sekunden/Stufe 6** zerkleinern.
400 g Hüttenkäse 200 g Schafskäse, light in Stücken 2 TL Salz 2 TL Curry 1 TL Paprika edelsüß	dazu geben und alles **10 Sekunden/Stufe 4** vermischen.
300 g Paprika, rot, in mundgerechten Stücken	mit dem Spatel unter die Hüttenkäse-Masse geben und über den Kartoffeln verteilen.
	Den Auflauf **40-60 Minuten** bei **170°C Heißluft** im vorgeheizten Backofen garen. Wenn Sie mit einer Gabel leicht durch die Masse hindurch kommen, ist der Auflauf fertig.

Tipp: 300 g Paprika geputzt sind ca. 500 g Paprika ungeputzt. Ein leckeres vegetarisches Hauptgericht für 5-6 Personen. Wenn Sie es als Beilage verwenden, reicht es (z.B. zu Kurzgebratenem) für 8 Personen aus. Sie können den Auflauf noch mit Chilis (eingelegten, Thunfisch oder Chorizo-Stückchen aufpeppen.

AI-Menü **Mediterrane Ofenkartoffeln mit Mozzarella-Schafskäse-Dip**

2 Zweige Rosmarin, abgezupft
2 Knoblauchzehen .... in den Mixtopf geben und **1 Minute/Stufe 6** zerkleinern.

50 g Olivenöl
50 g Sonnenblumenöl
1 TL Kräuter der Provence (getr.)
2 TL Salz .... zugeben und **1 Minute/Stufe 8** vermischen.

1,5 kg Pfannenkartoffeln (= ganz kleine Frühkartoffeln, mit Schale, sauber gebürstet) .... mit der Marinade vermischen, in eine große Auflaufform geben und ca. **50-60 Minuten** bei **200°C Heißluft** im vorgeheizten Backofen garen.

Nach jeweils **30 Minuten**, dann jeweils nach weiteren **10-20 Minuten** vorsichtig umrühren und eine Garprobe machen (ein scharfes Schälmesser muss leicht „durchgehen").

In der Zwischenzeit für den

Dip:

½ Bund Basilikum, abgezupft
½ Bund Petersilie, abgezupft.......... in den Mixtopf geben und **8 Sekunden/Stufe 6** zerkleinern.

200 g Schafskäse
125 g Mozzarella, abgetropft .... in Stücken dazu geben und **20 Sekunden/Stufe 6** zerkleinern.

150 g Joghurt, natur
½ TL Pfeffer
¼ TL Salz
¾ TL Paprika edelsüß
¼ TL Rosenpaprika, scharf
½ TL Kräuter der Provence......... zugeben und **30 Sekunden/Stufe 6** vermischen.

Wenn die Kartoffeln gar sind, zusammen mit dem Dip servieren.

Tipp: Genial einfach, einfach genial. Und die Küche wird von einem wunderbaren Duft erfüllt. Wichtig ist jedoch, dass es sich wirklich um Frühkartoffeln – oder zumindest um Kartoffeln mit ganz dünner Schale handelt. Wenn die Kartoffelschale dick ist, schmeckt sie einfach nicht mehr und ist sehr schwer verdaulich.

Je dicker die Kartoffeln, desto länger ist auch die Garzeit. Für Vegetarier definitiv eine vollwertige Mahlzeit. Für Fleischliebhaber sollten Sie vielleicht noch Kurzgebratenes bereit halten – oder das Arrangement zum Grillen dazu reichen.

Dazu passt ein grüner Salat oder ein Tomatensalat ganz ausgezeichnet. Vielleicht klingen 100 g Öl erst einmal viel – aber keine Sorge, es bleibt nicht alles an den Kartoffeln haften und Sie können das restliche Öl ruhig vor dem Servieren abgießen.

AI-Menü **Tofu-Cannelloni mit würziger Tomatensauce**

5 g getrocknete Steinpilze	in den Mixtopf geben und **3 x 30 Sekunden/Stufe 10** fein mahlen.
150 g Käse, z.B. Gouda, mittelalt oder Emmentaler, in Stücken	in den Mixtopf geben und **6 Sekunden/Stufe 6** zerkleinern und umfüllen.
2 Knoblauchzehen 2 Zwiebeln, geviertelt 1 Hand voll Basilikumblätter ½ Bund Petersilie, abgezupft..........	in den Mixtopf geben und **6 Sekunden/Stufe 6** zerkleinern.
300 g Räuchertofu, in Stücken 120 g Toastbrot, in Stücken 2 ½ TL Salz 1 TL Paprika edelsüß ¼ TL Pfeffer 2 Eier#	dazu geben und **30 Sekunden/Stufe 10** mit Hilfe des Spatels zu einer homogenen Masse vermischen. Die Mischung in einen Spritzbeutel mit großer Tülle (oder eine Gefriertüte, bei der Sie die untere Spitze abschneiden) einfüllen und die Masse gleichmäßig auf
20 Cannelloni-Rollen..................	verteilen. Die Cannelloni jeweils mit etwas Abstand in eine leicht gefettete Auflaufform geben. Anschließend die
Sauce:	zubereiten. Hierfür
2 Zwiebeln, geviertelt 1 Knoblauchzehe ½ Chilischote ½ Bund Basilikum, abgezupft 2 Zweige Thymian, abgezupft	in den Mixtopf geben und **6 Sekunden/Stufe 6** zerkleinern.
5 g Olivenöl	dazu geben und **5 Minuten/Dampfgaren/Stufe 1** andünsten.
400 g geschälte Tomaten (Konserve, mit Saft, oder die gleiche Menge frische Tomaten ohne grünen Strunk, geviertelt 1 Brühwürfel (für 0,5 l Flüssigkeit) 200 g Sahne oder Kaffeesahne ¼ TL Oregano, getrocknet 40 g Tomatenmark 1 TL Zucker ¼ TL Pfeffer	hinzufügen und **10 Minuten/100°C/Stufe 2-3** aufkochen. Anschließend **20 Sekunden/Stufe 10** pürieren. Die Sauce über den Cannelloni verteilen.
5 Tomaten	vom grünen Strunk befreien und in hübsche Scheiben schneiden. Die Tomatenscheiben auf den Canneloni verteilen.
200 g Kräuter-Crème fraîche oder Schmand, natur	auf den Tomaten verteilen. Anschließend den geriebenen Käse auf dem Auflauf verteilen. Diese (warme!) Masse in den vorgeheizten Backofen geben und bei **180°C Heißluft** oder **200°C Ober- und Unterhitze** ca. **25 Minuten** lang garen. Richtig schön heiß servieren.

Tipp: Bei Räuchertofu schmeckt man den Tofu nicht „durch". Obschon ich jahrelang vegetarisch gelebt habe, konnte ich an „normalem Tofu" leider nie etwas Gutes finden. Diese Version hier ist wirklich „probierenswert" und hat nicht nur meinen (vegetarischen) geschmackstechnisch hoch komplizerten Mann begeistert, sondern auch einige Fleischesser.

Mit dieser Menge machen Sie 4-5 Personen glücklich. Vielleicht sollten Sie aber beim „Probierenlassen" das Wort „Tofu" erst einmal für sich behalten. Gerade bei Fleischessern hat das Wort manchmal irgendwie abschreckende Wirkung... Ich muss dann immer an den Film „Der bewegte Mann" (aus meiner Jugend...) denken, als der „Schlachter" kalte Gemüsesuppe mit Tofuwürstchen vorgesetzt kriegt...

Brokkoli-Flan mit Käse (Eiweißgericht)

200 g Hartkäse, in Stücken (z.B. Jarlsberg, Greyerzer, Provolone, Schabziger, Parmesan)	in den Mixtopf geben und **6 Sekunden/Stufe 6** zerkleinern und umfüllen.
500 g Brokkoli	waschen, putzen und (auch den Strunk) in mundgerechten Stücken in den Dampfgaraufsatz geben.
400 g Wasser 1 Brühwürfel (für 0,5 l Flüssigkeit)	in den Mixtopf geben und alles **10 Minuten/Dampfgaren/Stufe 1** garen. (So ist es schön bissfest. Wenn Sie weichen Brokkoli bevorzugen, bitte einfach bis zu **5 Minuten** länger garen.) Anschließend den Mixtopf ausleeren (die Brühe können Sie anderweitig verwenden oder für die spätere Verwendung einfrieren) und mit kaltem Wasser ausspülen. Nun
300 g Crème fraîche 5 Eier ¼ TL Muskat ⅛ TL Pfeffer ¼ TL Salz	sowie den geriebenen Käse in den Mixtopf geben und **20 Sekunden/Stufe 3** vermischen. In der Zwischenzeit eine runde hohe Auflaufform oder eine kleine Gugelhupfform mit
Butter	auspinseln. Die Brokkolistücke hinein geben, die Eier-Käsemasse darüber verteilen. Eventuell noch ein paar
Butterflöckchen	oben drauf verteilen und bei **180°C Heißluft** im vorgeheizten Backofen **25-35 Minuten** backen, bis die Eiermasse gestockt ist (das hängt ganz von der Form ab, wie dick die Eiermasse darin ist.

Tipp: Schneller geht das Rezept, wenn Sie einfach TK-Brokkoli verwenden und diesen gründlich auftauen lassen (anschließend noch etwas zerkleinern und den Strunk in wirklich kleine Würfel schneiden – der Brokkoli ist dann im Flan bissfest).

„Okay, kein Diätessen, aber super lecker" – so hat Nicky S. aus Solingen mir eines Ihrer Lieblingsrezepte zugeschickt. Sie isst es als Hauptgericht (für 2-3 Personen) oder zu einem Stück Rinderfilet aus der Pfanne für 4 Personen als Beilage. Ganz herzlichen Dank für das Rezept!

Tipp:

So eine Tortilla schmeckt heiß und kalt ganz ausgezeichnet: Heiß schmeckt sie (eventuell mit einem einfachen Salat und einem Glas Rotwein zusammen) 4-6 Personen als Hauptgericht ganz ausgezeichnet. Kalt können Sie sie prima in kleine Würfel schneiden und als Tapas servieren. (Sie sollten sie dann aber bitte erst in Würfel schneiden, wenn sie vollständig ausgekühlt ist!!!). Kalt als Tapas reicht sie für 10-12 Personen.

Diese Tortilla ist milchfrei. Wenn Sie aber gerne Käse essen, können Sie unter oder über die Sonnenblumenkerne (oder stattdessen) 150 g Reibkäse über die Tortilla streuen.

AI-Menü **Kartoffel-Tortilla** [sprich: tortieja] (Foto, milchfrei)

1 Brühwürfel (für 0,5 l Flüssigkeit) 2 Knoblauchzehen	in den Mixtopf geben und **3 Sekunden/Stufe 6** zerkleinern.
450 g Zwiebeln, geviertelt	dazu geben und **5 Sekunden/Stufe 4-5** zerkleinern.
30 g Öl	hinzufügen und alles **9 Minuten/Dampfgaren/Linkslauf/Stufe 1** andünsten. In der Zwischenzeit
800 g Kartoffeln	schälen und in 2-3 mm dünne Scheiben schneiden (das geht ganz prima mit einem Gurkenhobel!). Die Kartoffeln in einer anderen Schüssel mit dem Gemüse mischen. Sie brauchen den Mixtopf nicht ausspülen.
8 Eier 2 TL Brühepulver ⅛ TL Cayennepfeffer ½ TL Muskat 50 g Mehl 1 TL Salz	in den Mixtopf geben und **30 Sekunden/Stufe 3-4** mischen. Das Ei mit den Kartoffelscheiben und dem Gemüse ordentlich mischen. Alle (einzelnen) Scheiben sollten von beiden Seiten mit der Eimasse verbunden sein. Eine Tarteform oder dichte (!) Springform mit
Butter	einpinseln. Die Kartoffel-Gemüsemasse ordentlich in die Form schichten.
30 g Sonnenblumenkerne	darüber streuen und die Kartoffeltortilla **ca. 60 Minuten** bei **160°C Heißluft** backen. So eine Kartoffel-Tortilla schmeckt warm und kalt ausgezeichnet.

Gratinierte Käse-Auberginen mit viel Gemüse (Eiweißgericht)

100 g Parmesan	in den Mixtopf geben und **10 Sekunden/Stufe 10** zerkleinern.
200 g Käse, in Stücken, z.B. Gouda, Edamer oder Emmentaler oder eine Mischung daraus	dazu geben und **5 Sekunden/Stufe 7** zerkleinern und umfüllen.
3 möglichst junge Auberginen (à etwa 200 g)	putzen, das Grüne abschneiden und die Auberginen der Länge nach halbieren. Das Auberginenfleisch mit einem Teelöffel herauslöffeln, so dass ein etwa 1 cm dicker Rand stehen bleibt. Das Auberginenfleisch beiseite stellen. Die Innenwände der Aubergine mit
Kräutersalz Pfeffer	bestreuen und die Auberginenhälften mit der Öffnung nach unten in den Dampfgaraufsatz (und den Einlegeboden) legen.
300 g Wasser 1 Brühwürfel (für 0,5 l Flüssigkeit)	in den Mixtopf geben, den Mixtopf verschließen und die Auberginen **10 Minuten/Dampfgaren/Stufe 1** vorgaren. Den Dampfgaraufsatz abnehmen, den Mixtopf ausleeren (den Garsud anderweitig verwenden) und trocknen lassen. Die vorgegarten Auberginenhälften umdrehen (d.h. die Öffnung wieder nach oben richten) und ohne Deckel auf dem Dampfgaraufsatz abkühlen lassen (damit sie nicht weiter garen). Für die
Füllung: 2 Knoblauchzehen 2 Zwiebeln, geviertelt 2 Bund Basilikum, abgezupft 1 Bund Petersilie, abgezupft 1 Brühwürfel (für 0,5 l Wasser)	in den Mixtopf geben und **4 Sekunden/Stufe 6** zerkleinern.
20 g Olivenöl	zugeben und **3 Minuten/Dampfgaren/Stufe 1** andünsten. (Das riecht schon mal himmlisch!!)
3 Paprika, in Stücken, ca. 350 g geputzt 100 g Champignons, geputzt 70 g Tomatenmark ½ TL Salz ¾ TL Pfeffer 1 TL Kräuter der Provence, getrocknet 1 TL Zucker	sowie das herausgetrennte Fruchtfleisch der Auberginen zugeben und **9 Sekunden/Stufe 4** zerkleinern. Anschließend **10 Minuten/Dampfgaren/Linkslauf/Rührstufe** vorgaren.
2 EL Weichweizengrieß	sowie die Hälfte des Käses dazu geben und **20 Sekunden/Linkslauf / Stufe 1** mit Hilfe des Spatels so kurz wie möglich vermischen. Eine Auflaufform mit
Butter	leicht einfetten. Die abgekühlten Auberginenhälften mit der Öffnung nach oben in die Auflaufform geben. Die Füllung „gerecht" auf die Auberginenhälften verteilen. Falls noch Füllung übrig bleibt, die Füllung bitte am Boden der Auflaufform verteilen. Die Auberginen mit der restlichen Käse-Mischung bestreuen und im vorgeheizten Backofen bei **180°C Ober- und Unterhitze** ca. **45 Minuten** goldbraun garen.

Tipp: Dazu schmeckt entweder Fladenbrot oder aber Reis, Bulgur, Couscous oder Zartweizen (= Kohlehydrate). Außerdem ein Salat und Zaziki ganz ausgezeichnet! Ein besonderes mediterranes Essen für 6 Personen. Mit Salat und Zaziki ganz sicher eher für 8 als für 6 Personen.

Ganz streng genommen würde man in ein reines Eiweißgericht keinen Grieß geben. Da aber der Grieß-Anteil verteilt auf die Menge so gering ist, ist das meiner Erfahrung nach überhaupt kein Problem. Wenn Sie ihn weglassen, wird die Masse etwas „weniger stabil" - es geht aber auch.

AI-Menü **Käse-Kartoffel-Nudeln**

150 g Käse, z.B. Gouda, mittelalt oder Emmentaler	in den Mixtopf geben und **6 Sekunden/Stufe 6** zerkleinern und umfüllen.
1 große Zwiebel, geviertelt	in den Mixtopf geben und **6 Sekunden/Stufe 6** zerkleinern.
35 g Butter	zugeben und **5 Minuten/Dampfgaren/Stufe 1** andünsten.
2 Brühwürfel (für je 0,5 l Flüssigkeit) 750 g Kartoffeln, geviertelt 600 g Wasser ½ TL Muskat 1 TL Salz	dazu geben und **12 Minuten/100°C/Linkslauf/Stufe 1** aufkochen.
150 g Vollkorn-Hartweizennudeln (mit 8 Minuten Kochzeit)	dazu geben und **9 Minuten (bzw. Kochzeit + 1 Minute)/100°C/Linkslauf/Rührstufe** bissfest garen.
200 g Kaffeesahne	dazu geben und mit dem Spatel untermischen. Die Masse in eine leicht gefettete Auflaufform geben und mit dem geriebenen Käse bestreuen. Den noch heißen Auflauf **25 Minuten** bei **175°C Heißluft** im vorgeheizten Backofen zu Ende garen und gratinieren.

Tipp: Preiswert, schnell, lecker. Irgendwo in Deutschland (ich glaube im Süden) isst man gerne und häufig Nudeln und Kartoffeln „in einer Mahlzeit". Ich habe die Kombination zuerst als „doppelt gemoppelt" wahrgenommen, finde sie aber so wie hier lecker und sie sättigt angenehm. Ein grüner Salat dazu ist eine prima Idee!

AI-Menü **Spätzle-Auflauf Cheese & Onion**

1,5 l Wasser 2 TL Salz 5 g Butter	in den Mixtopf geben und **9 Minuten/Dampfgaren/Stufe 1** aufkochen. In der Zwischenzeit
1 kg Gemüsezwiebeln	schälen und in Spalten schneiden. Die Zwiebelspalten im Dampfgaraufsatz verteilen. In das kochende Wasser
350 g Spätzle	geben und die auf der Packung angegebene **Kochzeit in Minuten + 2 Minuten/Dampfgaren/Linkslauf/Rührstufe** bissfest garen. Den Dampfgaraufsatz abnehmen, die Spätzle durch den Garaufsatz (die Zwiebeln können ruhig im Garaufsatz bleiben!) abgießen und Spätzle und Zwiebeln in eine große leicht gefettete Auflaufform geben. Für die
Sauce: 200 g Schmelzkäse 2 Brühwürfel (für je 0,5 l Flüssigkeit) ½ TL Muskat ½ TL Pfeffer 40 g Mehl 300 g Milch	in den Mixtopf geben und **6 Sekunden/Stufe 6** mischen, dann **6 ½ Minuten/90°C/Stufe 2-3** zu einer Sauce einkochen. Die Sauce über den Spätzle und den Zwiebeln verteilen und etwas durchmischen. Alles in den vorgeheizten Backofen stellen und bei **175°C Heißluft** in ca. **20 Minuten** leicht bräunen.
1 Packung Röstzwiebeln (200 g)	über dem Auflauf verteilen und noch einmal **3-4 Minuten** bei gleicher Temperatur knusprig bräunen. Richtig heiß servieren.

Tipp: Sie können nach Ende der Garzeit noch ½ Bund Petersilie, abgezupft, in die Sauce geben und **8 Sekunden/Stufe 8** mischen.

Kaum zu glauben, dass so wenige (und vor allem so preiswerte!) Zutaten soooo lecker sein können. Alle waren ganz begeistert! Sowohl geschmacklich als auch von der Konsistenz. Richtig lecker! Der Auflauf reicht als Hauptgericht für 4-5 Personen. Dazu passt (von der Menge aber nicht notwendig) ein grüner Salat.

„Sattmacher"-SALATE

die schmecken nach Sonnenschein, Picknick & viel Neid der Kollegen...

Lauwarmer Spargel-Nudelsalat

1 Knoblauchzehe
½ Bund Petersilie
½ Bund Basilikum .... in den Mixtopf geben und **5 Sekunden/Stufe 6** zerkleinern.

200 g Wasser
1 TL Brühepulver (gehäuft)
¼ TL Muskatnuss
¼ TL Pfeffer
200 g Frischkäse .... dazu geben und **5 Minuten/90°C/Stufe 2-3** erwärmen. In eine große Salatschüssel umfüllen.

1000 g Spargel (ungeschält, geschält ca. 700 g) .... in recht dünne ca. 0,5-1 cm breite schräge Streifen schneiden und in den Dampfgaraufsatz legen.

1 TL Zucker
20 g Butter, in Flöckchen .... darauf verteilen. Auf genügend Dampflöcher achten.

1 rote Paprika
1 gelbe Paprika .... in mundgerechten Stücken auf den Spargel geben.

100 g TK-Erbsen .... darauf verteilen. Den Mixtopf mit

1 Liter Wasser
2 TL Salz .... in den Mixtopf geben. Den Mixtopf verschließen und den Dampfgaraufsatz aufsetzen. Alles in **16 Minuten/Dampfgaren/Stufe 1** zum Kochen bringen und vorgaren. Nun den Dampfgaraufsatz kurz abnehmen und

200 g mundgerechte Hartweizennudeln mit ca. 10 Minuten Kochzeit .... in das Wasser geben, Dampfgaraufsatz wieder aufsetzen und ca. **12 Minuten (Kochzeit auf der Packung der Nudeln + 2 Minuten)/ Dampfgaren/Linkslauf/ Rührstufe** „al dente" garen. Das bissfest gegarte Gemüse zum Dressing geben. Die Nudeln (nach einer Garprobe) durch den (leeren) Dampfgaraufsatz abgießen.

250 g Kirschtomaten
200 g Putenbratenaufschnitt .... in mundgerechten Stücken dazu geben und alles vermischen. Lauwarm oder kalt servieren.

Tipp: Ein leckerer farbenfroher Salat, der hervorragend als „ganze Mahlzeit" herhalten kann. Wenn Sie ihn besonders hübsch anrichten möchten, richten Sie ihn auf Rucola oder anderen Salatblättern an. Ein prima Picknick- oder „Lunch-to-go"-Salat, um den Sie jeder Kollege beneiden wird!

Weißkohl-Rapunzel-Salat mit warmer Senfsauce (Eiweißgericht)

300 - 400 g Weißkohl .... **4 Sekunden/Stufe 4(-5)** zerkleinern und in eine Schüssel **umfüllen**.

100 g Schinkenwürfel
20 g Öl .... in den Mixtopf geben und **3 Minuten/Dampfgaren/Linkslauf/Stufe 1** dünsten.

3 EL Senf
250 g Sahne
1 EL Weißwein
1 TL Zucker oder Honig
Salz nach Geschmack .... zugeben und **5 Minuten/80°C/Stufe 2** sämig köcheln. Sauce zum zerkleinerten Weißkohl geben und zusammen mit

150 g Rapunzel oder Feldsalat..... vermengen.

Schnittlauch .... in Röllchen schneiden und über den Salat streuen.

Tipp: Das ist doch eine schöne Kombination für kalte Wintertage, oder?

Marinierter Gemüsesalat (Foto, Eiweißgericht)

1 EL Rosmarinnadeln 1 Hand voll Basilikumblätter Blättchen von 8 Stängeln Thymian 1 Knoblauchzehe	in den Mixtopf geben und **10 Sekunden/Stufe 8** zerkleinern.
50 g getrocknete Tomaten 1 kleine Zwiebel, geviertelt	dazu geben und **10 Sekunden/Stufe 6** zerkleinern.
40 g Olivenöl 1 TL Honig 1 EL Zitronensaft 1 TL Salz ½ TL Pfeffer 1-2 Spritzer Tabasco	hinzufügen und **20 Sekunden/Stufe 2-3** verrühren. Die Marinade in eine große Schüssel umfüllen. (Mixtopf nicht ausgespülen.)
400 g heißes Wasser 1 Brühwürfel (für 0,5 l Flüssigkeit)	in den Mixtopf geben. Das Garkörbchen einhängen.
500 g grüne Bohnen	putzen und mit
1 TL Bohnenkraut, getrocknet	vermischt in das Garkörbchen geben. Den Mixtopf verschließen.
300 g junge Zucchini (ansonsten entkernen!) 500 g feste Champignons	in mundgerechten Stücken in den Dampfgaraufsatz legen. Wenn die Zucchini schon „erkennbare Kerne" ausgebildet haben, die Kerne bitte entfernen. Champignons evtl. halbieren oder vierteln. Den Dampfgaraufsatz aufsetzen und alles **15-18 Minuten** garen. Das Gemüse zur Marinade geben und vermischen.

Tipp: Das eingelegte Gemüse kann warm und kalt gegessen werden. Ob zum Grillabend oder als vegetarisches Hauptgericht mit Pellkartoffeln – kommt immer super an! Herzlichen Dank für das leckere Rezept an Stefanie Teschke und Marita Möllmann!

AI-Menü **Mediterraner Nudelsalat mit Tomaten & Rucola**

750 g Hartweizennudeln, z.B. Farfalle, Penne oder Spiralnudeln	in
reichlich Salzwasser....................	bissfest nach Packungsanweisung garen. Die Nudeln abschrecken und in eine große Salatschüssel geben.
	In der Zwischenzeit können Sie das Dressing zubereiten:
1 Knoblauchzehe........................	in den Mixtopf geben und **3 Sekunden/Stufe 6** zerkleinern.
1 Brühwürfel (für 0,5 l Flüssigkeit) 200 g Wasser (oder Garsud)	dazu geben und **4 Minuten/100°C/Stufe 2-3** aufkochen.
1 EL süßer Senf 1 EL Dijon-Senf 1 EL Honig ¼ TL Pfeffer 100 g Olivenöl 50 g Balsamico weiß..................	dazu geben und **1 Minute/Stufe 6** vermischen.
500 g Tomaten 1 Bund Rucola (ohne harte Stiele)....	putzen und in mundgerechter Größe zu den Nudeln geben. (Wenn Sie die Rucola-Blätter nicht zerkleinern, erhöht sich die Kleckergefahr beim Essen ganz beachtlich...! Leider weiß ich, wovon ich spreche....)
200 g Parmesankäse	mit einem Sparschäler in dünne Scheiben hobeln. Die Hälfte davon mit dem Salt vermischen. Die andere Hälfte (oder die schönsten Stücke) zur Dekoration übrig lassen. Das Dressing mit Salat vermischen.
80 g Sonnenblumenkerne	in einer trockenen Pfanne rösten und vollständig abkühlen lassen.
	Vor dem Servieren den Salat mit den gerösteten Kernen bestreuen (eventuell einen Teil davon untermischen) und sofort servieren.

Tipp: Anstelle der Sonnenblumenkerne können Sie auch Pinienkerne verwenden. Das macht den Salat etwas teurer aber dafür dann natürlich auch „exklusiver". Ein superleckerer Salat zum Grillen. Ein prima Mittagessen auch für's Büro. Ein Sattmacher-Salat, um den Sie im Büro ganz sicher beneidet werden!

Einfacher Nudelsalat à la Gennovese (Reste-Fest: gekochte Nudeln)

2 Knoblauchzehen......................	in den Mixtopf geben und **4 Sekunden/Stufe 6** zerkleinern.
50 g Olivenöl 60 g Pinienkerne........................	dazu geben und **7 Minuten/Dampfgaren/Stufe 1** andünsten. Die „festen Stücke", d.h. die Pinienkerne in eine Salatschüssel umfüllen. Das Öl im Mixtopf belassen.
200 g Wasser 1 Brühwürfel (für 0,5 l Flüssigkeit).....	dazu geben und **2 Minuten/100°C/Stufe 2** auflösen.
	In der Zwischenzeit
125 g Mozzarella........................	würfeln und zu den Pinienkernen geben.
50 g Parmesan..........................	mit einem Sparschäler hobeln und ebenfalls zu den Pinienkernen geben.
200 g Schmand 1 TL körniger Senf 1 Bund Basilikum, abgezupft ¼ TL Pfeffer 1 TL Honig 1 TL scharfer Senf / Dijon-Senf ...	hinzufügen und **6 Sekunden/Stufe 7** mischen.
500 g gekochte Nudeln oder Vollkornnudeln (entspricht einem Rohgewicht von etwa 250 g)...............	zum Käse und den Pinienkernen geben und zusammen mit dem Dressing gründlich vermischen.

Tipp: Wenn Sie keine Nudelreste haben, sollten Sie noch 100 g mehr Wasser im o.g. Rezept verwenden, die Nudeln wirklich sehr bissfest kochen und dann mit dem heißen Dressing mit 100 g mehr Flüssigkeit vermischen – dann nehmen sie noch mehr Geschmack auf!

Geschmacklich und als Farbtupfer passen selbstverständlich Tomaten in jeder Form dazu – der Nudelsalat ist aber auch so eine Wucht!

Trauben-Sellerie-Salat (Foto)

ca. 100 g Pumpernickel............... zerbröseln und in einer Pfanne mit
30 g Butter .... bei mittlerer Hitze knusprig anrösten und beiseite stellen.
300 g Knollensellerie, in groben Stücken
80 g Gorgonzola
1 Apfel, rot, in Stücken
10 g Zitronensaft
10 g Öl
1 TL Salz
½ TL Pfeffer .... in den Mixtopf geben und evtl. mit Hilfe des Spatels **9 Sekunden/Stufe 4(-5)** zerkleinern.
200 g blaue Weintrauben kernlos, halbiert .... mit dem Spatel vorsichtig untermischen.

Tipp: Den Salat können Sie noch „verfeinern" bzw. anreichern: richten Sie ihn portionsweise auf einem Salatbett aus Kopfsalat oder noch herzhafter mit Rucola an. Legen Sie Birnenspalten dazu. Nüsse passen ebenfalls sehr gut dazu – und wenn Sie möchten, können Sie die gehackten Nüsse auch mit dem Pumpernickel (hier bei uns heißt es „Schwarzbrot") zusammen anrösten!

Für dieses Gericht sollten Sie aber unbedingt ein Sellerie- und Gorgonzola-Fan sein. Beide Geschmacksrichtungen werden durch die anderen - eher kräftigen - Zutaten noch richtig unterstrichen. Wenn Sie eine der Zutaten nicht mögen, sollten Sie lieber die Finger davon lassen...

Vielen Dank für dieses tolle Rezept an Marita Möllmann aus Selm. Deine Rezepte probiere ich immer so gerne aus!

Schneller fruchtiger Curry-Tortellini-Salat (Foto)

1,5 Liter (evtl. schon warmes? Wasser)
1 EL Salz
1 EL Öl .... in den Mixtopf geben und **10-14 Minuten/100°C/Stufe 1** zum Kochen bringen.

250 g Tortellini (Trockenprodukt mit ca. **10 Minuten** Kochzeit) .... dazu geben und **Kochzeit + 2 Minuten/100°C/Linkslauf/Rührstufe** ohne eingesetzten Messbecher bissfest garen. (Falls es zu stark schäumt oder überkochen sollte, dann den Wundertopf auf 90°C herunterschalten, dann aber den Messbecher einsetzen!)

Nach einer Garprobe (bissfest!) die Tortellini (z.B. durch den Garaufsatz) abgießen.

Während der Garzeit

1 Dose Cocktailfrüchte
oder 1 Dose Pfirsiche
oder 1 Dose Mandarinen .... abgießen. Den Saft auffangen. Die Früchte mundgerecht schneiden und in eine Salatschüssel geben. Für die

Salatsauce: den Mixtopf nur ausleeren, nicht ausspülen.

120 g gewürzte Salatcrème, z.B. Miracel Whip
2 EL Currypulver
150 g Saft (aus der Konserve) .... in den Mixtopf geben und **30 Sekunden/Stufe 4** mischen. Die noch warmen Tortellini mit den Früchten und der Sauce vermischen. Alles vorsichtig durchmischen und bis zum Verzehr kühl stellen.

Tipp: Sehr lecker! Ein „Frauensalat" – denn die stehen meistens besonders auf Salate mit fruchtiger Note. Schnell gemacht und eine prima Ergänzung zum Grillen. Außerdem braucht man nur wenige Zutaten. Ideal also auch, wenn man im Urlaub einen Salat für's Grillen vorbereiten möchte... - mit Zutaten, die man weitestgehend noch prima von zu Hause mitnehmen kann...

Wenn Sie den Salat mit in's Büro nehmen möchten und es ein echter „Sattmacher-Salat" werden soll, können Sie noch gewürfelten Kochschinken hinzufügen.

Lecker vegetarisch!

Mediterraner Bulgursalat mit Cashew-Kernen

1000 g Wasser 2 Brühwürfel (für je 0,5 l Flüssigkeit)..	in den Mixtopf geben. Das Garkörbchen einhängen.
200 g Bulgur (grob)....................	in den Gareinsatz wiegen. Den Mixtopf verschließen und den Bulgur **16 Minuten/100°C/Stufe 1** garen. Nach Ende der Garzeit in eine große Schüssel umfüllen und abkühlen lassen. Den Mixtopf ausleeren, aber die Garflüssigkeit auffangen. Der Mixtopf muss trocken (aber nicht gespült sein). Für das
Dressing:	
1 Bund Basilikum, abgezupft 1-2 Bund Petersilie, abgezupft	in den Mixtopf geben und **6 Sekunden/Stufe 6** zerkleinern.
30 g Öl (von den getrockneten Tomaten) 100 g Garflüssigkeit 15 g Honig 20 g Zitronensaft 1 TL Salz 1 ½ TL gemahlener Kreuzkümmel (Cumin) 1 ½ TL Currypulver..................	dazu geben und **10 Sekunden/Stufe 5** vermischen. Das Dressing zusammen mit
60 g getrocknete Tomaten, in Öl eingelegt, abgetropft	in dünnen Streifen zum Bulgur geben. Alles gut vermischen und möglichst **1-2 Stunden** durchziehen lassen. Für die
Servier-Sauce:	
200 g saure Sahne 150 g Joghurt, natur ½ TL Salz ⅛ TL Pfeffer	in den Mixtopf geben und **10 Sekunden/Stufe 3** vermischen und in eine Schüssel umfüllen. Die „Servier-Sauce" wird separat zum Salat gereicht!
Kurz vor dem Servieren:	
80 g Cashew-Kerne, geröstet und gesalzen	mit dem Salat vermischen.

Tipp: Reste der Garflüssigkeit können Sie prima als Suppengrundstock verwenden. Wenn Sie's lieber schneller mögen, können Sie die getrockneten Tomaten auch im leeren Mixtopf 6-7 Sekunden/Stufe 5 zerkleinern und umfüllen. Dekorativer sieht's aber aus, wenn Sie die getrockneten Tomaten in dünne Streifen schneiden.

Bulgur (oder arabisch auch Burghul) ist eine Art Weizengrütze aus Hartweizen, die etwas gröber ist als z.B. Couscous und (im Gegensatz zu Couscous) richtig gekocht werden muss. Bulgur ist dampfgegarter Weizen, der nach dem Trocknen geschrotet wird. Er schmeckt nussig mild. In der Türkei wird er häufig anstelle von Reis angeboten und kann auch genau so verwendet werden. Bulgur enthält übrigens mehr Ballaststoffe und weniger Kalorien oder Fett als Reis. Sie bekommen ihn im gut sortierten Supermarkt oder aber im türkischen Lebensmittelgeschäft.

Ein leckerer Party-Buffet oder auch "Mitnehmen-ins-Büro-Salat". Da er nicht einmal Knoblauch enthält und trotzdem lecker mediterran schmeckt, werden sich auch die Kollegen nicht beschweren (und maximal irre neidisch sein...)

Herzlichen Dank liebe Agathe F. aus Hamburg für dieses leckere Rezept. Sie können den Salat übrigens noch prima mit gekochtem Gemüse, frischen Tomaten, Mozzarellakugeln oder Schafskäse anreichern.

Lecker vegetarisch!

Käse-Salat (Eiweißgericht)

1/3 Zwiebel ... **8 Sekunden/Stufe 5** zerkleinern.

150 g Käse, in Stücken ... zugeben und **3 Sekunden/Stufe 5** zerkleinern.

1 grüne Paprika, in Stücken
1 rote Paprika, in Stücken
2 Gewürzgurken, in Stücken
30 g Essig
1 TL Kräutersalz
2 Prisen Pfeffer
1 Prise Zucker ... in den Mixtopf geben und **7 Sekunden/Stufe 4** (ggf. mit Hilfe des Spatels) zerkleinern, und auf

grünen Salatblättern ... anrichten.

Tipp: Ein toller (und sättigender) Salat für ein Picknick oder als „lunch-to-go" für die Arbeit.

Couscous-Salat (low fat)

2 Knoblauchzehen
2 Zwiebeln ... in den Mixtopf geben und **6 Sekunden/Stufe 6** zerkleinern.

50 g Olivenöl ... dazu geben und **5 Minuten/Dampfgaren/Stufe 1** andünsten.

400 g Wasser
2 EL Zitronensaft
1 TL Salz
1 Brühwürfel (für 0,5 l Flüssigkeit) ... dazu geben und **5 Minuten/100°C/Stufe 1** aufkochen.

500 g Couscous ... in eine Salatschüssel geben und mit dem Sud begießen. Den Couscous mindestens **10 Minuten** ausquellen und abkühlen lassen.

400 g Tomaten, fest aber reif ... entkernen und nur das Fleisch der Tomaten würfeln und zum Couscous geben.

1 Paprikaschote, rot
1 Paprikaschote, gelb
½ Salatgurke (geschält und entkernt)
200 g Schafskäse, leicht ... in mundgerechten Stücken zum Couscous geben.

Für die Zubereitung des Dressings muss der Topf nicht sauber, aber er sollte möglichst trocken sein.

Für das

Dressing:
½ Bund Petersilie
8 Blätter Pfefferminze
½ Bund Basilikum ... in den Mixtopf geben und **6 Sekunden/Stufe 6** zerkleinern.

50 g Olivenöl
Saft 1 Zitrone (= ca. 30 g)
2 TL Zucker
1 TL gemahlener Kreuzkümmel (= Cumin)
¼ TL gemahlener Koriander
1 TL Salz
½ TL Pfeffer ... dazu geben und **20 Sekunden/Stufe 4-5** mischen.

Das Dressing mit dem Couscous gründlich vermischen und garnieren.

Tipp: Ein prima Party-Salat. Den Salat können Sie prima 2-3 Stunden vorher zubereiten. Länger sollte er allerdings nicht stehen, weil sonst die Gurken und die Paprikaschoten „degenerieren" und nicht mehr frisch aussehen... Dieser Salat entstammt der orientalische Küche und ist mit dem Schafskäse und dem Dressing leicht „aneuropäisiert". Fix gemacht und sehr lecker! Übrigens: Kreuzkümmel lässt sich nicht durch unseren „normalen Kümmel" ersetzen... wenn Sie keinen haben, lassen Sie ihn lieber ersatzlos weg.

Nudelsalat „Caprese" (Foto, low fat)

1,5 Liter Wasser
2 TL Salz
1 EL Öl .... in den Mixtopf geben und **8 Minuten/Dampfgaren/Stufe 1** aufkochen.

250 g mundgerechte Nudeln, z.B. Farfalle, Gabelspaghetti .... dazu geben und nach Packungsanweisung + **2 Minuten Kochzeit/100°C/Linkslauf/Rührstufe** gar kochen. Durch ein Sieb (oder dem Dampfgaraufsatz) abgießen und mit kaltem Wasser abschrecken. Beiseite stellen. Für das

Dressing:
1 Bund Basilikum, abgezupft
evtl. ½ Knoblauchzehe .... in den Mixtopf geben und **6 Sekunden/Stufe 6** zerkleinern.

40 g Olivenöl
40 g Balsamico bianco
20 g heißes Wasser
20-30 g scharfer Dijon-Senf
20 g Zucker
¼ TL Pfeffer .... dazu geben und alles **20 Sekunden/Stufe 4** mischen. Das Dressing über die lauwarmen Nudeln geben und alles mit

2 Kugeln Mozzarella, light (in Streifen, oder 250 g Mini-Mozzarella, abgetropft)
250 g Cherry-Tomaten oder Tomaten in mundgerechten Spalten .... mischen. Sofort servieren.

Tipp: Der Salat sieht auch sehr gut aus und sättigt noch nachhaltiger, wenn Sie Vollkorn-Nudeln verwenden. Zum Servieren können Sie Rucola-Blätter unter den Nudeln verteilen und den Teller mit Crema di Balsamico verzieren...

Lecker vegetarisch!

Großer Kartoffelsalat ohne Mayo

2 kg junge Kartoffeln, festkochend, mit Schale .... in den Dampfgaraufsatz geben.

750 g Wasser............................ in den Mixtopf geben. Mixtopf verschließen und den Dampfgaraufsatz aufsetzen. Die Pellkartoffeln **45 Minuten/Dampfgaren/Stufe 1** garen.

Nach Ende der Garzeit die Pellkartoffeln während der Zubereitung des „Suds" leicht abkühlen lassen. Für den Sud

3 Schalotten
1 Bund Petersilie, abgezupft .... in den Mixtopf geben und **5 Sekunden/Stufe 6** zerkleinern.

200 g Wasser
1 Brühwürfel (für 0,5 l Flüssigkeit)
1 ½ TL Salz
1 EL Dijon-Senf
¼ TL Muskatnuss, gemahlen
½ TL Pfeffer .... in den Mixtopf geben und **2 Minuten/80°C/Stufe 2** erwärmen. Die Pellkartoffeln noch heiß schälen und in mundgerechte Stücke oder nicht zu dünne Scheiben (ca. 5 mm dick) schneiden. Die heißen Kartoffeln mit dem Sud vermischen (damit sie schon ordentlich Geschmack annehmen). (Das geht besonders gut und schonend, wenn Sie die Kartoffelstücke in eine große Kunststoffschüssel mit Deckel geben, den Sud darüber geben und dann den Topf „schütteln", so bleiben die Kartoffeln länger „heil")

250 g Gewürzgurken .... (evtl. in Stücken) in den Mixtopf geben und **2-5 Sekunden/Stufe 4-5** zerkleinern (hängt stark von der Gurkensorte ab! bitte vorsichtig zerkleinern!). Die Gurkenstücke mit

250 g Schmand.......................... zu den Kartoffeln geben und noch einmal durchmischen. Den Kartoffelsalat bis zum Verzehr kalt stellen und vor dem Servieren noch einmal „durchschütteln".

Tipp: Dies ist eine „Basisvariante" des Kartoffelsalats, wie er sich z.B. hervorragend zum Grillen eignet. Sie können den Salat z.B. noch mit hartgekochten Eiern oder Kirschtomaten ergänzen.

Curry-Kartoffelsalat (ohne Zwiebeln und Gurken)

500 g Wasser
1 Brühwürfel (für 0,5 l Flüssigkeit)..... in den Mixtopf geben. Den Garkorb einsetzen.

900 g festkochende Kartoffeln..... in mundgerechten Würfeln in den Garkorb füllen. Mixtopf verschließen und die Kartoffeln **30 Minuten/Dampfgaren/ Stufe 1** garen.

Die Kartoffeln beiseite stellen, den Mixtopf leeren, wobei Sie den Garsud auffangen sollten. Für die

Salatsauce:
150 g Salatcrème (z.B. Miracel Whip)
100 g Sahne
2 gehäufte TL Currypulver
1 TL Salz
1 TL Zucker
1 Spritzer Zitronensaft .... sowie 150 g Garsud in den Mixtopf geben und **20 Sekunden/Stufe 4** vermischen. Die noch heißen Kartoffeln mit der Salatsauce vermischen und mit einem Tuch bedeckt (nicht mit einem Deckel, damit noch Flüssigkeit verdampfen kann) bis zum Verzehr kühl stellen.

Tipp: Ein schnell gemachter Kartoffelsalat ohne viel Schnippeln, der eben mal nicht mit den klassischen Zutaten Zwiebeln und Gurken zubereitet wird. Sie können ergänzend noch gekochte Eier oder Kochschinkenwürfel oder Käsewürfel dazu geben, wenn der Salat „eine Hauptmahlzeit" darstellen soll. Ansonsten passt er als Beilage ganz wunderbar zu Gegrilltem oder Kurzgebratenem oder eben einfach mal zur Wiener- oder Frankfurter- oder Deutschländer-Wurst...

Wenn Sie die Salatsauce mit heißen Kartoffeln vermischen, verbindet sich alles wesentlich besser miteinander..

Pizza, Tartes, Quiche & Co.

mit Fleisch

Blätterteig-Muffins mit Pfiff (Foto)

6 Blätterteig-Rechtecke (ca. 450g)..	nach Vorschrift auftauen lassen. Für die
Füllung:	
½ Bund Petersilie......................	in den Mixtopf geben und **6 Sekunden/Stufe 6** zerkleinern. Von
250 g Gouda-Scheiben................	gut 2 Scheiben abnehmen und von
200 g Kochschinken...................	1 Scheibe wegnehmen und zwischen die Gouda-Scheiben legen. Diese Schicht (Käse, Schinken, Käse) von der Längsseite aufrollen und fest drücken, die Schnecken beiseite stellen. Sie werden zur Dekoration als letzte Schicht auf die Muffins gelegt. Den restlichen Käse und den restlichen Schinken in Stücken zur Petersilie in den Mixtopf geben.
60 g (= ca. 2 Scheiben) Toastbrot, in Stücken	zu Käse und Schinken in den Mixtopf geben. Alles **4-5 Sekunden/Stufe 4** grob zerkleinern und umfüllen.
2 Eier 150 g Schmand 1 TL Salz ⅛ TL Pfeffer ¼ TL Muskat, gemahlen	in den Mixtopf geben und **20 Sekunden/Stufe 4** vermischen. Gouda, Schinken und Toastbrot-Stücke dazu geben und mit Hilfe des Spatels **20 Sekunden/Linkslauf/Stufe 2** vermischen. Die Füllung **10-15 Minuten** aufquellen lassen. In der Zwischenzeit den Backofen auf **200°C Ober- und Unterhitze** vorheizen und aus der Käse-Schinken-Schnecke feine Streifen von ca. 3 mm abschneiden und beiseite stellen. Nun die Blätterteig-Rechtecke etwas ausrollen (doppelt so lang wie breit). Nun aus jedem Rechteck zwei Quadrate schneiden. Mit den Quadraten 12 Mulden eines gefetteten Muffin-Blechs auslegen. Die Füllung (nach der 10-minütigen Quellzeit) noch einmal **10 Sekunden/Linkslauf/Stufe 2** vermischen, anschließend auf die 12 Muffinformen verteilen. Die überstehenden Teigstücke dekorativ auf der Füllung verteilen. Die zurückbehaltenen Käse-Schinken-Schnecken auf die Muffins legen und diese im vorgeheizten Backofen bei **200°C Ober- und Unterhitze** ca. **30 Minuten** garen.

Tipp: Ergibt 12 Muffins. Richtig lecker zu Wein oder Bier, zu Salat oder einfach so als Snack. Sie schmecken sogar kalt sehr gut.

Große Pirogge (low fat, Foto)

180 g lauwarmes Wasser
1 Würfel Hefe
1 Prise Zucker
1 TL Salz .... in den Mixtopf geben und **2 Minuten/37°C/Stufe 2** erwärmen.

360 g Mehl, Typ 405 .... dazu geben und **3 Minuten/Knetstufe** zu einem geschmeidigen Hefeteig verarbeiten. Den Teig abgedeckt ruhen lassen, bis die Füllung vorbereitet ist.

Für die

Füllung:
2 Zwiebeln, geviertelt
1 Knoblauchzehe .... in den Mixtopf geben und **4 Sekunden/Stufe 5** zerkleinern.

500 g Tatar (oder mageres Hackfleisch)
3 Eier
30 g Kapern
1 Dose Mais, abgetropft 280 g Abtropfgewicht
50 g Paprikamark, ersatzweise Tomatenmark
2 TL Salz
2 TL Dijon-Senf
1 gestr. TL Pfeffer .... dazu geben und alles **30 Sekunden/Stufe 3** miteinander vermischen.

2-3 Paprikaschoten, in Stücken .... mit der Hand in hübsche Würfel schneiden und mit Hilfe des Spatels **20 Sekunden/Linkslauf/Stufe 2-3** in die Fleischmasse einarbeiten.

Den Hefeteig mit der Hand noch einmal durchkneten. Anschließend in 2 Hälften teilen. Beide Hälften zu einer runden Platte (mit ca. 30 cm Durchmesser = etwa so groß wie eine große Springform) ausrollen.

Eine Platte auf ein mit Backpapier belegtes Backblech legen. Die Hackfleischmasse mit den Paprikastückchen kuppelförmig darauf verteilen, dabei einen ca. 4 cm breiten Rand lassen.

Den Rand mit

Wasser .... einpinseln. Die zweite Teigplatte über die Füllung legen und den Rand der unteren Platte fest darauf andrücken.

Den oberen Teig mit einer Messerspitze mehrmals einstechen (als „Schornstein", damit Luft und Dampf abziehen können).

Damit die Pirogge hübscher aussieht, den Rand der Pirogge alle 2-3 cm wie Sonnenstrahlen einschneiden (aber nur 2/3 der Randlänge, damit die Füllung nicht austritt!). Die eingeschnittenen Teigstücke dreieckig überschlagen (vgl. Foto von der fertigen Pirogge).

Die Pirogge mit

Milch .... bepinseln. Im vorgeheizten Backofen bei **180°C Ober- und Unterhitze** oder **160°C Heißluft** ca. **50 Minuten** goldbraun garen. Heiß oder kalt servieren.

Tipp: Die Menge reicht für 16 Stücke (als Hauptgericht mit einem Salat für ca. 8 Personen, als Vorspeise oder Snack für 12-16 Personen). Ganz herzlichen Dank an Frau Garnett T. aus Kiel für das Rezept. Und durch die eindrucksvolle Kuppel und den schön verzierten Rand ist die Pirogge nicht nur ein Gaumen-, sondern auch ein Augenschmaus.

Foto: große Pirogge

Schneller Zwiebelkuchen

200 g Gouda, in Stücken	in den Mixtopf geben und **3 Sekunden/Stufe 10** zerkleinern und umfüllen.
200 g Mehl 250 g Milch 3 Eier 2 TL Backpulver 1 TL Salz ½ TL Paprika edelsüß ¼ TL Pfeffer evtl. ¼-1 TL Kümmel (nach Geschmack)	in den Mixtopf geben und **20 Sekunden/Stufe 4-5** vermischen.
200 g Schinkenwürfel 400 g Zwiebeln, geviertelt.............	sowie die Hälfte des geriebenen Käses hinzufügen und mit Blickkontakt auf **Stufe 4-5** bis zur gewünschten Feinheit mundgerecht und grober als Rohkost zerkleinern (nicht zu fein werden lassen!) Die Masse auf einem mit Backpapier ausgelegten Backblech verteilen. Den restlichen Käse darüber streuen und im vorgeheizten Backofen bei **180°C Umluft** in ca. **20-25 Minuten** goldbraun backen.

Tipp: Dazu passt ein Federweißer oder ein Weißwein sehr gut. Das Rezept geht wirklich schnell (und Sie brauchen auch nichts ausrollen) – aber im Geschmackstest ist es eher ein Pfannkuchen mit Zwiebeln und Schinken – und eben nicht wie ein echter Zwiebelkuchen – vorzugsweise mit Hefeteig und mit Eier-Guss.

Pizza-Schnecken

330 g lauwarmes Wasser
1 ½ TL Salz
20 g Olivenöl
1 TL Zucker
1 Würfel Hefe .... in den Mixtopf geben und **2 Minuten/37°C/Stufe 2** anwärmen.

600 g Mehl, Typ 405 .... dazu geben und **6 Sekunden/Stufe 6** mischen, anschließend **3 Minuten/Knetstufe** zu einem homogenen Knetteig verarbeiten. Den Teig umfüllen und an einem warmen Ort ca. **30 Minuten** aufgehen lassen.

In der Zwischenzeit die Füllung vorbereiten. Der Mixtopf braucht dafür nicht ausgespült zu werden. Für die

Füllung:

20 g Hartweizengrieß
2 TL Pizzagewürz
300 g Gouda, in Stücken
200 g Tomaten ohne grünen Strunk, geviertelt
1 Zwiebel ca. 100 g, geviertelt
1 Paprikaschote, in Stücken (geputzt etwa 150 g)
200 g Kochschinken oder Salami (oder eine Mischung daraus)
150 g Frischkäse .... in dieser Reihenfolge in den Mixtopf geben und **2 x 3 Sekunden/ Stufe 5** mit Hilfe des Spatels zerkleinern und mischen.

Den Teig nach der Aufgehzeit auf der Arbeitsfläche noch einmal durchkneten. Falls nötig noch etwas Mehl zufügen.

Den Teig in zwei Hälften teilen und auf einer gut bemehlten Arbeitsfläche in jeweils zwei Rechtecke à ca. 45 x 35 cm (also etwa auf Backblechgröße) ausrollen.

Die Füllung (am besten mit einem Tortenheber) gleichmäßig auf den beiden Rechtecken verteilen. An der langen Seite hinten einen ca. 1 cm breiten Rand frei lassen.

Die Teigstücke in ca. 1 ½ cm breite Streifen (die eine Länge von 35 cm haben) schneiden und die Streifen einzeln zu Schnecken aufrollen. (Schneller geht es zwar, wenn Sie die Teigstücke wie eine Biskuitrolle aufrollen und dann schneiden, allerdings sehen die Schnecken nicht ganz so schön aus wie einzeln gerollte Streifen.)

Die Pizzaschnecken mit genügend Abstand auf zwei bis drei mit Backpapier ausgelegten Backblechen verteilen und **20 Minuten** bei Zimmertemperatur aufgehen lassen. In der Zwischenzeit den Backofen auf **250°C Heißluft** vorheizen.

Wenn alle Bleche fertig und aufgegangen sind, die Bleche in den vorgeheizten Backofen schieben und den Backofen auf **220°C Heißluft** herunterschalten.

Die Schnecken in ca. **12-15 Minuten** goldbraun backen.

Tipp: Frisch aus dem Ofen schmecken die Schnecken am allerbesten. Allerdings können Sie hell (aber fertig gebackene Schnecken, die ca. 11-12 Minuten gebacken wurden) auch wieder aufwärmen. Schieben Sie sie einfach noch einmal in den vorgeheizten Backofen bei **160°C Heißluft** und backen sie die letzten 4-5 Minuten fertig. Prima Fingerfood, prima für jede Party!

Dies ist eindeutig ein kindertaugliches Rezept - allein schon optisch ein Knaller!

Diese Menge ergibt ca. 40 Schnecken. Als Snack reicht das für ca. 8-10 Personen aus.

Herzhafte Plunderhörnchen mit Blätterteig

½ Packung Blätterteig (ca. 200 g) .	nach Packungsanweisung auftauen lassen und beiseite stellen. Der Blätterteig wird später in den Hefeteig „eingearbeitet", d.h. genauer gesagt eingerollt.
380 g Weizenmehl 1 Packung Hefeteig-Garant von Dr. Oetker 1 TL Zucker 2 TL Salz 180 g Bier, Weizenbier oder Altbier 50 g weiche Butter 1 Eiweiß	in den Mixtopf geben und **3 Minuten/Knetstufe** zu einem homogenen Teig verarbeiten.
	Den Teig zu einem Rechteck in Backblechgröße ausrollen. Auf eine Seite des Rechtecks die Blätterteigplatten nebeneinander legen. Die Blätterteigplatten mit der freien Teighälfte zudecken. Wieder zur gleichen Rechteckgröße wie zuvor ausrollen. Noch zwei mal genau so falten. Den Teig auf keinen Fall kneten!
	Den Teig in zwei Hälften teilen. Beide Teile kreisrund ausrollen und in 12 „Tortenstücke" teilen. (Sie haben dann also insgesamt 24 „Tortenstücke", die gefüllt werden.
	Für die Füllung
1 Frühlingszwiebel.....................	in feine Ringe schneiden und in den Mixtopf geben.
100 g Kochschinken- oder roher Schinkenwürfel 125-150 g Crème fraîche 75 g Reibkäse 1 EL Weichweizengrieß	in den Mixtopf geben und **25 Sekunden/Linkslauf/Stufe 4-5** vermischen.
	Die Füllung auf die breite Seite der Teigdreiecke verteilen und von der breiten Seite her zu einem Hörnchen aufrollen. Die Hörnchen bestreichen, hierzu
1 Eigelb 25 g Bier ¼ TL Salz................................	miteinander vermischen und die Hörnchen damit einpinseln.
	Die Hörnchen im vorgeheizten Backofen bei **175°C Umluft** je nach Größe ca. **15-20 Minuten** goldbraun backen.

Tipp: Herzlichen Dank für dieses leckere Rezept an Barbara B. aus Castrop-Rauxel. Die Plunderhörnchen sind mit Kochschinken etwas milder als mit rohem (oder gar geräuchertem) Schinken. Sie schmecken prima als Snack - selbstverständlich auch kalt - aber ofenfrisch und warm ganz besonders gut.

Wenn Sie die Hörnchen vorbereiten möchten, sollten Sie sie kurz vor dem Verzehr kurz bei 140°C Heißluft wieder aufbacken.

Tomaten-Salami-Kekse

80 g Parmesankäse
50 g Mandeln .... in den Mixtopf geben und **12 Sekunden/Stufe 10** zerkleinern und umfüllen.

15 Stück getrocknete Tomaten, in Öl eingelegt, abgetropft und ohne Öl - ca. 100 g
80 g Paprikasalami .... in den Mixtopf geben und **10 Sekunden/Stufe 4-5** zerkleinern.

150 g Mehl
2 TL Backpulver
80 g weiche Butter
2 Eier (Größe M)
2 TL Oregano .... sowie Parmesankäse und Mandeln dazu geben. Alles **1 Minute/ Knetstufe** zu einem homogenen Teig verkneten.

Den Teig in kleinen Häufchen auf einem Backblech mit Backpapier verteilen. Den Teig mit einer Gabel etwas flach drücken. Anschließend im vorgeheizten Backofen bei **180°C Heißluft** oder **200°C Ober- und Unterhitze** in ca. **12-14 Minuten** goldbraun backen.

Tipp: Ein leckerer Snack zu Bier und Wein - außergewöhnlich und würzig. Eine nette Beigabe aber auch zu einer Vorspeisensuppe oder einem Salat. Warm sind sie ganz besonders gut - wenn Sie die Kekse vorbereiten und wieder aufbacken möchten, sollten Sie sie in einer gut schließenden Kunststoff-Schüssel aufbewahren (da werden sie wieder weich) - perfekt zum Wiederaufbacken, damit sie wieder knusprig werden. Ansonsten (d.h. bei „geplantem Kaltverzehr") am besten in einer Metalldose - da kommt ein bisschen Luft durch.

Herzlichen Dank für dieses außergewöhnliches Rezept an Annette M. aus Berlin.

Foto: Pumpkin-Cake Picanto

Pumpkin-Cake Picanto (Foto)

Teig:

250 g Mehl
150 g Butter, eiskalt, in Stücken
1 Ei (Größe M)
1 EL weißer Basamico-Essig
1 TL Salz .... in den Mixtopf geben und **40 Sekunden/Stufe 5** zu einem geschmeidigen Teig verarbeiten. Wenn sich der Teig sofort weiter verarbeiten lässt, können Sie ihn direkt auf einem mit Backpapier ausgelegten Backblech ausrollen, einen kleinen Rand hochziehen und anschließend kühl stellen, bis die Füllung vorbereitet ist.

Ansonsten den Teig in eine dicht schließende Dose geben oder in Frischhaltefolie wickeln und **60 Minuten** im Kühlschrank ruhen lassen.

Belag:

½ Bund Petersilie, abgezupft
30 g Toastbrot, in Stücken
200 g Emmentaler, in Stücken .... in den Mixtopf geben und **15 Sekunden/Stufe 7** zerkleinern und umfüllen. Eine Hälfte davon in eine große Schüssel (in die der gesamte Belag hineinpasst, die andere Hälfte auf einen Teller (wird am Schluss oben über die den Pumpkin-Cake gestreut).

1000 g Hokkaido-Kürbis, Muskat-Kürbis oder Butternuss-Kürbis, geputzt gewogen, in Stücken .... in den Mixtopf geben und in zwei Portionen **6 Sekunden/Stufe 4-5** mit Hilfe des Spatels zerkleinern und zur Käse-Petersilien-Toastbrot-Masse in die Schüssel geben.

2 Zwiebeln ca. 150 g, geviertelt......... in den Mixtopf geben und **4 Sekunden/Stufe 5** zerkleinern.

20 g Öl
100 g Schinken, gewürfelt............. zugeben und **3 Minuten/Dampfgaren/Stufe 1** andünsten.

400 g Schmand
2 EL Schnittlauchröllchen
1 TL Salz
½ TL Pfeffer
¼ TL Muskat .... zugeben und **15 Sekunden/Stufe 4** vermischen.

4 Eier, Größe M............................ dazu geben und noch einmal **15 Sekunden/Stufe 4** vermischen.

Die Masse in die Schüssel mit den Kürbisschnitzen geben und mit dem Spatel gründlich vermischen. Den Belag auf den ausgerollten Cake-Boden geben.

Nun die restliche Käse-Brot-Mischung darüber verteilen und bei **200°C Ober- und Unterhitze** in ca. **30 Minuten** goldbraun backen.

Den Kuchen in 12-16 Stücke schneiden und sofort heiß servieren.

Tipp: Sie können den Pumpkin-Cake auch vegetarisch zubereiten. Lassen Sie bitte die Schinkenwürfel weg und benutzen stattdessen Räucherkäse. 100 g davon werden in dünne Streifen geschnitten (die Rinde kann man mitessen) und dann einfach den Kürbisraspeln zufügen.

Sehr lecker! Ich bin ja wirklich kein Kürbisfan – aber dieser Pumpkin-Cake hat es auch mir angetan! Er sieht hübsch und dekorativ aus und lässt sich prima vorbereiten. Mit einem leckeren Salat eine vollwertige Mahlzeit!

Sie können den Pumpkin-Cake auch prima vorbereiten. Hierzu einfach 20-25 Minuten (anstelle der 30 Minuten) backen, so dass der Boden fest ist und das Ei fast komplett gestockt. Den Pumpkin-Cake aus dem Ofen nehmen und vollständig abkühlen lassen (evtl. auch kühl aufbewahren) und dann vor dem Servieren einfach im 140°C heißen Backofen (vorgeheizt) für ca. **15-20 Minuten** zu Ende backen.

Ein leckeres herbstliches Hauptgericht mit viel frischem gesundem Kürbis.

Flammkuchen mit Zucchini (Foto, Reste-Fest: 1 Eigelb)

250 g Mehl ½ Würfel Hefe 1 TL Salz ½ TL Zucker 120 g lauwarmes Wasser	in den Mixtopf geben und **1 ½ Minuten/Knetstufe** zu einem homogenen Teig verkneten. Den Teig an einem warmen Ort ca. **1 Stunde** aufgehen lassen oder im Backofen bei **50°C** für **15-20 Minuten**. Nach Ende des Aufgeh-Vorgangs noch einmal durchkneten. Nun auf einem mit Backpapier ausgelegten Backblech dünn ausrollen. Währenddessen den Backofen auf **250°C Heißluft (wenn möglich mit Unterhitze / Pizzastufe)** vorheizen.
Belag:	
2 Zucchini, ohne Kerne (ca. 400g, in Stücken	**3 Sekunden/Stufe 4(-5)** nicht zu fein zerkleinern.
1 Eigelb ½ TL Salz 200 g Schmand 150 g Schinkenwürfel	zu den Zucchinistücken geben und **15 Sekunden/Linkslauf/Stufe 3** vermischen. Den Belag auf dem dünnen Teig verteilen und den Flammkuchen im Backofen auf der untersten Schiene ca. **10 Minuten** lang backen. Der Boden muss unten schön knusprig hellbraun sein.

Tipp: Dieser Flammkuchen ist nicht ganz so hauchdünn wie sonst häufig, aber dafür geht er auch (eventuell mit einem kleinen Salat) für ein Hauptgericht für 4 Personen durch...

Herzhafte Kräuterrolle

Für den

Teig:

50 g Parmesankäse, in Stücken	in den Mixtopf geben und **10 Sekunden/Stufe 10** zerkleinern.
5 Eier 1 TL Salz ¼ TL Pfeffer ¼ TL Muskatnuss 75 g Crème fraîche 90 g Mehl 15 g Speisestärke 1 TL Backpulver	dazu geben und **30 Sekunden/Stufe 4** zu einem homogenen recht flüssigen Teig vermischen. Den Teig auf einem mit Dauerbackfolie ausgelegten Backblech verteilen (das geht am besten mit einem Tortenheber). Nun von
¼ Bund Kerbel (oder ganz zarte Petersilienblätter, die aber flach sein müssen!)	die schönsten und zartesten und flachsten Blätter abzupfen und diese dekorativ wie eine „Kräutertapete" auf dem Teig verteilen (nicht zu sehr eindrücken, sie sollten aber fest anhaften). Jetzt im vorgeheizten Backofen bei **180°C Heißluft** in ca. **10 Minuten** goldbraun backen. Sollte der Teig zwischendurch große „Blasen werfen" – einfach mit einem Schaschlikspieß einstechen, damit die Blasen wieder verschwinden.

Nach Ende der Backzeit die Platte mit einer weiteren Lage Dauerbackfolie oder einem sauberen Küchentuch belegen (damit sie nicht austrocknet) und auskühlen lassen. Vor dem Füllen muss die Platte komplett umgedreht werden.

Für die

Füllung:

1 kleine Knoblauchzehe 1 Bund Basilikum 1 Bund Petersilie	in den Mixtopf geben und **6 Sekunden/Stufe 6** zerkleinern. Die Kräuter noch einmal auf das Messer schieben und noch einmal **3 Sekunden/Stufe 6** zerkleinern.
200 g Frischkäse 200 g Schmand ½ TL Kräutersalz ⅛ TL Pfeffer	dazu geben und **20 Sekunden/Stufe 3-4** verrühren. Die Crème auf die „nicht bekräutertapetete" Rückseite der abgekühlten Biskuitplatte streichen und vorsichtig aufrollen, damit die „Kräutertapete" außen sichtbar ist.
3 Scheiben Kochschinken	in groben Quadraten gleichmäßig auf der Platte verteilen und die Rolle aufrollen. Die Rolle (z.B. noch in der Dauerbackfolie eingewickelt) ca. **1 Stunde** kühl stellen. Von der Rolle mit einem sehr scharfen Messer ca. 1-2 cm dicke Scheiben abschneiden und servieren.

Tipp: Sehr dekorativ für ein Buffet und trotzdem mit wenig Aufwand gemacht, der viel Eindruck macht! Die Rolle geht garantiert weg wie warme Semmeln! Auf einem Salatbett eine schöne Vorspeise für ca. 6-8 Personen (je nach Scheibendicke). Wichtig: die Kräuter der Füllung müssen ganz trocken geschleudert sein (damit nichts pappt)! Entweder gut ausschleudern oder Sie geben einfach 1-2 TL Sofortgelatine mit in die Füllung.

Die Kräuterrolle lässt sich prima am Vortag zubereiten. Sie wünschen sich Abwechslung? – Dann bereiten Sie die Rolle statt Kochschinken mit Räucherlachs oder Graved Lachs zu. Sie können dann anstelle des Basilikums auch ½ Bund Dill verwenden.

Einfacher Kaiser-Gemüsekuchen (Foto)

1000 g TK-Kaisergemüse .... in einem Sieb vollständig auftauen lassen. Tauwasser entsorgen.

200 g Emmentaler...................... in den Mixtopf geben und **6-8 Sekunden/Stufe 6-7** fein zerkleinern. **Die Hälfte** davon umfüllen.

250 g Mehl
100 g Sahne
100 g Butter
1 TL Salz
1 TL Backpulver .... zur anderen Hälfte des Käses dazu geben und **20 Sekunden/Stufe 4-5** zu einem homogenen Teig verkneten. Den Teig ca. **20 Minuten** kalt stellen.

Den Teig für eine runde Springform ausrollen und einen Rand ca. 2-3 cm hohen Rand andrücken.

1 EL Paniermehl .... auf dem Teig verteilen.

Das gründlich abgetropfte Kaisergemüse auf dem vorbereiteten Boden verteilen.

200 g Kochschinken, in Streifen ...... darauf verteilen. Für den

Guss:
4 Eier
150 g Crème fraîche
1 EL Mehl
1 ½ TL Salz
½ TL Muskat
¼ TL Pfeffer .... sowie den beiseite gestellten Käse dazu geben und **15 Sekunden/ Stufe 3-4** vermischen, gleichmäßig über dem Gemüse verteilen und den Kuchen bei **165°C Heißluft** ca. **60 Minuten** goldbraun garen.

Tipp: Dieser Gemüsekuchen schmeckt sowohl heiß als auch kalt. Eine herrliche warme Mahlzeit für 6-8 Personen mit einem Salat – oder für 12-16 Personen als kleine Vorspeise.

Schinken-Käse-Pfannkuchenroulade (Foto)

Ein Backblech mit Backpapier – oder besser Dauerbackfolie – belegen (besser nicht einfetten, sonst verbrennt das Fett!), dann das Backblech im Ofen auf **220°C Heißluft** vorheizen.

100 g Mehl
250 g Milch
¼ TL Salz
4 Eier
10 g sehr weiche Butter,
Margarine oder Öl .... in den Mixtopf geben und **15 Sekunden/Stufe 4** verrühren.

150 g Kochschinken in
mundgerechten Quadraten
150 g Reibkäse .... zugeben und **4 Sekunden/Stufe 3-4** vermischen. Den Teig mit einem Tortenheber gleichmäßig auf dem heißen Backblech verteilen und in **13-15 Minuten** im vorgeheizten Backofen hellbraun backen. Den Pfannkuchen umdrehen (das geht besonders gut mit einer zweiten Dauerbackfolie – und so sieht die Rolle viel hübscher aus als von der Rückseite!) noch heiß mit

200 g Frischkäse,
Kräuterfrischkäse oder
Meerrettichfrischkäse.................. bestreichen und recht stramm aufrollen und in Scheiben schneiden. Lauwarm oder kalt servieren. Wenn Sie es kalt servieren möchten, sollten Sie die Scheiben erst vor dem Servieren von der abgekühlten Rolle schneiden. Die Pfannkuchenrolle am besten bis dahin in Frischhaltefolie oder Alufolie einwickeln.

Tipp: Nett als „Bierhappen" oder mit einem Salat auch prima als sommerliches Hauptgericht. Wenn Sie Kräuterfrischkäse verwenden, wird die Pfannkuchenroulade noch herzhafter.

Pfannkuchenpizza (Foto)

Den Backofen mit Backblech (aber ohne Backpapier) auf **225°C Heißluft** vorheizen.

100 g Mehl
120 g Milch
3 Eier
1 TL Salz
⅛ TL Pfeffer
1 TL Backpulver
30 g Öl .... in den Mixtopf geben und **30 Sekunden/Stufe 4** mischen (langsam hochdrehen, damit der Teig nicht so hochspritzt). Ein Backblech mit Backpapier belegen und den Teig gleichmäßig auf dem Backblech verteilen (das geht sehr gut mit einem Tortenheber). Den Teig **9 Minuten** im heißen Backofen vorbacken. In der Zwischenzeit den Belag:

1 Knoblauchzehe
1 Hand voll italienische Kräuter (Basilikum, Majoran, Oregano, etwas Thymian) oder 1 TL getr. Pizzagewürz
250 g geschälte Tomaten (ohne Saft)
70 g Tomatenmark
½ TL Salz .... in den Mixtopf geben und **30 Sekunden/Stufe 8** mischen und zerkleinern. Den Belag auf der vorgebackenen Pfannkuchenpizza verteilen und nach Wunsch belegen, z.B. mit

100 g Kochschinken, in Stücken
300 g frischen Tomaten, in Scheiben
15 Oliven (eventuell)
150 g Mozzarella oder Reibkäse .... belegen und **10 Minuten** bei **220°C Heißluft** goldbraun backen (bzw. bis der Käse gut geschmolzen ist). Noch heiß in Stücke schneiden und sofort genießen.

Tipp: Sehr lecker, schnell und vor allem ohne Ausrollen. Denn das ist z.B. für meinen Mann immer die schlimmste Strafarbeit. Sicher: es ist nicht Hefeteig und das schmeckt man – aber es schmeckt trotzdem ganz prima! Und da die meisten Kinder Pizza lieben, können Sie sie auch hiermit begeistern!

Herzhafte Buchteln

2 Eier (Größe M) 300 g Milch 1 Würfel Hefe 2 TL Salz 1 TL Zucker 70 g Butter	in den Mixtopf geben und **3 Minuten/37°C/Stufe 2** erwärmen.
600 g Mehl	zugeben und **2 Minuten/Knetstufe** verkneten. Noch einmal
150 g Mehl	hinzufügen und noch einmal **2 Minuten/Knetstufe** miteinander verkneten. Den Teig auf der Arbeitsfläche zu ca. 20 Brötchen formen.
500 g grobe Bratwurst	aus der Pelle drücken und in 20 Teile teilen. Jeweils ein Bratwurststück in die Mitte des Brötchens drücken und leicht einrollen. Die Brötchen mit
Sahne oder Milch	bepinseln, anschließend **20 Minuten** bei **50°C** bei **Ober- und Unterhitze** aufgehen lassen, dann **20-25 Minuten** bei **200°C Ober- und Unterhitze** goldgelb backen.

Tipp: Sehr lecker. Frisch aus dem Ofen und warm natürlich ganz besonders lecker! Die gehen bei einer gemütlichen Feierabendrunde definitiv „weg wie warme Semmeln"...

Porreetorte

Für den Teig: 220 g Mehl 120 g Quark 80 g Butter, in Stücken 1 TL Backpulver 1 TL Salz	in den Mixtopf geben und **1 ½ Minuten/Knetstufe** zu einem Teig verarbeiten. Wenn er noch nicht gut knetbar (und vor allem ausrollbar!) ist, bitte noch Mehl oder tropfenweise Wasser zufügen. Das hängt von der Konsistenz des Quarks ab. Den Teig auf der Arbeitsfläche zu einer Rolle formen und in einer gefetteten Springform von ca. 26 cm ausrollen. Einen Rand hochziehen. Die Kuchenform in den Kühlschrank stellen, bis der Belag fertig ist.
Für den Belag: 500 g Porree (geputzt gewogen)	in dünne (ca. 2 mm) Ringe schneiden und auf dem Kuchen verteilen.
200 g Kochschinken	in optisch ansprechende Würfel, Streifen oder Quadrate schneiden. Den Schinken auf dem Porree verteilen. Eventuell ein bisschen damit vermischen.
Für den Guss: 200 g Sahne 4 Eier 3 TL Gemüsebrühepulver ½ TL Salz ½ TL Muskat ¼ TL Pfeffer 20 g Mehl	in den Mixtopf geben und **20 Sekunden/Stufe 3** mischen. Über dem Porree-Schinken-Gemisch verteilen.
200 g Reibkäse	darüber geben und die Porreetorte bei **180°C Ober- und Unterhitze** im nicht vorgeheizten Backofen ca. **60 Minuten** backen. Heiß oder kalt servieren.

Tipp: Sehr lecker mit einer Sauce Hollandaise... Diese Lauchtorte ist für ca. 4-6 Personen ein tolles Hauptgericht – oder in schönen kleinen Stücken (ca. 16 Stück) ein netter „Gruß aus der Küche" als Zwischengang oder Vorspeise.

Wenn Schnelligkeit wichtiger ist als Optik, können Sie den Kochschinken auch im Wundertopf zerkleinern: Schalten Sie den Wundertopf auf Stufe 4. Den Kochschinken rollen Sie nun zu einer großen festen Rolle (die oben durch die Deckelöffnung passt) und geben die Rolle auf das laufende Messer. Sobald die Rolle auf das Messer gefallen ist, stellen Sie den Mixtopf sofort (!) ab, sonst wird der Schinken schnell zu klein.

mit Fisch & Meeresfrüchten

Lachs-Lauch-Muffins (Foto)

300 g Mehl
1 Päckchen Backpulver
220 g Magerquark
1 TL Salz
60 g Milch
80 g Öl .... in den Mixtopf geben und **1 Minute/Knetstufe** zu einem homogenen Teig verarbeiten. Den Teig ausrollen und 18-24 Kreise ausstechen (z.B. Untertassendurchmesser, ca. 12-13 cm).

Die Kreise in ein gefettetes Muffinblech legen und einen Rand hochziehen (deshalb bitte den Durchmesser zuerst überprüfen, bevor Sie alle Muffins ausgestochen haben und es dann doch zu viel oder zu wenig ist...!). Für die

Füllung:
300 g Lauch oder Frühlingszwiebeln, Stange halbiert, dann in dünnen Ringen
40 g Butter .... in den Mixtopf geben und **4 Minuten/Dampfgaren/Linkslauf/ Rührstufe** andünsten und umfüllen.

200 g Frischkäse
100 g Milch
1 TL Salz
⅛ TL Pfeffer
2 Eier
2 EL 8-Kräuter-Mischung............. dazu geben und **20 Sekunden/ Stufe 2-3** vermischen. Die angedünsteten Lauchringe sowie **die Hälfte** von

150 g Räucherlachs, in Streifen ...... unter die Masse heben. Nun die Masse auf die Muffinformen verteilen und den restlichen Räucherlachs dekorativ oben auf den Muffins verteilen.

Die so vorbereiteten Muffins (die Sie übrigens auch prima so vorbereitet ca. 12 Stunden lang im Kühlschrank lagern können!) im vorgeheizten Backofen bei **180°C Ober- und Unterhitze** ca. **20-25 Minuten** (bei gekühlten Muffins auch ca. **30 Minuten**) goldgelb backen.

Die fertigen Muffins ca. **5 Minuten** in der Form ruhen lassen, anschließend aus der Form nehmen und mit

Dill .... garniert servieren.

Tipp: Sieht besonders schön aus, wenn Sie die fertigen Muffins mit Dill oder hauchdünnen (rohen) Lauchringen garnieren.

Prima Fingerfood auf einem Buffet oder für eine Party!

Die Teigmenge ergibt 18-24 Muffins. Wenn Sie keine 2 Muffin-Bleche haben, können Sie auch eine Kinder-Springform mit dem Rest füllen (allerdings braucht so eine „große Form" auch etwas mehr Backzeit!)

Herzhaftes Backen

Grundrezepte zum Abwandeln & vegetarisch!

Lecker vegetarisch!

Pan-Pizza mit Oliven (Foto, für ein Blech dicken Teig)

200 g Gouda, mittelalt, in Stücken	in den Mixtopf geben und 5 Sekunden/Stufe 5 zerkleinern und umfüllen.
250 g Milch 1 Ei 1 Würfel Hefe	2 Minuten/37°C/Stufe 2 erwärmen
500 g Mehl 1 TL Salz	zufügen und kurz auf Stufe 3 vermischen, anschließend 1 ½ Minuten/ Knetstufe zu einem Teig verkneten. Aus dem Teig 4 dicke Fladen formen, in eine mit Backpapier ausgelegte Fettpfanne geben und in die Fladen jeweils mit den Fingerkuppen kleine Vertiefungen eindrücken.
1 Knoblauchzehen 1 Zwiebel, in Stücken	in den Mixtopf geben und 8 Sekunden/Stufe 5 zerkleinern.
20 schwarze Oliven 30 g Olivenöl 1 TL Oregano (getrocknet) 400 g geschälte Tomaten, Konserve (inklusive Saft) 10 g Weichweizengrieß	zufügen, auf Stufe 3-4 miteinander vermischen. Die Fladen mit der Tomatenmischung bestreichen und den geriebenen Käse darüber verteilen.
30 g Olivenöl	über den Käse geben, 15 Minuten bei 50°C im Ofen gehen lassen, dann auf 200°C stellen und 25-30 Minuten backen. Warm servieren.

Tipp: Der Teig ist schön tuffig, mit richtig viel Käse. Lecker zu einem Glas Wein!

Ballaststoff-Vollkornpizza (für ein Blech eher dickeren Pizzateig)

350 g Weizen	in den Mixtopf geben und **1 Minute/Stufe 10** mahlen.
220 g warmes Wasser 30 g Öl 30 g Weizenkleie 1 Würfel Hefe 1 ¼ TL Salz 1 TL Zucker	dazu geben und **3 Minuten/Knetstufe** zu einem geschmeidigen Teig verkneten. Den Teig **1 Stunde** abgedeckt aufgehen lassen. Vor dem Ausrollen noch einmal durchkneten (evtl. noch Mehl zufügen) und auf Backblechgröße ausrollen. Den Teig nach Belieben belegen und **20 - 30 Minuten** bei **50°C** im vorgeheizten Backofen aufgehen lassen. Anschließend die Pizza – je nach Belag – etwa **20-30 Minuten bei 250°C Ober- und Unterhitze** fertig backen.

Tipp: Die Pizza ist „bissiger" als die weiße Pizza ohne Vollkorn. Aber dafür gibt sie auch viel mehr an guten Inhaltsstoffen und hält lange satt!

Pizzateig (glutenfrei, für 3/4 - 1 Blech)

60 g Hirse oder Amaranth
60 g Maisgrieß
120 g Milchreis .... in den Mixtopf geben und **2 Minuten/Stufe 10** mehlfein mahlen.

½ TL Backpulver
1 TL Salz
1 TL getrocknete Pizza-Kräuter
100 g Kartoffeln, roh .... dazu geben und **20 Sekunden/Stufe 8** zerkleinern.

60 g Butter oder Margarine .... hinzufügen und **30 Sekunden/Stufe 4-5** vermischen. Wenn der Teig noch zu krümelig ist, bitte

esslöffelweise Milch (ca. 3 EL) .... zugeben und weiter auf **Stufe 4-5** vermischen, bis ein geschmeidiger Teig entsteht.

Den Teig auf einem gefetteten oder mit Backpapier ausgelegten Backblech ausrollen.

Den Teig nach Belieben glutenfrei belegen (am besten nicht zu dick – sonst wird der Belag nicht gar und der Teig ist schon fertig!, anschließend Käse drüber. Dann die Pizza bei **220°C Ober- und Unterhitze** ca. **15-20 Minuten** backen.

Tipp: Diese Menge ergibt ein (kleines) Backblech Pizza mit sehr dünnem, knusprigen Boden. Die Pizza ist wirklich sehr sehr knusprig und sollte am besten sofort nach dem Backen frisch serviert werden.

Original-Pizzateig für den Vorrat für 2-3 Bleche ganz dünne krosse Pizza

500 g Mehl
250 g Wasser
25 g Öl
1 ½ TL Salz
1 TL Zucker
5 g frische Hefe .... in den Mixtopf geben und in den Mixtopf geben **3 Minuten/Knetstufe** zu einem Teig verkneten, der sich gut aus dem Mixtopf löst. In eine ca. 3-Liter fassende Schüssel mit Deckel umfüllen und ca. **2 Stunden** bei Raumtemperatur aufgehen lassen.

Anschließend für mindestens **3 Tage** in den Kühlschrank und Geduld bewahren...

Am Backtag den Pizzateig aus dem Kühlschrank nehmen und wieder Raumtemperatur annehmen lassen. Den Backofen auf das Maximum aufheizen **(250-300°C Ober- und Unterhitze!)** Noch einmal durchkneten und mit Mehl bestäubt möglichst dünn ausrollen. Mit würziger

Tomatensauce .... bestreichen (wenn Sie viele Zutaten darauf legen, die viel Flüssigkeit abgeben, sollten Sie

etwas Grieß .... auf die Tomatensauce streuen (pro Backblech ca. 1 ½ EL, danach nach Geschmack mit

Pizzabelag .... belegen und mit

mind. 300 g Käse für diese Teigmenge .... bestreuen. Die Pizza auf der untersten Backofen-Einschubleiste ca. **15-20 Minuten** möglichst heiß, d.h. bei **250°C Heißluft** kross backen.

Tipp: Da das „für den Vorrat" etwas täuschen könnte, möchte ich noch folgenden Tipp geben: Am schnellsten ist die Pizza mit dem „Hausmacher-Pizzateig" – und das Ergebnis ist sehr sehr lecker. Wenn Sie aber auf „Original-dünne-italienische-krosse-Pizza" mit rustikalem Sauerteiggeschmack stehen, dann dürfte dieses Rezept Ihr Renner sein. Der Teig hält sich auch gut und gerne abgedeckt 10 Tage im Kühlschrank. Das erneute Kneten am Backtag macht aber genau so viel Arbeit wie die Zubereitung eines „schnellen Pizzateigs" (sprich den Hausmacher Pizzateig.

Hausmacher-Pizza (für 1 Blech eher dickeren Teig)

200 g Käse, in Stücken, z.B. Gouda, Emmentaler, Edamer (oder am besten eine Mischung daraus, in Stücken)......... in den Mixtopf geben und **5 Sekunden/Stufe 6** zerkleinern und umfüllen. Sie brauchen den Mixtopf nicht ausspülen.

370 g Mehl, Typ 405
200 g warmes Wasser
1 ganzer Würfel Hefe
1 TL Salz
1 Msp. Zucker
20 g Olivenöl .... in den Mixtopf geben und **1 ½ Minuten/Knetstufe** zu einem Teig verkneten. Eventuell noch etwas Mehl zugeben. Der Teig muss sich ganz leicht aus dem Mixtopf lösen! Den Teig ausrollen (einfacher ist es, mehrere runde Pizzen auszurollen, als den gesamten Teig an ein großes Blech „anzupassen") und nach Wunsch weiter belegen mit

Tomatensauce........................... und was man sonst noch so möchte...

Die fertig belegte Pizza mit dem geriebenen Käse bestreuen. Die fertige Pizza in den Ofen schieben und **15 Minuten** bei **50°C** im Ofen aufgehen lassen, anschließend auf **230°C Heißluft** hochstellen und in ca. **20-25 Minuten** fertig backen.

Tipp: Früher dachten mein Mann und ich immer, nur Italiener könnten Pizza backen. Diese Pizza gibt es bei uns gut und gerne ein Mal in der Woche. Und jedesmal sagt mein Mann wieder, dass er mich allein für diese Pizza wieder heiraten würde...

Herzhafte Käse-Schichtpastete

Eine Kastenform mit Backpapier oder Frischhaltefolie auslegen.

4 ½ Scheiben längliches Schwarzbrot / Pumpernickel (à jeweils ca. 60 g) .... mit

ca. 100 g Butter .... großzügig bestreichen. 3 Scheiben beiseite legen. Die übrigen 1 ½ Scheiben Pumpernickel mit den schönsten und zartesten Blättern von

ca. 20 zarten Kerbelblättchen ...... belegen (es soll eine „hübsche Kräutertapete" ergeben!) und diese Schicht leicht mit

Paprika edelsüß......................... bestäuben (damit es richtig dekorativ aussieht). Diese 1 ½ Scheiben mit der Kräuterseite nach unten (!) in die Kastenform legen. Nun für die

Käsecrème:
1 Beet Kresse (nur die Blätter) ... sowie

½ Bund Petersilie...................... in den Mixtopf geben und **6 Sekunden/Stufe 6** zerkleinern.

500 g Frischkäse, natur
2 TL körniger Senf
¼ TL Pfeffer .... dazu geben und **30 Sekunden/Stufe 3-4** vermischen. Die Hälfte der Crème auf der der Schwarzbrotschicht verteilen. Zwei der

4 Scheiben Gouda oder Butterkäse .... darauf legen. Nun wieder 1 ½ Scheiben gebuttertes Schwarzbrot (mit der Butterseite zum Käse). Den Schicht-Vorgang wiederholen mit der restlichen Crème und den restlichen Käsescheiben. Die oberste Schicht ist eine Schwarzbrot-Schicht. Die Käse-Schichtpastete **2 Stunden** kühl stellen, dann aus der Form auf eine Platte stürzen, damit die „Kräutertapete" oben sichtbar ist und vorsichtig das Backpapier ablösen. Jetzt in gut 20 Scheiben schneiden.

Tipp: Sehr dekorativ! Toll für eine „andere Käseplatte" oder als Snack für eine feucht-fröhliche Runde. Lecker auch als „sattmachende Beigabe" zu einem Salat-Hauptgericht.

Die Käse-Schichtpastete lässt sich hervorragend vorbereiten! Wenn Sie sie schon am Vorabend fest verschlossen in den Kühlschrank stellen, können Sie sie außerdem am nächsten Tag besser schneiden!

Dinkel-Pizzateig (für 2 Bleche Pizza - mittlere Dicke)

300 g Milch
1 Ei (Größe M)
1 Würfel Hefe
1 TL Zucker
1 ½ TL Salz
30 g Olivenöl .... in den Mixtopf geben und **3 Minuten/37°C/Stufe 2-3** erwärmen.

600 g Dinkelmehl, Typ 630 .... zugeben und **10 Sekunden/Stufe 3** mischen, anschließend **2 Minuten/Knetstufe** zu einem geschmeidigen Teig verarbeiten. Der Teig reicht für **2 Bleche Pizza** aus, muss nur noch belegt werden und sollte dann für ca. **25 Minuten** in den heißen Ofen bei **240°C Heißluft** gebacken werden. Eventuell die beiden Bleche (die möglichst weit voneinander entfernt positioniert sein sollten!) einmal tauschen.

Tipp: Sehr lecker! Und noch wertiger als mit Weizenmehl Typ 405, obschon Dinkelmehl Typ 630 nahezu die gleichen Backeigenschaften hat. Denn die Typ-Bezeichnung gibt an, wie viel Milligramm Mineralstoffe das Mehl auf 1 kg enthält. Wenn Sie pro Backvorgang lediglich ein Blech Pizza brauchen, können Sie den Teig auch gut verschlossen in einer Kunststoffschüssel im Kühlschrank bis zu einer Woche lagern. Bei Pizzateig ist es nämlich so: er bekommt mit zunehmender Lagerung einen leicht säuerlichen Geschmack – und das macht ihn für viele Pizza-Kenner noch besser!

Gemüsestrudel (Foto)

150 g Käse, z.B. Bergkäse, Gouda mittelalt	in den Mixtopf geben und **4 x Turbotaste** zerkleinern und umfüllen.
370 g Mehl 1 Ei 40 g Öl 120 g lauwarmes Wasser 10 g Essig ½ TL Salz	in den Mixtopf geben und **4 Minuten/Knetstufe** zu einem geschmeidigen Teig verarbeiten, kurz auf der Arbeitsfläche durchkneten und zu einer Kugel formen. Die Kugel in Frischhaltefolie an einem warmen Ort **20 Minuten** ruhen lassen. In der Zwischenzeit
80 g Butter	in den Mixtopf geben und **2 Minuten/70°C/Stufe 2-3** schmelzen und umfüllen. Nun die Füllung vorbereiten. Dafür
½ Bund Basilikum, abgezupft ½ Bund Petersilie, abgezupft 1 Knoblauchzehe	in den Mixtopf geben und **2 x 3 Sekunden/Stufe 6** zerkleinern. Zwischendurch herunter schieben.
200 g Karotten, in Stücken	in den Mixtopf geben und **4 Sekunden/Stufe 4** zerkleinern.
1 rote Paprika, in Stücken 1 grüne Paprika, in Stücken 1 TL Brühepulver ½ TL Pfeffer	dazu geben und **4-5 Sekunden/Stufe 4-5** mit Hilfe des Spatels zerkleinern.
50 g Butter	hinzufügen.
	Anschließend **8 Minuten/Dampfgaren/Linkslauf/ Stufe 1-2** ohne eingesetzten Deckel andünsten. Im Topf auskühlen lassen, bis der Teig ausgerollt ist.
Mehl	Zum Ausrollen des Teigs ein sauberes Küchentuch (ca. 70 x 100 cm) mit bestäuben. Die Teigmasse darauf ausrollen (er darf dabei nicht am Tuch festkleben). Den Teig dünn mit Butter bepinseln.
	Jetzt bemehlt man seine Handrücken, nimmt den Teig hoch und zieht ihn auseinander. Zwischendurch immer wieder ausrollen. Zum Auseinanderziehen die Handrücken immer am Rand des Teiges ansetzen. Durch das Eigengewicht des Teiges zieht er sich immer weiter in die Länge. Falls ein Loch in den Teig reißt, legt man ihn auf das Tuch zurück (auch wenn kleine Löcher mit der Hand zusammengedrückt werden können). Der Teig sollte so dünn ausgezogen werden, bis man am Schluss „eine Zeitung durch den Teig lesen könnte".
	Den ausgerollten Teig nun in der Mitte durchschneiden. Aus dem Teig werden zwei Strudel geformt.
	In die leicht abgekühlte Füllung im Mixtopf den geriebenen Käse sowie
60 g Weichweizengrieß 1 Ei	hinein geben und auf **10 Sekunden/Linkslauf/Stufe 2** mit Hilfe des Spatels vermengen.
	Die Füllung (bis auf einen gut 5 cm großen Rand) auf den beiden Rechtecken verteilen und von der kurzen Seite her aufrollen. Beide Strudel auf einem mit Backpapier ausgelegten Backblech auslegen.
	Die fertig gerollten Studel mit der restlichen Butter bestreichen und im vorgeheizten Backofen bei **210-220°C Ober- und Unterhitze** in ca. **25-30 Minuten** goldbraun backen.

Tipp: Eine tolle vegetarische Vorspeise für ca. 12 Personen. Reichen Sie dazu z.B. eine selbstgemachte Hollandaise. Wenn Sie gerne Fleisch dazu geben möchten, können Sie die Füllung mit 200 g Kochschinkenwürfeln anreichern.

AI-Menü **Karotten-Pizza mit Vollkorn** (eifrei)

200 g Käse, z.B. Gouda, mittelalt, Emmentaler, Edamer, Bergkäse, in Stücken ...... in den Mixtopf geben und **6 Sekunden/Stufe 6** zerkleinern. Dann umfüllen. Den Mixtopf bitte gründlich säubern und abtrocknen, anschließend leer **10 Sekunden/Stufe 10** einschalten, damit die Restfeuchte vom Messer abgeschleudert wird und noch einmal trocken nachwischen.

100 g Dinkel ...... in den Mixtopf geben und **1 Minute/Stufe 10** fein mahlen.

250 g Mehl
1 Würfel Hefe
1 TL Salz
210 g Wasser ...... dazu geben und **1 ½ Minuten/Knetstufe** zu einem geschmeidigen Teig verkneten. Den Teig auf einem mit Backpapier ausgelegten Backblech ausrollen und an einem geschützten Ort ruhen lassen, bis der Belag fertig ist.

(falls Sie keinen fertigen Reibkäse verwenden:)
200 g Gouda, in Stücken ...... in den trockenen (nicht zwangsläufig ausgespülten) Mixtopf geben und **8 Sekunden/Stufe 5** zerkleinern und umfüllen.

Für den

Belag:

1 Knoblauchzehe
1 Zwiebel, geviertelt
1 Chilischote, ohne Kerne
½ Bund Basilikum, abgezupft ...... in den Mixtopf geben und **5 Sekunden/Stufe 6** zerkleinern.

30 g Olivenöl (oder Öl von den eingelegten getrockneten Tomaten) ...... dazu geben und **3 Minuten/Dampfgaren/Stufe 1** andünsten.

1 rote Paprikaschote, in Stücken
400 g Möhren, in Stücken
10 getrocknete Tomaten in Öl, abgetropft (ca. 80 g)
15 Oliven, entsteint
70 g Tomatenmark
2 TL Gemüsebrühenpulver
⅛ TL Pfeffer
2 TL flüssigen Honig ...... dazu geben und mit Hilfe des Spatels **6 Sekunden/Stufe 4-5** nicht zu klein zerkleinern.

Den Belag auf dem Teig verteilen, anschließend mit dem Reibkäse bestreuen.

Die Karottenpizza bei Zimmertemperatur **20 Minuten** aufgehen lassen, anschließend im vorgeheizten Backofen bei **200°C Ober- und Unterhitze** in ca. **20 Minuten** goldbraun backen.

Tipp: Superlecker! Die richtige Mischung aus Gemüse, Schärfe, Würze und Pep. Schmeckt übrigens auch prima, wenn Sie anstelle von 200 g Reibkäse nur 100 g Reibkäse und 100 g Schafskäse-Würfel verwenden. Alle Testesser waren ganz begeistert vom Resultat! Fleischfans können unter den Belag noch 75 g Schinkenwürfel geben (dann aber bitte nur 1 ½ TL Gemüsebrühenpulver verwenden). So schmeckt gesundes Gemüse so richtig lecker!

Dies ist übrigens eine Variante von Gemüsekuchen, die ganz ohne Ei auskommt. Und das ist häufiger mal ein K.O.-Kriterium für einige Gemüsekuchen. Ich kenne so einige, die nicht auf „gestocktes Ei" in herzhaftem Gebäck oder in Aufläufen stehen...

Brotschnecken-Blech (low fat)

200 g Dinkel .... in den Mixtopf geben und **20 Sekunden/Stufe 10** schroten.

1 Würfel Hefe
400 g lauwarmes Wasser
1 EL Salz
1 TL Zucker .... dazu geben und **2 Minuten/37°C/Stufe 2** auflösen.

450 g Mehl .... hinzufügen und **3 Minuten/Knetstufe** zu einem geschmeidigen Teig verarbeiten. Den Teig auf die Arbeitsfläche geben und mit einem Küchentuch abgedeckt ruhen lassen, bis die Füllung fertig ist.

Für die

Füllung:

1 Knoblauchzehe
1 Hand voll gemischte Kräuter
(Basilikum, Rosmarin, Petersilie) .... in den Mixtopf geben und **4 Sekunden/Stufe 6** zerkleinern.

150 g Käse, in Stücken
150 g Kartoffeln, in Stücken
20 g Hartweizengrieß
¼ TL Muskat
½ TL Salz
⅛ TL Pfeffer
10 g Öl
70 g Tomatenmark .... dazu geben und **5-15 Sekunden/Stufe 4-5** mit Hilfe des Spatels etwa auf Reibeplätzchengröße zerkleinern.

Nun den Teig noch einmal mit den Händen durchkneten und auf einer leicht bemehlten Arbeitsfläche auf Backblechgröße ausrollen. Die Füllung nun mit Hilfe eines Tortenhebers gleichmäßig auf dem Teig verteilen. Anschließend Streifen von 2 – 2 ½ cm Breite schneiden und die Streifen zu Schnecken aufrollen. Die Schnecken mit „der schönen Seite nach oben" gleichmäßig auf einem mit Backpapier ausgelegten Backblech verteilen (denn sie werden sich näher kommen...) und

15-20 Minuten bei **50°C Ober- und Unterhitze** aufgehen lassen.

Anschließend bei **220°C Ober- und Unterhitze 20-25 Minuten** goldbraun backen.

Tipp: Genießen Sie die Schnecken mit einem Quark- oder Frischkäse-Dip oder einfach solo möglichst noch warm! Prima auch als Fingerfood

Himmel- und Erde-Waffeln (low fat)

1 Zwiebel, geviertelt .... in den Mixtopf geben und **6 Sekunden/Stufe 6** zerkleinern.

20 g Öl .... zugeben und **3 Minuten/Dampfgaren/Stufe 1** andünsten.

350 g Äpfel, geviertelt
750 g Kartoffeln, in Stücken
50 g Stärkemehl, z.B. Mondamin
1 gestr. EL Salz
½ TL Muskat
½ TL Pfeffer
1 EL Zitronensaft....................... hinzufügen und **5 Sekunden/Stufe 5** zerkleinern, anschließend **5 Sekunden/Linkslauf/Stufe 4** mischen und noch einmal **5 Sekunden/Stufe 5** zerkleinern.

Den so hergestellten Teig im gut vorgeheizten Waffeleisen bei mittlerer Hitze zu goldbraunen Waffeln backen.

Tipp: Sie können den Teig auch in der Pfanne backen (das ist für ungeduldige Hungrige eine etwas schnellere Alternative. Himmel und Erde heißt es übrigens hier im Münsterland sehr gerne, weil die Äpfel „im Himmel" wachsen und die Kartoffeln in der Erde. Sehr lecker mit zusätzlichem Apfelmus. Wenn mein Mann weg ist, mache ich mit den Kindern mit so einem herzhaften Waffel-Schmaus gerne mal ein Waffel-Abendessen-Event.

Herzhafte Fernseh-Brötchen (eifrei)

2 Zwiebeln, geviertelt	in den Mixtopf geben und **5 Sekunden/Stufe 5** zerkleinern.
10 g Butter 1 Brühwürfel (für 0,5 l Flüssigkeit).....	zugeben und **3 Minuten/Dampfgaren/Stufe 1** andünsten.
150 g rote Paprika, in Stücken 150 g Zucchini, ohne Kerne, in Stücken 100 g Bergkäse, in Stücken 100 g Räucherkäse ½ TL Pfeffer 20 g Pinienkerne 20 g Grieß	dazu geben und **5 Sekunden/Stufe 5** zerkleinern, die Masse mit dem Spatel noch einmal zurück auf das Messer schieben und noch einmal **5 Sekunden/Stufe 4-5** zerkleinern.
	Die Masse auf die Schnittfläche von
4-6 Brötchen.............................	halbiert, verteilen. Die Brötchenhälften auf ein mit Backpapier ausgelegtes Backblech geben und bei **Oberhitze** im vorgeheizten Backofen bei **200°C** ca. **10-15 Minuten** aufbacken und gratinieren.

Tipp: Schnell, lecker, herzhaft. Wer mag, kann noch 200 g gewürfelten Kochschinken zur Masse geben. Eine schnelle warme Mahlzeit, die auch prima für spontane Gäste zubereitet werden kann.

Prima Finger-Food! - Oder besser „Hand-Food" - nämlich Essen, das man aus der Hand essen kann (im einfachsten Fall mit einer Serviette, ganz ohne Teller.)

AI-Menü **Wirsingbraten in Blätterteig** (Foto)

250-300 g Blätterteig .... nach Packungsanweisung auftauen lassen, nicht kneten!

300 g Wirsing, in Stücken .... in den Mixtopf geben und **4 Sekunden/Stufe 4** grob aber mundgerecht zerkleinern. Wenn einige Stücke noch zu groß sind, bitte entweder vorsichtig noch einmal **1 Sekunde/Stufe 4** im Mixtopf zerkleinern oder aber mit der Hand weiter zerkleinern. Den Wirsing im Dampfgaraufsatz verteilen und auf genügend Dampflöcher achten.

250 g Champignons .... putzen und in mundgerechte Scheiben schneiden. Die Scheiben im Einlegeboden des Dampfgaraufsatzes verteilen.

1000 g Wasser
2 Brühwürfel (für je 0,5 l Flüssigkeit) .. in den Mixtopf geben. Den Garkorb einsetzen und

150 g Basmatireis .... in den Garkorb einwiegen. Alles zusammen setzen und **25 Minuten/Dampfgaren/Stufe 1** garen.

Nach Ende der Garzeit alles beiseite stellen. Den Mixtopf leeren (den Garsud brauchen Sie nicht mehr, können ihn aber für Suppen oder Saucen weiter verwenden.)

Für die

Füllung:
2 Zwiebeln, geviertelt
20 g Butter
6 Stiele Dill, abgezupft (oder ½ TL getrocknet) .... in den Mixtopf geben und **5 Sekunden/Stufe 6** zerkleinern. Anschließend **3 Minuten/Dampfgaren/Stufe 1** andünsten.

3 Eier
1 Eiweiß
50 g Hartweizengrieß
2 TL Salz
½ TL Muskat
½ TL Pfeffer .... hinzufügen und **30 Sekunden/Stufe 4** vermischen. Den Reis dazu geben und noch einmal **30 Sekunden/Linkslauf/Stufe 4** vermischen. Den Wirsing sowie die Champignons gründlich mit dem Spatel untermischen.

Nun den aufgetauten Blätterteig an den Kanten übereinander legen und auf einer leicht bemehlten Arbeitsfläche auf eine Größe von ca. 50 x 50 cm ausrollen.

Jetzt die Füllung in der Mitte auf dem ausgerollten Blätterteig verteilen, dabei die Enden aussparen und an den Endseiten einklappen. Nun zu einer Rolle aufrollen. Die Rolle auf ein mit Backpapier ausgelegtes Backblech setzen.

Nun die Rolle bestreichen. Hierfür

1 Eigelb
1 EL Milch
½ TL Kräutersalz
¼ TL Muskat
⅛ TL Pfeffer .... in einem kleinen Schüsselchen vermischen und die Blätterteigrolle damit einpinseln. Oben auf der „Gipfelseite“ mit einem Schaschlikspieß oder einer Messerspitze ein paar Dampflöcher in die Rolle stechen.

Die Rolle im vorgeheizten Backofen bei **175°C Umluft** oder **200°C Ober- und Unterhitze** in ca. **40-50 Minuten** goldbraun backen.

Tipp: Ein leckeres Hauptgericht für ca. 4 Personen. Reichen Sie eventuell einen einfachen Salat dazu. Sie können die Rolle auch als Vorspeise für 8-10 Personen einplanen. Aufwändig aber lecker!

Wenn Sie übrigens vom Blätterteig noch Reste haben, können Sie dekorative Formen ausstechen und diese oben auf die Rolle legen. So wird der Wirsingbraten in Blätterteig noch attraktiver.

Filo-Käsesticks

2 Packungen Filo-Teig oder Teig für Frühlingsrollen (ca. 23 x 23 cm groß)	nach Packungsanweisung auftauen lassen.
1 Knoblauchzehe 50 g Parmesankäse	in den Mixtopf geben und **6 Sekunden/Stufe 6** zerkleinern.
1 große Zwiebel, geviertelt ½ Bund Petersilie, vom Stiel abgezupft ½ Bund Basilikum, vom Stiel abgezupft 3 Zweige Thymian, abgezupft 3 Zweige Oregano, abgezupft	in den Mixtopf geben und **6 Sekunden/Stufe 6** zerkleinern.
200 g Gouda, Scheiben oder gerieben 250 g Mozzarella, in Stücken 500 g Magerquark 200 g Schafskäse, in Stücken 2 Eier 2 Eiweiß 2 TL gekörnte Brühe 40 g Weichweizengrieß ⅛ TL Pfeffer, schwarz ⅛ TL Chili-Flocken	dazu geben und alles **1 Minute/Stufe 4** mit Hilfe des Spatels vermischen.
	Jeweils 1 Blatt Filo-Teig diagonal durchschneiden. Das daraus entstehende Dreieck mit
Wasser	einpinseln. Nun auf die lange Seite des Dreiecks (die Hypotenuse, ich Streber - das fällt mir gerade wieder vom Matheunterricht ein...) ziemlich am Rand etwa in Bleistift-Dicke Füllung auf den Filo-Teig geben (das geht besonders gut mit einem großen (Einweg-)Spritzbeutel). Nun den „Bleistift" in den Rest vom Dreieck einrollen. Es sollen jede Menge lange dünne Rollen entstehen. Die Rollen auf mehreren mit Backpapier ausgelegten Backblechen (es werden ca. 6-8 Backbleche voll - daher ruhig immer sofort bepinseln und backen, wenn die Rollen fertig sind!) verteilen. Die Rollen einpinseln. Hierfür
2 Eigelb 70 g Sahne 1 TL Salz ¼ TL Pfeffer 50 g Öl	miteinander vermischen. Die Rollen damit einpinseln. Anschließend die Rollen im vorgeheizten Backofen bei **185°C Umluft** ca. **15 Minuten** goldbraun backen. Heiß servieren oder auf einem Kuchenrost erkalten lassen.

Tipp: Prima Fingerfood - oder als Beilage zu einem Salat klasse. Teig für Frühlingsrollen gibt es übrigens im Asia-Laden meist als TK-Ware. Filo-Teig finden Sie ansonsten in Türkischen Geschäften. Je dünner, desto besser...! Je länger die Rollen sind, desto außergewöhnlicher und hübscher. Frisch aus dem Ofen einfach nur hammerlecker! Allerdings wurde mir mehr als bestätigt, dass sie auch kalt ganz wunderbar sind!

AI-Menü **Kartoffelpizza mit Mais und Paprika** (glutenfrei)

250 g Emmentaler, in Stücken
100 g Brokkoli oder Zucchini o. Kerne
100 g Möhren, in Stücken
400 g Kartoffeln, in Stücken .... in den Mixtopf geben und **10-15 Sekunden/Stufe 5** mit Hilfe des Spatels auf Rohkostgröße zerkleinern.

250 g Milch
1 TL Pfeffer
2 TL Kräutersalz
¼ TL Muskat
¼ TL Pizzagewürz
1 TL Salz
60 g Kartoffelstärke
4 Eier .... zugeben und **20 Sekunden/Linkslauf/Stufe 4** mit Hilfe des Spatels mischen. Die Masse auf ein mit Backpapier ausgelegtes Backblech gießen und im vorgeheizten Backofen bei **200°C Heißluft** ca. **30 Minuten** backen. Die Pizza mit

200 g Tomatensauce f. Pizza .... bestreichen (das geht besonders gut mit einem Tortenheber). Dann mit

150 g Mais, gut abgetropft
1 Paprika, rot, mundgerecht
1 Paprika, grün, mundgerecht
2 Kugeln Mozzarella, in Scheiben..... belegen und noch einmal **10-15 Minuten** zu Ende garen. Heiß in Stücke schneiden und mit

frischem Basilikum .... servieren.

Tipp: Schmeckt gut und Sie brauchen nichts ausrollen! Jede Menge Gemüse „gut versteckt"... - Natürlich können Sie auch einen anderen Belag wählen – Sie sollten aber aufpassen, dass er nicht viel Flüssigkeit abgibt, sonst pappt es durch (z.B. bei Champignons, frischen Tomaten) – dann unbedingt 1 – 2 EL Grieß (enthält Gluten!) auf dem fertigen Teig verteilen.

Herzhafter Schnittlauchkuchen

100 g Parmesankäse, in Stücken .... in den Mixtopf geben und **8 Sekunden/Stufe 10** zerkleinern und umfüllen. (Es ist nicht notwendig, den Mixtopf auszuspülen.)

370 g Mehl
1 Würfel Hefe
1 TL Salz
200 g Wasser............................ in den Mixtopf geben und **1 ½ Minuten/Knetstufe** zu einem geschmeidigen Teig verkneten. Den Teig ausrollen und auf einem mit Backpapier ausgelegten Backblech auslegen. Anschließend an einem geschützten Ort ruhen lassen, bis der Belag fertig ist.

Für den Belag:

300 g saure Sahne
200 g Schmand
25 g Weichweizengrieß
1 ½ TL Salz
½ TL Muskatnuss...................... in den Mixtopf geben und **30 Sekunden/Stufe 3** vermischen.

3 Bund Schnittlauch .... in 0,2 cm dünne Röllchen schneiden, dazu geben und **15 Sekunden/Linkslauf/Stufe 2-3** vermischen.

Den Belag gleichmäßig auf dem Teig verteilen. Nun mit dem zur Seite gestellten Parmesankäse bestreuen.

Den Schnittlauchkuchen ca. **10 Minuten** bei Zimmertemperatur aufgehen lassen. Währenddessen den Backofen auf **220°C Ober- und Unterhitze** vorheizen. Anschließend ca. **15-20 Minuten** auf der untersten Schiene goldbraun backen. Sofort heiß und frisch aus dem Ofen servieren.

Tipp: Schmeckt prima mit einem grünen Salat. Wenn Sie's lieber fleischig mögen, können Sie die Hälfte des Parmesankäses durch 80 g Schinkenwürfel oder Schinkenspeck mit in den Belag geben (zusammen mit den Schnittlauchröllchen zugeben).

Antipasti-Quiche [sprich: Antipasti-„Kiehsch"]

200 g Mehl
1 TL Salz
1 Ei (Größe M)
100 g kalte Butter, in Stücken .... in den Mixtopf geben und **30 Sekunden/Stufe 4-5** zu Krümeln verarbeiten. Nun das Messer auf **Stufe 4-5** stellen und durch die Deckelöffnung esslöffelweise

2-3 Esslöffel eiskaltes Wasser ...... zum Teig geben, bis aus den Krümeln ein gerade so geschmeidiger Teig geworden ist, der sich gut ausrollen lässt.

Den Teig nun auf einer bemehlten Arbeitsfläche ausrollen in eine gefettete Quiche-Form geben und einen 4 cm hohen Rand hoch ziehen.

Den Teigboden mit einer Gabel mehrmals einstechen, dann ein Backpapier darauf legen dieses mit

Hülsenfrüchten zum Blindbacken . füllen. Nun in den Kühlschrank stellen, bis die Füllung vorbereitet ist.

Den Ofen schon auf **230°C Heißluft** vorheizen. Für die

Füllung:

2 Knoblauchzehen .... in den Mixtopf geben und **3 Sekunden/Stufe 6** zerkleinern.

50 g Olivenöl .... zugeben und **20 Sekunden/Stufe 4** vermischen.

500 g Paprika (ca. 800 g ungeputzt)
1 Zucchini (ca. 150 g geputzt gewogen, ca. 200 g ungeputzt) .... putzen und entkernen, dabei die Paprika-Stücke so groß wie möglich lassen (sie werden später noch gehäutet). Die Zucchini in mundgerechte Stücke schneiden, große - d.h. deutlich sichtbare - Kerne unbedingt entfernen! Die Paprika und die Zucchini mit dem Knoblauch-Öl vermischen oder einpinseln und die Paprika mit der Hautseite nach oben auf einem mit Backpapier ausgelegten Backblech verteilen. Die Zucchini daneben legen.

Das Gemüse-Blech oben im Backofen, den Quiche-Teig zum Vorbacken in der unteren Einschubleiste **15 Minuten** lang bei der Vorheiz-Temperatur von **230°C Heißluft** backen. Am besten legen Sie eine zweite Lage Backpapier über das Backblech mit dem Gemüse, damit Ihnen der Backofen-Innenraum nicht vollgespritzt wird... Die Quiche-Form mit dem vorgebackenen Teig nach den **15 Minuten** aus dem Backofen nehmen.

Wenn die Paprika dunkle Ränder bekommt, blasig wird und angeröstet ist, kann sie herausgenommen werden.

Das Gemüse-Blech (gerne auch noch mit dem Backpapier darüber) mit einem feuchten Tuch oder einem zweiten Backblech abdecken und ca. **20 Minuten** abkühlen. Anschließend die Haut von der Paprika abziehen und die Paprika in dekorative Streifen schneiden. (Macht etwas Arbeit!)

Die Paprikastücke und die gerösteten Zucchini-Scheiben sowie

50 g entsteinte schwarze Oliven .. (evtl. dekorativ zerkleinert) auf dem vorgebackenen Boden verteilen.

200 g Reibkäse .... darüber verteilen.

1 EL-Basilikum-Blätter
2 Zweige Thymian, abgezupft......... in den Mixtopf geben und **3 Sekunden/Stufe 6** zerkleinern.

3 Eier
200 g Sahne
1 gehäufter TL Salz
½ TL Pfeffer, schwarz, gemahlen
¼ TL Muskatnuss, gemahlen.......... in den Mixtopf geben und **20 Sekunden/Stufe 3** vermischen. Den Guss über dem Gemüse verteilen und die Quiche bei **200°C Heißluft** (und 30% Luftfeuchtigkeit, wenn Sie das einstellen können) in ca. **30 Minuten** fertig backen, bis die Eiermasse gestockt ist.

Tipp: Stellen Sie zum Fertigbacken der Quiche bei 200°C ein hitzefestes Schüsselchen mit heißem Wasser in den Backofen. Dadurch wird der Teig schön mürbe und der Belag trocknet nicht so schnell aus.
Die Quiche schmeckt heiß, lauwarm oder kalt ganz prima. Toll also auch für's Picknick oder für ein echt edles Mittagessen im Büro.

Lecker vegetarisch!

Herzhafte Sesamwaffeln (Foto)

150 g Butter, weich, in Stücken
4 Eier
200 g Mehl, Typ 405
1 TL Salz
½ TL Muskatnuss, gemahlen
1 ½ TL Päckchen Backpulver
100 g Sesamsamen
250 g Milch .... in den Mixtopf und **1 Minute/Stufe 4-5** zu einem homogenen Teig verarbeiten.

Den Teig in einem auf mittlerer Hitze eingestellten gut eingefetteten Waffeleisen goldbraun ausbacken.

Tipp: Dazu passt ein leckerer Dip (Rezepte ebenfalls in diesem Buch) und/oder ein Salat. Für 4 Personen haben Sie so ein komplettes Hauptgericht. Ein prima Ersatz zum klassischen „Butterbrot" – und ein Spaß für die ganze Familie, wenn's draußen regnet und Sie die Zeit bis zum Abendessen irgendwie familientauglich füllen möchten…

Die Waffeln schmecken am besten heiß, direkt aus dem Waffeleisen aber auch prima lauwarm (im Zweifel ansonsten wieder aufgebacken im Backofen!) als herzhafter Snack zum Bier oder Wein.

Kartoffel-Dinkel-Waffeln mit Meerrettichquark (Foto)

200 g Dinkel
1 TL Majoran, getrocknet .... in den Mixtopf und **1 Minute/Stufe 10** fein mahlen.

70 g Parmesan, in Stücken .... dazu geben und **10 Sekunden/Stufe 10** fein mahlen. Dinkel und Parmesan umfüllen.

600 g Kartoffeln, roh, in Stücken
2 Zwiebeln (ca. 100 g, geviertelt .... dazu geben und **5 Sekunden/Stufe 4-5** zerkleinern. (Die Kartoffeln und Zwiebeln sollten etwas feiner sein als Teig für Kartoffelpuffer.)

1 Würfel Hefe
100 g Sahne
20 g Öl
2 Eier (Größe M)
2 EL Leinsamen.......................... sowie den Dinkel mit dem Parmesan dazu geben und **2 Minuten/Knetstufe** zu einem Teig verarbeiten.

Den „Vorteig" ca. **15 Minuten** im Mixtopf aufgehen lassen, anschließend

2 (weitere) Eier (Größe M)
1 ½ TL Salz
1 TL Pfeffer............................... hinzufügen und **3 Minuten/Knetstufe** zu einem homogenen Teig verarbeiten.

Den Teig in einem gut gefetteten Waffeleisen (eher auf heiß eingestellt) zu knusprig braunen Waffeln backen. Die fertigen Waffeln auf einem Kuchenrost auskühlen lassen (auf ebenen Flächen werden sie sonst ganz „schwitzig"). Für den Meerrettichquark

40 g Meerrettich, frisch, geschält — in den Mixtopf geben und **10 Sekunden/Stufe 7** fein zerkleinern.

250 g Quark
200 g Schmand
150 g Joghurt, natur
1 1/2 TL Saz .... dazu geben und **30 Sekunden/Stufe 5** vermischen (am besten nicht länger als nötig, sonst riskiert man, dass die Masse wieder flüssig wird.)

Tipp: Sie können die Waffeln auch im Voraus zubereiten und dann (1-2 Stunden später) im Backofen oder im Toaster aufwärmen. Übrigens: diese Waffeln machen Ihre Küche zu einer echten Parmesan-Höhle, wenn die Waffeln im Waffeleisen sind. Allerdings schmecken die Waffeln nicht so streng wie sie riechen...!

Tipp:

Wenn Ihnen das mit dem Drehen der Käsestangen zu viel Arbeit ist, können Sie sie auch „ungedreht" einpinseln und mit Walnüssen bestreuen. Bitte achten Sie trotzdem auf genügend Abstand auf dem Backblech. Gedreht sind sie hübscher – und das Auge isst schließlich mit!!!

Camembert-Stangen (Foto, Reste-Fest: 2 Eigelb)

30 g Walnüsse .... in den Mixtopf geben und **3 Sekunden/Stufe 6** hacken und umfüllen.

150 g Camembert, in Stücken
100 g Butter, weich, in Stücken .... in den Mixtopf geben und **20 Sekunden/Stufe 6** zerkleinern.

1 Eigelb
250 g Mehl
½ TL Salz
¼ TL Pfeffer
¼ TL Muskat
⅛ TL Cayenne-Pfeffer .... dazu geben und **2 ½ Minuten/Knetstufe** zu einem geschmeidigen Teig verarbeiten. Den Teig (falls er sich noch nicht ausrollen lässt) etwas flachgedrückt auf einem tiefen Teller **30 Minuten** kalt stellen.

Nun den Teig knapp 0,4 cm dick etwa auf Backblechgröße ausrollen. Mit einem Teigrad in 1 cm breite und 15 cm lange Stangen schneiden und die Streifen wie eine Locke in sich drehen und auf ein mit Backpapier ausgelegtes Backblech legen. Den Anfang und das Ende auf das Backblech drücken, damit sich die Stange nicht wieder „entdreht".

1 Eigelb
¼ TL Salz
1 Prise Pfeffer
1 Prise Muskat .... in einer Tasse miteinander verrühren. Die Camembert-Stangen damit einpinseln, anschließend mit den gehackten Walnüssen bestreuen und im vorgeheizten Backofen bei **200°C Heißluft** ca. **15 Minuten** goldbraun backen.

Spinat-Muffins (Eiweißgericht)

150 g Gouda, in Stücken	in den Mixtopf geben und **3 x Turbotaste** zerkleinern.
1 Zwiebel, geviertelt	dazu geben und **2 x Turbotaste** zerkleinern.
300 g Blattspinat, aufgetaut und abgetropft 1 Zwiebel, geviertelt 2 Eier 1 TL Salz ¼ TL Pfeffer ½ TL Muskat 1 TL Bindobin (glutenfrei) oder 20 g Grieß (nicht glutenfrei)	dazu geben und **10 Sekunden/Stufe 5** vermischen. Die Masse in gut gefettete Muffinformen geben und im vorgeheizten Backofen bei **160°C Umluft** ca. **25-30 Minuten** garen. Stürzen und heiß servieren.

Tipp: Superlecker als Vorspeise. Reichen Sie z.B. Sauce Hollandaise oder einen Salat dazu. Alle waren sich einig: so wenig Aufwand, so wenig Zutaten und so ein geniales Resultat! Klasse!

Paprika-Lauch-Quiche mit Vollkornteig und Schafskäse

200 g Weizen 1 TL Salz	in den Mixtopf geben und **1 Minute/Stufe 10** fein mahlen.
1 Ei 100 g Butter, kalt, in Stücken	dazu geben und **40 Sekunden/Stufe 4-5** mit Hilfe des Spatels zu einem homogenen Teig verkneten. Den Teig aus dem Mixtopf nehmen und in Frischhaltefolie gewickelt ca. **30 Minuten** lang im Kühlschrank ruhen lassen. Den Teig nach der Ruhezeit rund ausrollen und in eine gefettete Quiche-Form (ca. 30 cm Durchmesser) geben, einige Male mit einer Gabel einstechen. Nun im vorgeheizten Backofen bei **200°C Ober- und Unterhitze** ca. **15 Minuten** vorbacken. In der Zwischenzeit den Belag vorbereiten. Für den

Belag:

2 Paprikaschoten, rot, geviertelt	in den Mixtopf geben und **4 Sekunden/Stufe 4-5** zerkleinern.
30 g Butter 350 g Lauch, in Ringen von 5 mm 1 Brühwürfel (für 0,5 l Flüssigkeit)	dazu geben und **5 Minuten/Dampfgaren/Linkslauf/Stufe 1** andünsten. Den Belag etwas abkühlen lassen. In der Zwischenzeit
250 g Schafskäse	in dicke Würfel schneiden (etwa 1 x 1 cm groß). Anschließend
1 TL Salz ¼ TL Pfeffer ¼ TL Muskatnuss, gerieben 200 g Schmand 30 g Weichweizengrieß 2 Eier (Größe M)	zur Lauch-Mischung geben und **10 Sekunden/Linkslauf/Stufe 2** untermischen. Die Schafskäse-Würfel mit dem Spatel unterheben. Nun den Belag gleichmäßig auf dem vorgebackenen Teig verteilen. Die Quiche im vorgeheizten Backofen ca. **35 Minuten** bei **180°C Heißluft** oder **200°C Ober- und Unterhitze** fertig garen. Die Quiche vor dem Anschneiden etwa **5 Minuten** im ausgeschalteten Backofen ruhen lassen.

Tipp: Die Quiche schmeckt kalt und warm ausgezeichnet. Sie eignet sich auch prima für ein Picknick oder Buffet. Ich persönlich finde sie lauwarm oder heiß zwar am besten - aber über Geschmack darf man ja bekanntlich nicht streiten...

Mit einem Salat ist dies eine Hauptgericht für 4-6 Personen. Als Vorspeise reicht die Menge für 8-10 Personen.

Lecker vegetarisch!

Frühlings-Fladenbrot (Foto)

200 g Gouda, in Stücken	in den Mixtopf geben und **5 Sekunden/Stufe 8** zerkleinern und umfüllen. (Sie brauchen den Mixtopf nicht ausspülen.)
200 g lauwarmes Wasser 30 g Olivenöl 400 g Mehl 1 Würfel Hefe 1 ½ TL Salz 1 TL Honig................................	in den Mixtopf geben und **2 Minuten/Knetstufe** zu einem homogenen Teig verarbeiten. Den Teig ausrollen und auf ein mit Backpapier ausgelegtes Backblech legen.
150 g Kräuterfrischkäse „aufgeschlagen“, z.B. Bresso	darauf verteilen. (Bei weichem Frischkäse geht das besonders gut mit einem Tortenheber). (Während Sie den Belag vorbereiten, kann der Teig schon einmal aufgehen, ansonsten sollten Sie den Frühlingfladen noch **15 Minuten** bei **50°C** im Backofen aufgehen lassen.)
1 Bund Frühlingszwiebeln	putzen und in mundgerechte Ringe schneiden. Auf dem Frischkäse verteilen.
je 1 rote, gelbe + grüne Paprika........	putzen und in mundgerechte Stücke schneiden und auf den Frischkäse und die Frühlingszwiebeln geben.
	Den fertig belegten Fladen mit dem geriebenen Käse bestreuen (den Teig evtl. noch **15 Minuten** bei **50°C** aufgehen lassen, anschließend bei **200°C Ober- und Unterhitze** auf der untersten Einschubleiste in ca. **20-25 Minuten** goldbraun fertig backen.

Tipp: „aufgeschlagener“ Kräuterfrischkäse, wie z.B. Bresso ist wesentlich streichfähiger, als der übliche „Doppelrahm-Kräuterfrischkäse“. Wenn Sie allerdings nur die „harte Variante“ haben, kriegen Sie die in einigen wenigen Umdrehungen in der Microwelle bei „halber Microwellenleistung, d.h. 250-300 Watt“ geschmeidig und streichfähig.

Richtig lecker! Der Frühlingsfladen schmeckt sowohl heiß, lauwarm als auch kalt.

Ein Hauptgericht für 4 Personen, als Snack reicht es für 6-8 Personen aus.

Blätterteigtaschen mit Schafskäse (Foto, Reste-Fest: 1 Eigelb)

450 g Blätterteig (TK) .... gemäß der Packungsanweisung auftauen lassen, übereinander legen und zu einem großen Rechteck ausrollen.

Den so ausgerollten Blätterteig in Rechtecke à ca. 8 x 16 cm schneiden.

Füllung:

2 Knoblauchzehen
100 g Zwiebeln, geviertelt .... in den Mixtopf geben und **4 Sekunden/Stufe 5** zerkleinern.

30 schwarze Oliven, entsteint
300 g Schafskäse, in Stücken
20 g Olivenöl
1 TL Oregano .... dazu geben und **10 Sekunden/Stufe 5** vermischen.

Auf eine Hälfte der Teigplatte jeweils ca. 2 Teelöffel der Füllung geben.

Jeweils einen Teelöffel der Füllung mit genügend Abstand auf der einen Hälfte des Blätterteigs verteilen. Die Zwischenräume mit

1 Eigelb, verquirlt .... bestreichen. Die andere Hälfte des Teiges darüber legen und fest - eventuell mit den Zinken einer Gabel - „andrücken".

Falls Sie noch Eigelb übrig haben, können Sie den Rest über die fertigen Blätterteigtaschen pinseln. Ansonsten tut's aber auch z.B. Milch oder einfach gar nichts.

Die Blätterteigtaschen im vorgeheizten Backofen bei **190°C Ober- und Unterhitze** ca. **12-15 Minuten** lang (wenn es mehrere Bleche sind bei **175°C Heißluft**) goldbraun backen.

Tipp: Ein leckerer Snack! Am besten heiß oder lauwarm, sie schmecken aber auch kalt ganz prima! Beim Backen sollten Sie eine große ofenfeste Schale mit heißem Wasser mit in den Backofen stellen, dadurch geht der Blätterteig noch besser auf.

Lecker vegetarisch!

Kartoffel-Rosmarin-Küchle (Foto)

Den Backofen auf **250°C Heißluft** vorheizen.

400 g Mehl
300 g Wasser
1 TL Salz
1 Würfel Hefe
1 Prise Zucker
1 TL Salz .... in den Mixtopf geben und **2 Minuten/Knetstufe** zu einem homogenen Teig verkneten. Den Teig auf einem tiefen gefetteten oder mit Backpapier ausgelegten Backblech (mit Hilfe von nassen Löffeln oder nassen Händen) verteilen.

Den Topf gründlich spülen und abtrocknen. Für den

Belag:
10 Rosmarin-Nadeln
2 Knoblauchzehen .... in den trockenen (!) Mixtopf geben und **10 Sekunden/Stufe 6** zerkleinern.

500 g Kartoffeln, in Stücken
¼ TL Pfeffer
1 TL Salz
½ TL Muskat
20 g Mehl
200 g Käse, in Stücken .... in den Mixtopf geben und **5 Sekunden/Stufe 5** mit Hilfe des Spatels zerkleinern.

200 g Schmand .... dazu geben und **5 Sekunden/Linkslauf/Stufe 4** vermischen.

Die Masse auf dem Teig gleichmäßig verteilen (am besten sofort in Klecksen, die dann verteilt werden, anschließend mit einem Tortenheber gleichmäßig verteilen.

Den vorgeheizten Backofen nun auf **220°C Heißluft** herunterschalten und den Kuchen **10 Minuten** bei dieser Temperatur backen, anschließend **10 - 15 Minuten** bei **200°C Heißluft** zu Ende backen.

Lecker vegetarisch!

Tipp: Superlecker! Die Quiche schmeckt lauwarm ganz besonders gut. Als Vorspeise machen Sie damit mindestens 8-12 Personen glücklich. Als Hauptgericht, z.B. mit einem gemischten Salat etwa 4-6 Personen.

Spargel-Ricotta-Quiche (Foto)

150 g Parmesan, in Stücken	in den Mixtopf geben und **10 Sekunden/Stufe 8** zerkleinern und umfüllen. (Sie brauchen den Mixtopf nicht ausspülen.)
	Für den
Teig:	
260 g Mehl 130 g Butter, kalt, in kleinen Stücken 1 Ei (Größe M) 1 Eigelb (Größe M) 1 TL Salz	in den Mixtopf geben und **30 Sekunden/Stufe 4-5** zu Krümeln verarbeiten. (Das übrig gebliebene Eiweiß können Sie später mit in die Füllung geben.) Die Krümel müssen gut formbar sein. Sollte die Butter zu weich gewesen sein, können Sie den Teig zum fest werden noch in den Kühlschrank stellen. Sollte er zu fest ein, können Sie noch tropfenweise
eiskaltes Wasser........................	zum Teig geben, bis aus den Krümeln ein geschmeidigen Teig wird, der sich gut ausrollen lässt.
	Den Teig in eine gefettete Quiche-Form drücken. Bitte ziehen Sie einen ca. 4 cm hohen Rand hoch.
	Den Teig in der Form in den Kühlschrank stellen, bis die Füllung vorbereitet ist.
	(Der Mixtopf muss nach der Teigzubereitung nicht ausgespült werden.)
	Für die
Füllung:	
1 kg grünen Spargel	waschen. (Nur) das untere Drittel des Spargels schälen. Je nach Wunsch ganz lassen oder in mundgerechte Stücke schneiden. Die Stücke in den Dampfgaraufsatz legen und auf genügend Dampflöcher achten!
1 TL Zucker	auf dem Spargel verteilen.
400 g heißes Wasser	in den Mixtopf geben. Den Dampfgaraufsatz mit dem Spargel darauf setzen und alles **15 Minuten/Dampfgaren/Stufe 1** bissfest vorgaren.
	Den Spargel nach Ende der Garzeit abtropfen lassen.
1 EL Grieß	auf dem Teig verteilen. Gut 2/3 des Spargels darauf verteilen.
500 g Ricotta oder milden Schichtkäse 4 Eier ½ TL Muskatnuss, gerieben ½ TL Pfeffer 1 TL Salz	sowie 100 g des geriebenen Parmesans und das übrig gebliebene Eiweiß zugeben und **30 Sekunden/Stufe 4-5** mischen. Den Belag über dem Spargel verteilen. Den restlichen Spargel dekorativ in die Quiche drücken (zum Beispiel als „Sonnenstrahlen“ aus der Mitte heraus).
	Die Quiche in den kalten Backofen stellen, den Sie auf **160-165°C Umluft** stellen. Die Quiche in ca. **35 Minuten** vorbacken. Dann den restlichen Parmesan auf der Quiche verteilen und die Quiche in **25 Minuten** bei der gleichen Temperatur goldbraun zu Ende backen.

Lecker vegetarisch!

Vegetarische Paprika-Kartoffel-Quiche (Foto)

200 g Cracker (Clubcracker, z.B. Ritz)
150 g Butter, weich, in Stücken......... in den Mixtopf geben und **20 Sekunden/Stufe 6** zerkleinern und mischen. Falls der Teig noch nicht die richtige Konsistenz hat, bitte noch Butter oder Cracker zugeben – es hängt immer ein bisschen von den Crackern ab!)

Den Boden einer Springform (26er) mit Backpapier auslegen, den Rand leicht einfetten. Nun die Cracker-Butter-Krümel fest in die Form drücken und einen Rand (von ca. 5-6 cm) hochziehen, fest andrücken und bis zur Vorbereitung der Füllung ca. **30 Minuten** im Kühlschrank kalt stellen.

3 rote Paprika, in Stücken .... in den Mixtopf geben und **4 Sekunden/Stufe 4 (-5)** grob/mundgerecht zerkleinern und umfüllen (am besten in eine größere Schüssel).

250 g Kartoffeln, roh.................... in sehr dünne Scheiben à 1 mm hobeln (z.B. mit einem Gurkenhobel) und zur Paprika geben.

300 g Lauch, geputzt gewogen .... in sehr dünne Ringe schneiden (wie die Kartoffeln) und ebenfalls zur Paprika geben.

1 Bund Schnittlauch .... in Röllchen schneiden und zum Gemüse geben. Alles gut durchmischen und gleichmäßig auf dem Teig verteilen.

½ Bund Petersilie, ohne Stiele
200 g Gouda, in Stücken .... in den Mixtopf geben und **8 Sekunden/Stufe 6** grob zerkleinern.

3 Eier
100 g Milch
1 ½ TL Salz
½ TL Muskatnuss, gemahlen
¼ TL Pfeffer .... zur Petersilie und dem Käse geben und **20 Sekunden/Linkslauf/Stufe 2-3** vermischen. Die Ei-Käse-Masse ganz regelmäßig auf dem Boden verteilen, so dass eine gleichmäßige Käseschicht oben auf der Quiche entsteht.

Die Quiche im vorgeheizten Backofen bei **165°C Heißluft** ca. **60 Minuten** goldbraun backen.

Tipp: Lecker und mit reichlich Gemüse. Eine prima vegetarische Hauptmahlzeit für 6 Personen. Reichen Sie noch einen Salat dazu.

Lecker vegetarisch!

Vollkorn-Brokkoli-Quiche mit Sonnenblumenkernen [sprich „kiehsch"] (Foto)

200 g Dinkel	in den Mixtopf geben und **1 Minute/Stufe 10** fein mahlen.
120 g Butter, kalt in 1 x 1 cm Würfeln 1 Ei (Größe M) ¾ TL Salz	dazu geben und **1 Minute/Stufe 4-5** zu einem geschmeidigen Teig verkneten. Den Teig zu einer flachen Kugel formen und ca. **20 Minuten** kalt stellen.
500 g Brokkoli, ungeputzt gewogen	putzen und in gleich große mundgerechte Röschen teilen. Den Strunk schälen und in kleine Würfelchen schneiden. In der Zwischenzeit
500 g Wasser 1 Brühwürfel (für 0,5 l Flüssigkeit)	in den Mixtopf geben und **6 ½ Minuten/100°C/Stufe 1** aufkochen.
	Die Brokkoliröschen und –würfel dazu geben und **4 Minuten/100°C/ Linkslauf/Rührstufe** vorgaren. Die Röschen gut abtropfen lassen (den Garsud anderweitig verwenden) und abkühlen lassen.
	Den Teig etwas größer als eine Quicheform (mit ca. 28 cm Durchmesser) ausrollen, den Teig in die leicht gefettete Quicheform geben (oder per Hand in die Form drücken) und einen Rand hochziehen.
	Die gut abgetropften (!) Brokkoliröschen und –würfel gleichmäßig auf dem Teig verteilen. Nun einen Guss herstellen. Hierzu
½ Bund Petersilie, glatt 1 TL frische Thymianblättchen	in den Mixtopf geben und **6 Sekunden/Stufe 6** zerkleinern.
4 Eier (Größe M) 400 g Schmand ½ TL Pfeffer 1 ½ TL Salz ½ TL Muskatnuss, gemahlen 20 g Maisstärke oder Kartoffelmehl	in den Mixtopf geben und **20 Sekunden/Stufe 4-5** vermischen.
	Den Brokkoli mit dem Eiergemisch übergießen und die Quiche im vorgeheizten Backofen bei **190°C Ober- und Unterhitze** in ca. **25 Minuten** vorgaren. Nun
3 EL Sonnenblumenkerne	über die Quiche geben und die Quiche **20 Minuten** zu Ende backen.

Tipp: Wenn Sie keinen frischen Thymian haben, können Sie auch ½ TL getrockneten Thymian verwenden. Fügen Sie ihn bitte erst mit den Eiern zu.

Sehr lecker! Schmeckt warm und kalt ganz prima. Als gut vorzubereitendes Abendessen, für's Picknick oder für's Buffet. Als Hauptgericht mit einem Salat reicht die Menge für ca. 6 Personen aus. Als Vorspeise für 8-12 Personen.

Lecker vegetarisch!

Süßes zum Sattwerden

Foto: Johannisbeer-Kaltschale

Johannisbeer-Kaltschale (Foto: Vorseite, low fat)

120 g Zucker .... in den Mixtopf geben und **5 Sekunden/Stufe 10** zu Puderzucker verarbeiten.

600 g Johannisbeeren................ dazu geben und **1 Minute/Stufe 10** zerkleinern. Die Masse durch ein Haarsieb streichen (damit die Körnchen verschwinden) und wieder zurück in den Mixtopf geben.

500 g Joghurt .... dazu geben und **20 Sekunden/Stufe 4-5** mischen. Die Kaltschale eiskalt servieren, eventuell mit

weiteren Johannisbeer-Rispen..... garnieren.

Tipp: Eine erfrischende Sommer-Mahlzeit für 2-3 Personen. Die Kaltschale lässt sich sehr gut mit anderen Früchten wie z.B. Himbeeren, Blaubeeren oder Heidelbeeren zubereiten. Da Blau- und Heidelbeeren keine Kernchen haben, brauchen Sie die Masse nicht durch ein Sieb streichen. Mit Zitronenmelisse, Zitronenverbene oder Minzblättern garniert ist es auch noch ein Schmaus für das Auge.

Mein Ding waren süße Hauptgerichte nie wirklich – deshalb liebe ich die Kaltschale als Dessert für 4 Personen.

Finnischer Ofenpfannkuchen

280 g Weizenmehl, Typ 405
100 g Zucker
1 TL Backpulver
1 ½ TL Salz
1 TL Vanillezucker
800 g Milch
3 Eier (Größe M)
100 g weiche Butter .... in den Mixtopf geben und **1 Minute/Stufe 4-5** verrühren.

Den (übrigens recht flüssigen) Teig auf einem tiefen (ich finde besser auf 2 tiefen!, mit Backpapier ausgelegten Backblech(en) verteilen und im vorgeheizten Backofen bei **220°C Ober- und Unterhitze 25-30 Minuten** lang backen.

Die Oberfläche sollte leicht braun sein und Blasen schlagen.

Tipp: Sieht aus wie Käse-Pizza - ist aber süß! Die Familie von Jeanette E. hat seit Jahren Freude an den Koch-Atlas-Rezepten und wollte mit diesem finnischen Original-Rezept ein Stück zur Weiterentwicklung beitragen. Sie haben eine Zeit lang in Finnland gelebt. Sie mögen den Pfannkuchen sowohl heiß als auch kalt und essen gerne Obst, z.B. (Blau-) Beeren oder (reife) Bananen dazu.

AI-Menü **Milchreisauflauf mit Äpfeln** (Foto: rechts)

100 g Butter
175 g Zucker
3 Eier (Größe M) .... in den Mixtopf geben und **1 Minute/Stufe 4-5** schaumig rühren.

350 g Milch
1 abgeriebene Zitronenschale
500 g Magerquark .... dazugeben und **1 Minute/Stufe 4-5** mischen. In der Zwischenzeit

2 Äpfel .... schälen und in mundgerechte Stücke schneiden. Diese Apfelstücke zusammen mit

200 g Milchreis.......................... in den Mixtopf geben und **30 Sekunden/Linkslauf/Stufe 2-3** mit Hilfe des Spatels miteinander vermischen.

Die Masse in eine gefettete Auflaufform (am besten verschließbar mit Deckel, z.B. Ultra Auflaufform) geben und **1 Stunde** bei **170°C Heißluft** oder **190°C Unter- und Oberhitze** im Backofen garen. Den fertigen Auflauf nach Geschmack mit

Zimtzucker................................ bestreuen. Den Milchreisauflauf warm servieren.

Tipp: Wer nicht auf süße Hauptgerichte steht, kann auch etwas Herzhaftes vorab reichen und den Auflauf als Nachspeise für 8 Personen zubereiten. Lecker und sättigend! Wenn Sie den Auflauf kalt servieren möchten, sollten Sie noch 100 g mehr Milch zugeben, da er sonst zu stark nachquillt und sehr fest wird.

AI-Menü **Scheiterhaufen** (Reste-Fest: alte Brötchen)

6 Brötchen, vom Vortag	in Scheiben schneiden und gut die Hälfte dachziegelartig in eine gebutterte richtig große Auflaufform schichten. (Nehmen Sie ruhig „die hässlichen Brötchenscheiben für unten, damit sie die hübscheren an der sichtbaren Oberfläche haben…)
Schale ½ unbehandelten Zitrone	ganz dünn abschälen (wirklich nur das Gelbe, das Weiße ist bitter!) und in den Mixtopf geben. **10 Sekunden/Stufe 10** zerkleinern.
2 Päckchen Vanillezucker	zugeben und noch einmal **10 Sekunden/Stufe 10** zerkleinern.
6 säuerliche Äpfel, z.B. Boskop	schälen und geviertelt zum Zucker in den Mixtopf geben.
50 g Rosinen Saft der ½ Zitrone	dazu geben und **4 Sekunden/Stufe 4** mundgerecht zerkleinern. Über die Brötchen geben und die restlichen Brötchenscheiben dekorativ darüber verteilen.
4 Eier 500 g Milch 80 g Zucker	in den Mixtopf geben und **10 Sekunden/Stufe 3-4** vermischen. Gleichmäßig über dem Auflauf verteilen.
60 g Mandelblättchen	über dem Auflauf verteilen und
50 g Butter, in Flöckchen	darüber geben.
	Den süßen Auflauf im nicht vorgeheizten Ofen bei **180°C Ober- und Unterhitze** bzw. **165°C Umluft** ca. **55 Minuten** goldbraun backen. Den fertigen Auflauf mit
ca. 2 EL Puderzucker	bestreut servieren.

Tipp: Ein leckeres süßes Hauptgericht für 4 Personen. Als Nachtisch reicht die Menge für 8 aus. Nicht zu süß, mit knackiger Kruste. Schmeckt am besten frisch aus dem Ofen!

Zu diesem süßen Auflauf passt prima eine Frucht- oder Vanillesauce oder auch eine Kugel Vanilleeis (ich stehe ja immer ziemlich auf „Heiß mit Eis“ – sozusagen ein Aufeinanderprallen der Elemente heiß und kalt….)

AI-Menü **Lippischer Pickert** (Foto)

500 g geschälte Kartoffeln	in den Mixtopf geben und **5 Sekunden/Stufe 7** zerkleinern und umfüllen.
150 g Mehl 50 g Bier, Milch oder Wasser ½ Würfel Hefe 3 Eier ½ TL Salz 1 EL Zucker	in den Mixtopf geben und **2 Minuten/37°C/Stufe 2-3** erwärmen.
100 g Rosinen	sowie die zerkleinerten Kartoffeln dazu geben und **20 Sekunden/Linkslauf/Stufe 3** verrühren. Den Teig **30 Minuten** aufgehen lassen und in einer Pfanne mit heißem
Butterschmalz	kleine Pfannkuchen (etwa so groß wie ein Handteller) backen. Heiß servieren.

Tipp: Lippischer Pickert ist eine regionale Spezialität aus Ostwestfalen-Lippe. Es ist ein pfannkuchenartiges Gericht, dass früher als „Arme-Leute-Essen" galt. Ein böses Sprichwort sagt: „Die Lipper sind wegen Prasserei ausgewiesene Schotten". Und wer „richtig prasst", isst zum Lippischen Pickert nicht nur gesalzene Butter, Pflaumenmus, Rübenkraut (= Zuckerrübensirup) oder Konfitüre, sondern auch Leberwurst... (das ist wahr und ernst!! – auch wenn es vielleicht nicht Jedermanns Sache – vor allem nicht die von Vegetariern ist...). Traditionell wird Bohnenkaffee zum Pickert getrunken. Wenn Sie den Pickert mit Bier statt mit Milch oder Wasser zubereiten, schmeckt der Teig noch etwas herzhafter. Der ungewöhnliche Name „Pickert" kommt daher, weil der Teig früher direkt auf der Kohleherdplatte gebacken wurde und dort „pickte" (= klebte!). Mit Butterschmalz und Teflon-beschichteten Pfannen dürfte das aber kein Problem sein...

Wenn Sie keine Rosinen mögen, können Sie die auch weglassen.

Lecker vegetarisch!

Quarkplinsen (Foto)

100 g Rosinen	in einer kleinen Schüssel mit
50 g Orangensaft	übergießen und **15 Minuten** stehen lassen, damit sich die Rosinen vollsaugen können.
40 g Butter, weich, in Stücken 50 g Zucker 3 Eier	in den Mixtopf geben und **30 Sekunden/Stufe 6** vermischen.
1 Prise Salz 1 TL abgeriebene Zitronenschale 500 g Magerquark 150 g Mehl ¼ TL Zimt 1 TL Backpulver	dazu geben und **1 Minute/Stufe 4-5** vermischen.
	Die aufgeweichten Rosinen gut abtropfen lassen, mit etwas
Mehl	bestäuben und zum Teig geben. Die Rosinen noch einmal **20 Sekunden /Linklauf/Stufe 3** vermengen.
Butterschmalz	in einer Pfanne erhitzen und bei mittlerer Hitze mit einem Esslöffel kleine Teig-Plinsen in die Pfanne geben und goldgelb backen.
	Die fertigen Plinsen mit
Puderzucker oder Zimtzucker	bestreuen und frisch aus der Pfanne heiß servieren.

Tipp: Wenn nur Erwachsene die Quarkplinsen essen, können Sie auch 2-3 EL Rum und 3-4 EL Orangensaft über die Rosinen geben. Die Plinsen ergeben ein leckeres Hauptgericht für 3-4 Personen. Reichen Sie Apfelmus oder Apfelkompott dazu.

Durch den Puderzucker oder Zimtzucker am Schluss bekommen die Plinsen ausreichend Süße (wenn Sie sie nicht bestreuen möchten, könnten Sie ansonsten noch etwas mehr Zucker in den Teig geben, allerdings finde ich es besser, wenn man ein Hauptgericht nicht per se so „überzuckert" und das dem individuellen Geschmack überlässt.

Österreichische Germknödel mit Vanillesauce (Foto)

30 g Mohn 20 g Zucker	in den Mixtopf geben und **5 Sekunden/Stufe 10** zerkleinern und umfüllen. Der Mohnzucker wird später über die fertigen Germknödel gestreut. Für den
Teig:	
100 g Milch 40 g Butter, in Stücken 1 Ei (Größe M) ½ Würfel Hefe ½ TL Salz 20 g Zucker	in den Mixtopf geben und **3 Minuten/37°C/Stufe 2-3** auflösen.
300 g Mehl, Typ 405	zugeben und **2 Minuten/Knetstufe** zu einem festen Hefeteig verarbeiten. Den Teig auf die Arbeitsfläche ausschütten und in 8 gleich große Portionen aufteilen. Jede Portion zu einer Kugel rollen, eine Mulde hinein drücken und mit ca. 5 g von insgesamt
40 g Pflaumenmus	füllen, den Teig oben drüber „fest drücken" und zu einer Kugel formen. Legen Sie nun ein sauberes Leinentuch in den Dampfgaraufsatz und in den Einlegeboden des Dampfgaraufsatzes. (Wenn Sie häufiger Dampfnudeln oder Germknödel zubereiten, lohnt es sich, ein Leinentuch entsprechend „auf Maß" zu schneiden und umzunähen).* Bitte achten Sie darauf, dass genügend Dampfschlitze frei bleiben!*
500 g heißes Wasser	in den Mixtopf geben. Den Mixtopf verschließen und den verschlossenen Dampfgaraufsatz mit den Knödeln zum Aufgehen **30 Minuten** lang ruhen lassen. (Durch das heiße Wasser haben's die Knödel schön warm...) Nach **30 Minuten** Aufgehzeit den Mixtopf anstellen und die Germknödel **24 Minuten/Dampfgaren/Stufe 1** garen. Nach Ende der Garzeit den Dampfgar-Aufsatz beiseite stellen und eine Vanillesauce zubereiten. Hierzu den **Rühraufsatz einsetzen.**
500 g Milch ½ Päckchen Vanillepuddingpulver 1 Päckchen Vanillezucker 20 g Zucker	in den Mixtopf geben **6 Sekunden/Stufe 4** vermischen und **6 ½ Minuten/90°C/Stufe 2** zu einer Vanillesauce einkochen. Die heißen Knödel mit dem Mohnzucker bestreuen und mit der heißen Vanillesauce servieren.

Lecker vegetarisch!

Tipp: „Germ" ist das österreichische Wort für „Hefe" - Germknödel sind also nichts anderes als Hefeknödel. In Österreich isst man die Germknödel mit „Powidl" gefüllt - und das ist dort das Wort für Pflaumenmus. Und ganz klassisch werden sie mit Mohnzucker bestreut und zerlassener Butter oder mit Vanillesauce gereicht. Hier wird die Sauce erst nach den Knödeln zubereitet - selbstverständlich können Sie aber auch zuerst die Sauce zubereiten (sie wird dann kalt) und anschließend die Knödel. Österreichs Klassiker ist als „Dampfnudel" auch ein deutscher Klassiker: Hier bei uns (im Norden) gibt es Dampfnudeln auf der Kirmes - in Bayern gibt es Germknödel sogar auf dem Oktoberfest. Als kleines Hauptgericht reicht diese Menge für 2-3 Personen aus - als (gerade zur kalten Jahreszeit beliebte) Nachspeise reicht's für 6-8 Personen.

* Alternativ können Sie den Dampfgaraufsatz und den Einlegeboden auch gründlich einbuttern. Allerdings ist mit den „offenen gebutterten Löchern" die Gefahr etwas größer, dass der aufgehende Teig die Dampflöcher verschließt und die Knödel nicht gleichmäßig gar werden.

Ich war ganz überrascht, wie toll der Mohnzucker schmeckt! (Zuerst dachte ich - so ein Aufwand - für so eine kleine Menge Mohn und Zucker muss der Mixtopf richtig trocken sein - ob sich das wohl lohnt?? - Aber ja! Der Mohnzucker schmeckt ganz ausgezeichnet dazu. Mit leichtem Marzipan-Aroma... Einfach herrlich!

Oscarreife Hauptrollen auf dem Teller mit Fleisch

die sich über nette Nebendarsteller freuen

Gerichte mit Fleisch

Zucchini mit Geflügelfüllung aus dem Backofen (Eiweißgericht, glutenfrei, low fat, Foto)

Für die

Füllung:

1 Zwiebel, geviertelt
3 Stängel Petersilie, abgezupft........ in den Mixtopf geben und **4 Sekunden/Stufe 6** hacken.

2 TL Bindobin (= Eiweißgericht-tauglich) [alternativ 4 Zwiebäcke, in Stücken = Kohlenhydrate!]
300 g Hähnchenbrustfilet, in Stücken
1 TL Salz
1 TL Currypulver
1 TL Paprika edelsüß
100 g Käse (fettarm, evtl. schon gerieben)
1 Ei .... in den Mixtopf geben und mit Hilfe des Spatels **10-15 Sekunden/Stufe 6-7** zerkleinern, bis eine homogene Masse entstanden ist.

2 mittelgroße Zucchini .... längs halbieren, das Innere mit einem Löffel herausschaben (das Innere für die Sauce aufbewahren) und die Zucchini in eine Auflaufform legen. Die Füllungsmasse gleichmäßig auf die Zucchinihälften verteilen. Für die

Sauce:

2 Zwiebeln
1 Knoblauchzehe
200 g Möhren, in Stücken
200 g Paprika, in Stücken .... in den Mixtopf geben und **6 Sekunden/Stufe 6** zerkleinern.

10 g Öl .... zugeben und **5 Minuten/Dampfgaren/Stufe 1** andünsten.

400 g heißes Wasser
1 Brühwürfel (für 0,5 l Flüssigkeit)
1 TL Dijon-Senf
1 TL Curry
1 ½ TL Paprika edelsüß
1 TL Zucker
½ TL Muskat
1 TL Salz
1/4 TL Bindobin (= Eiweißgericht-tauglich, glutenfrei) [alternativ: 1 TL Mondamin = Kohlenhydrat]................ sowie das Innere der Zucchinihälften dazu geben und **10 Sekunden/ Stufe 8** mischen, anschließend **5 Minuten/ Dampfgaren/Stufe 1** aufkochen.

Nach Ende der Garzeit **1 Minute/Stufe 10** pürieren. Die Sauce über bzw. neben die Zucchini geben und die Auflaufform in den vorgeheizten Backofen stellen und ca. **60 Minuten** bei **180°C Heißluft** – mit Deckel oder mit Alufolie abgedeckt garen.

Die Sauce vor dem Servieren noch einmal gut durchrühren.

Tipp: Dazu schmecken Kartoffeln, Reis, Nudeln oder einfach knuspriges Brot ganz prima. Wer es etwas herzhafter mag, kann noch 100 g Parmesan reiben und diesen kurz vor dem Servieren auf die gefüllten Zucchini streuen.

Ein Gericht für alle Saucenliebhaber – machen Sie also ruhig einen großen Topf Beilagen dazu – denn nach der Sauce wird sich jeder die Finger lecken!!! Richtig superlecker!

Hausgemachte Beize für Sauerbraten (low fat, glutenfrei)

Zum Einlegen des Sauerbratens wird eine Beize hergestellt:

Beize:

2 Zwiebeln, geviertelt
3 Lorbeerblätter
8 Wacholderbeeren
5 Pimentkörner
½ TL Pfefferkörner
2 Gewürznelken
1 EL Senfkörner .... in den Mixtopf geben und **3 Sekunden/Stufe 6** zerkleinern.

250 g Rotweinessig
250 g Wasser
2 TL Salz
1 TL Zucker
2 TL Dijon-Senf.......................... dazu geben und **10 Sekunden/Linkslauf/Stufe 3** vermischen.

800 g - 2 kg Rindfleisch (z.B. aus der Nuss) .... in die Beize geben und **3-4 Tage** im Kühlschrank marinieren. Das Fleisch sollte vollständig bedeckt sein.

Tipp: Selbst gemacht schmeckt die Beize doch immer noch am besten! Wenn es nicht ausreichend Beize ist (um das Fleisch zu bedecken, können Sie den Topf noch mit Weiß- oder Rotwein auffüllen.

Jägertopf aus dem Ofen (Eiweißgericht)

1 Knoblauchzehe
300 g Zwiebeln, geviertelt............. in den Mixtopf geben und **5 Sekunden/Stufe 5** zerkleinern und herunterschieben.

25 g Öl.................................... dazu geben und **6 Minuten/Dampfgaren/Stufe 1** andünsten. In der Zwischenzeit

1200 g Schweineschnitzel .... in Streifen schneiden und in eine große Auflaufform mit Deckel oder in einem Bräter verteilen. Die Zwiebel-Knoblauchmasse darüber verteilen. (Den Mixtopf müssen Sie nicht spülen.)

250 g Chester-Schmelzkäse .... in einer dicken Schicht darüber verteilen.

500 g frische Champignons......... in mundgerechten Stücken darüber verteilen.

400 g Sahne oder Kaffeesahne
1 Tomate, in Stücken
2 rote Paprikaschoten, in Stücken
2 Brühwürfel (für je 0,5 l Flüssigkeit)
2 TL Bindobin (Eiweißgericht, alternativ: 35 g Mehl)
60 g Sojasauce
1 TL Pfeffer
½ TL Muskat
1 TL Paprika edelsüß
1 TL Curry .... in den Mixtopf geben und **10 Sekunden/Stufe 8** zerkleinern, dann **7 Minuten/100°C/Stufe 2-3** aufkochen.

Anschließend noch einmal **1 Minute/Stufe 10** pürieren. Die Sauce über den Pilzen im Bräter verteilen und alles **1 ½ Stunden** bei **200°C Heißluft** im vorgeheizten Backofen garen. Die Masse nach jeweils **30 Minuten** (also zweimal während der Garzeit) umrühren.

Tipp: Perfekt für Gäste, da sich das Gericht hervorragend vorbereiten lässt. Die Menge reicht für 10-12 Personen aus. Dazu passen Kroketten (Kohlehydrate!) ganz prima – zum einen, weil sie bei Heißluft im Ofen einfach in den letzten Garminuten mitgegart werden können, zum anderen weil sich die Kroketten in Gesellschaft der vielen Sauce aus dem Jägertopf einfach wohl fühlen! Wenn Sie als Beilage vielleicht noch einen Salat reichen, dürften Sie damit so ziemlich jeden Gast glücklich machen...

Sonntagsbraten ohne viel TamTam (Eiweißgericht, glutenfrei)

1,5 kg Schweinebraten	waschen, trocknen und mit
Salz Pfeffer	einreiben. Den Braten in einen leicht gefetteten Bräter (anfangs ohne Deckel) geben. Den Ofen superheiß auf **250°C Heißluft** vorheizen. Den Braten mit
Öl	einpinseln.
	Den vorbereiteten Braten in den richtig heißen Ofen schieben und **20 Minuten** backen, damit sich eine schöne Kruste bildet und der Braten innen schön saftig bleibt.
	In der Zwischenzeit
4 Zwiebeln, geviertelt (ca. 200 g) 3 Möhren, in Stücken (ca. 200 g) 50 g Dijon-Senf 1 TL Paprika edelsüß ½ TL Muskatnuss, gemahlen 1 TL Curry	in den Mixtopf geben und **5 Sekunden/Stufe 4** zerkleinern.
300 g Wasser............................	dazu geben und **6 Minuten/100°C/Stufe 1** aufkochen. Wenn die 20 Minuten „Anbrat"-Zeit vorbei ist, die heiße Masse aus dem Mixtopf über das Fleisch geben.
	Den Ofen nun auf 160°C herunter schalten und den Braten ca. 1 ½ Stunden im Ofen garen (die Garzeit hängt stark von der Größe und der Beschaffenheit des Fleisches ab)
	Für die
Sauce:	den gesamten Garsud mit den Gemüsestücken in den Mixtopf geben.
1 ½ TL Bindobin (= Eiweißgericht, glutenfrei) [oder alternativ 25 g Mehl = Kohlenhydrat]	dazu geben und **1-2 Minuten/100°C/Stufe 2** aufkochen und zu einer Sauce einkochen. Anschließend **20 Sekunden/Stufe 10** pürieren. Nach Wunsch
100 g Crème fraîche	zugeben und **20 Sekunden/Stufe 6** mischen. Sofort zum heißen Braten servieren.

Tipp: Die Menge reicht für 8 – 10 Personen aus. Wenn Ihnen ganz gleichmäßige Scheiben sehr wichtig sind, dann sollten Sie den Braten am Vortag zubereiten und kalt in gleichmäßige Scheiben schneiden (z.B. mit einer Aufschnitt-Maschine) – die fertigen Bratenscheiben „zusammensetzen", in Alufolie einwickeln und mit etwas Garsud oder noch besser im Dampfgaraufsatz über Wasserdampf wieder aufwärmen. (Bitte bereiten Sie die Sauce dann frisch zu und erwärmen den Garsud zuvor im Wundertopf.)

Dieser Braten schmeckt übrigens auch prima auf Brot! – Und mein Papa mochte früher das „Soßenbrot" besonders gern – hierzu einfach eine Scheibe Brot mit Butter oder Margarine bestreichen, dick mit Braten belegen und nach Geschmack mit Soße garnieren.

Sauerkraut-Topf mit Schweinefilet (Eiweißgericht, Foto)

200 g Zwiebeln, geviertelt.............	in den Mixtopf geben und **4 Sekunden/Stufe 5** zerkleinern.
50 g Butterschmalz....................	dazu geben und **3 Minuten/Dampfgaren/Stufe 1** andünsten.
700 g Schweinefilet, in 2 x 2 cm großen Würfeln	zu den Zwiebeln geben und **5 Minuten/Dampfgaren/Linkslauf / Stufe 1** andünsten.
250 g Sauerkraut, abgetropft 250 g Champigons, mundgerecht 1 Paprikaschote, rot, mundgerecht 250 g Wasser 1 Brühwürfel (für 0,5 l Flüssigkeit) 70 g Tomatenmark 200 g Sahne 1 ¼ TL Salz ½ TL Pfeffer 2 TL Paprika edelsüß 1 TL Zucker 20 g körniger Senf 1 EL Thymianblättchen frisch oder ½ TL Thymian, gerebelt.......................	dazu geben und **10 Minuten/100°C/Linkslauf/Stufe 1** garen. In der Zwischenzeit
30 g Weinbrand oder Cognac ½ TL Bindobin (Eiweißgericht,) oder alternativ 2 TL Speisestärke (Kohlehydrat)	in einer kleinen Schüssel klümpchenfrei miteinander vermischen. Die Masse zur Mischung geben und noch einmal **1 Minute/100°C / Linkslauf/Stufe 1** andicken.

Tipp: Richtig lecker! (Ich war erstaunt, zumal ich kein besonders großer Fan von Sauerkraut bin...) Der Topf - die man auch als Eintopf essen kann, schmeckt prima mit knusprigem Baguette, Spätzle, mit Kartoffeln oder mit Kartoffelbrei. (alles Kohlenhydrate!) - oder Selleriepüree (Eiweißgericht-siehe Beilagen).

Käse-Hähnchen mit Champignons (Eiweißgericht)

6 Hähnchenschnitzel	nebeneinander in eine leicht gefettete richtig große Auflaufform oder eine tiefe Fettpfanne legen.
2 große Zwiebeln, geviertelt	in den Mixtopf geben und **4 Sekunden/Stufe 6** zerkleinern.
10 g Butter	dazu geben und **4 Minuten/Dampfgaren/Stufe 1** anbraten.
400 g Sahne 200 g Kräuter-Schmelzkäse 1 Packung ital. Kräuter (TK) 1 TL Bindobin (Eiweißgericht) oder alternativ 15 g Mehl (Kohlehydrat) 3 TL Salz ½ TL Pfeffer 3 TL Currypulver	dazu geben und **6 Sekunden/Stufe 6** mischen. Anschließend **10 Minuten/100°C/Stufe 1** erhitzen. In der Zwischenzeit
500 g Champignons	in Scheiben schneiden und auf den Hähnchenschnitzeln verteilen. Die Sauce darüber verteilen und den Auflauf bei **180°C Heißluft** in ca. **40 -60 Minuten** garen.

Tipp: Sie können das Käse-Hähnchen auch prima vorbereiten und ca. 4-6 Stunden im Kühlschrank marinieren. Dann verlängert sich die Garzeit auf ca. 70-80 Minuten. Perfekt, wenn Sie Gäste erwarten. Passt prima zu Baguette, Nudeln oder Kartoffeln. Die Menge reicht als Fleischportion mit Sauce für 6 Personen aus.

Toskana-Filets

1000 g Schweinefilets	in 4-5 cm dicke Medaillons schneiden und jeweils mit einigen Streifen von
200 g Frühstücksspeck, d.h. Bacon, in Streifen	umwickeln. Die Filets in eine mit
Olivenöl	eingefettete Auflaufform geben und mit
50 g Sherry	begießen.
2 Knoblauchzehen	in den Mixtopf geben und **3 Sekunden/Stufe 6** zerkleinern.
400 g frische Tomaten, frisch, in Stücken oder die gleiche Menge aus der Konserve	*[zum Schälen der frischen Tomaten: die Tomaten über Kreuz einritzen und mit kochendem Wasser überbrühen ODER: die eingeritzten Tomaten in eine Pfanne mit kochendem Wasser setzen und **5 Minuten** ziehen lassen. Danach die Haut abziehen und die Tomaten vom grünen Strunk befreien,]* dazu geben und im Mixtopf **6 Sekunden/Stufe 5** zerkleinern.
400 g Sahne 30 g Tomatenmark 1 TL getr. Rosmarin ½ TL getr. Thymian 1 Brühwürfel (für 0,5 l Wasser) ½ TL Salz 1 TL Oregano 1 TL Paprika edelsüß ½ TL Cayenne-Pfeffer 1 TL Bindobin	zufügen und **4 Sekunden/Stufe 4** mischen, danach **8 Minuten/100°C/Stufe 2** aufkochen. Die heiße Sauce über die Medaillons gießen und **10 Minuten** bei **180°C Ober- und Unterhitze** (oder **160°C Umluft**) im vorgeheizten Backofen schmoren. Nach diesen **10 Minuten**
1-2 EL Paniermehl	darüber verteilen und weitere **20 Minuten** bei gleicher Temperatur zu Ende backen.

Tipp: Mit dieser Menge machen Sie gleich 8 Personen glücklich! Während der Garzeit können Sie noch Reis und Gemüse im Wundertopf zubereiten. Oder Sie reichen Bandnudeln oder gleichzeitig im Ofen gegarte Röstis dazu (dann sollten Sie unbedingt mit Umluft backen und etwas mehr Zeit einkalkulieren!) Die wirklich sehr leckere Sauce gibt's ja schon in großen Mengen aus dem Backofen!

Nudelschnecken mit Hackfleisch (Foto)

Teig:

250 g Mehl
150 g Hartweizengrieß
3 Eier
1 TL Öl
1 TL Salz
6(-7) EL Wasser .... in den Mixtopf geben und den Teig **1½ Minuten/Knetstufe** zu einem geschmeidigen (und formbaren!) Teig verarbeiten. Den Teig mit einem Tuch abgedeckt **30 Minuten** ruhen lassen. Inzwischen für die

Füllung:

2 große Zwiebeln, geviertelt
1 Bund Petersilie, abgezupft
2 Knoblauchzehen .... in den Mixtopf geben und **5 Sekunden/Stufe 5** zerkleinern.

500 g Rinderhackfleisch
50 g Semmelbrösel
2 Eier
2 TL Salz
½ TL Pfeffer
2 TL Paprika edelsüß
½ TL Muskat .... dazu geben und **2 Minuten/Teigstufe** verkneten.

Den Nudelteig etwa auf 1½- fache Backblechgröße zwischen Dauerbackfolien oder auf einem Küchentuch rechteckig so dünn ausrollen, dass man beinahe eine Zeitung dadurch lesen könnte (oder eben das Muster des Küchentuches...). Die Hackfleischfüllung darauf verteilen (das geht sehr gut mit einem Tortenheber) und die Rolle von der Schmalseite her aufrollen.

Für die

Sauce:

1 Bund Suppengrün................... putzen und in Stücken in den Mixtopf geben, **5 Sekunden/Stufe 5** zerkleinern.

20 g Öl.................................... dazu geben und **5 Minuten/Dampfgaren/Stufe 1** andünsten.

3 Tomaten .... vierteln und vom grünen Stielende befreien, aber mit den Kernen und der Schale zum Suppengrün geben, alles **5 Sekunden/Stufe 5** zerkleinern.

200 g Wasser
100 g Rotwein
70 g Tomatenmark
1 TL Zucker
1 Brühwürfel (für 0,5 l Flüssigkeit)
1 TL Salz
¼ TL Pfeffer .... dazu geben und **15 Minuten/Dampfgaren/Stufe 1** zu einer Sauce einkochen. In der Zwischenzeit die Nudelrolle in ca. 2 cm breite Streifen schneiden und die Scheiben in

heißem Butterschmalz oder
Olivenöl.................................. von beiden Seiten bei mittlerer Hitze goldbraun garen.

Am Ende der Garzeit geben Sie bitte zur Sauce noch

50 g Schmand.......................... und pürieren die Sauce **20 Sekunden/Stufe 10**. Die fertige Sauce zu den Nudelschnecken servieren.

Tipp: Ein etwas aufwändiges Rezept, das mir Stefanie U. aus Greven schon vor einer Ewigkeit zugeschickt hat. Ich habe den Aufwand offen gestanden immer etwas gescheut und es in meinem „Ausprobieren-Fach" immer wieder vergraben... Jetzt habe ich es endlich ausprobiert und bin ganz traurig darüber, dass ich es Ihnen erst jetzt präsentiere – denn der Aufwand lohnt sich!!! Ganz herzlichen Dank liebe Stefanie!

Sie können aus den Nudelschnecken auch einen Auflauf zubereiten. Hierzu die Nudelschnecken (ungebraten) schuppenartig in eine gefettete Auflaufform schichten, anschließend die Sauce darüber geben und das Ganze mit 200 g geriebenem Käse bestreuen und bei **200°C Ober- und Unterhitze** im vorgeheizten Backofen ca. **30 Minuten** überbacken – allerdings sehen sie gebraten schöner aus und haben den meisten Testessern auch besser geschmeckt (zumal Sauce und Käse die schöne Optik wieder verdecken...)

Truthahn / Pute mit leckerer Füllung (Reste-Fest: Brot/Brötchen)

250 g altbackenes Brot oder Brötchen (am hübschesten sieht es mit Weißbrot oder Toast ohne Kruste aus)	in den Mixtopf geben und **20 Sekunden/Stufe 5-6** zerkleinern und umfüllen.
200 g Zwiebeln, geviertelt 200 g Bacon, in Stücken 1 Bund Petersilie, abgezupft	in den Mixtopf geben und **6 Sekunden/Stufe 6** zerkleinern. Die Mischung **5 Minuten/Dampfgaren/Stufe 1** andünsten.
1 Dose Mais (285 g Abtropfgewicht, abgetropft 2 TL Salz 2 TL Pfeffer 1 TL Majoran ¼ TL Muskatblüte ¼ TL Muskat ¼ TL Thymian ⅛ TL Estragon 1 Prise Salbei 2 Eier (Größe M)	zur Zwiebel-Speck-Mischung geben und **10 Sekunden/Stufe 2-3** vermischen. Anschließend das Brot dazu geben und **2 Minuten/Knetstufe** (eventuell mit Hilfe des Spatels) zu einer homogenen Masse verarbeiten. Nun den Truthahn vorbereiten.
Truthahn, ca. 6 kg........................	von innen und außen waschen, trocken tupfen. Bitte achten Sie darauf, dass die Haut möglichst unverletzt bleibt, damit nicht unnötig Bratensaft austritt. Die Haut mit
Zitronensaft	einpinseln. Die Füllung nun in den Hals und den Bauch des Truthahns füllen (nicht zu viel! Die Füllung quillt etwas auf, lieber überschüssige Füllung als Frikadelle braten!) Den Truthahn mit Zahnstochern oder Nadel und Küchenfaden verschließen. Den Truthahn außen mit
Öl	einpinseln, anschließend mit
Salz Pfeffer	bestreuen. Den Truthahn in einen (verschlossenen) Bräter, einen großen Bratschlauch oder (wenn Sie einen ziemlich schmutzigen Herd riskieren möchten) mit Alufolie abgedeckt auf einen Rost mit einem tiefen Backblech (das immer mit etwas Wasser gefüllt sein sollte, damit der Saft nicht fest brennt) darunter legen. Den gefüllten Truthahn im vorgeheizten Backofen bei **150°C Heißluft** pro Kilogramm des Truthahns ca. **40-50 Minuten** backen (bei ca. 6 kg Truthahn sind es also ca. **4-5 Stunden** Backzeit. Wenn am Schluss der Truthahn noch nicht braun genug ist, den Backofen noch einmal ca. **15 Minuten** auf **185°C Heißluft** stellen. Anschließend können Sie den Truthahn bis zum Servieren im Backofen lassen und diesen einfach auf **85°C Heißluft** stellen. Bitte achten Sie aber darauf, dass noch Flüssigkeit im Ofen ist.

Tipp: Aus dem Bratensaft können Sie eine leckere Sauce herstellen (z.B. die Schalotten-Rotwein-Sauce) - nehmen Sie hierzu einfach ca. ½ Stunde vor dem Servieren den Bratensaft aus dem Bräter. Dazu schmecken Knödel und Rotkohl - natürlich auch Kroketten, Kartoffeln und eine leckere Gemüseplatte.

Alternativ können Sie den Truthahn auch bei Niedertemperatur garen. Das dauert zwar viel länger, ist aber sehr entspannt: hierzu den Truthahn **1 Stunde** im vorgeheizten Backofen bei **220°C Heißluft** garen, anschließend auf **85°C Heißluft** herunter stellen und pro Kilogramm ca. 2 Stunden (!) weiter garen. In der Zwischenzeit sollte die Ofentür geschlossen bleiben. Sie brauchen den Truthahn nicht begießen oder wenden, eventuell vor dem Servieren noch einmal **½ Stunde** bei **200°C Heißluft** „knusprig braten".

Schweinelendchen mit Pfeffersauce aus dem Ofen (Foto, Eiweißgericht)

1 kg Schweinefilet	in hübsche Medaillons schneiden (ca. 3-4 cm dick). Die ca. 20 Medaillons von allen Seiten dünn mit
Dijon-Senf	einpinseln und mit
Salz, Pfeffer	würzen. Die Medaillons jeweils mit einer Scheibe von
ca. 20 Scheiben Schinken*..........	umwickeln und mit der Nahtstelle nach unten in eine leicht gefettete Auflaufform legen. Für die

Sauce:

3 Zwiebeln, geviertelt ½ Bund Petersilie, abgezupft..........	in den Mixtopf geben und **5 Sekunden/Stufe 5** zerkleinern.
50 g Butter	zufügen und die Zwiebeln **5 Minuten/Dampfgaren/Stufe 1** andünsten.
150 g Kräuterfrischkäse, z.B. Bresso 60 g Kräuterschmelzkäse 250 g Milch 1 TL Bindobin (Eiweißgericht) oder alternativ 25 g Mehl (Kohlehydrat) 1 Brühwürfel (für 0,5 l Flüssigkeit) ⅛ TL Pfeffer ¼ TL Muskat	in den Mixtopf geben und **6 Sekunden/Stufe 5** mischen, dann **5 Minuten/90°C/Stufe 2** zu einer Sauce einkochen, anschließend **30 Sekunden/Stufe 10** pürieren.
2 EL eingelegten grünen Pfeffer ..	zur Sauce geben und **20 Sekunden/Stufe 3** mischen. Die Sauce über die Medaillons geben und die Masse sofort im vorgeheizten Backofen **30 Minuten** bei **200°C Heißluft** garen. Sofort und heiß servieren.

Tipp: Sehr lecker! Wenn Sie sehr auf „geräuchert" stehen, sollen Sie unbedingt geräucherten Schinken verwenden. Wenn Ihnen das Räucher-Aroma zu dominant ist, nehmen Sie einfach luftgetrockneten und ungeräucherten Schinken. Schweinelendchen müssen zwar „durch" - aber eben wirklich nur „auf den Punkt" durch sein, sonst werden sie schnell trocken. Haben Sie einen Kerntemperaturfühler? Bei 65°C ist es perfekt!

Dazu passen Gnocchi, Bandnudeln, Spätzle (alles Kohlehydrate) und ein grüner Salat (Eiweißgericht). Mit der Fleischmenge kriegen Sie 6-8 Personen satt.

Kasseler-Topf Hawaii (Eiweißgericht, glutenfrei)

Bitte beachten: Das fertig vorbereitete Gericht sollte **4-5 Stunden**, besser **über Nacht** im Kühlschrank ziehen!

100 g Gouda, mittelalt ...... in den Mixtopf geben und **5 Sekunden/Stufe 5** zerkleinern und umfüllen.

1 Dose Ananasscheiben (570 g Abtropfgewicht, ohne Zucker im eigenen Saft) ...... abgießen. Den Saft auffangen und die Ananasscheiben in einem verschlossenen Topf bis zum nächsten Tag beiseite stellen.

½ Bund Petersilie ...... in den Mixtopf geben und **4 Sekunden/Stufe 5** zerkleinern.

200 g Zwiebeln, geviertelt ...... dazu geben und **4 Sekunden/Stufe 5** zerkleinern.

200 g Sahne
250 g Schmand
1 TL Salz
1 TL Bindobin (Eiweißgericht, glutenfrei) oder alternativ 3 TL Speisestärke (Kohlehydrat mit Gluten)
100 g Ananassaft (aus der Konserve)
½ TL Pfeffer
½ TL Muskat
1 TL Paprika edelsüß ...... hinzufügen und **15 Sekunden/Stufe 4-5** glatt rühren.

1 kg Kasseler, ausgelöst ...... in 8-10 Scheiben schneiden und nebeneinander in eine gefettete Auflaufform geben.

250 g Champignons frisch und/oder
300 g rote Paprika ...... in mundgerechte Stücke schneiden und über dem Kasseler verteilen. Die Sahnemischung darüber geben und **4-5 Stunden**, am besten **über Nacht,** ziehen lassen.

Die Kasselerpfanne im vorgeheizten Backofen bei **170°C Umluft** oder bei **190°C Ober- und Unterhitze** ca. **30 Minuten** backen.

Nun die Ananasscheiben auf dem Kasseler verteilen.

Den Käse darüber streuen und bei gleicher Backtemperatur ca. **15 Minuten** fertig backen.

In der Zwischenzeit

1 Bund Lauchzwiebeln
250 g Kirschtomaten ...... putzen und über den fertigen Auflauf geben.

Tipp: Ein tolles Partyrezept, das man prima vorbereiten kann. Besonders lecker mit Nudeln oder einfach mit Baguettebrot. Die Menge reicht mit einer solchen Beilage für 8-10 Personen aus.

Schweinefilet mit Champignons (Eiweißgericht, glutenfrei)

1 Schweinelende (à ca. 500 g) ...... in 8-9 gleich große Medaillons teilen und in eine Auflaufform geben.

400 g frische Champignons ...... mundgerecht zerteilen und über den Medaillons verteilen.

1 Brühwürfel (für 0,5 l Flüssigkeit)
1 TL Salz
½ TL Pfeffer
1 TL Paprika edelsüß
1 TL Curry
¼ TL Muskat
1 TL Bindobin (Eiweiß, glutenfrei), oder 15 g Mehl (= Kohlehydrat mit Gluten)
150 g Milch
200 g Schmand ...... in den Mixtopf geben und **5 Sekunden/Stufe 5** vermischen, dann **5 Minuten/90°C/Stufe 2** aufkochen. Die Sauce über den Champignons und dem Fleisch verteilen und alles bei **200°C Ober- und Unterhitze** ca. **30 Minuten** backen. Vor dem Servieren noch einmal umrühren.

Tipp: Ein leckeres Sonntagsessen. Reichen Sie Kartoffeln (Kohlehydrate) mit Gemüse und eine weiße Sauce (aus dem Wundertopf) dazu.

Hackfleischrolle „Cordon-Bleu"

250 g Zwiebeln, geviertelt .... in den Mixtopf geben und **8 Sekunden/Stufe 5** zerkleinern.

2 TL Salz
2 TL körniger Senf
2 TL Paprika edelsüß
1 TL Pfeffer
2 TL Curry
20 g Weizengrieß
1.000 g Hackfleisch .... dazu geben und **1 Minute/Stufe 5** mit Hilfe des Spatels vermischen.

Die Masse etwa in Backblechgröße auf einem (Wegwerf!-)-Backpapier ausbreiten und flach drücken. Nun - abgesehen von ca. 3-4 cm Rand - auf dem „ausgerollten" Hackfleisch

200 g Kochschinken, in Scheiben..... verteilen.

2 EL Paniermehl .... gleichmäßig auf der Kochschinkenfläche verteilen.

200 g Käsescheiben .... darüber verteilen und die Rolle mit Hilfe des Backpapiers stramm zu einer Rolle formen. Die beiden Endstücke gut andrücken, damit der Käse nicht auslaufen kann.

In eine Fettfangschale oder eine entsprechend lange Auflaufform ein neues Stück Backpapier legen (dadurch wird das Handling der fertigen Rolle einfacher!). Die fertige Rolle darauf legen.

Der Mixtopf braucht nicht ausgespült werden. Nun

300 g heißes Wasser
1 Brühwürfel (für 0,5 l Flüssigkeit)..... in den Mixtopf geben und **3-5 Minuten/100°C/Stufe 2-3** auflösen.

Die Brühe neben die Rolle gießen und alles in den vorgeheizten Ofen schieben und bei **180°C Heißluft** oder **200°C Ober- und Unterhitze** ca. **45-50 Minuten** goldbraun backen.

Wenn die Rolle noch nicht braun ist, Temperatur die letzten **10 Minuten** auf **190°C Heißluft** oder auf **210°C Ober- und Unterhitze** erhöhen.

Die Rolle vor dem Anschneiden **5 Minuten** ruhen lassen.

Tipp: Als Fleischgericht reicht diese Menge für ca. 10-12 Personen. Dazu passt prima Salat und Baguette, Pommes frites oder Kartoffeln.

Backofen-Frikadellen (Eiweißgericht)

¼ Bund (ca. 4 Stängel) Petersilie..... in den Mixtopf geben und **3 Sekunden/Stufe 6** zerkleinern.

70 g Röstzwiebeln .... in den Mixtopf geben und **4 Sekunden/Stufe 5** zerkleinern.

500 g gemischtes Hackfleisch
250 g Magerquark
2 Eier
2 TL Senf
2 ½ TL Salz
2 TL Paprika edelsüß
2 TL Currypulver
1 TL Pfeffer
4-5 TL Schnittlauchröllchen......... dazu geben und **1 Minute/Linkslauf/Stufe 3-4** vermischen.

Aus dieser Masse mit zwei Esslöffeln oder einem Eisportionierer kleine Bällchen formen. Die Bällchen auf einem mit Backpapier ausgelegten Backblech verteilen (viel Abstand ist nicht nötig, schließlich werden sie eher kleiner als größer – außerdem wird es sonst zu eng...)

Die Bällchen im nicht vorgeheizten Backofen auf dem 2. Rost von unten bei **180°C Heißluft** in ca. **30-35 Minuten** garen. Wenn sie lecker knusprig aussehen, sind sie fertig...

Tipp: Wenn Sie mich fragen: praktischer als aus der Pfanne! Und es ist kein zusätzliches Anbrat-Fett erforderlich. Und lecker sind sie auch noch!

Vielen Dank für dieses Familienrezept von Gabi S. aus Erkrath!

Oscarreife Hauptrollen mit Fisch

die sich über nette Nebendarsteller freuen

Heringssalat mit Roter Bete (Eiweißgericht, glutenfrei, Foto)

Wenn Sie lieber Milden Matjes oder Hering mögen, sollten Sie unbedingt die Matjesfilets einweichen. Hierzu:

8 Matjes-Filets (ca. 500 g abgetropft - es gehen auch die eingeschweißten aus dem Discounter) .... mit klarem Wasser abwaschen, anschließend mit Küchenpapier trocken tupfen und in einer gut schließenden Kunststoffschüssel mit

250 g Buttermilch...................... übergießen. So mindestens **1 Stunde** (oder besser noch **über Nacht**) stehen lassen. (Auf diese Weise wird der Matjes entsalzt und wesentlich bekömmlicher.)

Wenn Sie „nie genug Salz" bekommen können, können sie die Matjesfilets auch ohne Einweichen einfach abwaschen und trocken tupfen.

Nach der „Einweichzeit":

1 kleine Zwiebel, geviertelt
2 Stängel Dill, abgezupft .... in den Mixtopf geben und **6 Sekunden/Stufe 6** zerkleinern. Die Masse noch einmal nach unten schieben.

150 g rote Bete, z.B. kleine Kugeln (ganz, eingelegt oder gekocht in Stücken - jeweils abgetropft
1 Apfel, geviertelt
10 g Zitronensaft....................... in den Mixtopf geben und **2 Sekunden/Stufe 4** zerkleinern. Etwa 2/3 der (gut aussehenden!) Masse umfüllen und beiseite stellen (weniger hübsche oder zu große Stücke können Sie drin lassen, die werden noch weiter zerkleinert).

150 g Schmand oder Saure Sahne
100 Salatcrème, z.B. Miracel Whip
¼ TL Salz
⅛ TL Pfeffer .... zum Rest im Mixtopf geben und **5 (-10) Sekunden/Stufe 4-5** nicht zu fein zerkleinern und vermischen.

Die Matjes-Filets abgießen (die Buttermilch können Sie entsorgen) und mit Küchenpapier abtupfen.

Die Matjes-Filets nun in mundgerechte Würfel schneiden. Zusammen mit der zerkleinerten Apfel-Rote-Bete-Mischung in den Mixtopf geben und so kurz wie möglich, ca. **5-10 Sekunden/Linkslauf/Stufe 2** mit Hilfe des Spatels untermischen. Gut gekühlt servieren.

Tipp: Ergibt zusammen mit Pellkartoffeln oder leckerem Brot (beides Kohlehydrate) ein prima Hauptgericht!

Und nur so nebenbei: perfekt für ein Brunch oder auch ein „Katerfrühstück", z.B. am Neujahrsmorgen...

Als Dip zu Pellkartoffeln reicht diese Menge für 4 Personen aus. (Als Brotaufstrich zu einer „vorwiegend Brot-Mahlzeit) - sind es ca. 16-18 Portionen.)

Lachs-Timbalen (Eiweißgericht, glutenfrei, Foto)

500 g Lachsfilet, ohne Gräten (frisch oder angefroren)
200 g Magerquark
100 g Doppelrahmfrischkäse
1 TL Salz
½ TL Pfeffer
2 Eier .... in den Mixtopf geben und zuerst **10 Sekunden/Stufe 8** zerkleinern, dann **1 Minute/Stufe 10** fein pürieren. Dabei ganz langsam hochdrehen und die ganze Zeit den Spatel an den Topfrand halten, damit die Masse gut durchgemischt ist. Eine 12 Mulden Muffinform großzügig mit

30 g zimmerwarmer Butter .... auspinseln. Jeweils 1 Esslöffel Teig in jede Muffinform füllen und flach streichen.

Zum restlichen Teig im Mixtopf

2 EL 8-Kräuter-Mischung (TK) ..... geben und **30 Sekunden/Stufe 4-5** langsam hochdrehen. Den restlichen Teig auf dem „rosa Lachsteig" verteilen. Die Formen werden etwa zu ¾ voll. Den Teig wieder glatt streichen und im vorgeheizten Backofen bei **155°C Heißluft** ca. **20 Minuten** garen. Der Teig geht in den Muffinformen stark auf, fällt aber nach dem Backen wieder zusammen (das ist aber normal).

Nach dem Garen die Muffinformen noch ca. **5 Minuten** stehen lassen und dann aus den Formen stürzen.

Tipp: Schmeckt sehr gut zu Kartoffeln, Kartoffelbrei oder als Vorspeise zum Salat. Dazu können Sie auch einen Sahnequark-Dip reichen: 250 g Sahnequark mit 150 g Saurer Sahne und 1 EL grünem oder rotem Pfeffer verrühren und mit 1 TL Salz abschmecken.

Kleine edle Lachs-Krabben-Bällchen (Reste-Fest: Toastbrot)

2 ½ Scheiben Toastbrot, in Stücken 1 TL Paprika edelsüß 2 TL Brühepulver	in den Mixtopf geben und **10 Sekunden/Stufe 8** zerkleinern und mischen.
4 Schalotten 40 g Butter, in Stücken	zugeben und **5 Sekunden/Stufe 5** zerkleinern.
250 g Räucherlachs 1 Ei (Größe L)	zugeben und **30 Sekunden/Stufe 5** miteinander vermengen, eventuell zwischendurch die Masse vom Rand auf das Messer zurück schieben.
200 g Krabben, gegart	dazu geben und **30 Sekunden/Linkslauf/Stufe 3** vermischen. Sollte sich der Teig noch nicht formen lassen, geben Sie bitte noch
Paniermehl	dazu. Nun mit feuchten Händen 8 größere oder ca. 12-16 kleine Bällchen formen und diese in heißem
Butterschmalz	in der Pfanne bei mittlerer Hitze goldbraun braten.

Tipp: „Zu dritt" aufgespießt auf einem Schaschlik-Spieß oder auf kleinen Cocktail-Spießchen sehen die Edlen Lachs-Krabben-Bällchen besonders hübsch aus. Servieren Sie dazu einen Dip mit Sauerrahm oder einen leichten Kartoffelsalat und reichen Sie die Bällchen als hübsche Vorspeise oder Amuse-Gueulle für 6-10 Personen. So edle Zutaten sollten einfach „allein stehen" – und nicht z.B. in Kartoffelbrei ertränkt werden.

Eine sehr schöne Idee für Fingerfood oder als Tapas!

Matjes-Topf (Foto, Eiweißgericht, glutenfrei, Reste-Fest: 3 hart gekochte Eier)

12 Matjes-Filets, 750 g abgetropft	mit klarem Wasser abwaschen und mit Küchenpapier trockentupfen. Anschließend in eine Schüssel legen und mit
250 g Buttermilch.......................	übergießen. Die Matjesfilets **1 Stunde** besser **über Nacht** stehen lassen. (Das macht sie bekömmlicher und entsalzt die Matjesfilets.) Anschließend abspülen und gründlich abtropfen lassen bzw. mit Küchenpapier trocken tupfen. (Nach Geschmack in mundgerechte Stücke schneiden, siehe Tipp.) Die Buttermilch können Sie wegschütten.
½ Gemüsezwiebel (ca. 250 g)........	in Stücken in den Mixtopf geben und **4 Sekunden/Stufe 5** zerkleinern.
3 säuerliche Äpfel, ca. 350 g, nach Geschmack geschält oder nicht, geviertelt 1 Salatgurke, ca. 300 g entkernt, in Stücken, nach Geschmack geschält 3 hartgekochte Eier, kalt und geschält 1 TL Salz 1 TL Dijon-Senf 1 TL Zucker ⅛ TL Pfeffer 15 g Zitronenessig......................	dazu geben und **3-4 Sekunden/Stufe 4(-5)** nicht zu fein mit Hilfe des Spatels zerkleinern.
400 g Schmand 150 g Naturjoghurt....................	hinzufügen und **10 Sekunden/Linkslauf/Stufe 2-3** mit Hilfe des Spatels vermischen. Die Matjesfilets abwechselnd mit der Marinade in eine Schüssel schichten und mindestens **3 Stunden** durchziehen lassen.

Tipp: Sollten Sie den Matjes schneiden oder nicht schneiden? Ich finde es am besten, den Fisch für ein Hauptgericht, z.B. mit Kartoffeln „ganz" zu lassen.

Für ein Buffet oder als „Goodie" zum Brot-Abendessen finde ich die klein geschnittene Version besser... Dazu schmecken übrigens gekochte Kartoffeln oder Pellkartoffeln (für ein Hauptgericht) oder knuspriges Brot (für ein Abendessen) ganz ausgezeichnet!

Diese Version mit Naturjoghurt ist sehr frisch und etwas leichter. Wenn Sie mit dem Wort „Matjes-Topf" eher eine Sahne-Sauce verbinden, sollten Sie auch den Naturjoghurt durch Schmand ersetzen.

Pangasiusfilet mit Kräuter-Käsekruste (Foto, Reste-Fest: 2 Eigelb)

1000 g Pangasiusfilet ... säubern und mit einem Küchenkrepp trocken tupfen, dann mit

Salz
Zitronensaft
Pfeffer ... von beiden Seiten würzen und auf einem mit Backpapier ausgelegten möglichst tiefen Backblech nebeneinander verteilen.

Für die

Kräuterkruste

40 g Toastbrot, in Stücken
80 g Parmesan, in Stücken
½ TL Salz
⅛ TL Pfeffer ... in den Mixtopf geben und **20 Sekunden/Stufe 8-9** zerkleinern.

2 Eigelb
50 g Butter, weich ... dazu geben und langsam auf **40 Sekunden/Stufe 4** hochdrehen.

1 Bund Basilikum, abgezupft
30 g Pinienkerne ... hinzufügen und **10 Sekunden/Stufe 4** miteinander vermischen. Die Basilikumblätter sollten noch stückig sein.

Die Masse gleichmäßig auf den Pangasiusfilets verteilen und den Fisch im vorgeheizten Backofen bei **180°C Ober- und Unterhitze** oder **165°C Heißluft** in ca. **20-25 Minuten** garen.

Am Schluss eventuell noch den Grill zuschalten, damit die Kruste etwas braun wird. (Das geht recht schnell, wenn Sie das Backblech direkt unter den Grill schieben, also nicht zu weit weg gehen...)

Tipp: Diese Menge reicht für 6-8 Personen aus. Superlecker! Da waren sich absolut alle einig!

Dazu passen übrigens ganz prima die Zitronenkartoffeln aus dem Beilagen-Kapitel dieses Bandes. Sie können beides auch gleichzeitig garen. Sie müssen nur etwa **5-10 Minuten** mehr Garzeit für die Kartoffeln einplanen, als im Rezept angegeben ist, da der Backofen durch den Fisch wieder abgekühlt wird.

Bitte schalten Sie unbedingt den Ofen auf Heißluft (und auch die niedrigere Temperatur, da mehrere Bleche oder Etagen im Ofen nur bei Heißluft funktionieren! Die Kartoffeln auf der höchsten Einschubleiste, Fisch auf der untersten Einschubleiste.

Hauptrollen ganz vegetarisch

Frühlingszwiebel-Blumenkohl (Foto)

50 g Butter	in den Mixtopf geben und **2 Minuten/100°C/Stufe 1** schmelzen.
1 Bund Frühlingszwiebeln	in 5 mm große Ringe schneiden, dazu geben und **5 Minuten/ Dampfgaren/Stufe 1** andünsten. Alles **umfüllen** und beiseite stellen. Den Mixtopf nicht ausspülen.
500 g Wasser 1 Brühwürfel (für 0,5 l Flüssigkeit)	in den Mixtopf geben. Den Gareinsatz mit
800 g Kartoffeln, in Stücken	in den Gareinsatz geben, den Deckel aufsetzen und verschließen.
1 Blumenkohl, in Röschen	im Dampfgaraufsatz verteilen. Den Garaufsatz aufsetzen und alles **30 Minuten/Dampfgaren/ Stufe 1** garen. (Ein ganzer Blumenkohl - nicht in Röschen- braucht deutlich länger - fast doppelt so lange und er gart nicht so gleichmäßig durch...!) Den Blumenkohl und die Kartoffeln warm stellen. Den Mixtopf ausleeren und den Garsud aufbewahren. Für die
Sauce: 200 g Garsud 200 g Milch 30 g Mehl 1 Brühwürfel (für 0,5 l Flüssigkeit) ½ TL Muskat ¼ TL Pfeffer	in den Mixtopf geben. Die Zutaten **5 Sekunden/Stufe 6** mischen, dann **4 Minuten/100°C/Stufe 2** zu einer Sauce einkochen. Die Frühlingszwiebeln zugeben und **1 Minute/90°C/Linkslauf/Stufe 2** aufwärmen. Die Sauce über die Blumenkohlröschen geben und mit den Kartoffeln servieren.

Tipp: Einfach und doch lecker! Wenn Sie nicht auf Fleisch verzichten möchten: hierzu passen (in der Pfanne gebratene) Frikadellen oder aber Kochschinken- oder Kasseler-Streifen, die Sie zur Sauce geben.

Käse-Nuss-Bratlinge (Reste-Fest: Brot, Vollkornbrot)

300 g altbackenes Brot, kann auch Vollkorn enthalten	in Stücken in den Mixtopf geben und **8 Sekunden/Stufe 5** zerkleinern und umfüllen.
150 g Haselnüsse	in den Mixtopf geben und **8 Sekunden/Stufe 5** zerkleinern und zum Brot geben.
100 g Gouda, mittelalt	in den Mixtopf geben und **3-5 Sekunden/Stufe 5** zerkleinern und zum Brot und den Nüssen geben.
270 g (ca. 4 Stück) Zwiebeln, geviertelt 1 Brühwürfel (für 0,5 l Flüssigkeit)	in den Mixtopf geben und **4 Sekunden/Stufe 5** zerkleinern.
25 g Rapsöl	dazu geben und **3 Minuten/Dampfgaren/Stufe 1** andünsten.
1 TL Kräutersalz ¼ TL Pfeffer 2 Eier (Größe M)	sowie das Brot, den Käse und die Nüsse dazu geben und alles **20 Sekunden/Stufe 5** vermischen. Anschließend ca. **10 Minuten** quellen lassen. (Sollte der Teig fest werden, formen Sie bitte mit der Hand flache Bratlinge. Wie flüssig der Teig ist, hängt unter anderem von der verwendeten Brotsorte ab.) Eine Pfanne bei mittlerer Hitze (die Bratlinge werden ansonsten schnell zu dunkel!) mit
Sonnenblumenöl	erhitzen. Wenn der Teig relativ flüssig ist, jeweils gut 1-2 Esslöffel der Masse - oder eben die geformten Bratlinge - bei mittlerer Hitze goldbraun braten.

Tipp: Ein Kinder-Rezept von Anke Lambert, von dem sie überhaupt nicht erwartet hatte, dass ihre Tochter sich dadurch begeistern lassen würde - aber „au contraire" - sie war begeistert!

Prima für Hamburger oder Cheeseburger. Selbst für Fleischesser ein echter Genuss! Prima aber auch mit Apfelmus (als alternative „Reibeplätzchen") oder auf Schwarzbrot mit Tomaten.

Bulgur-Braten

200 g Reis-Bulgur (fein)
400 g Wasser
1 Brühwürfel (für 0,5 l Flüssigkeit)..... in einen geschlossenen Topf geben und aufkochen, anschließend in der Nachhitze im geschlossenen Topf **30 Minuten** aufquellen lassen – der Bulgur sollte fest und pappig sein.

2 Knoblauchzehen
2 Zwiebeln, geviertelt .... in den Mixtopf geben und **2 Sekunden/Stufe 6** zerkleinern und etwas herunter schieben.

5 g Öl
1 Brühwürfel (für 0,5 l Flüssigkeit)..... dazu geben und **3 Minuten/Dampfgaren/Stufe 1** andünsten.

1 rote Paprika, = 150 g in Stücken .... dazu geben und **5 Sekunden/Stufe 5** zerkleinern.

Den gequollenen Bulgur sowie

2 Eier
200 g Reibkäse
2 TL Senf.................................. dazu geben und **20 Sekunden/Stufe 4-5** mit Hilfe des Spatels zu einem homogenen Teig verarbeiten. Den Teig in eine kleine gefettete Silikon-(Gugelhupf-) Form geben, glatt streichen und im auf **175°C Heißluft** in ca. **45 Minuten** garen.

Tipp: Dazu passen Kartoffeln, Gemüse und eine braune Sauce. Den Bulgur können Sie übrigens auch prima schon am Vortag quellen lassen. Lecker!

Falafel (glutenfrei) - würzige vegetarische Kichererbsen-Bällchen

500 g Kichererbsen, getrocknet ...... **über Nacht** bzw. mindestens **14 Stunden** in

reichlich Wasser .... einweichen. (Der Wasserspiegel sollte etwa doppelt so hoch sein wie die getrockneten Kichererbsen - eher mehr!)

Am nächsten Tag das Wasser abgießen und die Kichererbsen durch ein Sieb geben, abspülen und gründlich abtropfen lassen. Dabei das Sieb noch einige Male gründlich schütteln, damit die Kichererbsen wirklich gut abgetropft werden.

2 Knoblauchzehen
60 g Sesam .... in den Mixtopf geben und **1 Minute/Stufe 10** zerkleinern.

2 Zwiebeln, geviertelt
1 Bund glatte Petersilie, abgezupft
oder frischen Koriander .... sowie die eingeweichten und gut abgetropften Kichererbsen zugeben und alles **2 Minuten/Stufe 8** mit Hilfe des Spatels zerkleinern. Zwischendurch mehrmals den Linkslauf einschalten bzw. die Masse mit dem Spatel vom Rand zurück auf das Messer schieben.

3 Eier (Größe M)
20 g Zitronensaft
½ TL Kreuzkümmel (Cumin)
1 TL Kurkuma
¼ TL Cayennepfeffer
2 TL Salz
1 Prise Muskatblüte
15 g Mais- oder Kartoffelstärke.... dazu geben und **1 Minute/Stufe 5** mit Hilfe des Spatels zu einer homogenen Masse vermischen. Mit 2 Teelöffeln etwa walnussgroße Bällchen formen (eher etwas größer) und diese (nach Geschmack) in

Sesam .... wälzen und gut andrücken. Anschließend ca. **2 Minuten** in heißem

Frittieröl .... bei etwa **175°C** frittieren oder in einer Pfanne mit reichlich heißem Öl von allen Seiten goldbraun backen. Auf einem Küchentuch abtropfen lassen und sofort servieren.

Tipp: Eine herrliche vegetarische Alternative zu Fleisch, die häufig in orientalischen Schnell-Imbissen angeboten wird. Probieren Sie die Falafel als fleischlose Alternative zu Hackbällchen - oder aber Sie essen Sie klassisch in aufgeschnittenem und aufgebackenem Pita-Fladenbrot mit reichlich Salat, Gurke & Tomate und einem Dip, z.B. Tahina (Sesam-Sauce, Hummus [Kichererbsen-Sauce], Zaziki oder süß-sauren Saucen.)

Nuss-Bratling „Nut-Cutlet" [sprich: natt kattlitt](Reste-Fest: altbackenes Brot oder Brötchen)

240 g altbackenes Brot oder Brötchen, in Stücken	in den Mixtopf geben und **15 Sekunden/Stufe 8** zerkleinern und umfüllen. Das Brot sollte in etwa so fein sein wie Paniermehl.
2 Knoblauchzehen 80 g (= ca. 2) Zwiebeln, geviertelt 1 Brühwürfel (für 0,5 l Flüssigkeit) ½ - 1 TL Salz* 1 Bund Petersilie, abgezupft	in den Mixtopf geben und **3 Sekunden/Stufe 6** zerkleinern - „Hochgeschossenes" vom Rand zurück auf das Messer herunter schieben.
60 g Butter	dazu geben und **3 Minuten/Dampfgaren/Stufe 1** andünsten.
500 g gemischte Nüsse (z.B. je mehr verschiedene, desto besser - z.B. Cashew-Nüsse, Erdnüsse, Walnüsse, Mandeln, Haselnüsse - gerne auch einige davon geröstet und gesalzen)	zur Mischung geben und **30 Sekunden/Stufe 7** zerkleinern. Das zerkleinerte Brot dazu geben.
20-40 g Hefe-Extrakt (Reformhaus, z.B. Marmite (ist würziger als z.B.) Vitam-R ½ TL frisch gemahlener Pfeffer 2 Eier (Größe M) 2 TL getrocknete Kräuter, z.B. Pizza-Gewürz oder Kräuter der Provence oder eine Mischung daraus	dazu geben und **1 Minute/Stufe 4-5** vermischen. Eventuell mit dem Spatel nachhelfen.
	Die Mischung abschmecken (eventuell noch Hefe-Extrakt, Salz oder Kräuter zugeben) und zu 8-10 ca. daumendicken „Burgern" formen. [Weil ich rohen Teig - insbesondere Frikadellenteig usw. - nicht „durch den Hals kriege", nehme ich einfach einen Teelöffel der Mischung auf einen kleinen Teller und gare ihn bei voller Leistung kurz in der Mikrowelle. Zwar fehlen die Röstaromen aus der Pfanne und Fett als Geschmacksträger, aber immerhin kann man den Geschmack schon einigermaßen gut einschätzen und gegebenenfalls nachwürzen.]
Butterschmalz oder Öl	Die Nut-Cutlets in einer bei mittlerer Temperatur erhitzten Pfanne mit goldbraun braten. Sofort heiß oder kalt servieren.

Tipp: Superlecker!!! Ein Rezept aus England. Ich finde ja sowieso, dass die englische Küche sehr zu Unrecht in Verruf ist... - Gerade für Vegetarier ist England ein echtes Eldorado!

Sie können die Bratlinge auch klassisch panieren (mit Ei und Paniermehl) - die meisten Testesser fanden die unpanierte Version aber wesentlich besser (und so saugen sie sich auch nicht so mit Bratfett voll... durch die Nüsse sind sie ja schon recht gehaltvoll).

Prima für ein „heiliges Dreifaltigkeits-Menü" - so mit Kartoffeln, Gemüse und Sauce oder auch als Burger zwischen zwei Brötchenhälften mit Käse, Salat, Gurke und Tomate. Auch lecker als kaltes Mitnehm-Lunch oder Picknick. Schmecken heiß und kalt - einfach klasse und dürften auch „eingefleischte Karnivoren" begeistern...

* Die Salzmenge ist abhängig davon, ob Sie gesalzene Nüsse, z.B. gesalzene Erdnüsse nehmen. - Können Sie ruhig! Schmeckt wirklich lecker! Wenn Sie eine 250-g-Packung gesalzene und geröstete Erdnüsse verwenden, benötigen Sie überhaupt kein zusätzliches Salz (nur so als Richtwert...)

Reibekuchen oder **Kartoffelpuffer**

150 g Zwiebeln, geviertelt
1 kg Kartoffeln, in Stücken
10 g Zitronensaft oder ½ TL Vitamin C-Pulver oder 1 Tablette Kaliumdisulfit (gibt's z.B. als „Onewe" in der Apotheke, siehe Tipp)
2 Eier (Größe M)
40 g Haferflocken (kernig oder zart)
30 g Speisestärke .... in den Mixtopf geben und mit Hilfe des Spatels ca. **10-15 Sekunden/ Stufe 4-5** zerkleinern.

Aus dem Teig in einer Pfanne mit

Öl, neutral, z.B. Sonnenblumenöl oder Rapsöl .... bei mittlerer Hitze flache Plätzchen goldbraun braten. Dazu jeweils ca. 1-2 EL des Teigs in das heiße Öl gießen und die Reibekuchen etwas flach drücken. Wenn die eine Seite braun ist, mit einem breiten Pfannenheber wenden.

Frisch aus der Pfanne schmecken Reibekuchen besonders lecker. Wenn Sie sie warm halten müssen, dann können Sie sie auf ein Backblech geben (möglichst nebeneinander, nicht übereinander) und bei 140°C Heißluft im Backofen lagern.

Tipp: Meine Mutter hat übrigens immer eine Schicht (altbackenes) Brot unter die fertig gebackenen Reibekuchen auf die Servierplatte gelegt, damit das Brot das überschüssige Fett aufsaugen kann. Mit den Brotscheiben kann man die Servierplatte auch in den Backofen schieben (gesetzt der Fall, sie ist ofenfest) - ansonsten, d.h. direkt mit der Servierplatte auf den Tisch (ohne Warmhalten im Backofen) geht die „Fettabsaugung" auch mit Küchenrollentüchern... (das Brot wird anschließend entsorgt).

Durch Onewe (Kaliumdisulfit = Lebensmittelzusatzstoff E 224) können Sie (obschon es ja wirklich im Wundertopf keine Arbeit ist...) den Reibekuchenteig schon 24 Stunden im Voraus vorbereiten, ohne dass er braun wird. Perfekt zum Beispiel, wenn man eine „Reibekuchen-Party" machen möchte. Der Teig wird wirklich überhaupt nicht braun (was man durch Zitronensaft oder Vitamin C-Pulver nicht ganz verhindern kann.) Wenn Sie Onewe beimischen wollen, können Sie ½ - 1 Tablette (entspricht etwa 1 mg Kaliumdisulfit) vor der Zubereitung im trockenen Mixtopf 20 Sekunden/Stufe 10 pulverisieren. Eine Tablette reicht auch für die doppelte Teigmenge.

Man verwendet Kaliumdisulfit auch bei Gemüse, z.B. Sellerie, Blumenkohl, Schwarzwurzeln, geriebenem Meerrettich oder für Kernobst wie Äpfel und Birnen. Ebenfalls bei der Wein- oder Saftherstellung. Es ist geschmacksneutral. Ich habe den Zusatzstoff kennengelernt, als wir „für die Mannschaft" - und ich spreche hier von 30 Personen - Reibeplätzchen gebacken haben. Da war ich mit meinem schnellen Rezept (und vor allem der schnellen Zubereitung) natürlich „der Renner"... Als Beschäftigungstherapie und für die Optik der nicht Wundertopf-Kenner haben wir die Kinder noch einen Teil der Kartoffeln mit der Hand reiben lassen und dann alles in einem Riesenbottich vermischt... Es gab einfach Apfelmus und Sour Cream (siehe Kapitel Saucen) & Räucherlachslachs dazu und alle waren bestens zufrieden!

Vorspeisen, Süppchen & Party-Food

lecker vegetarisch

Spargelsuppe (Foto: Vorseite)

500 g Garsud idealerweise vom Spargelgaren, ansonsten Gemüsebrühe
500 g Milch
50 g Butter
2 Brühwürfel (für je 0,5 l Flüssigkeit)
½ TL Muskat
30 g Mehl
2 TL Zucker
½ TL Salz .... in den Mixtopf geben und **8 ½ Minuten/100°C/Stufe 3** erhitzen (100°C müssen erreicht sein, die Zeit hängt also davon ab, wie kalt die Zutaten sind)

500 g frischer Spargel (geschält gewogen) in mundgerechten Stücken ..... dazu geben und **16-25 Minuten/100°C/Linkslauf/Stufe 1** garen. Die Garzeit variiert nach der Dicke der Spargelstücke und nach Ihrem Geschmack – ob bissfest oder nicht).

1 Spritzer Zitronensaft .... zugeben.

Tipp: Einfach und immer lecker! Lässt sich prima mit Krabben, Räucherlachs, Kochschinkenstreifen aufpeppen.

Mais-Mascarponecrèmesuppe (Reste-Fest: alte Brötchen)

½ Chilischote ohne Kerne
1 Zwiebel, geviertelt
1 Brühwürfel (für 0,5 l Flüssigkeit)..... in den Mixtopf geben und **5 Sekunden/Stufe 5** zerkleinern, anschließend **3 Minuten/Dampfgaren/Stufe 1** andünsten.

340 g Maiskonserve (mit Saft!)
1 Brötchen vom Vortag, in Stücken (oder alternativ 20 g Mehl)
½ TL Muskat
¼ TL Pfeffer
¼ TL Salz
500 g Wasser .... zugeben und **10 Minuten/100°C/Stufe 2** erhitzen. Anschließend

100 g Mascarpone .... hinzufügen und **1 Minute/Stufe 10** pürieren. Sofort servieren.

Tipp: Unglaublich crèmig und lecker! Die Suppe macht sich auch sehr gut mit Räucherlachsstreifen serviert! Der Mais macht die Suppe noch einmal richtig schön sämig und superlecker!!

Kartoffel-Spitzkohl-Suppe (milchfrei, glutenfrei)

2 große Zwiebeln, geviertelt
1 Knoblauchzehe .... in den Mixtopf geben und **6 Sekunden/Stufe 6** zerkleinern.

10 g Öl .... zugeben und **4 Minuten/Dampfgaren/Stufe 1** andünsten.

2 Brühwürfel (für je 0,5 l Flüssigkeit)
350 g Kartoffeln, mundgerecht
350 g Spitzkohl, mundgerecht
1 TL Salz
1000 g Wasser
1 TL Zucker .... dazu geben. Der Topf ist zuerst sehr voll. Anschließend **30 Minuten/100°C/Linkslauf/Stufe 1** garen (mit eingesetztem Messbecher).

1 EL milde Currypaste
200 g ungesüßte Kokosmilch oder Sahne.................................... zugeben. **20 Sekunden/Linkslauf/Stufe 1** mischen und sofort servieren.

Tipp: Wenn die Suppe etwas dicker sein soll, sollten Sie 2 TL Speisestärke mit 1 EL Wasser verrühren und in der letzten Garminute zugeben. Sehr lecker!

Lecker vegetarisch!

Orangen-Tomatensuppe (low fat)

1 Gemüsezwiebel, in Achteln, ca. 200 g 1 Knoblauchzehe 1 Chilischote (ohne Kerne)	in den Mixtopf geben und **6 Sekunden/Stufe 6** zerkleinern.
30 g Olivenöl	dazu geben und **3 Minuten/Dampfgaren/Stufe 1** andünsten.
70 g Tomatenmark 20 g Mehl 800 g geschälte Tomaten aus der Konserve mit Saft oder 800 g frische Tomaten, geviertelt ohne Strunk 400 g Orangensaft 2 Brühwürfel (für je 0,5 l Flüssigkeit) 1 TL Salz ¼ TL Pfeffer 1 TL Zucker	hinzufügen, zuerst **6 Sekunden/Stufe 6** zerkleinern und **14 Minuten/100°C/Stufe 2-3** aufkochen. Dann **30 Sekunden/Stufe 10** pürieren. Nach Ende der Garzeit
½ Bund frisches Basilikum	dazu geben und **10 Sekunden/Stufe 10** zerkleinern.
½ Bund frisches Basilikum	in feine Streifen schneiden und über die Suppe streuen.

Tipp: Sehr fruchtig und erfrischend. Eine leckere „Vorsuppe" für ein herzhaftes Hauptgericht (das am besten auch mit Knoblauch sein sollte).

Mozzarella-Tomatensuppe (glutenfrei, Eiweißgericht, low fat)

1 Knoblauchzehe 2 Zwiebeln, geviertelt	in den Mixtopf geben und **4 Sekunden/Stufe 5** zerkleinern.
5 g Öl	zugeben und **3 Minuten/Dampfgaren/Stufe 1** andünsten.
500 g passierte Tomaten 500 g Tomaten- oder Gemüsesaft 1 TL Zucker (oder 8 Tropfen Süßstoff) 2 Brühwürfel (für je 0,5 l Flüssigkeit) ½ TL Pfeffer	dazu geben und **10 Minuten/100°C/Stufe 2** erhitzen. In der Zwischenzeit
15 Oliven, ohne Stein	halbieren und
1 Kugel Mozzarella, light	würfeln. Oliven und Mozzarella auf vier vorgewärmten Tellern verteilen. Nun
1-2 EL frische italienische Kräuter, vorwiegend Basilikum, einige Blätter Thymian, einige Blätter Oregano	zur Suppe geben und **8 Sekunden/Stufe 8** zerkleinern. Die heiße Suppe auf die Oliven und den Käse geben und sofort servieren.

Tipp: Supergut! Lecker, leicht und echt italienisch! Dazu passt besonders gut frisches Baguette. Garnett T. aus Kiel, der ich von ganzem Herzen für dieses leckere Rezept danke, schrieb mir, dass es besonders Kindern schmeckt, die ungern Gesundes essen. Meine süßen Sonderexemplare sind allerdings noch nicht im passenden Alter dafür. Im Moment denke ich, dass sie sicher erst 18 oder vielleicht auch 26 werden müssen, so pingelig sind sie...

Ich finde die Suppe prima und bin sicher, dass „meine Jungs" sie (auch) eines Tages (...) zu schätzen wissen!

Spargelsuppe mit Blauschimmelkäse (glutenfrei)

750 g Spargel ... schälen, holzige Enden abschneiden, schräg in kleine Stücke schneiden und in den Gareinsatz füllen. (die Spargelspitzen in den Dampfgaraufsatz legen).

800 g Wasser
1 EL Gemüsebrühe
20 g Butter
1 TL Salz
1 TL Zucker ... in den Mixtopf geben, Gareinsatz einhängen, Topf verschließen, Dampfgaraufsatz aufsetzen und **20 Minuten/Dampfgaren/Stufe 1** garen. Den Gareinsatz herausnehmen und mit den Spargelspitzen zusammen warm stellen.

100 g Blauschimmelkäse, z.B. Gorgonzola, Roquefort ohne Rinde
30 g Kartoffelstärke
1 TL Estragon (frisch) oder ¼ TL getrocknet
⅛ TL Pfeffer ... zugeben und **6 Sekunden/Stufe 6** mischen, dann **2 Minuten/90°C/Stufe 3** stocken lassen.

3 EL trockener Sherry
100 g Crème fraîche ... dazu geben und **30 Sekunden/Stufe 8** aufschäumen, eventuell noch einmal abschmecken. Die Suppe in eine vorgewärmte Terrine füllen, die Spargelstücke zugeben und sofort servieren.

Tipp: Außergewöhnlich, einfach und lecker!

Peking-Suppe süß-sauer-scharf (low fat, glutenfrei)

1 Zwiebel, geviertelt
1 walnussgroßes Stück Ingwer in 2 mm dicken Scheiben ... in den Mixtopf geben und **5 Sekunden/Stufe 5** zerkleinern.

20 g Sesamöl ... dazu geben und **3 Minuten/Dampfgaren/Stufe 1** andünsten.

4 EL Sojasauce (wenn Sie haben 2 EL helle und 2 EL dunkle)
1 EL Tomatenmark
25 g Speisestärke
3 EL Reisessig
2 EL Zucker
1 Prise Salz
1 EL Gemüsebrühenpulver
1 TL Sambal Oelek
1000 g Wasser ... hinzufügen und **10 Sekunden/Stufe 6** mischen, dann **13 Minuten/100°C/Stufe 2** aufkochen.

120 g Bambussprossen
5-6 kleine Maiskölbchen, in 1 cm dicken Scheiben
100 g Sojasprossen
50 g Chinakohl, in mundgerechten Streifen ... zugeben und **5 Minuten/100°C/Linkslauf/Stufe 2** aufkochen.

Tipp: Wenn Sie die Suppe noch mit Ei anreichern möchten, können Sie in die fertige Suppe (direkt nach dem Linkslauf Stufe 2) noch 2 verquirlte Eier einlaufen lassen und die Suppe ca. 5 Minuten ruhen lassen, damit das Ei vollständig stocken kann. Anschließend mit dem Spatel das Ei etwas zerkleinern und sofort servieren.

Mit dieser Suppe macht Christiane London gleich 4 Personen glücklich. Sie mag außergewöhnliche und exotische Rezepte und wollte Ihren Gaumen ebenfalls damit erfreuen. Ich sage DANKE und freue mich schon sehr auf ihr nächstes Rezept!

Brokkoli-Möhren-Suppe mit Camembert (low fat, glutenfrei, Foto)

1 Zwiebel (ca. 70 g, geviertelt)..........	in den Mixtopf geben und **5 Sekunden/Stufe 5** zerkleinern.
10 g Butter	dazu geben und **3 Minuten/Dampfgaren/Stufe 1** andünsten.
500 g Brokkoli, ungeputzt gewogen	putzen. Die Röschen in mundgerechte Stücke teilen oder schneiden, den Strunk putzen und schälen (nur den Strunk!) und in Stücken in den Mixtopf geben. Die Röschen in (wirklich kleinen!) mundgerechten Stücken in den Dampfgaraufsatz legen.
300 g Möhren, ungeputzt gewogen.......	schälen. Etwa ein Drittel der Möhren in ca. 1 mm dünne dekorative Scheiben schneiden und in den Dampfgaraufsatz verteilen. Die übrigen 2/3 der geputzten Möhren zum Strunk und zu den Zwiebeln geben. Alles **6 Sekunden/Stufe 5** zerkleinern.
500 g Wasser 1 Brühwürfel (für 0,5 l Flüssigkeit) ½ TL Salz 1 TL Zucker ½ TL Muskatnuss ¼ TL Pfeffer 30 g (Natur)-Reis	dazu geben. Den Mixtopf verschließen, den Dampfgaraufsatz aufsetzen und alles **22 Minuten/Dampfgaren/Stufe 1** garen.
70 g Camembert, in Stücken	zur Suppe geben. Den Messbecher einsetzen und alles **1 Minute/Stufe 10** pürieren. Das gegarte Gemüse zur Suppe geben und alles vermischen. Die Suppe sofort heiß servieren.

Tipp: Die Suppe schmeckt prima mit Croûtons (in Butter gerösteten Brotwürfeln) oder Baguette. Ein echter Hit für jeden, der gerne Camembert isst! Schmeckt (auch mit der geringen Menge!) schon sehr nach „Frankreich"... Die Suppe reicht als Hauptgericht für 4 Personen, als Vorsuppe für 6-8 Personen.

Thailändische Currysuppe (Foto, Partymenge: ca. 6-7 Liter, Foto, glutenfrei, milchfrei)

2 walnussgroße Stücke Ingwer, in 2 mm dicken Scheiben
3 Knoblauchzehen .... in den Mixtopf geben und **6 Sekunden/Stufe 6** zerkleinern.

3 Brühwürfel (für je 0,5 l Flüssigkeit)
2 ½ TL Salz
100 g Basmatireis
800 g Kokosmilch (ungesüßt) .... zusammen unten in den Mixtopf füllen (der Reis dient nur zum Andicken und wird nachher mit püriert). Den Mixtopf bis zur 2-Liter-Markierung mit

ca. 900 g Wasser .... aufgießen und verschließen.

ca. 1000-1500 g Gemüse in mundgerechten Stücken (z.B. Paprika, Blumenkohl, Pilze – gerne auch chinesische – Zwiebeln, Kohlrabistreifen, Lauchzwiebeln, Erbsen, Karotten, Brokkoli, Zucchini, etc.) .... in den Dampfgaraufsatz legen – machen Sie ihn ruhig richtig voll, achten Sie aber bitte auf genügend Dampflöcher!!! Den Mixtopf verschließen, den verschlossenen Dampfgaraufsatz aufsetzen und alles **30 Minuten/ Dampfgaren/Stufe 1** garen.

250 g chinesische Vermicelli-Reis-Glasnudeln................................ in eine 6-7 Liter fassende (am besten vorgewärmte) Terrine geben und mit

1,6 Liter sprudelnd kochendem Wasser .... übergießen und ca. **3 Minuten** quellen lassen. In der Zwischenzeit den Inhalt des Mixtopfes mit

60 g Sojasauce
2 EL milde Currypaste................ anreichern und **30 Sekunden/Stufe 10** pürieren. Die gequollenen Glasnudeln mit einer sauberen Küchenschere (das geht besonders einfach!) in mundgerechte nicht länger als 5 cm lange Stücke schneiden.

Nun die Hälfte des Mixtopf-Inhalts zu den gequollenen Nudeln in und mit ihrem Einweichwasser geben zum Rest im Mixtopf

300 g Sojasprossen .... geben und **2 Minuten/100°C/Linkslauf/Stufe 2** erwärmen (nötigenfalls mit dem Spatel) unter die Suppe mischen. Anschließend mit dem Gemüse aus dem Dampfgaraufsatz in die große Terrine füllen. Noch einmal abschmecken (eventuell mit Sojasauce) und sofort servieren.

Tipp: Dieses Rezept beantwortet die Frage, wie Sie aus einem Wundertopf in einem Durchgang gleich 6-7 Liter Suppe kochen können.

Eine perfekte Partysuppe, mit der Sie (wenn es nichts anderes gibt) gut und gerne 20 Personen satt kriegen dürften. Reichen Sie dazu „Krabbenchips" (die gibt es im Asia-Laden oder im gut sortierten Supermarkt). Besonders klasse ist: die Suppe ist vegetarisch aber sie freut sich auch sehr über z.B. gegartes Hähnchenfleisch, Scampis oder gebratenes Hackfleisch, dass Sie ganz nach Gusto daneben stellen können! – So haben sowohl Fleisch-, als auch Fischesser und Vegetarier richtig Spaß am Essen.

Foto: Thailändische Currysuppe

Tomatensuppe aus frischen Tomaten (low fat, glutenfrei)

2 Zwiebeln, geviertelt 2 Knoblauchzehen	in den Mixtopf geben und **5 Sekunden/Stufe 5** zerkleinern.
10 g Olivenöl 5 TL Gemüsebrühenpulver	dazu geben und **3 Minuten/Dampfgaren/Stufe 1** andünsten.
1200 g Tomaten, frisch, mit Schale aber ohne grünen Strunk, geviertelt 1 ½ TL Zucker ½ TL Pfeffer 1-2 gehäufte EL Speisestärke 200 g Tomatenmark 1 TL Salz 1 EL Pizzagewürz	hinzufügen und **30 Sekunden/Stufe 10** mischen, dann **10 Minuten/100°C/Stufe 2** aufkochen.
150 g Kondensmilch oder Kaffeesahne ½ Bund Basilikum, abgezupft.........	zugeben und **20 Sekunden/Stufe 10** zerkleinern. Sofort servieren.

Tipp: Sie werten die Suppe auf, wenn Sie Toast mit Butter bestreichen, frisch geriebenen Parmesan darüber streuen und das Ganze unter dem Grill gratinieren. Überhaupt macht sich auch so frisch geriebener Parmesan ganz prima über dieser Suppe. Sie können aber auch Reis- oder Nudelreste in der Sauce „verschwinden lassen" und machen sie damit noch sättigender.

P.S.: Beim Pürieren merken Sie, ob Sie einen neuen Dichtungsring brauchen... Bei mir war es zumindest leider so....

Die perfekte Suppe wenn Sie einen eigenen Garten haben und irgendwann im Sommer nicht mehr wissen, wohin mit Ihren leckeren eigenen Tomaten! Wenn Sie keine frischen Tomaten haben, können Sie auch dieselbe Menge Tomaten aus der Konserve inklusive dem Konserven-Saft werwenden.

Paprika-Parmesan-Suppe (Foto)

100 g Parmesankäse, in Stücken.....	in den Mixtopf geben, **10 Sekunden/Stufe 10** zerkleinern und umfüllen. Sie müssen den Mixtopf nicht ausspülen.
30 g Mehl 30 g Butter	in den Mixtopf geben und **3 Minuten/100°C/Stufe 2** anschwitzen.
350 g rote Paprika, in Stücken (entspricht etwa 500 g ungeputzt)	dazu geben und **8 Sekunden/Stufe 7** zerkleinern.
500 g Wasser 2 Gemüsebrühwürfel 1 TL Kräutersalz 2 TL Paprika edelsüß ⅛ TL Cayenne-Pfeffer	hinzufügen und alles **10 Minuten/100°C/Stufe 2** garen.
50 g Sahne	sowie 75 g des geriebenen Parmesans dazu geben und die Suppe **30 Sekunden/Stufe 9** pürieren. Die Suppe mit dem restlichen Parmesan bestreut servieren.

Tipp: Wenn Sie die Suppe vorbereiten möchten, lassen Sie bitte den letzten Schritt (Sahne und Parmesan zufügen) bis kurz vor dem Servieren weg. Ansonsten setzen der Käse und die Sahne im Topfboden schnell an, wenn Sie sie wieder aufwärmen!

Die Suppe ist übrigens sehr lecker und sättigend – eine herrliche Vorsuppe für 4 Personen, die im Grunde nur noch einen sättigenden Nachtisch braucht…

Lecker vegetarisch!

Orientalische Spinatsuppe (milchfrei, glutenfrei)

2 Zwiebeln 1 Knoblauchzehe 1 walnussgroßes Stück Ingwer in 1-2 mm dünnen Scheiben	in den Mixtopf geben und **5 Sekunden/Stufe 6** zerkleinern.
10 g Öl 1 EL Curry 1 Msp. Koriander	dazu geben und **3 Minuten/Dampfgaren/Stufe 1** andünsten.
450 g Blattspinat	zugeben und **10 Sekunden/Stufe 8** zerkleinern.
2 Brühwürfel (für je 0,5 l Flüssigkeit) ½ TL Muskat 10 g Speisestärke ⅛ TL Pfeffer 500 g Wasser	zufügen und **15 Minuten/100°C/Stufe 2** kochen.
200 g Kokosmilch	zur Suppe geben und **20 Sekunden/Stufe 4** vermischen. Die Suppe nach Geschmack **30 Sekunden/Stufe 10** pürieren (dann wird sie durch und durch grün) oder stückig lassen.

Tomaten-Kräuter-Suppe mit Parmesan (low fat, glutenfrei)

50 g Parmesankäse	in Stücken in den Mixtopf geben und **10 Sekunden/Stufe 10** zerkleinern und umfüllen.
½-1 Chilischote (ohne Kerne!) 1 Knoblauchzehen 2 rote Paprika, in Stücken 1 Zwiebel, geviertelt je 1 Bund Basilikum + Petersilie	in den Mixtopf geben und **8 Sekunden/Stufe 5** zerkleinern
20 g Olivenöl	zufügen und **4 Minuten/100°C/Stufe 2** dünsten.
800 g Dosentomaten mit Saft 2 Brühwürfel (für je 0,5 l Flüssigkeit) 2 TL Honig	zufügen, zuerst **12 Minuten/100°C/Stufe 2** kochen lassen, anschließend **20 Sekunden/Stufe 10** pürieren. Zum Schluss eventuell mit
Salz, Pfeffer	abschmecken und mit Parmesan bestreut servieren.

Tipp: Sie können die Suppe prima noch mit Nudel- oder Reisresten aufpeppen – oder Sie servieren Brotcroûtons oder Backerbsen dazu.

Ungarische Apfelsuppe „Almaleves" (low fat, glutenfrei, milchfrei)

400 g Äpfel, geschält, geviertelt 1 TL Zitronenschale ¼ TL Zimt 1 Prise gem. Nelken 1 Prise Salz 40 g Zucker 15 g Speisestärke 1 EL Zitronensaft	in den Mixtopf geben und **5 Sekunden/Stufe 4** zerkleinern.
200 g Wasser 400 g Apfelsaft	dazu geben, zuerst **10 Sekunden/Stufe 3** mischen, anschließend **10 Minuten/100°C/Stufe 2** aufkochen. Die Suppe auskühlen lassen und eiskalt, evtl. mit
Zimtzucker	bestreut, servieren.

Tipp: Diese süße Vorsuppe darf stückig sein. Selbstverständlich können Sie sie auch am Schluss noch **30 Sekunden/Stufe 10** pürieren. Ein wirklich „anderes Mahl" – und im Zweifel können Sie sie ja auch als süße Nachtischsuppe servieren???

Glühende Blumenkohlsuppe (glutenfrei, milchfrei)

450 g Möhren, in Stücken 100 g rote Paprika, in Stücken 2 Brühwürfel (für je 0,5 l Flüssigkeit)..	in den Mixtopf geben und **5 Sekunden/Stufe 5** zerkleinern.
500 g Wasser 3 geh. TL Currypulver oder 1 TL milde Currypaste rot....	dazu geben und **10 Minuten/100°C/Stufe 1** vorgaren, anschließend **1 Minute/Stufe 10** pürieren.
250 g Blumenkohl, in mundgerechten Röschen 50 g Porree / Lauch oder Frühlingszwiebeln, in Ringen 400 g Kokosmilch 1 rote Paprika, in mundgerechten Stücken	dazu geben, zuerst **6 Sekunden/Linkslauf/Stufe 3** vermischen, anschließend **8-9 Minuten/100°C/Linkslauf/Stufe 1** garen.

Tipp: Sehr crèmig und trotzdem mit „etwas zu Beißen". Leichte angenehme Schärfe, durch die die Suppe auch von innen „glüht"...

Crèmesüppchen mit Möhrentagliatelle (glutenfrei)

2 Zwiebeln, geviertelt 1 Knoblauchzehe.......................	in den Mixtopf geben und **6 Sekunden/Stufe 6** zerkleinern.
20 g Butter	dazu geben und **3 Minuten/Dampfgaren/Stufe 1** andünsten.
500 g Möhren (geschält gewogen)	für die Suppe vorbereiten. Wir benötigen ca. 150-200 g „Möhrentagliatelle", d.h. Sie schälen mit einem Sparschäler lange nicht zu breite Streifen (ca. 0,5 – 1 cm) von den Möhren. Legen diese in den Dampfgaraufsatz (damit sie ihre „Form halten und später hübsch angerichtet werden können). Die übrigen 300-350 g Möhren kommen in Stücken in den Mixtopf.
1 kleine Stange Porree (nur der weiße Teil) 1 kleines Stück (ca. 100 g) Sellerie (aus einem Bund Suppengemüse)	in groben Stücken dazu geben und **5 Sekunden/Stufe 5** zerkleinern.
2 Brühwürfel (für je 0,5 l Flüssigkeit) 1 TL Salz ¼ TL weißer Pfeffer 1 TL Zucker 500 g Gemüsefond aus dem Glas (oder anderer ungesalzener (!) Fond) .	dazu geben. Den Mixtopf verschließen. Dampfgaraufsatz mit den „Möhrenspaghetti" aufsetzen und **15 Minuten/Dampfgaren/Stufe 1** garen. Nach Ende der Garzeit den Dampfgaraufsatz beiseite stellen.
200 g Sahne ½ TL Muskat	zur Suppe geben und **30 Sekunden/Stufe 10** pürieren. Die Suppe auf 4-6 Tellern anrichten. Die Suppe mit je 1 TL von
4-6 TL Sahne	spiralig einrühren. Die Möhrenspaghetti wie ein lockeres Wollknäuel darauf legen. Sofort servieren.

Tipp: Ein Augen- und Gaumenschmaus. Sie können die Suppe auch mit Zucchini zubereiten. Dann können Sie vor dem Pürieren noch gut 1 EL frische Kräuter (z.B. Basilikum, Petersilie, wenig Thymian) zugeben, damit die Suppe „noch grüner" wird. Die „Zucchinispaghetti" sollten nur aus dem Zucchini-Fleisch (ohne Kerne) bestehen und am besten einen „grünen Rand" haben. Das sieht dann besonders hübsch aus!

Es ist natürlich eine Suppe, aber Sie sollten trotzdem ruhig ein Messer und eine Gabel dazu legen, weil die Möhrentagliatelle sonst etwas schwierig mit dem Suppenlöffel zu bändigen sind. Wenn Sie in diesem Punkt auf Nummer Sicher gehen möchten, können Sie auch hübsche Formen aus den Möhren schneiden, z.B. Rauten oder mit kleinen Ausstechern Formen ausstechen, die Sie im Dampfgaraufsatz garen.

Asiatisches Gemüsebrühenkonzentrat (low fat, glutenfrei, milchfrei, Foto)

3 Knoblauchzehen
1 Bund Thai-Basilikum (normales Basilikum ist kein Ersatz, wenn Sie keins bekommen, lieber ersatzlos weglassen)
1 Stück Ingwer, so groß wie ½ Banane, geschält ca. 50 g, in Stücken
1 Chilischote, ohne Kerne, wenn Sie's nicht so scharf mögen, in Stücken .... in den Mixtopf geben und **6 Sekunden/Stufe 6** zerkleinern.

250 g Möhren, in Stücken
200 g Lauch, in Stücken
150 g Paprika, rot, in Stücken
150 g Salz .... dazu geben und **20 Sekunden/Stufe 4-5** zu einer homogenen (etwas stückigen) Masse verarbeiten.

20 Minuten/100°C/Stufe 2-3 (der Inhalt im Mixtopf muss sich drehen!) aufkochen. Anschließend **1 Minute/Stufe 10** pürieren.

Die Masse kochendheiß in sterilisierte Gläser füllen, den Deckel sofort verschließen und die Gläser für **5 Minuten** auf den Kopf stellen.

Tipp: Sie können die Masse auch roh (und für ca. 6 Monate im Kühlschrank haltbar) abfüllen. Allerdings ist die rohe Masse unter Umständen etwas faserig. Wenn Sie planen, das Konzentrat roh aufzubewahren, sollten Sie den Ingwer in 1 mm dünne Scheiben schneiden und den Lauch in ca. 0,5 cm dicke Ringe.

Den meisten Testessern (und auch mir persönlich) schmeckte aber die gekochte Variante noch besser - und dann ist sie auch noch viel weniger Arbeitsintensiv. Das „Faser-Problem" löst sich nämlich beim Pürieren ganz von allein und Sie können ruhig größere Stücke nehmen! Das Asia-Gemüsebrühenkonzentrat ist ganz prima, einfach aufgelöst in heißem Wasser oder zur Mitverwendung in der asiatischen Küche. Ganz hervorragend, um genau zu sein! Es ist übrigens auch ein tolles Geschenk für alle Liebhaber der Asia-Küche! Das in sterilisierte Gläser abgefüllte kochende Konzentrat hält sich ungekühlt gut 8 Monate lang.

Ajo blanco – Andalusische Knoblauchsuppe mit Mandeln und Trauben

400 g Mandeln (ungeschält)............	mit
2-3 Liter kochendem Wasser	überschütten oder im Wasser aufkochen lassen. **10-15 Minuten** ziehen lassen. Mit kaltem Wasser abbrausen. Dann die Haut abziehen bzw. die Mandeln aus der Haut „ploppen". Die Haut können Sie entsorgen, die Mandeln geben Sie in den Mixtopf zurück.
2 Scheiben (weißes!) Toastbrot, in Stücken 1 Knoblauchzehe 10-15 g Salz	zu den Mandeln geben und alles **1 Minute/Stufe 6-7** zerkleinern. Zwischendurch die Masse noch einmal auf das Messer zurück schieben.
1 Liter Milch 40 g Sherry 1 TL Essig 1 TL Zucker	zugeben und **1 Minute/Stufe 10** pürieren.
30 g gutes Olivenöl, extra virgin......	hinzufügen und noch einmal **30 Sekunden/Stufe 8** mischen. Die Suppe (ruhig im Mixtopf) ca. **1 Stunde** kühl stellen und durchziehen lassen. Vor dem Servieren noch einmal **30 Sekunden/Stufe 8** mischen und die Suppe mit
400 g kernlosen Weintrauben (weiß oder rot)..........................	servieren.

Tipp: Ajo blanco gehört zu den Klassikern der andalusischen Küche. Eine schöne crèmige kalte Suppe. Sommerlich, sämig, sättigend. Dazu passt geröstetes Fladenbrot ganz ausgezeichnet! Sie können aber auch (nicht mehr ganz frisches) Weißbrot rösten und die gerösteten Croûtons auf der Suppe verteilen.

Und auch wenn Sie zuerst denken – wieso denn Knoblauchsuppe mit Weintrauben? Glauben Sie mir: sie passen nicht nur wunderbar hinein, sie sind ein Muss!

Sauerländer Zwiebelsuppe (low fat, Foto)

500 g Zwiebeln, geviertelt	in den Mixtopf geben und **5 Sekunden/Stufe 4** zerkleinern.
30 g Öl	dazu geben und **5 Minuten/Dampfgaren/Stufe 1** andünsten.
1 Stange Porree, in Streifen 3 EL Tomatenmark 500 g Malzbier 500 g Wasser 2 Brühwürfel (für je 0,5 l Flüssigkeit) 1 TL Salz 1 TL Majoran ¼-1 TL gemahlener Kümmel (lieber erst vorsichtig sein!) ¼ TL Pfeffer	dazu geben und **20 Minuten/100°C/Stufe 2** kochen. Die Suppe ganz nach Geschmack mit den angegebenen Zutaten nachwürzen.

Tipp: Eine außergewöhnliche Suppe, zu der prima Käsebrötchen oder Käsebaguette passen. Die Testesser waren „geteilter Meinung": die Kombination „süßlich + Kümmel" ist aber nicht jedermanns Sache. Dafür definitiv mal „etwas anderes", ballaststoffreich und fettarm.

Vegetarische Glasnudelsuppe (low fat, glutenfrei, milchfrei)

80 g Reis-Glasnudeln	laut Packungsanweisung (ca. **20 Minuten**) in kaltem Wasser einweichen.
1 Liter Wasser 3 Brühwürfel, z.B. Huhn f. insgesamt 1,5 Liter Flüssigkeit oder 3 EL Asiatisches Gemüsebrühenkonzentrat 2 TL Rohrzucker 1 Spritzer Tabasco ¼ TL Cayenne-Pfeffer	in den Mixtopf geben und **10 Minuten/100°C/Stufe 1** erhitzen. In der Zwischenzeit
100 g feste Champignons 1 rote Paprikaschote 1 gelbe Paprikaschote	in dünne Scheiben schneiden und beiseite stellen.
1 kleine Möhre	in hauchdünne Scheiben von ca. 1 mm schneiden.
100 g Brokkoli	in kleine mundgerechte Röschen zupfen und zum restlichen Gemüse geben.
100 g Kaiserschoten	schräg in Stücke schneiden. Das gesamte Gemüse zur heißen Suppe geben und **9 Minuten/100°C/Linkslauf/Stufe 1** bissfest garen.
30 g Sojasauce 25 g dunkler Balsamico-Essig	zur Suppe geben. Nun die eingeweichten Glasnudeln abtropfen lassen und mit einer (sauberen!) Schere in mundgerechte Stücke schneiden und zur Suppe geben. Die Suppe **2 Minuten/100°C/Linsklauf/Stufe 1** erwärmen, die Suppe süß-sauer abschmecken und heiß genießen.

Zwiebel-Zucchini-Rucola-Suppe (glutenfrei)

1 Knoblauchzehe 350 g Zwiebeln, geviertelt	in den Mixtopf geben und **6 Sekunden/Stufe 6** zerkleinern.
15 g Butterschmalz	dazu geben und **5 Minuten/Dampfgaren/Stufe 1** andünsten.
200 g Zucchini	hinzufügen und **4 Sekunden/Stufe 4-5** zerkleinern.
500 g Wasser 1 Brühwürfel (für 0,5 l Flüssigkeit) ½ TL Muskat ¼ TL Pfeffer ½ TL Salz	dazu geben und **12 Minuten/Dampfgaren/Stufe 1** garen.
100 g Rucola 200 g Crème fraiche mit Kräutern	zur Suppe geben und **30 Sekunden/Stufe 8** pürieren.

Suppeneinlage Zwiebackklößchen (Foto)

200 g Zwieback .... evtl. in mehreren Portionen in Stücken den Mixtopf geben und in **Intervallen** mit dem **Turboknopf** zu „Paniermehl" mahlen.

Die Zwiebackbrösel in eine große Schüssel umfüllen.

20 g Petersilie, ohne Stängel .... in den Mixtopf geben und **4 Sekunden/Stufe 6** zerkleinern und umfüllen. (Zu den Zwiebackbröseln geben.)

Den Mixtopf gründlich mit Spülmittel ausspülen. Er muss vollkommen fettfrei sein!

4 Eiweiß (Größe M)
1 Prise Salz .... **Rühraufsatz einsetzen**.
in den Mixtopf geben und **4 Minuten/Stufe 3-4** zu festem Eischnee schlagen und umfüllen (z.B. auf einen tiefen Teller).

Den Mixtopf nicht ausspülen. **Rühraufsatz entfernen**.

120 g Butter, weich, in Stücken
2 TL Salz
½ TL Muskat
¼ TL Muskatblüte .... in den Mixtopf geben und **1 Minute/Stufe 3-4** schaumig rühren, eventuell die Masse zwischendurch noch einmal herunter schieben.

Den Wundertopf jetzt auf **Stufe 3-4** stellen und nacheinander durch die Deckelöffnung

4 Eigelb (Größe M) .... auf das laufende Messer geben. Die Masse muss homogen durchgemischt sein, eventuell noch einmal auf das Messer herunter schieben, die Butter vom Rand kratzen und wieder auf **Stufe 3-4** laufen lassen.

Nun die Zwiebackkrümel und die Petersilie dazu geben und auf **Stufe 3-4** mit Hilfe des Spatels vermischen.

Jetzt sollten Sie die krümelige Masse in die große Schüssel umfüllen, in den auch Ihre Hände zum durchkneten und die für die späteren Teigentnahmen hinein passen. Nun den kompletten Eischnee in die Zwiebackmasse einarbeiten. (Mit der Hand oder mit einem Löffel – aber die Hände brauchen Sie zum Rollen ohnehin noch...)

Aus der Masse haselnussgroße feste! Klößchen mit den Händen rollen. Wenn die Masse noch nicht fest genug zum Formen ist, einfach abgedeckt **1-2 Stunden** im Kühlschrank ruhen lassen. Dann zieht sie an.

Die fertigen Klößchen in siedender Suppe ca. **15 Minuten** ziehen lassen. (Die Suppe darf nicht sprudelnd kochen – sonst zerfallen die Klößchen schnell!!!) Wenn sie gar sind, kommen sie an die Oberfläche.

Wenn Sie sicher sein möchten, dass keine Zwiebackkrümel in der Suppe landen (denn das lässt sich nicht verhindern) oder dass die Klößchen zerfallen, sollten Sie die Zwiebackklößchen im Einlegeboden des Dampfgaraufsatzes garen.

Lecker vegetarisch!

Tipp: Besonders günstig bekommen Sie Stipp- und Suppenzwieback (allerdings sind dort auch manchmal süße Zwiebäcke, z.B. mit Rosinen oder Kokos drin, die müssen Sie unbedingt vorher heraus fischen!!!)

Sowohl den Teig als auch die fertigen Klösschen lassen sich prima 1-2 Tage gut abgedeckt im Kühlschrank aufbewahren (und das ist auch gut so, denn das Rollen der Klösschen nimmt schon ziemlich viel Zeit in Anspruch...). Diese Menge reicht bei „bescheidenen Essern" für 16 Portionen klare Suppe aus. Allerdings macht meine Mutter dieses Rezept immer doppelt und dreifach, weil bei ihren Enkelkindern die Klösschen eindeutig superwichtig sind und der „eher störende flüssige Sud" definitiv Nebensache... Genau genommen gibt es da „Klösscheneintopf" – und für das Rollen der doppelten Menge braucht man schon mal einen Abend lang Zeit.

Da Sie aber auch die fertigen Klösschen prima einfrieren oder 3-4 Tage im Voraus im Kühlschrank in einer gut schließenden Dose aufbewahren können, dürfen Sie sich die Zeit etwas einteilen...

Von den Klößchen war übrigens bislang absolut jeder begeistert! Die Arbeit und die Liebe zum Rollen schmeckt man!

Zwiebackklößchen als Suppeneinlage

Käse-Grieß-Klößchen für die Suppe

75 g würzigen Käse, in Stücken (z.B. alter Gouda)	in den Mixtopf geben und **3-6 Sekunden/Stufe 6** zerkleinern und umfüllen.
250 g Milch ¼ TL Salz ¼ TL Muskat 40 g Grieß	**Rühraufsatz einsetzen**. in den Mixtopf geben und **6 Minuten/90°C/Stufe 1** garen. Den geriebenen Käse sowie
1 Ei	dazu geben und **30 Sekunden/Stufe 2-3** mischen. Den fertigen Klößchen-Teig mit 2 Teelöffeln, Esslöffeln oder Espresso-Löffeln zu Nocken abstechen und in siedender (nicht kochender!) Brühe oder Suppe gar ziehen lassen. Die Klößchen sind fertig, wenn sie an der Oberfläche schwimmen.

Tipp: Eine leckere Suppeneinlage, die recht schnell gemacht ist und sich prima vorbereiten lässt. Lassen Sie den Teig bis zum Garen einfach ruhen. Wenn Sie die Suppe schon mehrere Stunden vorher zubereiten wollen, einfach den Klösschen-Teig verschlossen im Kühlschrank aufbewahren.

Gelbe (Kicher-)Erbsensuppe (Foto, glutenfrei)

80 g Kichererbsen, getrocknet (oder gelbe Schälerbsen)	in den sauberen trockenen Mixtopf geben und **2 x 1 Minute/Stufe 10** ganz fein pulverisieren und umfüllen.
1 Knoblauchzehe 1 Zwiebel, geviertelt	in den Mixtopf geben und **5 Sekunden/Stufe 5** zerkleinern.
10 g Öl	hinzufügen und **3 Minuten/Dampfgaren/Stufe 1** andünsten.
100 g Möhren, in groben Stücken 100 g Kartoffeln, geviertelt ½ TL getr. Majoran ¼ TL getr. Bohnenkraut	dazu geben und **5 Sekunden/Stufe 5-6** zerkleinern.
1000 g Wasser 2 Brühwürfel (für je 0,5 l Flüssigkeit) 1 TL Senf 1 gehäufter EL Curry ⅛ TL Muskatnuss ½ TL Pfeffer	sowie die pulverisierten Kichererbsen hinzufügen und **5 Sekunden/Stufe 5** mischen. Anschließend **20 Minuten/100°C/Stufe 1-2** garen.
200 g Sahne	zur Suppe geben **1 Minute/Stufe 10** pürieren. Sofort servieren.

Tipp: Eine schlichte Suppe mit außergewöhnlicher Note. Sie sieht besonders hübsch aus, wenn Sie sie vor dem Servieren mit grobem rosa oder schwarzem Pfeffer oder einigen Petersilienblättern oder Schnittlauchröllchenbestreuen.

Lecker vegetarisch!

Vollwert-Paprikasuppe

65 g Weizen	in den Mixtopf geben und **1 Minute/Stufe 10** fein mahlen.
2 Knoblauchzehen 800 g rote Paprika, in Stücken 2 Brühwürfel (für je 0,5 l Flüssigkeit)	zugeben und **20 Sekunden/Stufe 5** mit Hilfe des Spatels zerkleinern.
20 g Olivenöl	dazu geben und **8 Minuten/Dampfgaren/Stufe 2** andünsten.
500 g Wasser 1 gehäufter TL Paprika edelsüß ½ TL Salz 2 EL Balsamico-Essig	hinzufügen und **10 Sekunden/Stufe 10** zerkleinern, anschließend **8 Minuten/100°C/Stufe 3** erhitzen. Noch einmal **40 Sekunden/Stufe 10** pürieren und mit
100 g Schafskäse, gewürfelt oder zerbröselt	servieren.

Tipp: Sehr lecker! Ohne den Schafskäse ist sie Suppe Milch- und milchproduktfrei – und wenn Sie die Suppe mit 50 g Reis anstelle des Weizens zubereiten, ist die Suppe auch glutenfrei.

Kohlrabicremesuppe mit Pesto (low fat, Eiweißgericht, glutenfrei)

1 Knoblauchzehe 1 Schalotte oder Zwiebel, geviertelt	in den Mixtopf geben und **5 Sekunden/Stufe 5** zerkleinern. Masse zurück auf das Messer schieben
5 g Öl	zugeben und **3 Minuten/Dampfgaren/Stufe 1** andünsten.
2 Kohlrabi, ca. 350 g geschält, in groben Stücken 80 g Sojaflocken (gibt's im Reformhaus) [alternativ: 200 g Kartoffeln, dann ist es aber keine Eiweiß-Mahlzeit, falls Ihnen das wichtig ist]	zugeben und **10 Sekunden/Stufe 4** zerkleinern.
750 g Wasser 2 Brühwürfel (vorzugsweise Hühnerbrühwürfel für je 0,5 l Flüssigkeit) 1 TL Kräutersalz	dazu geben, **15 Minuten/100°C/Stufe 2** aufkochen.
1 EL Zitronensaft 100 g Sahne	zugeben und **40 Sekunden/Stufe 10** aufschlagen. Die Suppe eventuell noch einmal abschmecken.
100 g Kirschtomaten	waschen, vierteln (oder bei großen Tomaten evtl. entkernen und würfeln). Die Suppe auf vorgewärmte Suppenteller oder Tassen verteilen, die Tomatenstücke darauf verteilen und die Suppe mit
Basilikum- oder Bärlauch-Pesto	garnieren.

Tipp: Ein leckeres Rezept von Marita Möllmann. Übrigens eine reine Eiweiß-Mahlzeit - und das liegt voll im Ernährungstrend: abends nur Eiweiß.

Klare Tomatensuppe - Tomatenconsommé [sprich: konsohmeeh] (low fat, milchfrei, glutenfrei, Foto)

evtl. mit Käseklößchen (enthalten Milchprodukte und Gluten),
die Suppe muss am Vortag vorbereitet werden!

Wenn Sie die Suppe mit Käseklößchen zubereiten möchten, sollten Sie die Masse für die Käseklößchen - genau wie die Suppe zum Abtropfen - am besten schon **am Vorabend** vorbereiten. Also:

nach Wunsch Käseklößchen	zubereiten und die Masse kalt stellen. Für die Suppe
1 Bund Basilikum, abgezupft (evtl. einige Blätter für die Verzierung beiseite legen) 40 g Meerrettich, frisch, in Stücken (alternativ: 20 g Meerrettich aus dem Glas) 2 Knoblauchzehen 1 Knolle frische rote Bete, ca. 250 g in Stücken 2 TL Oregano............................	in den Mixtopf geben und **6 Sekunden/Stufe 6** zerkleinern.
1,7 kg Tomaten, halbiert, ohne grünen Strunk	in 2-3 Portionen in den Mixtopf geben jede Portion **6 Sekunden/Stufe 8** zerkleinern, so dass alles zusammen in den Mixtopf passt. Anschließend **1 Minute /Stufe 10** fein pürieren. Dabei unbedingt den Messbecher einsetzen (mit der flachen Seite nach unten) und am besten auch ein Tuch oben drauf legen. Sicher ist sicher... Die Masse in eine separate Schüssel füllen. Den Mixtopf ausspülen. Den Dampfgaraufsatz mit einem dichten sehr fein gewebten hygienisch ausgekochten Küchen-Leinentuch auslegen (das sie vielleicht nicht mehr und wenn dann nur mit extrem gutem Waschmittel wieder sauber kriegen werden... - dafür am besten sofort nach Gebrauch in Wasser einweichen!). Nun den Dampfgaraufsatz wieder auf den verschossenen Mixtopf stellen. Zuerst die Flüssigkeit in das Leinentuch schütten, damit auch die feineren Schwebestoffe herausgefiltert werden, anschließend **über Nacht** stehen lassen, bis die gesamte möglichst klare Flüssigkeit im Mixtopf ist. Diese Menge ergibt ca. 1,5 Liter. Die möglichst klare Flüssigkeit am nächsten Tag mit
1 ½ TL Salz ¼ TL Pfeffer 25 g Wodka 20 g Balsamico-Essig 1 TL Zucker	anreichern. Wenn Sie die Consommé mit Käseklößchen zubereiten möchten, die Käseklößchen ungekocht in den Dampfgaraufsatz (und den Einlegeboden) - die Sie zuvor mit einer sauberen Leinenserviette ausgelegt haben - verteilen. Anschließend **25 Minuten /Dampfgaren / Stufe 1** garen. Die Klößchen auf Suppenteller verteilen und die Consommé darüber geben, mit
Basilikumstreifchen....................	verzieren und sofort servieren.

Tipp: Prima zum Vorbereiten - prima für Gäste. Am nächsten Tag ist nicht mehr ganz so viel zu tun. Echte Sterneküche! Ein leichter Einstieg, z.B. in ein französisches oder italienisches Menü.

Sowohl die Consommé als auch die Käsebällchen sollten unbedingt schon **am Vortag** vorbereitet werden. Die Käsebällchenmasse entweder schon 2 Tage vorher zubereiten und 1 Tag vorher zu Klößchen formen, oder abends die Masse fertig machen und die Klößchen dann morgens formen, schön einzeln nebeneinander in einer verschlossenen Kunststoffdose im Kühlschrank ruhen lassen und abends zusammen mit der Consommé im Dampfgaraufsatz garen.

Wem das mit den Käsebällchen zu aufwändig ist, der kann einfach Croûtons, Pfannkuchenstreifen, gegrillte Shrimps oder Basilikumstreifchen in die Suppe geben. Die Consommé schmeckt im Sommer übrigens auch kalt.

Käsebällchen als Suppeneinlage (Foto bei der Tomaten-Consommé)

75 g Parmesan ... in den Mixtopf geben und **8 Sekunden/Stufe 8** fein zerkleinern.

75 g Emmentaler
½ Bund Petersilie, abgezupft ... dazu geben und alles zusammen **10 Sekunden/Stufe 6** zerkleinern.

75 g Butter
2 Eier, Größe M
150 g Mehl
¼ TL Salz
⅛ TL Muskat
⅛ TL Pfeffer ... dazu geben und **30 Sekunden/Stufe 4-5** vermischen. Die Masse mindestens **3 Stunden** kühl stellen. (Kann auch prima schon am Vortag zubereitet werden und über Nacht ruhen!)

Mit feuchten Händen etwa haselnussgroße (wir reden hier von Haselnüssen mit Schale...) Klößchen formen und diese in heißer (nicht mehr kochender, ansonsten zerfallen die Klößchen!) Suppe oder Brühe ca. **5 Minuten** gar ziehen lassen oder entsprechend dem Rezept „Tomatenconsommé" in den Garaufsatz und den Einlegeboden geben und den Garaufsatz auf die schon kochende Suppe im Mixtopf stellen (ansonsten werden die Klößchen ganz flache Fladen...)

Spinatsuppe „Verdi"

2 Zwiebeln, geviertelt
2 Knoblauchzehen ... in den Mixtopf geben und **5 Sekunden/Stufe 6** zerkleinern.

10 g Butter ... dazu geben und **4 Minuten/Dampfgaren/Stufe 1** dünsten.

450 g TK-Blattspinat, angetaut ... hinzufügen und **10 Sekunden/Stufe 8** zerkleinern.

2 Brühwürfel (für je 0,5 l Flüssigkeit)
½ TL Muskat
½ TL Pfeffer
500 g Wasser ... zum Spinat geben und **15 Minuten/100°C/Stufe 2** kochen.

3 Scheiben Chester-Schmelzkäse
150 g Kaffeesahne oder Sahne ... zufügen und **20 Sekunden/Stufe 4** mischen – oder (mein Favorit, damit sie richtig schön grün wird und keine Stücke mehr hat) **20 Sekunden/Stufe 10** pürieren.

Tipp: Ursprünglich, recht leicht und sehr lecker! Ich stehe ja total auf Spinat. Für mich ist die Suppe genau das Richtige

Blumenkohl-Velouté (low fat, glutenfrei)

400 g Blumenkohl, in Stücken (Strunk reicht auch, es brauchen wirklich keine Röschen sein, es wird ohnehin alles püriert!)
300 g Kartoffeln, in Stücken ... in den Mixtopf geben und **5 Sekunden/Stufe 5** zerkleinern.

1000 g Wasser
2 Würfel Gemüsebrühe
1 TL Salz
¼ TL weißer Pfeffer
¼ TL Muskat ... zugeben und **15 Minuten/100°C/Stufe 1** garen.

100 g Schmand ... dazu geben und alles **20 Sekunden/Stufe 10** pürieren.

½ Bund Petersilie, abgezupft ... hinzufügen und noch einmal **10 Sekunden/Stufe 10** zerkleinern.

Tipp: Sehr einfach, sehr schnell und sehr gesund und trotzdem sehr fettarm. Eine einfache Warmmacher-Suppe für jede Gelegenheit. Eine prima Vorsuppe für 6 Personen.

Lecker vegetarisch!

Fruchtig-feurige Halloween-Suppe (milchfrei, glutenfrei, Foto)

20 g Ingwer, geschält gewogen 100 g Zwiebel, geviertelt ½-1 Chilischote, ohne Kerne	in den Mixtopf geben und **5 Sekunden/Stufe 6** zerkleinern.
20 g Öl	zugeben und **3 Minuten/Dampfgaren/Stufe 1** andünsten.
200 g Möhren, in groben Stücken 200 g Kürbis, in groben Stücken 100 g getrocknete Aprikosen	dazu geben und **10 Sekunden/Stufe 6** zerkleinern.
1100 g Wasser 1 Brühwürfel (für 0,5 l Flüssigkeit) 1 TL Salz 2 TL Currypulver ¼ TL Zimt ⅛ TL Muskatnuss ¼ TL Pfeffer	dazu geben und **30 Minuten/100°C/Stufe 1-2** kochen. Anschließend vorsichtig auf **Stufe 7** hochdrehen und **1 Minute/Stufe 8** pürieren.
150 g Weißwein	zugeben und **10 Sekunden/Stufe 3** vermischen. Mit
Schnittlauchröllchen	garniert servieren.

Tipp: Am besten verwenden Sie als Kürbis einen Hokkaido- oder Muskatkürbis. Die haben das meiste Aroma und bringen eine schöne Farbe mit!

Lecker vegetarisch!

Erbsenschaum mit Minze ODER Basilikum (glutenfrei)

½ Bund Minzblätter **ODER** 1 Bund Basilikum	waschen, einige schöne Blätter beiseite legen. Den Rest abtrocknen und beiseite stellen.
2 Zwiebeln, geviertelt 1 Knoblauchzehe	in den Mixtopf geben und **3 Sekunden/Stufe 6** zerkleinern.
30 g Butter	dazu geben und **3 Minuten/Dampfgaren/Stufe 1** andünsten.
300 g Erbsen (TK, nicht aufgetaut) 2 Brühwürfel (für je 0,5 l Flüssigkeit) 500 g Wasser ¼ TL Pfeffer ½ TL Muskat 15 g Kartoffelstärke	dazu geben und **10 Sekunden/Stufe 8** zerkleinern. Anschließend **15 Minuten/100°C/Stufe 2** aufkochen. Danach **1 Minute/Stufe 10** pürieren.
100 g Sahne	sowie die Basilikum- oder Minzblätter, die Sie nicht zum Dekorieren beiseite gestellt haben, zur Suppe geben und noch einmal **8 Sekunden /Stufe 10** zerkleinern. Die Suppe sofort in Suppentassen verteilen, mit den restlichen Minz- oder Basilikumblättern dekorieren und sofort servieren.

Tipp: Frisch, sommerlich, lecker. Eine prima Vorsuppe mit Minze, z.B. für ein orientalisches Menü. Als Erbsenschaum mit Basilikum ist sie ganz hervorragend für eine mediterranes (oder auch gut bürgerliches) Menü geeignet. Diese Menge reicht als Vorsuppe für 4-6 Personen. Wenn Sie sie noch etwas „hübscher" machen möchten, können sie etwas Sahne, Milchschaum oder Crème-fraîche oben drauf geben.

Blumenkohl-Käse-Suppe

1 Blumenkohl	putzen und schöne mundgerechte Röschen abtrennen. Alles was „nicht so schön aussieht" (Strunk, unschöne Röschen) bitte zur Seite legen.
2 Zwiebeln, geviertelt	in den Mixtopf geben und **5 Sekunden/Stufe 5** zerkleinern.
20 g Butter	dazu geben und **3 Minuten/Dampfgaren/Stufe 1** andünsten.
3 Brühwürfel (für je 0,5 l Flüssigkeit) ½ TL Muskat 1 TL Salz 1 TL Zucker	sowie ca. 300 g Blumenkohlstrunk und nicht so schöne Röschen in den Mixtopf geben und **5 Sekunden/Stufe 6** zerkleinern und auf das Messer zurückschieben.
300 g Wasser 200 g Milch	dazu geben und **10 Minuten/100°C/Stufe 1** mit eingesetztem Messbecher vorgaren, dann **1 Minute/Stufe 10** pürieren.
1 Lorbeerblatt	sowie die ca. 500 g Blumenkohlröschen dazu geben und den Mixtopf bis zur 2-Liter-Marke mit
Wasser	auffüllen. Die Suppe **12-18 Minuten/100°C/Linkslauf/Rührstufe** garen (bitte machen Sie zwischendurch einen Gartest, wie gar Ihre Blumenkohlröschen sein sollen – hängt von der Größe ab!).
100 g Schmelzkäse	dazu geben und **30 Sekunden/Linkslauf/Stufe 1** mischen. Das Lorbeerblatt vor dem Servieren entfernen.

Tipp: Crèmig, einfach, lecker. Ein Klassiker in unserer Küche. Das Lorbeerblatt nimmt dem Blumenkohl ein bisschen das „muffelig kohlige". Probieren Sie's!

Zupa Mango-Pomodoro (low fat, glutenfrei, milchfrei, Foto)

1 Mango (frisch, vom Kern gelöst, ca. 200 g) 350 g rote Paprika geputzt gewogen, (2-3 Schoten) in Stücken	in den Mixtopf geben und **5 Sekunden/Stufe 5** zerkleinern.
10 g Olivenöl	zugeben und **3 Minuten/Dampfgaren/Stufe 1** andünsten.
1 Liter Tomatensaft 2 Brühwürfel (für je 0,5 l Flüssigkeit) 2 TL Honig 1 getrocknete Chilischote 1 TL Salz	dazu geben und **14 Minuten/100°C/Stufe 1** kochen. Wenn Ihnen die Suppe so zu dickflüssig erscheint, können Sie noch bis zu 250 g heißes Wasser zugeben.
	In der Zwischenzeit
2-3 Zucchini (ohne Kerne, ca. 250 g)	nötigenfalls von den Kernen befreien, das Fruchtfleisch in hübsche sehr kleine Würfel, Julienne oder Scheiben schneiden.
	Nach Ende der Garzeit die Zucchiniwürfel zur Suppe geben und noch einmal **3 Minuten/100°C/Linkslauf/Stufe 2** garen.

Tipp: Eine sehr fruchtige und etwas feurige – vor allem aber eine sehr leichte Tomatensuppe, die sich perfekt als Vorsuppe zu einem opulenten Mahl gibt. Als Vorsuppe reicht diese Menge für 8 Personen aus.

Vielen Dank für dieses schlanke Rezept an Sonja K. aus Münster.

Klare scharfe Zitronengrassuppe mit Zuckerschoten (low fat, milchfrei, glutenfrei)

7-8 Stängel Zitronengras (ca. 35 g)	von den harten Außenhüllen befreien und in grobe Stücke schneiden und in den Mixtopf geben.
50 g Ingwer (ungeschält gewogen)	schälen, in grobe Stücke schneiden und zum Zitronengras in den Mixtopf geben. Beides zusammen **4 Sekunden/Stufe 7** zerkleinern (es darf noch grob bleiben, die Suppe wird anschließend durchgesiebt).
30 g Öl	dazu geben und **3 Minuten/Dampfgaren/Stufe 1** andünsten.
1600 g heißes Wasser 3 Gemüsebrühwürfel (für 1,5 Liter) 1 kleine Chilischote, entkernt	zugeben und **12 Minuten/Dampfgaren/Stufe 1** ankochen, anschließend **25 Minuten/90°C/Stufe 1** weiter sieden lassen. Nun die Brühe durch ein feines Haarsieb oder durch den Dampfgaraufsatz, der mit einem sauberen Leinentuch ausgelegt ist, durchsieben und die klare Brühe in den sauber ausgespülten Mixtopf ohne Fasserreste geben. (Küchenrollen sind übrigens kein Ersatz für Leinentücher, weil sie die Flüssigkeit nicht besonders schnell durchlassen...). In die „frische Brühe" geben Sie nun
150 g Kaiserschoten	die Sie in ca. 5 mm breite Streifen geschnitten haben. Nun geben Sie noch
1-2 TL Zucker ¼ TL weißen Pfeffer 4 (-5) EL Limettensaft	und lassen die Zuckerschoten in der heißen Suppe ca. **5 Minuten/90°C /Linkslauf/Stufe 1** bissfest gar werden.

Tipp: Wenn Sie die Suppe vorbereiten möchten, können Sie die Zitronengrassuppe prima am Vortag zubereiten (inklusive Abseihen durch ein feines Haarsieb) und abgekühlt im Kühlschrank aufbewahren. Erst am nächsten Tag wieder auf 90°C erhitzen und dann mit den Zuckerschoten weiter fortfahren.

Vielen Dank für das Rezept dieser leckeren fettarmen asiatischen Kreation an Stefanie Teschke aus Dülmen!

Blumenkohl-Brokkoli-Suppe (low fat, glutenfrei)

1 Blumenkohl (ca. 500 g) 1 Kopf Brokkoli (ca. 500g)	in Röschen teilen. Schöne Röschen in den Dampfgaraufsatz, den Strunk sowie „zu kleine Teile" in den Mixtopf geben.
4 Brühwürfel (für je 0,5 l Flüssigkeit) 1 Stange Porree, in Stücken 2 mittelgroße Kartoffeln, in Stücken ½ TL Muskatnuss, gemahlen ¼ TL Chiliflocken	in den Mixtopf geben und **4 Sekunden/Stufe 4** zerkleinern. Den Mixtopf mit
ca. 900-1000 g Wasser	bis zur 2-Liter-Marke auffüllen. Alles ineinandersetzen und **30 Minuten/Dampfgaren/Stufe 1** garen. Den Inhalt des Dampfgaraufsatzes in eine vorgewärmte Terrine füllen. Den Mixtopf bis zur 2-Liter-Markierung mit
ca. 250 g Milch, 1,5% Fett	auffüllen und **1 Minute/Stufe 10** pürieren.
1 Bund Petersilie, in Stücken	zugeben und **20 Sekunden/Stufe 10** zerkleinern. Sofort servieren.

Tipp: Diese fettarme Suppe eignet sich hervorragend für eine große Personengruppe von 8 Personen als Vorsuppe. Sie können nach Wunsch noch geröstete Mandelscheiben, Schinkenstreifen, Eierstich, gebratene Scampis oder Hähnchenfleisch hinzufügen. Schnell, einfach, lecker und vitamin- und mineralstoffreich! Sie sollten für richtig guten Geschmack unbedingt frischen Blumenkohl und Brokkoli verwenden. Sollten Sie zu Tiefkühlware greifen, verkürzt sich die Garzeit!

Radieschenblätter-Suppe (Foto, glutenfrei)

1 Zwiebel, geviertelt 1 Knoblauchzehe........................	in den Mixtopf geben und **5 Sekunden/Stufe 5** zerkleinern.
30 g Butter................................	zugeben und **3 Minuten/Dampfgaren/Stufe 1** andünsten.
möglichst junge Radieschenblätter (!) von 1 Bund Radieschen (ca. 40 g) 200 g Kartoffeln, am besten eine mehlig kochende Sorte, in Stücken	dazu geben und **5 Sekunden/Stufe 4-5** zerkleinern.
500 g Wasser 1 Brühwürfel (für 0,5 l Flüssigkeit) ½ TL Salz.................................	hinzufügen und alles **15 Minuten/100°C/Stufe 1** garen. (Die Kartoffeln sollten ganz gar sein).
100 g Sahne 100 g Crème fraîche..................	dazu geben und **1 Minute/Stufe 10** pürieren und aufschäumen.
	Die Suppe auf 4 Suppentassen verteilen und jede Tasse mit
einigen hauchdünnen Radieschenscheiben..................	garniert sofort servieren.

Tipp: Ein Rezept aus „alten Zeiten" – eine sehr grüne und sicherlich auch sehr außergewöhnliche Suppe aus Oma's Zeiten, als wirklich nichts weggeworfen werden durfte... Da die alten Rezepte ja wieder groß im Kommen sind, liegen Sie mit so einer Suppe voll im Trend! Mit ganz dünnen Radieschenscheiben drauf sieht die Suppe auch noch sehr malerisch und hübsch aus.

Gekochtes Gemüsebrührenkonzentrat - links: fein püriert, rechts nur zerkleinert

Gekochtes Gemüsebrühenkonzentrat (Foto, glutenfrei, milchfrei)

50 g Petersilie 20 g frischen Liebstöckel	in den Mixtopf geben und **5 Sekunden/Stufe 6** zerkleinern.
200 g Sellerie, in Stücken 300 g Porree/Lauch, in 2 cm Ringen 400 g Möhren, in Stücken	dazu geben und mit Hilfe des Spatels auf **Stufe 5** auf feine Rohkostgröße zerkleinern.
150 g Salz ½ TL Muskat 4 Muskatblüten	**Rühraufsatz einsetzen**. dazu geben und **20 Minuten/100°C/Stufe 2** kochen. Die Masse in sterile Marmeladengläser füllen und **5 Minuten** auf den Kopf stellen.

Tipp: Spätestens wenn Sie das Konzentrat verwenden, sollten Sie bei „Wiederentdecken" die ganzen Muskatblüten entfernen. Sie können das Konzentrat übrigens auch (mit den Muskatblüten) pürieren.

Wenn Sie lieber Konzentrat mögen, in dem keine Stücke sichtbar sind: entfernen Sie dafür nach Ende der Garzeit den Rühraufsatz und zerkleinern Sie die Masse **30 Sekunden/Stufe 10**. Für 500 ml Suppe benötigen Sie etwa 1 ½-2 EL vom Konzentrat. Auf dem Foto sehen Sie einmal die „stückige" und einmal die „pürierte" Variante.

Liebstöckel wird hier in unserer Region übrigens auch Maggikraut genannt. Es wächst auf gutem Gartenboden ganz schnell und treibt jedes Jahr neu wieder aus.

Parmesan-Basilikum-Schaumsüppchen

100 g Parmesan	zuerst mit dem Sparschäler bearbeiten. Zur Dekoration etwa die Hälfte des Parmesans mit einem Sparschäler abhobeln und beiseite stellen. Den Rest in Stücken in den Mixtopf geben und 10 Sekunden/Stufe 10 zerkleinern und in einen anderen Topf umfüllen.
1 Knoblauchzehe 100 g Zwiebeln, geviertelt	in den Mixtopf geben und **3 Sekunden/Stufe 5** zerkleinern.
20 g Olivenöl	dazu geben und **3 Minuten/Dampfgaren/Stufe 1** andünsten.
750 g warmes Wasser 2 Brühwürfel (für je 0,5 l Flüssigkeit) ½ TL Pfeffer 10 g Speisestärke	dazu geben und **8 Minuten/100°C/Stufe 2** aufkochen.
150 g Sahne ¼ TL Muskatnuss, gerieben 2 Bund Basilikum, abgezupft	sowie den geriebenen Parmesankäse zugeben und vorsichtig die Geschwindigkeit auf **30 Sekunden/Stufe 7-8** hoch drehen. Die Suppe in eine vorgewärmte Terrine füllen oder in vorgewärmte Suppentassen verteilen und mit
einigen Basilikumblättern	und den gehobelten Parmesanspänen dekorieren.

Tipp: Macht sich ganz ausgezeichnet mit frischem Baguette, z.B. den mediterranen Pfeffer-Brotstangen mit getrockneten Tomaten.

Fenchel-Rahmsuppe (glutenfrei)

2 Zwiebeln, geviertelt	in den Mixtopf geben und **5 Sekunden/Stufe 5** zerkleinern.
40 g Butter	zugeben und **3 Minuten/Dampfgaren/Stufe 1** andünsten.
ca. 600 g Fenchel (ungeputzt gewogen, ca. 350 g geputzt	putzen, das obere feine filigrane Grün in mundgerechte ganz kleine Streifen schneiden und beiseite legen (als Garnitur). Den Rest in groben Stücken in den Mixtopf geben und **5 Sekunden/Stufe 5** zerkleinern. Noch einmal **3 Minuten/Dampfgaren/Stufe 1** andünsten.
800 g Wasser 30 g Basmatireis 2 Brühwürfel (für je 0,5 l Flüssigkeit) ½ TL Muskat ¼ TL Pfeffer	dazu geben und **20 Minuten/100°C/Stufe 2** aufkochen. Zur fertigen Suppe
200 g Schmand	dazu geben und **1 Minute/Stufe 10** fein pürieren. Die Suppe mit dem Fenchelgrün garniert servieren.

Tipp: Wenn Sie mich fragen: richtig lecker! Und das, obschon ich ein erklärter „nicht-Freund" von Fenchel bin. Hier kommt der sonst sehr typische Fenchel-Geschmack nicht so doll zum Vorschein. Es ist vor allem eine rahmige Gemüse-Suppe. Die meisten Testesser konnten den Fenchel nicht einmal identifizieren...

Wenn Sie also Fenchel schon immer mal ausprobieren wollten, ist das hier Ihr Rezept. Probieren und Fan werden ist angesagt!

Lecker vegetarisch!

Sanftes Möhrensüppchen mit pikanten Meerrettichklößchen

Meerrettichklößchen:

70 g Meerrettich (frisch)	in Stücken in den Mixtopf geben und **6 Sekunden/Stufe 6** zerkleinern.
130 g Milch 40 g Butter 1 Brühwürfel (für 0,5 l Flüssigkeit) ⅛ TL Muskatnuss, gerieben 80 g Hartweizengrieß 1 EL Schnittlauchröllchen	in den Mixtopf geben und **5 Minuten/90°C/Stufe 2** erhitzen. Anschließend **10 Minuten** im Topf auskühlen und ausquellen lassen.
1 Ei (Größe M)	zugeben und **15 Sekunden/Stufe 4** verrühren. Aus dieser Masse formen Sie mit nassen Händen und mit Hilfe von zwei Teelöffeln etwa walnussgroße kleine Klößchen und legen diese mit ausreichend Abstand in den leicht gebutterten Dampfgaraufsatz und den gebutterten Einlegeboden. Sie müssen den Mixtopf nicht ausspülen. Für die

Suppe:

500 g Möhren	schälen und in Stücken in den Mixtopf geben.
1 Zwiebel, geviertelt 100 g Kartoffeln, geviertelt	zugeben und **5 Sekunden/Stufe 6** zerkleinern.
600 g warmes Wasser 200 g Apfelsaft 2 Gemüsebrühwürfel ¼ TL Salz ⅛ TL Muskat 1 TL Honig ⅛ TL Pfeffer	zugeben und **10 Sekunden/Stufe 5** vermischen. Anschließend den Dampfgaraufsatz mit den Klößchen aufsetzen und alles **25 Minuten/ Dampfgaren/Stufe 2** kochen und garen. Den Dampfgaraufsatz (verschlossen!) abnehmen und beiseite stellen.
150 g Crème fraîche	zur Suppe geben, den Messbecher einsetzen und die Suppe **1 Minute/ Stufe 10** pürieren. Sofort auf Tellern verteilen, die Meerrettich-Klösschen zugeben und die Suppe mit
Schnittlauchröllchen	bestreut servieren.

Tipp: Wenn Sie keinen frischen Meerrettich bekommen, können Sie auch 70 g aus dem Glas verwenden. Allerdings ist frischer Meerrettich um Längen besser!

Die Schärfe des Meerrettichs mit der Sanftheit der Möhrensuppe verbindet sich super harmonisch. Richtig lecker! Alle Testesser waren ganz begeistert.

Gurke mit Frischkäse-Füllung (Eiweißgericht, glutenfrei)

1 große Schlangengurke	längs halbieren. Die Kerne herausschaben und etwas aushöhlen. Jeweils einmal quer durchschneiden, so dass pro Person eine halbe ausgehölte Gurke vorbereitet werden kann. Für die Füllung
½ Bund Dill ½ kleine Peperoni 1 kleine Möhre, in Stücken ½ rote Paprika, in Stücken	**8 Sekunden/Stufe 5** zerkleinern.
250 g Doppelrahmfrischkäse 50 g Sahne ½ TL Salz ½ Pfeffer	dazugeben und **15 Sekunden/Stufe 4** (evtl. mit Hilfe des Spatels) vermischen. Die Frischkäse-Masse mit einem Spritzbeutel in die Gurkenviertel spritzen. Mit einigen Dillfähnchen garnieren.

Lecker vegetarisch!

Zucchini-Schafskäse-Schichtsalat (Eiweißgericht, low fat, Foto)

½ Bund Dill	in den Mixtopf geben und **4 Sekunden/Stufe 7** zerkleinern.
3 Frühlingszwiebeln	putzen. Das weiße Ende davon in den Mixtopf geben und das feine Grün in ganz feine dünne Ringe schneiden und beiseite legen.
200 g junge Zucchini ohne Kerne (geputzt gewogen) 200 g Schafskäse, light 1 rote Paprika (ca. 120 g) 2 EL Olivenöl ⅛ TL Chiliflocken ½ TL Kräutersalz 1 TL Zitronensaft	in den Mixtopf geben und **10 Sekunden/Stufe 6** zerkleinern. 1/3 der Masse in eine Glasschüssel füllen.
1 kleine Salatgurke	in Scheiben schneiden und auf der Crème verteilen. Auf die Gurkenscheiben wieder 1/3 der Masse streichen.
5 feste, reife Tomaten	in Scheiben schneiden und auf der Masse verteilen. Das letzte Drittel der Masse darüber geben.
	Als letzte Schicht die Frühlingszwiebelstreifchen darüber verteilen.

Tipp: Der Zucchini-Schafskäse-Schichtsalat ist sehr lecker zu Crackern, frischem Baguette oder Fladenbrot (das sind alles Kohlehydrate!). Prima aber auch als Beilage zu gegrilltem oder gebratenem Fleisch oder Fisch.

Lässt sich prima ein paar Stunden im Voraus zubereiten und schmeckt ganz toll zum Apéritif oder als sättigender gesunder Snack für einen Spieleabend. Wenn Sie dem Schichtsalat noch mehr Substanz verleihen möchten, können Sie mit den Frühlingszwiebeln noch in Scheiben geschnittene schwarze Oliven (ohne Kern) darauf verteilen.

Frühlingsrollen (Foto, ca. 30 große oder 40 kleinere, in Partymenge)

30 getrocknete chinesische Pilze (z.B. Shi-Take, Morchel, Champignons)....	in
reichlich lauwarmem Wasser	ca. **30 Minuten** gründlich einweichen (Sie können die Pilze auch über Nacht einweichen).
250 g chinesische Vermicelli-Reis-Glasnudeln................................	in einem hitzebeständigen Topf mit
ca. 1-2 Liter kochendem Wasser..	übergießen und **3 Minuten** ziehen lassen. Anschließend abgießen und mit einer sauberen Küchenschere (das ist besonders einfach) in ca. 4-5 cm lange Stücke schneiden. In eine große Schüssel füllen und die Glasnudeln mit
50 g Portwein	übergießen und stehen lassen. Für die Füllung
3 Knoblauchzehen 2 walnussgroße Stücke Ingwer, in 1 mm Scheiben	in den Mixtopf geben und **6 Sekunden/Stufe 6** zerkleinern.
4 Zwiebeln, geviertelt	dazu geben und ebenfalls **6 Sekunden/Stufe 6** zerkleinern.
30 Erdnussöl (oder neutrales Öl) 1 ½ TL Sambal Oelek................	zugeben und **8 Minuten/Dampfgaren/Stufe 1** andünsten und mit
500 g frischen Sojasprossen (= Mungobohnenkeimlinge)	zu den Nudeln geben. (Mixtopf muss nicht ausgespült werden)
700 g Möhren, in Stücken 20 g Speisestärke 2 TL Salz	in den Mixtopf geben und **4 Sekunden/Stufe 4-5** zerkleinern und zu den Glasnudeln und den Sojakeimlingen geben.
450 g Weißkohl, in Stücken 2 TL Salz 15 g Speisestärke......................	in den Mixtopf geben und **4 Sekunden/Stufe 4**-5 zerkleinern, ebenfalls zur Füllung geben.
100 g (=1 Messbecher) Sojasauce 3 Eier	in den Mixtopf geben und **4 Sekunden/Stufe 6** mischen, ebenfalls zur Füllung geben.
200 g Champignons, in 2 mm dünnen Scheiben	sowie die eingeweichten und abgetropften Pilze zur Füllung geben und alles kräftig durchmischen. Die Füllung in
30-40 Scheiben Frühlingsrollenteigblätter (gibt es fertig im Asia-Laden)	einwickeln und alle „Teig-auf-Teig-Stücke" mit
2-3 Eier, verquirlt	bepinseln, damit die Rollen nicht auseinander fallen. Im ca. **170°C** heißen
Frittierfett	ca. **5 Minuten** frittieren. (Achtung: wenn die Füllung wie hier kein Fleisch enthält, „schwimmen" die Frühlingsrollen. Dann sollten Sie sie beim Frittieren nach gut der Hälfte der Zeit einmal umdrehen und/oder herunterdrücken.)

Tipp: Sie können diese Teigtaschen prima vorbereiten und auch schon fertig frittieren. Verteilen Sie die fertig frittierten Teigtaschen auf einem Backblech mit Backpapier und frieren diese einfach ein. Die so „schockgefrosteten" und „einzeln frei liegenden" Teigtaschen können Sie (wenn sie gefroren sind) natürlich auch in einen gut schließenden Behälter umfüllen.

Sollen Sie nur ein paar Tage tiefgekühlt aufbewahrt werden, können Sie auch auf der „final destination" – dem Backblech bleiben. Bei Bedarf können Sie die Curry-Teigtaschen ganz einfach bei ca. **170°C Heißluft** wieder aufbacken und sie schmecken wie frisch gemacht.

Alle Zutaten gibt es in der Asia-Abteilung des gut sortierten Supermarktes. Die chinesischen Vermicelli-Glasnudeln bestechen durch ihre einfache Zubereitung – sie müssen nur mit kochendem Wasser übergossen werden und sind schon fertig.

Man kann den Teig für Frühlingsrollen auch selbst herstellen. Allerdings ist die Verarbeitung etwas aufwändig (wenn auch die Zutaten sehr profan sind, nämlich nur Mehl, Wasser und Salz): man rollt die Röllchen auf, dämpft sie im ersten Arbeitsgang und frittiert sie erst anschließend im zweiten Arbeitsgang.

Bei gekauftem Frühlingsrollenteig (meist TK-Ware) tun Sie sich einen großen Gefallen, wenn Sie die einzelnen Teigblätter zuerst einmal alle voneinander lösen und zwischen zwei feuchte Küchenhandtücher legen, damit sie nicht austrocknen. Sie kleben sonst ziemlich schnell zusammen und reißen ein. Auch beim Verarbeiten sollten Sie die Teigblätter immer wieder mit dem feuchten Küchentuch abdecken.

Diese Menge ist ganz klar partytauglich. Ganz nach Wunsch können Sie der Füllung noch Scampis, Krabben oder gewürztes Schweinemett (alles roh oder gekocht, ganz nach Gusto) zumischen – Gar wird es beim Frittieren in jedem Fall. So können Sie auch gleich 3 verschiedene Frühlingsrollen „in einem Rutsch" zubereiten. Damit sich die Frühlingsrollen nicht als „Glückskekse" entpuppen, sollten Sie dann die verschieden gefüllten Frühlingsrollen unterschiedlich falten (z.B. quer gerollt und längs gerollt oder dreieckig, damit Sie sie auch nach dem Frittieren gut erkennen können...

In China werden solche Frühlingsrollen als Vorspeise serviert. Dazu reicht man Soja-Sauce und „Sweet-Chili-Sauce" (rot-durchsichtige Sauce mit Paprika- und Chilistücken, die süß-sauer-scharf ist). Sehr lecker und sehr wandelbar von den Füllungen...!

Prima Fingerfood!

Soleier - lassen sich lange aufbewahren und sind echt lecker!

Teufels-Eier – All American Deviled Eggs (Eiweißgericht, glutenfrei)

6 Eier	in den Gareinsatz geben.
300 g Wasser	in den Mixtopf geben. Gareinsatz einhängen und **16 Minuten** kochen lassen. Die Eier mit kaltem Wasser abschrecken und pellen. Die gepellten Eier lose abdecken und **15 Minuten** in den Kühlschrank legen. Dann längs halbieren und vorsichtig das Eigelb herausnehmen und in den gründlich ausgespülten Mixtopf geben.
1 TL Dijon-Senf 1-2 Spritzer Tabasco ½ TL Salz ¼ TL frisch gemahlener Pfeffer 50 g Mayonnaise 1 EL Schnittlauchröllchen	dazu geben und **45 Sekunden/Stufe 3** mit Hilfe des Spatels vermengen. Die Eiweißhälften mit der Paste füllen (evtl. mit einem Spritzbeutel) und mit
Paprikapulver	bestreuen. Die gefüllten Eier auf einer mit
Salatblättern Schnittlauchhalmen	ausgelegten Servierplatte anrichten.

Info: Dies ist wohl der typisch amerikanische Cocktail-Snack. Richten Sie diese gefüllten Eier jeweils mit einem Teelöffel Lachskaviar an. Und wenn's gerade mal keine Cocktail-Party als Anlass gibt, tun's diese Teufels-Eier auch zum Abendessen oder zum Frühstücksbrunch oder als Fingerfood...

Lecker vegetarisch!

Soleier (Foto, Eiweißgericht, glutenfrei)

800 g Wasser	in den Mixtopf geben. Den Garkorb einsetzen.
Schalen von 3-4 mittelgroßen sauberen Zwiebeln	in das Garkörbchen geben. Den Mixtopf verschließen. In den Dampfgaraufsatz und Einlegeboden
20 Eier (vorher warm abgewaschen und gut gesäubert)	verteilen und den Dampfgaraufsastz auf den verschlossenen Mixtopf stellen. Die Eier und die Zwiebelschalen **26 Minuten/Dampfgaren / Stufe 1** garen. Nach Ende der Garzeit den Dampfgaraufsatz abnehmen. Die Eier mit kaltem Wasser übergießen und abschrecken (damit sie nicht weiter garen.) Das Garkörbchen mit den Zwiebelschalen aus dem Mixtopf nehmen.
150 g Salz	zum „zwiebelbraunen" Garsud geben und **6 Sekunden/Stufe 6** vermischen, damit sich das Salz auflöst. Den Mixtopf mit
kaltem Wasser (ca. 1300 g)	auffüllen, bis die 2-Liter-Marke erreicht ist. Den Sud noch einmal **6 Sekunden/Stufe 6** vermischen. Nun in ein hohes Gefäß (z.B. ein hohes Einkochglas)
20 Senfkörner ¼ TL Kümmel 2 Lorbeerblätter	geben. Die Eier werden ungepellt, aber „beschädigt", d.h. mit „angeditschter" Schale eingelegt: Hierzu sollten Sie die Schalen mit der Rückseite eines Messers leicht anklopfen, so dass die Schale leicht „angeditscht" wird, sich aber nicht vom Ei löst. So wird die Sole vom Ei besser aufgenommen. Nun die angeditschten Eier abwechselnd mit den gekochten Zwiebelschalen in das Einkochglas schichten und mit dem Sud übergießen. Die Eier sollten vollständig mit Sud „bedeckt" sein (da es Salzwasser ist, schwimmen die Eier...). Falls es nicht genug Sud ist, bitte noch Sud nachbereiten. Hierzu jeweils ca. 60 g Salz in 1 Liter Wasser auflösen. Das Gefäß mit den Eiern 3-5 Tage an einem kühlen Ort (Keller) oder im Kühlschrank aufbewahren. Die Eier halten sich so mindestens 14 Tage.

Tipp: Die Zwiebelschalen machen die Schale der Soleier angenehm braun (und hinterlassen „Marmor-Spuren" auf dem Ei. Wenn Sie das nicht möchten, können Sie die Zwiebelschalen auch weglassen.

Soleier schmecken prima auf Brot (und man braucht kein zusätzliches Salz...) - Sie können Soleier aber auch solo als „Snack" essen. In einigen Kneipen steht ein großes Gefäß mit Soleiern zu diesem Zweck direkt auf der Theke... Soleier-Fanatiker machen aus dem „ver-snacken" eine echte Zeremonie...: langsam und genüsslich befreit man das Solei aus der Schale, dann wird es halbiert, als nächstes trennt man das Eigelb heraus, gibt etwas Salz, Pfeffer und wenige Tropfen Essig oder Senf - eventuell auch ein paar Tropfen Öl, etwas Mayonnaise oder ein paar Tropfen Tabasco in das Eiweiß, setzt das Eigelb wieder hinein und lässt die „Kreation" langsam auf der Zunge zergehen. Dass in einer Kneipe ein Bierchen und ein Schnaps dazu gehören versteht sich von selbst, oder?

Ich persönlich stehe ja nicht so auf Bier und schon gar nicht auf Schnaps - aber Soleier finde ich auch ohne all das Drumherum klasse! Mir schmecken Soleier einfach ganz ausgezeichnet auf gebuttertem Brot - oder als halbes Ei mit Mayonnaise als „Sattmacher" zum Salat.

Vorspeisen, Süppchen & Party-Food

mit Fleisch

Chinesische Curry-Teigtaschen (Foto)

2 Zwiebeln, geviertelt	in den Mixtopf geben und **3 Sekunden/Stufe 6** zerkleinern.
½ TL Sambal Oelek 2 Eier 1 TL Salz 500 g Hackfleisch 2 ½ TL Curry 30 g Speisestärke 40 g Sojasauce	dazu geben und **30 Sekunden/Stufe 6** vermischen.
200 g frische Sojasprossen (Mungobohnenkeimlinge)	zur Fleischmasse geben und **3 Sekunden/Linkslauf/Stufe 3** mit Hilfe des Spatels (das ist wichtig, damit die Sprossen nicht all zu klein zerkleinert werden) vermischen. Den Teig in
ca. 20-30 Platten Frühlingsrollenteigblätter (= Filoteig)	einwickeln – z.B. zu Dreiecken gewickelt oder als Frühlingsrolle gewickelt. Die „Teig-auf-Teig-Stücke" des Teiges mit
1 Ei, verquirlt	bestreichen und leicht andrücken. Die die fertigen Teigtaschen ca. **5 Minuten** im ca. **170°C** heißen
Frittierfett	frittieren. Auf einem Küchenkrepp abtropfen lassen.

Tipp: Sie können diese Teigtaschen prima vorbereiten und auch schon fertig frittieren. Verteilen Sie die fertig frittierten Teigtaschen auf einem Backblech mit Backpapier und frieren diese einfach ein. Die so „schockgefrosteten" und „einzeln frei liegenden" Teigtaschen können Sie (wenn sie gefroren sind) natürlich auch in einen gut schließenden Behälter umfüllen. Sollen Sie nur ein paar Tage aufbewahrt werden, können Sie auch auf der „final destination" – dem Backblech bleiben. Bei Bedarf können Sie die Curry-Teigtaschen ganz einfach bei ca. **150°C Heißluft** wieder aufbacken und sie schmecken wie frisch gemacht. Dazu schmeckt ein chinesischer Krautsalat oder süß-saure Chilisauce (wie zu Frühlingsrollen).

Als „Party-Food" ist dies eine tolle Ergänzung (insbesondere für Männer!!) zu (vegetarischen) Frühlingsrollen (hierzu finden Sie auch ein Rezept im vegetarischen Rezeptteil. Vielen Männern ist ja doch „etwas Fleisch vor'm Messer" sehr wichtig. Je kleiner Sie die Teigtaschen falten, desto besser sind sie als „Fingerfood" geeignet.

Bei den gekauften Frühlingsrollen-Teigblättern tun Sie sich einen großen Gefallen, wenn Sie die einzelnen Teigblätter zuerst einmal alle voneinander lösen und zwischen zwei feuchte Küchenhandtücher legen, damit sie nicht austrocknen. Sie kleben sonst ziemlich zusammen, reißen schnell und die Füllung könnte beim Frittieren austreten. Auch beim Verarbeiten sollten Sie die fertigen Teigblätter immer wieder mit dem Küchentuch abdecken.

Gemüse-Schinken-Wraps

100 g Möhren, in Stücken 1 TL Kräutersalz ¼ TL Pfeffer	in den Mixtopf geben und **3 Sekunden/Stufe 4-5** zerkleinern.
100 g rote Paprika, in Stücken 1 Bund Schnittlauch, in Röllchen 300 g Frischkäse, natur 1 hartgekochtes Ei 1 TL körniger Senf	dazu geben und **10 Sekunden/Stufe 4-5** mischen.
6-8 Tortilla-Fladen	mit der Crème bestreichen und auf diese
3-4 Scheiben Käse 3-4 Scheiben Kochschinken 6-8 Salatblättern Paprikastreifen	belegen und fest zusammen rollen. In
Alufolie oder Butterbrotspapier	einrollen. Vor dem Servieren in der Mitte aufschneiden, damit man die Rolle von der Mitte aus sehen kann. Sofort servieren.

Tipp: Natürlich können Sie anstelle der Kochschinken-Käse-Füllung auch Thunfisch hinein geben. Lecker und schnell gemacht – und „hipp" als Abendessen...

Schräg aufgeschnitten in Pergamentpapier eignen sich die Gemüse-Schinken-Wraps auch prima als Fingerfood!

Spanische Champignons mit Serrano-Füllung (Eiweißgericht, glutenfrei)

1 Knoblauchzehe 1 Zwiebel, geviertelt	in den Mixtopf geben und **6 Sekunden/Stufe 6** zerkleinern.
20 g Öl	zugeben und **3 Minuten/Dampfgaren/Stufe 1** andünsten.
500 g große, feste Champignons	putzen und die Stiele heraustrennen. Getrennt beiseite stellen.
	Wenn die Andünstzeit von Knoblauch und Zwiebeln zu Ende ist, den Mixtopf auf **Stufe 4-5** schalten. Durch die Deckelöffnung
200 g Serrano-Schinken (luftgetrockneter Schinken, in Scheiben)	(ohne Zwischenpapier!) einrollen und auf das laufende Messer fallen lassen. Sobald der Schinken im Mixtopf ist, das Messer sofort ausschalten.
1 TL Bindobin (oder 20 g Weizengrieß, aber: Kohlehydrat mit Gluten!) 200 g Schmand ¼ TL Pfeffer 1 TL Paprika edelsüß 150 g Reibkäse	sowie die Champignonstiele dazu geben und **10 Sekunden/Stufe 4-5** vermischen.
	Die Champignonköpfe in eine Auflaufform setzen. Die Füllung großzügig auf die Champignonköpfe verteilen. Weitere
100 g Reibkäse	auf den gefüllten Champignonköpfen verteilen. Die Champignonköpfe **20-25 Minuten** im vorgeheizten Backofen bei **180°C Heißluft** garen.

Tipp: Eine leckere Vorspeise - oder mit einem gemischten Salat und einem großzügigen Dessert ein prima Hauptgericht für 4 Personen. Wenn Sie einen reich gefüllten Kräutergarten haben, können Sie mit den Zwiebeln und dem Knoblauch noch ½ Bund Petersilie oder Koriander zerkleinern.

Ich habe die gefüllten Champignons bei einem spanischen Tapas-Abend kennen gelernt. Gefüllte „was-auch-immer" sind wirklich immer ein Knaller...

Ananas mit überbackenem Schinken (Foto)

200 g Käse, in Scheiben, geviertelt
200 g Kochschinken, in Scheiben, geviertelt
2 Eier .... in den Mixtopf geben und **4 Sekunden/Stufe 4-5** mit Hilfe des Spatels nicht zu klein zerkleinern.

8 Scheiben Ananas (am besten frisch, Konserve geht aber auch) .... auf einem mit Backpapier ausgelegten Backblech verteilen. Die Ananasscheiben dann mit der Schinken-Käsecrème aufhäufen und im vorgeheizten Backofen bei **200°C Heißluft** ca. **10 Minuten** gratinieren, bis der Käse geschmolzen ist. Die fertigen Ananasscheiben mit

8 gerösteten Toastbrotscheiben... servieren.

Tipp: Als Käse eignen sich alle Hartkäsesorten, z.B. Gouda, Edamer oder Emmentaler – ganz nach Geschmack. Sie können auch „Käsereste" (die gibt es manchmal an der Käsetheke) dazu verwenden.

Eine lecker fruchtige Vorspeise für 8 Personen. Als schnelle Hauptmahlzeit – eventuell mit einem schönen grünen Salat dazu reicht die Menge für 4 Personen.

Ungarische Pilze mit Béchamel-Schinkenfüllung (Reste-Fest: 2 Eigelb)

Eine Auflaufform mit

Butter...................................... einpinseln.

700 g große Champignons .... putzen, die Stiele heraus drehen. (Die Stiele werden nicht weiter verwendet). Die Champignonköpfe mit der zu befüllenden Seite nach oben in die Auflaufform legen.

1 Knoblauchzehe........................ in den Mixtopf geben und **4 Sekunden/Stufe 6** zerkleinern.

40 g Butter
200 g Milch
50 g Mehl
¼ TL Pfeffer
¼ TL Muskat
1 Brühwürfel (für 0,5 l Flüssigkeit)..... dazu geben, **6 Sekunden/Stufe 6** vermischen, dann **6 Minuten/90°C/ Stufe 3-4** zu einer dicken Sauce einkochen.

75 g Schinkenwürfel oder roher Schinken, in Stücken
300 g Kochschinken, in Stücken...... dazu geben und mit Hilfe des Spatels **1 Minute/Stufe 4** zermusen.

2 Eigelb
2 TL Paprika, edelsüß
100 g Reibkäse .... dazu geben und **30 Sekunden/Stufe 4** verrühren.

Die Masse entweder mit 2 Teelöffeln oder (das ist fast noch einfacher!) in einen Gefrierbeutel geben, eine Ecke herausschneiden und in die Pilze spritzen.

Die so vorbereiteten Pilze im vorgeheizten Backofen bei **240°C** Ober- und Unterhitze ca. **15-18 Minuten** gratinieren.

Tipp: Eine ungarische Vorspeise, die sich sehr gut vorbereiten lässt. Sie können die Pilze fertig vorbereitet abgedeckt im Kühlschrank lagern (sie brauchen dann aber etwas länger!). Servieren Sie die Pilze als Vorspeise für ca. 6-8 Personen (dazu passt ein Salat und frisches knuspriges Brot).

Grünkohl-Wan-Tans

25 (große) Blätter Frühlingsrollenteig (oder 3-4 x so viele kleine Blätter - gibt es als Tiefkühlware in verschiedenen Größen im Asia-Laden)	nach Packungsanweisung auftauen lassen. Mit einer Gefriertüte oder einem leicht feuchten Tuch abdecken, damit sie nicht austrocknen.
1 Knoblauchzehe 3 Zwiebeln ca. 150 g, geviertelt	in den Mixtopf geben und **6 Sekunden/Stufe 6** zerkleinern.
30 g Öl	dazu geben und beides **3 Minuten/Dampfgaren/Stufe 1** andünsten.
600 g Grünkohl, TK, aufgetaut ½ TL Muskatnuss, gemahlen ¼ TL Pfeffer 1 TL Gemüsebrühenpulver	dazu geben und **10 Minuten/Dampfgaren/Linkslauf/Rührstufe** ohne Deckel aufkochen und die Flüssigkeit reduzieren. (Es sollte keine Flüssigkeit mehr übrig bleiben!!)
200 g Putenbrust-Aufschnitt, in dünne Streifen geschnitten 15 g Weichweizen-Grieß	zum Grünkohl geben und mit Hilfe des Spatels **20 Sekunden/Linkslauf /Stufe 4** mischen. Die Füllung wird in Wan-Tan-Teig eingerollt. Dazu
4 Eier ½ TL Salz ⅛ TL Muskatnuss 2 TL Currypulver	in eine Schale oder einen tiefen Teller geben und mit einer Gabel oder einem Schneebesen verquirlen. Nun eine Frühlingsrollenplatte auf die Arbeitsfläche legen. Die restlichen Platten wieder mit einem leicht feuchten Tuch bedecken, damit sie nicht austrocknen. Eine Seite der Teigplatte mit dem Ei einpinseln. Nun etwas Füllung auf die Teigplatte geben und den Teig so rollen, oder falten dass keine Füllung hinaus laufen kann. [Daher ist es ganz wichtig, dass alle Flächen, die wieder mit Teig in Berührung kommen auch überall mit Ei eingepinselt sind....] Im ca. **170°C** heißen
Frittierfett	(je nach Dicke und Größe der Rollen) ca. **2-5 Minuten** frittieren. (Achtung: wenn die Wan-Tans schwimmen, sollten Sie sie beim Frittieren nach gut der Hälfte der Zeit einmal umdrehen und/oder herunterdrücken.)

Tipp: Diese Grünkohl-Wan-Tans schmecken hervorragend mit Sour Cream (siehe Kapitel Saucen) oder einfach durchgerührter Saurer Sahne. Suuuperlecker! Und ich bin ja nun überhaupt kein Grünkohl-Fan - aber so schmeckt er auch mir ganz ausgezeichnet!

Vorspeisen, Süppchen & Party-Food

mit Fisch & Meeresfrüchten

Gerichte mit Fisch und Meeresfrüchten

Lachsröllchen (Foto auf der Vorseite, Eiweißgericht)

½ TL Dillspitzen .... in den Mixtopf geben und **6 Sekunden/Stufe 6** zerkleinern.

50 g weiche Butter
1 TL Zitronensaft
2 cm Sardellenpaste (aus der Tube)
100 g Doppelrahmfrischkäse
40 g Gouda-Scheiben
¼ TL Salz
⅛ TL Pfeffer
¼ TL Paprika edelsüß .... dazu geben und **30 Sekunden/Stufe 4-5** mit Hilfe des Spatels zu einer homogenen Masse vermischen. (Es ist relativ wenig im Topf.)

8 dünne große Scheiben
Räucherlachs (= ca. 200 g) .... mit der Masse bestreichen, die Lachsscheiben aufrollen, in Frischhaltefolie oder in einer gut schließenden Dose in den Kühlschrank stellen und ca. **1 Stunde** kühl stellen.

Kurz vor dem Servieren zu mundgerechten Röllchen schneiden. Die Häppchen auf einem

Salatbett
evtl. mit Zitronenscheiben .... anrichten.

Tipp: Servieren Sie Toast oder Baguette zu den Lachsröllchen. Eine prima Vorspeise für 6-8 Personen oder auch sehr lecker als Snack für Gäste, der sich gut vorbereiten lässt. Den Röllchen schadet es nicht, wenn sie ein oder zwei Tage vor dem Verzehr gut verschlossen im Kühlschrank aufbewahrt werden. Nur schneiden sollten Sie sie erst kurz vor dem Verzehr.

Sauce für Vitello Tonnato – oder zu kaltem Braten (Eiweißgericht, glutenfrei)

200 g Sahne
1 Dose Thunfisch in Öl (mit dem Öl, nicht abgetropft insges. 200 g)
¼ TL weißer Pfeffer
1 TL Salz
2 TL Zitronensaft
150 g Doppelrahmfrischkäse .... in den Mixtopf geben und **1 Minute/Stufe 10** (langsam hochdrehen!) zu einer crèmigen Sauce verrühren. Zwischendurch mit dem Spatel 2 x die Masse zurück auf das Messer schieben.

Die Sauce auf 6 Tellern verteilen und

600 g gedünstetes Kalbfleisch /
Braten in dünnen Scheiben .... dekorativ darauf anrichten (z.B. als Rosen, Wellen). Mit

24 Kapern .... garniert servieren.

Tipp: Sie kennen Vitello Tonnato noch nicht? Paradiesisch!!! Es ist eine edle italienische Vorspeise. Man reicht diese Sauce klassischerweise zu ganz dünn aufgeschnittenem gekochtem Kalbfleisch (= Vitello). Da das aber recht teuer ist, können Sie's auch erst einmal zu kaltem (Schweine- oder Puten-)Bratenaufschnitt probieren. Das schmeckt auch sehr gut und ist nicht ganz so teuer.

Noch italienischer ist übrigens die Vitello-Tonnato-Sauce mit Olivenöl und rohem Eigelb (anstelle von Frischkäse und Sahne). Sie ist allerdings recht fettreich und weniger „sahnig". Aber über Geschmack lässt sich ja bekanntlich nicht streiten...

Wenn Sie Vitello Tonnato noch nicht kennen, kann ich mir schon denken, was in Ihrem Kopf vorgeht... Fleisch mit Thunfisch? Würg... - denn genau das habe ich auch gedacht und befürchtet!!! – Aber genau das Gegenteil ist der Fall! Die Sauce schmeckt nicht fischig, sondern ist einfach nur wunderbar würzig und crèmig. Sie schmeckt hervorragend!!! Diese Menge reicht als Vorspeise für 6 Personen.

Garnelen mit Aioli (klassisches Aioli mit Ei, Eiweißgericht, Reste-Fest: 2 Eigelb)

20 große Garnelen mit Schwanz (damit man sie besser anfassen kann) ... ganze Garnelen - auf der Innenseite aufschneiden und den Panzer abziehen. Auf der Rückseite mittig einschneiden und entdarmen, waschen und trocken tupfen. (Oder Sie kaufen fertig entdarmte, evtl. schon ohne Panzer, nur mit Schwanzstück)

4 Knoblauchzehen
½ Chili-Schote ohne Kerne .... in den Mixtopf geben und **4 Sekunden/Stufe 6** zerkleinern.

60 g Olivenöl
Saft ½ Limette
2 Zweige Rosmarin, abgezupft
1 Prise Zucker
¾ TL Salz
¼ TL Pfeffer
¼ TL Zucker .... dazu geben und **30 Sekunden/Linkslauf/Stufe 3-4** mischen.

Die Marinade mit den Garnelen vermischen und mindestens **30 Minuten** marinieren. In der Zwischenzeit das **Aioli** zubereiten.

Es ist wichtig, dass alle Zutaten Zimmertemperatur haben!

250 g Öl (Zimmertemperatur!! am besten eine Mischung aus ½ Olivenöl und ½ „neutralem Öl" wie Sonnenblumenöl, Rapsöl oder Maisöl) .... in einem Topf, einem Glas oder einer Schütte abwiegen. Hierzu einfach das Gefäß auf den Mixtopf stellen, auf die Waage drücken und auf Null stellen, das Öl in das Gefäß gießen und die 250 g abwiegen.

2 Knoblauchzehen .... in den Mixtopf geben und **3 Sekunden/Stufe 6** zerkleinern.

2 Eigelb (Zimmertemperatur!!)
25 g Dijon-Senf (Zimmertemperatur!)
½ TL Salz
1 TL Zucker
⅛ TL Pfeffer
1 EL Zitronensaft........................ dazu geben und **10 Sekunden/Stufe 5** vermischen.

Das Messer nun auf **Stufe 3-4** stellen, den Messbecher einsetzen. Nun das Öl langsam auf den Deckel des Wundertopfes gießen, so dass es sich bei verschlossenem Messbecher langsam durch die kleine Öffnung „einsaugt".

Wenn sich das Öl vollständig eingearbeitet hat, ist das Aioli fertig.

Für die Garnelen

½ Bund Basilikum .... vom Stiel abzupfen. Die Blätter in feine Streifen schneiden und beiseite stellen.

Die Stiele zusammen mit den Garnelen in einer Pfanne bei mittlerer Hitze goldbraun anbraten, wenden und von der anderen Seite braten. Die Garnelen sollen glasig aussehen. Die Garnelen aus der Pfanne nehmen (Basilikumstiele entsorgen) und mit dem Aioli zusammen servieren.

Tipp: Weil rohes Eigelb verwendet wird, sollten Sie das Aioli kühl aufbewahren und am selben Tag verzehren. Da hier das Öl nicht erhitzt wird, lohnt es sich, ein gutes Öl zu verwenden (mit einem hohen Anteil an ungesättigten Fettsäuren, wie Distelöl oder Rapsöl).

Sie können Aioli mit Chilli oder Rosenpaprika (scharf) oder Paprika edelsüß aufpeppen. Man isst Aioli in Spanien und Portugal sehr gerne zu gegrillten Krustentieren. Dazu schmeckt Brot oder auch Gemüsesticks.

Beilagen vegetarisch

so viel mehr als liebevolle Begleiter!

Einfache Eierpfannkuchen (Foto)

4 Eier
400 g Mehl
550 g Milch, 1,5 % Fett
1 TL Salz .... in den Mixtopf geben und **1 Minute/Stufe 4** aufschlagen. Den Teig in einer mittleren bis heißen Pfanne mit

Butterschmalz oder Öl .... zu goldbraunen Pfannkuchen backen, umdrehen und von der zweiten Seite backen.

Tipp: Der Klassiker und der Kassenschlager bei fast allen Kindern.

Meine Kinder mögen diese Pfannkuchen besonders gerne mit Apfelmus, Zimt-Zucker oder Nuss-Nougatcrème. Sie schmecken aber auch hervorragend zu Eintöpfen (z.B. am zweiten Tag, wenn doch nicht genug Eintopf übrig geblieben ist) oder mit herzhaften Füllungen, z.B. mit Käse und Kochschinken oder Hackfleisch.

Sie können auch Apfelscheiben oder frische Kirschen oder Pflaumen hineinbacken und sie anschließend mit (Zimt-)Zucker bestreut servieren. Oder zu Apfelmus, Obst-Kompott, Marmelade oder mit Sirup... die Möglichkeiten sind endlos! Diese Menge reicht für 3-4 Personen als Hauptgericht, z.B. mit einem Salat und einem Dessert. Meine Jungs können davon gar nicht genug bekommen... - sie verdrücken die Menge auch zu zweit.

Da das Umdrehen von Pfannkuchen nicht so ganz einfach ist, habe ich 2 kleinere (20 cm Durchmesser) Pfannkuchenpfannen gekauft. Pfannkuchenpfannen sind beschichtet und haben einen ganz flachen Rand. Mit diesen sehr flachen Pfannen und einem langen breiten Spatel können jetzt meine beiden 10-jährigen Herren sogar schon ganz alleine Pfannkuchen backen!

Warmer Zucchinisalat mit Tomatensauce (Eiweißgericht, glutenfrei, low fat)

500 g Zucchini (möglichst junge, fingerdicke Exemplere, ansonsten entkernen, geputzt gewogen 500 g)....... in ca. 0,8 cm dicke Scheiben schneiden. Die Scheiben mit

1 TL Bohnenkraut, getrocknet........ vermischen.
Die in Scheiben geschnittenen Zucchini in den Dampfgaraufsatz legen und auf genügend Dampflöcher achten.

2 Knoblauchzehen
1 Zwiebel, geviertelt
¼ Bund Petersilie, abgezupft
½ Bund Basilikum, abgezupft
1 Chilischote, ohne Kerne .... in den Mixtopf geben und **4 Sekunden/Stufe 6** zerkleinern.

50 g Olivenöl .... zugeben und **5 Minuten/Dampfgaren/Stufe 1** andünsten.

800 g geschälte Tomaten mit Saft (Konserve) oder 800 g frische Tomaten ohne grünen Strunk, in Stücken
1 TL Kreuzkümmel (= Cumin)
2 TL Paprika edelsüß
½ TL Koriander
1 ½ TL Salz
2 gehäufte TL Curry
50 g Tomatenmark
1 TL Honig................................ dazu geben, **6 Sekunden/Stufe 6** vermischen, danach den Dampfgaraufsatz aufsetzen und alles **20 Minuten/Dampfgaren/Stufe 1** garen.
Nach Ende der Garzeit die Zucchini in eine Schüssel füllen, mit der Tomatensauce übergießen und abkühlen lassen.

Tipp: Superlecker! Eine tolle Vorspeise, die sowohl warm als auch kalt prima schmeckt. Reichen Sie einfach leckeres Fladenbrot dazu. Wenn Sie Reste haben, können Sie diese übrigens prima als Auflauf „weiterverarbeiten" – zum Beispiel mit Schafskäse überbacken.

Frischer Würz-Spinat mit Tomaten (Eiweißgericht, glutenfrei)

2 Knoblauchzehen
2 Zwiebeln, geviertelt .... in den Mixtopf geben und **4 Sekunden/Stufe 6** zerkleinern.

40 g Butter .... dazu geben und **3 Minuten/Dampfgaren/Stufe 1** andünsten.

350 g Milch
1 TL Bindobin (bei Eiweißgerichten, glutenfrei), alternativ 20 g Mehl
1 Brühwürfel (für 0,5 l Flüssigkeit)
¼ TL Muskat
⅛ TL Pfeffer
½ TL Salz .... dazu geben, **6 Sekunden/Stufe 6** mischen, anschließend **6 Minuten /100°C/Stufe 2** zu einer Sauce einkochen.

In der Zwischenzeit

200 g Blattspinat, frisch .... gründlich mit viel Wasser waschen – vermutlich ca. 2-3 x mit frischem kaltem Wasser – so lange, bis kein Sand mehr im Waschwasser ist.

Anschließend den Spinat trocken schleudern und in mundgerechte ca. 2€-Münzen große Stücke schneiden (falls die Blätter schon die Größe haben – perfekt!). Sehr grobe oder harte Stiele vom Spinat entfernen.

Die mundgerechten Stücke (eventuell in 2-3 Portionen) in die Sauce geben und **5 Minuten/100°C/Stufe 2** zusammen fallen lassen. Anfangs mit dem Spatel herunter drücken, so dass der komplette Spinat hinein geht.

In der Zwischenzeit

100 g Kirschtomaten .... waschen, trocknen, halbieren und beiseite stellen.

Wenn die **5 Minuten** vom Spinat abgelaufen sind, nach Geschmack noch **4-8 Sekunden/Stufe 8** zerkleinern. Danach die halbierten Cocktailtomaten dazu geben und **1 Minute/90°C/Linkslauf/Stufe 1** erwärmen. Sofort servieren.

Tipp: Wenn Sie keinen frischen Blattspinat bekommen, tut's auch TK-Blattspinat. Sie sollten ca. 500 g auftauen lassen, um abgetropft auf die entsprechende Menge zu kommen.

Es gibt sehr verschiedene Sorten Spinat. Aus dem Garten kannte ich früher nur Spinat, der maximal die Größe von etwas zu groß geratenem Feldsalat hatte. Heute gibt es sogar Spinatsorten, die eher wie Rhabarber-Blätter daher kommen... Selbst bei diesen „Trümmern" kann man die Stiele essen – aber je „feiner" die Stiele geschnitten sind, desto leckerer...

Als Beilage (statt Sauce) ist superlecker zu Nudeln oder Kartoffeln. Klasse auch zu Gnocchi oder Speck-Knödeln!

Selleriepüree (Eiweißgericht, glutenfrei)

500 g Knollensellerie, in Stücken
½ TL Salz
⅛ TL Pfeffer
¼ TL Muskat .... in den Mixtopf geben und **5 Sekunden/Stufe 4-5** zerkleinern.

50 g Butter .... zugeben und **5 Minuten/Dampfgaren/Stufe 1** andünsten.

250 g Milch .... dazu geben und **12 Minuten/100°C/Stufe 1** mit eingesetztem Messbecher garen.

20 g Butter .... zugeben und **5-10 Sekunden/Stufe 6** mit Hilfe des Spatels pürieren.

Tipp: Ein erklärter Kartoffelbreifan wie ich selbst, ist bei „anderen Pürees" ja sehr skeptisch. Da ich nicht gerade der größte Fan von Sellerie bin, war ich besonders skeptisch. Aber keine Sorge – denn es schmeckt gar nicht so sehr nach Sellerie, wie ich befürchtet hatte. Es ist sehr crèmig, würzig (aber nicht zu aufdringlich) und wirklich mal eine alternative Beilage zu Kurzgebratenem. Diese Menge reicht für 4 Personen als Beilage aus.

Wenn Ihnen der reine Selleriegeschmack zu stark ist (oder Sie nicht genug Sellerie haben, können Sie auch einen Teil des Selleries durch Kartoffeln [kein Eiweißgericht mehr], Pastinaken (so bleibt es hell) oder Steckrüben oder Möhren (dann wird es gelblich-orange) ersetzen.

Lauch-Gratin (Eiweißgericht, low fat)

½ Bund glatte Petersilie, abgezupft
½ Bund Basilikum, abgezupft
1 Knoblauchzehe .... in den Mixtopf geben und **6 Sekunden/Stufe 6** zerkleinern.

100 g Frischkäse, 16 % Fett
1 Ei (Größe M)
40 g Milch
¾ TL Salz
¼ TL Muskat
⅛ TL Pfeffer .... dazu geben und **20 Sekunden/Stufe 4-5** vermischen. Den Frischkäse umfüllen. Nun

300 g Wasser
600 - 700 g Porree (1 kg ungeputzt gewogen, in Ringen à ca. 1 cm)
1 TL Salz .... in den Mixtopf geben und **10 Minuten/100°C/Linkslauf/Rührstufe** vorgaren.

Nach Ende der Garzeit das Garwasser abgießen (und anderweitig, z.B. für Suppe verwenden) und den Porree in eine Auflaufform geben.

Die Frischkäsecrème darüber verteilen und den Auflauf bei **175°C Heißluft** im vorgeheizten Backofen ca. **20 Minuten** backen.

Tipp: Dieses Gratin passt sehr gut zu Kurzgebratenem und (vegetarischen) Kartoffelgerichten.

Schneller Kürbis-Auflauf (Eiweißgericht)

1 Zwiebel, geviertelt
1 Knoblauchzehe .... in den Mixtopf geben und **5 Sekunden/Stufe 5** zerkleinern.

20 g Olivenöl .... dazu geben und **3 Minuten/Dampfgaren/Stufe 1** andünsten.

800 g Kürbisfleisch, z.B. Hokkaido oder Muskat-Kürbis in 2 x 2 cm großen Würfeln .... hinzufügen und **3 Minuten/Dampfgaren/Linkslauf/Stufe 1** mitdünsten.

200 g Sahne
1 Brühwürfel (für 0,5 l Wasser)
½ TL Pfeffer
1 TL Salz
¼ TL Muskat .... dazu geben und **3 Minuten/Dampfgaren/Linkslauf/Stufe 1** weiter dünsten. Die Masse in eine gefettete Auflaufform geben.

Den Mixtopf nicht ausspülen, eventuell aber etwas abkühlen lassen.

2 Eier
¼ TL Salz
⅛ TL Muskat
⅛ TL Pfeffer .... in den Mixtopf geben und **20 Sekunden/Stufe 3** verrühren. Die Ei-Masse über den Kürbiswürfeln verteilen.

150 g Reibkäse
3 EL Kürbiskerne .... über der Eimasse verteilen und den (heißen) Auflauf bei **175°C Heißluft** oder **190°C Ober- und Unterhitze** ca. **25 Minuten** backen (wenn der Auflauf (Kühlschrank-)kalt ist, dauert es **15-20 Minuten** länger.)

Tipp: Ein leckeres Rezept von Birgitta K. aus Essen. So genossen ist der Auflauf eine herbstliche Beilage zu Kurzgebratenem oder Braten. Nach Wunsch können Sie noch gegarte Kartoffelscheiben unter den Auflauf legen, dann ist es sogar ein (vegetarisches) Mittagessen [aber kein Eiweißgericht mehr]. Sie sollten dann nur die Sahnemenge um 100 g erhöhen und beim Würzen etwas großzügiger sein.

Gebackene Bohnen – Baked Beans (Foto)

500g weiße Bohnen, getrocknet......	in einer großen Schüssel sehr großzügig mit
kaltem Wasser	bedecken und **über Nacht** (oder **mindestens 14 Stunden**) in einem Kochtopf, der ca. 3-4 Liter fasst, einweichen. Wenn Sie einen Schnellkochtopf haben, sollten Sie den gemäß der Gebrauchsanweisung verwenden, das spart Zeit und Energie...
	Nach der Einweichzeit das Einweichwasser abgießen, großzügig (d.h. mindestens 3 fingerbreit über den Bohnenkernen) mit frischem (eventuell sogar schon heißem) Wasser bedecken und auf dem Herd aufkochen.
	Nach ca. **15 Minuten** mit einem Schaumlöffel abschäumen (jetzt zahlt es sich aus, wenn Sie genügend Wasser über den Bohnen haben, denn dann ist es einfacher!).
2 TL Bohnenkraut......................	hinzufügen und die Bohnen (ganz ohne Salz oder Brühe, denn das verlängert die Kochzeit!) Optional können Sie
(falls vorhanden!) 1 TL Natron	zugeben. Das beschleunigt den Vorgang. Wenn nicht, dauert das Kochen etwas länger. Nun die weißen Bohnen in ca. **1-2 ½ Stunden** weich kochen (das hängt unter anderem vom Alter der Bohnen ab und ob Sie einen Schnellkochtopf verwenden).
	In der Zwischenzeit für die Tomatensauce
4 Knoblauchzehen 4 Zwiebeln, geviertelt 50 g getrocknete Tomaten, nicht in Öl eingelegt 4 Brühwürfel (für je 0,5 l Flüssigkeit) 1 EL Pizzagewürz 50 g Rohrzucker 1 TL Pfeffer 2 ½ TL Salz 2 TL Rosenpaprika, scharf............	in den Mixtopf geben und **5 Sekunden/Stufe 6** zerkleinern.
knapp 3 kg Tomaten..................	halbieren oder vierteln und vom grünen Strunk befreien. So viele Tomaten in den Mixtopf geben, bis die 2-Liter-Marke erreicht ist (wichtig: auf keinen Fall mehr!! - Rest anderweitig verwenden!).

Die Tomaten **60 Minuten/Dampfgaren/Stufe 1-2** mit (leerem) Dampfgaraufsatz (als Spritzschutz oder einem anderen Spritzschutz) einkochen. Der Inhalt des Mixtopfs sollte sich drehen, wenn nicht, bitte die Drehzahl erhöhen. Wenn die Tomaten gut eingekocht sind, alles **1 Minute/Stufe 10** pürieren.

Wenn Sie es gerne süß-sauer mögen, können Sie nun zugeben:

100-150 g Kräuteressig
100 g Farinzucker...................... zur Tomatensauce geben und **30 Sekunden/Stufe 4** mischen. (Mir persönlich gefällt die süß-sauere Note nicht ganz so gut - ich lasse es lieber weg. Wenn Sie sich nicht sicher sind, ob Sie lieber darauf verzichten möchten, können Sie den Essig und den Zucker auch erst nach dem Vermischen mit den gegarten Bohnen zugeben.)

In der Zwischenzeit dürften dann auch die Bohnen auf dem Herd vollständig gegart sein. Wenn die Bohnen vollständig gegart sind, das Garwasser abgießen und die Bohnen zurückgeben in den großen Bohnen-Kochtopf. Die Tomatensauce darüber gießen und alles gründlich mischen.

Wenn Sie die Bohnen für längere Zeit konservieren möchten, sollten Sie alles noch einmal aufkochen (wirklich vollständig durch erhitzen!) und sprudelnd kochend in sterilisierte Twist-Off-Gläser füllen. Sofort verschließen und **5 Minuten** auf den Kopf stellen.

Tipp: Anstelle von frischen Tomaten können Sie im Winter auch Konserventomaten verwenden. Die Menge reicht für ca. 6-7 Einkoch-Gläser à 500 g.

Vielen Dank für dieses tolle Rezept an Alexandra U. aus Lichtenau. Sie kennt mich offensichtlich schon ganz prima - denn ich liebe gebackene Bohnen! In England isst man gebackene Bohnen schon zum Frühstück (ich weiß, klingt für viele erst einmal gruselig) - aber versuchen Sie's doch vielleicht mal mit einem gepflegten „All-Day-Breakfast" irgendwann später am Tag, z.B. zum Mittag- oder Abendessen... So ein „All-Day-Breakfast" (das gibt es übrigens auch in den meisten Cafés in England) ist sehr reichhaltig. Und wie viele Einzelbestandteile es hat, wird auf der Speisekarte dann zum Preis auch dazu geschrieben. Drei Bestandteile hat dann das „three item breakfast", fünf das „five item breakfast" und so weiter.... Und was gibt es alles zur Auswahl? Mindestens eine Eier-Variante (z.B. Rührei oder Spiegeleier, nach Geschmack auch gebratene Würstchen, Speck oder Champignons, gebackenen Tomaten, eventuell eine Kartoffel-Spezialität, Toast oder Brötchen und selbstverständlich gebackene Bohnen!

Bei uns zu Hause gibt es übrigens gerne mal so ein „All-Day-Breakfast". Zugegeben: vorzugsweise als warmes Abendessen (nicht als Frühstück) - und jetzt auch mit „Baked Beans de luxe" à la Alex...

Zucchini-Pfannküchlein

50 g Parmesankäse, in Stücken ...... in den Mixtopf geben und **6 Sekunden/Stufe 8** zerkleinern.

250 g Mehl
1 ½ TL Salz
¼ TL Pfeffer
¼ TL Muskatnuss, gemahlen.......... dazu geben und **6 Sekunden/Stufe 5** vermischen.

2 kleine oder 1 mittlere Zucchini, entkernt..................................... in den Mixtopf geben und in groben Stücken in den Mixtopf geben.

3 Eier
300 g Milch.............................. dazu geben und **1 Minute/Stufe 3** mischen und zerkleinern. Es sollten noch Zucchini-Stücke sichtbar sein und bleiben.

Den Teig in einer Pfanne mit

heißem Butterschmalz .... zu goldbraunen Pfannkuchen backen.

Tipp: Alternativ können Sie die Zucchini-Pfannküchlein auch mit Kürbisfleisch herstellen - am besten eine schmackhafte feste Sorte wie Hokkaido-Kürbis.

Schmeckt prima mit Apfelmus! Oder mit einem „weißen Dip", z.B. Feta-Dip, Sour Cream oder Zaziki.

Vielen Dank für das leckere Rezept an Maria B. aus Messel.

Kartoffel-Timbalen (Reste-Fest: kalte gekochte Kartoffeln)

1 Zwiebel (ca. 50 g, geviertelt)......... in den Mixtopf geben und **4 Sekunden/Stufe 5** zerkleinern.

15 g Öl oder Butter....................... dazu geben und **3 Minuten/Dampfgaren/Stufe 1** andünsten. Die Masse **10 Minuten** stehen und etwas abkühlen lassen.

In der Zwischenzeit ca. 8 Timbalen, Souffléförmchen (à ca. 100 g Füllgewicht als Inhalt!) oder 4-6 hitzebeständige Kaffetassen mit

Alufolie.................................... ausschlagen (so lässt sich der Inhalt später leichter stürzen, die Alufolie gründlich an den Rand drücken und mit

weicher Butter .... einpinseln und beiseite stellen.

3 Eier
1 TL Salz
½ TL Pfeffer .... in den Mixtopf zu den Zwiebeln geben. Die Masse **10 Sekunden/ Linkslauf/Stufe 2** vermischen.

350 g gekochte, kalte Kartoffeln ...... in kleine Würfel oder Scheiben schneiden und zur Eiermasse geben. Gründlich mit dem Spatel vermischen. Die Masse „gerecht" - d.h. sowohl die Kartoffelstücke als auch die Eimasse - auf die Timbalen verteilen. Die Timbalen einzeln mit Alufolie abdecken.

Die Timbalen in den Dampfgaraufsatz stellen und den Dampfgaraufsatz verschließen. (Sollten die Förmchen zu hoch dafür sein, den Dampfgaraufsatz gründlich mit Alufolie verschließen und einige wenige Dampflöcher mit einem Messer hinein pieksen.

Den Mixtopf mit

500 g Wasser (oder Brühe)............ füllen. (Nach Wunsch den Gareinsatz einhängen und noch Kartoffeln, Reis, Eier oder Gemüse garen!).

Alles zusammen setzen und **25 (-30) Minuten/Dampfgaren/Stufe 1** kochen.

Nach Ende der Garzeit die Timbalen auf den Servierteller stürzen und servieren.

Tipp: Sie können zusammen mit den Zwiebeln noch Speckwürfel mit andünsten. Allerdings sollten Sie (insbesondere bei geräuchertem Speck) die Salzmenge reduzieren. Eine prima Ergänzung zu Salat oder z.B. zu Kurzgebratenem.

Vielen Dank für dieses - mal etwas andere Rezept für Resteverwertung - von gekochten Kartoffeln an Ulrike H.-K. aus Emsdetten!

Parmesan-Pasta

70 g Parmesan, in Stücken .... in den Mixtopf geben und **30 Sekunden/Stufe 10** zerkleinern.

500 g Weizenmehl, Typ 405........... dazu geben und **30 Sekunden/Stufe 10** vermischen. Anschließend den Mixtopf auf **Stufe 4** stellen. Nacheinander durch die Deckelöffnung

5 Eier (Größe M) .... hinzufügen und **1 Minute/Stufe 5** mischen. Der Teig sollte ledrig fest, nicht klebrig aber auch nicht (zu!) bröckelig sein. Man sollte die Teigkrümel gut zu Formen zusammen drücken können. Wenn der Teig noch zu fest ist, bitte noch teelöffelweise

Wasser.................................... zugeben. Falls der Teig noch zu flüssig sein sollte, bitte noch

Mehl....................................... einarbeiten.

Den Teig mit einer Nudelmaschine zuerst auf mittlerer Stufe walzen, anschließend immer dünner werden und weiter zu hübschen Nudeln verarbeiten.

Die Nudeln (am besten immer nur eine kleine Menge) in reichlich kochendem Salzwasser bissfest garen. Die Nudeln sind gar, wenn sie an der Oberfläche schwimmen. Das geht recht schnell - sie sind nach ca. **2 Minuten** gar.

Tipp: Leckere Nudeln, die einfach nur mit Butter - oder auch mit einer leichten Tomatensauce schmecken. Lecker aber auch zu Wildgerichten.

Butter-Honig-Möhren (Eiweißgericht)

2 Zwiebeln, geviertelt	in den Mixtopf geben und **4 Sekunden/Stufe 4-5** zerkleinern.
100 g Butter	dazu geben und **3 Minuten/Dampfgaren/Stufe 1** andünsten. In der Zwischenzeit
1 kg Möhren, (ca. 800 g geschält)	schälen und in ½ cm dicke (schräge) Scheiben schneiden. Die Möhrenscheiben sowie
1 Brühwürfel (für 0,5 l Wasser) 10-20 g Honig 1 Spritzer Zitronensaft ⅛ TL Pfeffer	dazu geben und alles **20 Minuten/100°C/Linkslauf/Rührstufe** garen.

Tipp: Schmeckt super zu Kurzgebratenem oder auch zu Pfannkuchen mit Apfelmus!

Sie können mit den Zwiebeln auch ½ Bund Petersilie oder frischem Kerbel zerkleinern. Passt prima und gibt einen Farbtupfer in die leckere Beilage.

Spinat-Pasta

500 g TK-Blattspinat, aufgetaut* (nach dem „Auswringen" noch gut 250 g Spinat)	richtig gut „auswringen". Der Spinat muss fast trocken sein. Den Spinat in den Mixtopf geben und **20 Sekunden/Stufe 6-7** mit Hilfe des Spatels zerkleinern.
500 g Pasta-Mehl, Typ 00* 1 TL Salz ¼ TL Muskatnuss	dazu geben und **10 Sekunden/Stufe 6** zerkleinern. Das Mehl schiebt sich nach oben, daher bitte noch einmal alles zurück auf das Messer schieben, dann **10 Sekunden/Stufe 7** zerkleinern, noch einmal herunter schieben und dann **10 Sekunden/Stufe 8** zerkleinern, wieder herunter schieben und noch einmal **10 Sekunden/Stufe 9** zerkleinern. Ein letztes Mal herunter schieben und **10 Sekunden/Stufe 10** zerkleinern. Ziel ist es, einen ganz feinen „spinatgrünen Schnee" zu erhalten. Nun den Mixtopf auf **Stufe 4-5** stellen und durch die Deckelöffnung nach und nach
3 Eier (Größe M)	zugeben. Den Teig ca. **20 Sekunden** lang durchmischen, dann eine Probe machen, ob die Teigkonsistenz richtig ist. Nudelteig ist richtig, wenn er sich „lederig" anfühlt, auf Druck nachgibt und sich wie Knete formen lässt. Er darf keinesfalls an den Händen kleben (dann bitte noch Mehl einarbeiten) oder bröckeln (dann bitte noch teelöffelweise Wasser einarbeiten). Den fertigen Nudelteig können Sie in Frischhaltefolie gewickelt einige Tage im Kühlschrank aufbewahren. Ansonsten sollten Sie den Teig ca. **20 Minuten** ruhen lassen und anschließend durch die Nudelmaschine zu immer dünneren Nudelplatten und schließlich am Ende zu Bandnudeln verarbeiten.

Tipp: Wenn Sie den Blattspinat nicht rechtzeitig aus der Tiefkühltruhe genommen haben, können Sie ihn auch in der Mikrowelle „auftau-erhitzen". Hierzu einfach die Spinat-Blöcke nebeneinander auf einen flachen Teller legen und 3-5 Minuten lang bei voller Leistung erhitzen. Sie tauen dann auf, werden aber in der Zeit nicht wahnsinnig heiß.

Pasta-Mehl, Typ 00 (kein Scherz, das heißt so...!) gibt es mittlerweile in gut sortierten Supermärkten und italienischen Spezialitäten-Läden. Wenn Sie das Mehl nicht bekommen, können Sie auch Typ 405 verwenden. Allerdings verändern sich hierdurch die Flüssigkeitsmengen ein bisschen.

Nudeln mit Spinat / Kräutern usw. enthalten manchmal noch kleine Fasern, die sich mit der Nudelmaschine schwer „trennen" lassen. Machen Sie sich deshalb am besten nicht mehr Arbeit als nötig und verarbeiten die Nudeln zu möglichst breiten Bandnudeln... - Ich finde selbstgemachte Spinat-Pasta ist eine der Nudelsorten, die es absolut wert ist, frisch gemacht zu werden! Sehr sehr lecker und richtig grün!!!

Marinierte Zitronenkartoffeln (low fat, Foto)

2000 g festkochende Kartoffeln (mit Schale gewogen!) .... schälen und in etwa **zuckerstückchengroße** Würfel schneiden. Die Kartoffelwürfel waschen, trocken tupfen und zügig (damit sie nicht braun werden) in einer großen Schüssel mit

3 EL Olivenöl
2 TL Salz .... vermischen. Die mit Öl vermischten Kartoffeln sofort auf einem tiefen mit Backpapier ausgelegten Backblech verteilen (möglichst gleichmäßig und nebeneinander) und sofort in den vorgeheizten Backofen geben. Die Kartoffeln bei **185°C Heißluft** ca. **35-45 Minuten** garen. Die Kartoffeln nach ca. **20 Minuten** einmal mit dem Pfannenwender wenden, damit sie nicht von einer Seite austrocknen.

In der Zwischenzeit können Sie das Dressing zubereiten. Hierfür

1 Knoblauchzehe
½-1 Bund glatte Petersilie, abgezupft .... in den Mixtopf geben und **4 Sekunden/Stufe 6** zerkleinern. Die Masse vom Rand noch einmal nach unten auf das Messer schieben und gegebenenfalls noch einmal **3 Sekunden/Stufe 6** zerkleinern.

40 g Olivenöl
35 g Zitronensaft
1 TL Salz
¼ TL Pfeffer .... dazu geben und **30 Sekunden/Stufe 4** vermischen.

Zur Garprobe der Kartoffeln am Ende der Ofen-Garzeit mit dem Messer in die Kartoffeln hinein stechen. Wenn das Messer leicht durch die Kartoffeln kommt, sind sie gar.

Die gegarten Kartoffeln in einer großen Schüssel vorsichtig mit dem Dressing vermischen und **2 Minuten** „ziehen" lassen. Die Kartoffeln dann sofort servieren.

Tipp: Lässt sich prima mit anderen Ofengerichten kombinieren (allerdings müssen Sie dann eventuell mehr Garzeit einplanen!!). Da die Kartoffeln mariniert sind, brauchen Sie keine weitere Sauce.

Die Kartoffeln sind bei allen Testessern ganz hervorragend angekommen! Zwar wirken 2000 g Kartoffeln erst einmal viel, aber sie sind so lecker, dass die Menge am Ende doch „nur" für 6 Personen reicht...

Großer Kartoffelauflauf aus dem Backofen

1500 g Kartoffeln, roh, in 1 cm dicken Scheiben 500 g Wasser 2 Brühwürfel (für 0,5 l Flüssigkeit) 1 TL Salz	in den Mixtopf geben und **16 Minuten/100°C/Linkslauf/Stufe 1** vorgaren. Wenn die Kartoffeln vorgegart sind, die Kartoffeln abgießen (Brühe anderweitig verwenden). Die Kartoffeln in eine große Auflaufform füllen. Für die
Sauce: 2 Knoblauchzehen 1 Bund Petersilie	in den Mixtopf geben und **6 Sekunden/Stufe 6** zerkleinern.
150 g Schmand 150 g Sahne ¼ TL Pfeffer	dazu geben und **20 Sekunden/Stufe 3** mischen. Die Sauce gleichmäßig mit den Kartoffeln vermischen und das alles mit
200 g Reibkäse	bestreuen. Den Auflauf (wenn er mit warmen Kartoffeln in den Ofen geschoben wird) **25 Minuten** bei **200°C Ober- und Unterhitze** im vorgeheizten Backofen goldbraun backen.

Tipp: Der Auflauf lässt sich prima vorbereiten (auch schon am Vortag) – allerdings sollten Sie dann **15-20 Minuten** längere Backofenzeit einplanen. Die Menge reicht für 8 Personen als Beilage aus.

Rosmarinkartoffeln aus dem Backofen (Partymenge - zum Feiern lecker!)

6 Knoblauchzehen	in den Mixtopf geben und **6 Sekunden/Stufe 6** zerkleinern.
1 Bund Rosmarin (ca. 8-10 Zweige - es kann gar nicht zu viel sein!!!)	abzupfen und die Nadeln sowie
2 gestrichene Esslöffel Salz 1 TL schwarzen Pfeffer 350 g Olivenöl	in den Mixtopf geben und **2 x 1 Minute/Linkslauf/Stufe 4** mischen. So werden die ätherischen Öle des Rosmarins frei gegeben, die Nadeln aber nicht zerstört. (Und das kriegt wieder mal nur der Wundertopf so hin...!)
3 kg Drillings-Kartoffeln (= ganz kleine ganze Kartoffeln mit Schale, gut abgebürstet gewogen, alternativ geschälte Kartoffeln, evtl. geviertelt	in eine große Schüssel geben. Das Öl auf die Kartoffeln geben und alles gründlich mischen, so dass die Kartoffeln von allen Seiten mit Öl bedeckt sind. Die Kartoffeln nebeneinander (wichtig!) auf 2 mit Backpapier ausgelegten Backblechen verteilen (ohne Backpapier kleben sie evtl. trotz des Öls am Backblech fest) und im vorgeheizten Backofen bei **220°C Heißluft** ca. **40-60 Minuten** garen. Die Garzeit hängt von der Größe der Kartoffeln ab. 40 Minuten sind es bei „mundgerechten" Drillingen. Bitte pieksen Sie zur Garkontrolle in die Kartoffeln hinein. Ein Messer muss ganz leicht durchgehen. Wenn Sie probieren möchten: Achtung: heiß!

Tipp: Diese Menge reicht als Beilage für 16 Personen. Sie sind aber sooo lecker, dass Sie sie prima als fleischloses Hauptgericht mit einem leichten Blatt-Salat und einem leckeren Dip (z.B. Sour Cream) für ca. 6-8 Personen ausreichen. Anstatt das gesamte Rezept zu halbieren, können Sie auch einfach nur die Kartoffel-Menge halbieren und die „andere" Hälfte des Öls aufbewahren. Es lässt sich gut verschlossen in einem Schraubglas (am besten nicht im Kühlschrank, dort wird es flockig) für ca. 2-3 Wochen aufbewahren.

Wenn die Kartoffeln nicht die Hauptrolle spielen sollen, sind sie eine perfekte Beilage zu Kurzgebratenem. Ganz klasse übrigens, wenn Sie Gäste erwarten. Sie haben nicht viel damit zu tun - und das Lob der Gäste wird Ihnen sicher sein!

Buchweizen-Nudeln (glutenfrei)

200 g Buchweizen	in den Mixtopf geben und **1 Minute/Stufe 10** mahlen und umfüllen.
150 g Buchweizen	in den Mixtopf geben und ebenfalls **1 Minute/Stufe 10** fein mahlen. Den restlichen Buchweizen sowie
1 TL Salz 4 Eier (Größe M)	hinzufügen und **1 Minute/Stufe 5** mischen. Den Teig **15 Minuten** im Mixtopf ruhen lassen, anschließend noch einmal **1 Minute/Stufe 5** durchkneten. Der Teig sollte ledrig fest, nicht klebrig aber auch nicht (zu!) bröckelig sein. Man sollte die Teigkrümel gut zu Formen zusammen drücken können. Wenn der Teig noch zu fest ist, bitte noch teelöffelweise
Wasser	zugeben. Falls der Teig noch zu flüssig sein sollte, bitte noch
Kartoffelstärke	einarbeiten. Den Teig mit einer Nudelmaschine zuerst auf mittlerer Stufe walzen, anschließend immer dünner werden und weiter zu hübschen Nudeln verarbeiten. Die Nudeln (am besten immer nur eine kleine Menge) in reichlich kochendem Salzwasser bissfest garen. Die Nudeln sind gar, wenn sie an der Oberfläche schwimmen. Das geht recht schnell. Frisch gemacht - sie sind nach ca. **2 Minuten** gar.

Tipp: Perfekte Vollkorn-Pasta - und sogar glutenfrei! Schmeckt nussig und herzhaft. Ideal zu jeder Form von sahniger Sauce und eine perfekte Beilage zu Wild.

Serviettenknödel (low fat, Reste-Fest: Brot, Brötchen)

350 g Toastbrot, Brötchen, Brezeln, ruhig schon einen Tag alt	in Stücken in den Mixtopf geben und in Intervallen mit der Turbotaste zerkleinern. Die Krümel umfüllen.
1 Bund Petersilie, in Stücken	in den Mixtopf geben und **6 Sekunden/Stufe 6** zerkleinern und umfüllen (zu den Krümeln geben).
1 Zwiebel, halbiert 20 g Butter	in den Mixtopf geben und **5 Sekunden/Stufe 5** zerkleinern, anschließend **3 Minuten/Dampfgaren/Stufe 1** dünsten.
120 g Milch ¾ TL Salz ½ TL Muskat ⅛ TL Pfeffer 1 Brühwürfel (für 0,5 l Flüssigkeit)	dazu geben und **2 ½ Minuten/70°C/Stufe 2** erwärmen.
2 Eier (Größe M)	zufügen und **20 Sekunden/Stufe 4** mischen. Die Brotkrümel und die Petersilie zugeben und mit Hilfe des Spatels auf **Stufe 5-6** mischen. Den Teig **15 Minuten** quellen lassen, dann mit Hilfe des Spatels noch einmal kurz vermischen. Sollte der Teig zu flüssig oder zu fest sein, geben Sie bitte noch
etwas Paniermehl oder etwas Milch	dazu und arbeiten es in den Teig ein. Den Teig in 2 Portionen teilen, und daraus 2 ca. „Deckelöffnungs-" (=5 cm-Durchmesser) große Rollen formen (die unter den Einlegeboden in den Dampfgaraufsatz passen). Die Rollen in saubere Baumwoll- oder Leinenservietten (daher der Name!, hitzebeständige Frischhaltefolie, Backpapier, Bratschlauch oder ähnliches wickeln). Die Knödel in den Dampfgaraufsatz legen. Den Mixtopf mit
500 g Wasser	füllen und die Knödel **30 Minuten/Dampfgaren/ Stufe 1** garen.

Tipp: Serviettenknödel machen viel weniger Arbeit als „mit der Hand gerollte".

Mit dieser Zubereitungsweise haben Sie noch die Möglichkeit, den Einlegeboden mit Gemüse zu füllen und den Garkorb z.B. mit Kartoffeln. So können Sie auch eine größere Personenzahl mit Beilagen glücklich machen, z.B. wenn es einen Braten oder ein anderes Fleischgericht aus dem Ofen gibt.

AI-Menü **Spinatklösschen** (Foto, Reste-Fest: Toast, Paniermehl)

	Bitte vorbereiten:
1 kg TK-Blattspinat	auftauen und abtropfen lassen, mit den Händen gut ausdrücken.
200 g Parmesankäse, in Stücken	in den Mixtopf geben und **10 Sekunden/Stufe 10** zerkleinern. Ca. 50 g zum Servieren beiseite stellen, zum restlichen Parmesan im Mixtopf
1 Knoblauchzehe 1 Bund Petersilie, abgezupft	zugeben und **10 Sekunden/Stufe 8** zerkleinern.
120 g Milch 1 TL Salz ¼ TL Pfeffer ½ TL Muskatnuss 2 Eier	
180 g Toastbrot, in Stücken	sowie den ausgedrückten und aufgetauten TK-Spinat dazu geben und **1 Minute/Stufe 3-4** (das könnte evtl. ganz schön rumpeln...) mit Hilfe des Spatels vermischen. Jetzt wird esslöffelweise
ca. 50 g Paniermehl	zugegeben und **20-30 Sekunden/Stufe 3-4** mischen, bis sich der Teig mit nassen Händen formen lässt.
	Aus dem Teig mit feuchten Händen walnussgroße Klösschen formen und diese in den Einlegeboden und im Dampfgaraufsatz verteilen. Sie können auch noch welche in den Gareinsatz legen. Wenn einfach zu viel Teig da ist, vorsichtig noch eine Lage sauberes Küchentuch auf eine Lage legen und weitere Klösschen vorsichtig oben drauf legen.
600 g Wasser	in den Mixtopf geben und alles **30 Minuten/Dampfgaren/Stufe 1** garen.
	(Sie können die Klösschen auch in siedendem Salzwasser ca. **5 Minuten** gar ziehen lassen, allerdings ist da die „Bruchgefahr" relativ hoch...) Die Klösschen mit
brauner Butter	sowie dem restlichen Parmesankäse bestreut servieren.

Tipp: Braune Butter ist ganz einfach gemacht. Die Butter einfach in einen kleinen Topf geben und bei mittlerer Hitze zuerst schmelzen, dann leicht anbräunen lassen.

In Bella Italia sind diese Spinatklösschen ein prima „primi piati" – also der erste Gang nach der Vorspeise (dort wird ja – wenn standesgemäß gegessen wird – nach der Vorspeise erst ein Nudelgang, dann ein Hauptgericht serviert). – Wenn Sie es als „deutsches vegetarisches Hauptgericht" servieren, reichen Sie am besten einen Salat dazu.

Gemischte Rohkost (low fat)

350 g gemischtes Gemüse/Obst, in Stücken (z.B. Möhren, Äpfel, Brokkoli)
15 g Öl
15 g Essig oder Zitronensaft
½ TL Kräutersalz
1 Prise Pfeffer
1 Prise Zucker .... in den Mixtopf geben und **4-5 Sekunden/Stufe 5** ggf. mit Hilfe des Spatels zerkleinern.

Tipp: Auch wenn man es sich vielleicht zu Beginn der Wundertopf-Karriere noch nicht vorstellen kann – bei der Mischung von Obst und Gemüse sind der Fantasie keine Grenzen gesetzt. Hier geht Probieren über Studieren! Selbst die ungewöhnlichsten Kombinationen erweisen sich oft als echte Knüller! Und dieses Rezept soll einfach nur eine Vorstellung der „richtigen" Mengenverhältnisse und der Machbarkeit vermitteln.

Wirsing Salat (low fat)

½ Bund Petersilie
1 kleine Zwiebel .... in den Mixtopf geben und **8-10 Sekunden/Stufe 8** zerkleinern

300 g Wirsing, in Stücken
250 g Birnen, hart, geviertelt
100 g Sauerrahm
2 TL körniger Senf
Salz
2 TL Zucker .... zugeben und alles **Stufe 4-5** (Stufe 3-4) mit Hilfe des Spatels zerkleinern. Die Zutaten müssen gut vermengt sein.

Tipp: Hätten Sie mir das früher gesagt: Wirsing - Birne - körniger Senf... ich hätte mich schlicht geschüttelt und Ihnen einen deftigen Vogel gezeigt. Es ist aber nicht mein Geschmack, der sich geändert hat, sondern das Wissen, das die richtige Portion süß, scharf, knackig & frisch einfach immer schmeckt! Lassen Sie es unbedingt auf einen Versuch ankommen!

„Intelligenz-Salat"

1 Apfel, in Stücken
1 harte Birne, in Stücken
4 große Möhren, in Stücken
1 Hand voll Nüsse (z.B. Haselnüsse, Walnüsse, Cashew-Kerne, Sonnenblumenkerne etc.)
15 g Zucker
30 g Rapsöl .... in den Mixtopf geben und **4-5 Sekunden/Stufe 5** ggf. mit Hilfe des Spatels zerkleinern.

Info: Der Salat hat seinen Namen gekriegt, weil mein Mann während meiner Schwangerschaft gelesen hat, dass ungesättigte Fettsäuren die Intelligenz des ungeborenen Babys positiv beeinflussen sollten. Da dieser Salat voll davon ist, hat er den Namen bekommen. Und ansonsten kann er auch nicht schaden, oder....?

Mir schmeckt der Salat sogar schon zum Frühstück. Wenn Sie's „Ssalatiger" mögen, können Sie noch Säure, z.B. Zitronensaft zugeben.

Möhrchensalat „Peanuts"

100 g geröstete Erdnüsse .... in den Mixtopf geben und **2 Sekunden/Stufe 5-6** grob zerkleinern.

350 g Möhren in Stücken
20 g Nussöl (oder neutrales Öl)
20 g Rotweinessig
1 TL Zucker .... zugeben und **4 Sekunden/Stufe 4-5** zerkleinern.

Tipp: Klingt unspektakulär, schmeckt aber außergewöhnlich und wirklich großartig!

Schlemmerrohkost mit Eisbergsalat (low fat)

1 Knoblauchzehe
1 kleine Zwiebel, geviertelt
1 Bund Petersilie .... in den Mixtopf geben und **8 Sekunden/Stufe 5-6** zerkleinern.

1 ½ TL Dijon-Senf
1 TL Zucker
40 g Rotwein-Essig
50 g Sonnenblumenöl
½ TL Salz
⅛ TL Pfeffer
150 g Möhren in Stücken
1 Bund Radieschen (geputzt)
1 rote Paprikaschote (in Stücken)
½ Gurke (in Stücken ohne Kerne)....... zugeben und **3-4 Sekunden/Stufe 4** zerkleinern und in eine große Salatschüssel umfüllen.

1 kleine Dose Mais (abgetropft)
1 Eisbergsalat (geputzt + zerzupft).... mit der Rohkost und der Marinade vermischen. Sofort servieren.

Rotkohlsalat (low fat)

½ Zwiebel .... **4 Sekunden/Stufe 4** zerkleinern.

300 g Rotkohl roh, in Stücken
1 Rote Bete roh, in Stücken
1 Apfel, geviertelt
15 g Öl
30 g Rotwein-oder Balsamicoessig
1 TL Zucker
Salz und Pfeffer.......................... in den Mixtopf geben und ca. **5-10 Sekunden/Stufe 5** mit Hilfe des Spatels zerkleinern.

Tipp: Dieser Salat hat eine bestechend schöne Farbe, schmeckt grandios, ist wirklich außergewöhnlich und gibt auch im Winter jede Menge Vitamine frei! Ein toller Salat für Gäste (insbesondere Gäste, die keinen Wundertopf haben - denn „mit der Hand" würde man sich wohl eher nicht so viel „schmutzige" Arbeit machen...

Rote Bete auf Feldsalat (low fat)

300 g Rote Bete (roh) .... schälen (am besten mit Einweghandschuhen!), in grobe Stücke schneiden und in den Mixtopf geben.

1 Apfel, mit Schale, geviertelt
50 g Zwiebel
15 g Walnüsse
20 g Öl
1 EL Essig
2 TL Zitronensaft
10 g Tomatenmark
1 TL Dijon-Senf
½ TL Salz
¼ TL Pfeffer .... dazu geben und **3-4 Sekunden/Stufe 5** zerkleinern.

100 g Feldsalat .... waschen, putzen und auf Tellern anrichten. Den Rote Bete-Salat darauf verteilen.

Tipp: Der Salat ist ein echter Augen- und Gaumenschmaus für alle Rote Bete-Fans! (Wenn Sie kein Rote Bete-Fan sind, sollten Sie ihn einfach mit Möhren probieren!) Marita Möllmann hat sich dazu bei einem Frisör-Besuch in einer Zeitschrift inspirieren lassen und ihn als großer Rote Bete-Fan auf den Wundertopf abgestimmt. Er passt ganz hervorragend als Vorspeise zu einer Käse-Kleinigkeit, z.B. einem Käsesoufflé, italienischen Käsestangen oder Appenzeller-Plätzchen.

Kürbissalat mit Roter Bete (low fat)

250 g Kürbisfruchtfleisch
z.B. Hoddaido, in Stücken
150 g rohe Rote Bete, in Stücken
1 dicker Apfel, geviertelt
1–2 EL Essig oder Zitronensaft
15 g Öl
15 g Zucker
¼ TL Salz oder ½ Kräutersalz
¼ TL Pfeffer
20 g Kürbiskerne
Schnittlauch nach Belieben .... alles zusammen **5-6 Sekunden/Stufe 5** zerkleinern.

Tipp: Wer hätte gedacht, dass Kürbis auch roh schmeckt? (Und das, wo ich immer angenommen hätte, dass Kürbis weder roh noch gekocht wirklich lecker ist...) Aber: Versuch macht klug! Mich zumindest! Sie auch?

Gurkensalat

1 Knoblauchzehe
1 Bund Dill................................ **10 Sekunden/Stufe 8** zerkleinern.

200 g Schmand
3-4 EL Balsamico-Essig
1 TL Salz
¼ TL Pfeffer............................. **20 Sekunden/Stufe 4** verrühren.

2 Salatgurken .... gegebenenfalls schälen und in Scheiben hobeln. Den Salat mit der Sauce anrichten und durchziehen lassen.

Tipp: Ich finde, in Gurkensalat gehören einfach gehobelte Gurken – auch wenn das der Wundertopf nicht kann. Wenn es aber „optisch nicht drauf ankommt", kann man die Gurken auch auf **Stufe 4** zerkleinern.

Coleslaw – begnadeter Krautsalat

2 Zwiebeln
20 g Petersilie, abgezupft.............. **8 Sekunden/Stufe 5** zerkleinern.

40 g Öl..................................... **4 Minuten/Dampfgaren/Stufe 1** andünsten.

1 TL körniger Senf
2 TL Dijon-Senf
180 g Salatcrème, z.B. Miracel Whip
150 g Joghurt
100 g Sahne
100 g Schmand
20 g Schnittlauch, in Röllchen
1 TL Salz
½ TL Pfeffer............................. in den Mixtopf geben und **15 Sekunden/Stufe 4** verrühren und die Sauce umfüllen.

900 g Weißkohl, in Stücken
½ kg Möhren, in Stücken .... in 4 Portionen mit je einem Viertel der Sauce in **4-5 Sekunden/Stufe 4-5** zerkleinern und alles gemeinsam in eine große Schüssel umfüllen. (So verteilt sich die Sauce besonders gut und man braucht nicht mehr viel durchmischen.)

Tipp: Der Salat schmeckt frisch zubereitet sehr gut! – ein seltenes Plus für Krautsalat!! Die Menge reicht für 10-12 Personen aus.

Festlicher Tomatensalat (Foto, Reste-Fest: Eigelb)

500 g (schöne) Tomaten oder Cherry-Tomaten, evtl. mundgerecht zerkleinert	in Scheiben schneiden und in eine Salatschüssel geben.
1 säuerlichen Apfel, 100 g in Vierteln 30 g Walnusskerne 2 TL Zitronensaft ½ TL Zucker	in den Mixtopf geben und **2 Sekunden/Stufe 4** grob zerkleinern und auf die Tomaten geben.
2 Eigelb 120 g Sahne ½ TL Salz 15 g Zitronensaft (=Saft einer ½ Zitrone) ¼ TL Muskat	**Rühraufsatz einsetzen.** in den Mixtopf geben und **6 Minuten/70°C/Stufe 3** verrühren. Unter Rühren auf **50°C** abkühlen lassen. Über dem Salat verteilen.
250 g frische harte Champignons....	halbieren oder (wenn sie klein genug mundgerecht sind) ganz lassen und mit
40 g Butter	in einer Pfanne goldbraun braten. Die Champignons über der Sauce verteilen. Salat gut gekühlt servieren.

Tipp: Ein ganz besonders leckerer Salat, der ohne Wundertopf wirklich viel Arbeit macht...

Tapas-Salat (low fat)

1 Knoblauchzehe .... in den Mixtopf geben und **8 Sekunden/Stufe 5** zerkleinern.

1 rote Paprika
1 Stück Brokkoli
1 Zucchini
2 dicke Möhren
1 Apfel (mit Schale).................... in groben Stücken in den Mixtopf geben

45 g Pinien- oder Sonnenblumenkerne
30 g Rotweinessig
Salz, schwarzer Pfeffer
30 g Olivenöl .... zugeben und mit Hilfe des Spatels **Stufe 3-4** appetitlich zerkleinern.

Tipp: Dieser Salat wird in Spanien zu Brot als Vorspeise gereicht.

Paprikasalat

50 g Walnussöl
20 g Essig
50 g Walnüsse
½ TL Kräutersalz
1 Prise Zucker
200 g rote Paprika in Stücken
200 g gelbe Paprika in Stücken....... in den Mixtopf geben und **5 Sekunden/Stufe 4** zerkleinern und in eine Schüssel füllen. Zu grobe Stücke evtl. von Hand zerkleinern.

200 g Gurke.............................. Gurke der Länge nach vierteln, in dünne Scheiben schneiden und mit den übrigen Zutaten gut vermischen.

Radieschen-Käse-Salat

1 Schalotte oder kl. Zwiebel .... **5 Sekunden/Stufe 5** zerkleinern.

1 Bund Radieschen
1 Apfel, geviertelt
1 gelbe Paprika, in Stücken
100 g Käse, in groben Stücken
10 g Öl
20 g Essig oder Zitronensaft
1 TL Senf
1 TL Zucker oder Honig
Kräuter nach Geschmack .... hinzufügen und ca. **4-5 Sekunden/Stufe 4-5** zerkleinern. Mit Kräutern garnieren.

Tipp: Auch toll auf Brot. Ein prima Salat für's „Lunch-to-go", z.B. mit einem trockenen Brötchen. Diese Menge reicht dann für ca. 2 Personen.

Kohlrabisalat (low fat)

1 Kohlrabi, in Stücken
2-3 Möhren in Stücken
1 Apfel, geviertelt, entkernt
½ Zucchini, in Stücken
25 g Öl
25 g Essig
1 TL Zucker
30 g Kürbis-/Sonnenblumenkerne
2 Prisen Salz
1 Prise Pfeffer .... in den Mixtopf geben und **5-10 Sekunden/Stufe 4-5** eventuell mit Hilfe des Spatels zerkleinern.

Tipp: Noch besser, wenn Sie zuerst 1 Knoblauchzehe und eine Hand voll Kräuter **6 Sekunden/Stufe 5** zerkleinern. Mein Frühjahrs- und Sommer-Klassiker.

Fenchelrohkost

½ Zwiebel, halbiert	**5 Sekunden/Stufe 5** zerkleinern.
2 Fenchelknollen, in Stücken 1 roter Apfel, geviertelt 50 g Walnüsse 150 g Joghurt 2 TL Honig oder Zucker 40 g Öl 20 g Zitronensaft ½ TL Salz Pfeffer	zugeben und ca. **10 Sekunden/Stufe 3** mit Hilfe des Spatels zerkleinern und in eine Schüssel umfüllen.
2 Orangen, filetiert in kl. Stücken Fenchelgrün	zum Salat geben.

Tipp: Schmeckt auch prima mit Streifen von 3 Scheiben rohem Schinken.

Spinatsalat

1 Knoblauchzehe 1 kleine Zwiebel, halbiert	in den Mixtopf geben und **5 Sekunden/Stufe 5** zerkleinern.
1 Apfel, geviertelt, m. Schale 50 g Sonnenblumenkerne 100 g saure Sahne 50 g süße Sahne 20 g Obstessig 1 TL Kräutersalz 1 Prise Pfeffer	in den Mixtopf geben und **5 Sekunden/Stufe 4** verrühren.
300 g frischen Spinat	gut gewaschen, getrocknet und verlesen in mundgerechten Stücken in eine Salatschüssel geben. Kurz vor dem Servieren das Dressing mit dem Spinat vermengen und sofort servieren.

Tipp: Nur junge Blätter ohne grobe Stiele verwenden. Anstelle von Spinat können Sie aber auch andere Blattsalate wie Feldsalat, Eisbergsalat oder Kopfsalat verwenden. Richtig lecker!

Schafskäsesalat

400 g Tomaten	in Scheiben schneiden und in eine große Schüssel füllen.
150 g Schafskäse	in kleine Würfel schneiden und zu den Tomaten geben.
ca. 200 g Gurke	in dünne Scheiben schneiden und zu den anderen Zutaten geben.
1 Knoblauchzehe 1 Hand voll Kräuter (Petersilie, Basilikum, Majoran), in Stücken 100 g Gemüsezwiebel, in Stücken	in den Mixtopf geben und **6 Sekunden/Stufe 5** zerkleinern.
200 g rote Paprika, in Stücken 250 g roter Rettich, in Stücken **oder** 250 g Radieschen 30 g Olivenöl 30 g Zitronensaft 1 TL Kräutersalz ⅛ TL Pfeffer	zugeben und **5 Sekunden/Stufe 4-5** zerkleinern und mit den anderen Zutaten vermischen. Sofort servieren.

5-am-Tag-Salat (low fat)

1 Apfel, geviertelt (ruhig mit Schale)
1 Kohlrabi, in Stücken
1 rote Zwiebel, geviertelt
1 rote Paprika, in Stücken
1 dicke Möhre, in Stücken
5 g Öl
½ TL Kräutersalz
10-15 g Weinessig
3 Tropfen Süßstoff oder etwas Zucker
1 TL Dijon-Senf .... in den Mixtopf geben und **4-5 Sekunden/Stufe 4-5** zerkleinern. Sofort servieren.

Tipp: Dieser Salat reicht für 2 (große) oder 3 (normale) Portionen. Wenn Sie ihn ganz allein essen – z.B. über den Tag verteilt, dann haben Sie genau den Empfehlungen der Deutschen Gesellschaft für Ernährung entsprochen. Sie empfehlen 2 Portionen Obst und 3 Portionen Gemüse am Tag. Ja, richtig gezählt – denn Paprika gehört biologisch gesehen zu den Früchten... Wenn Sie den Salat aufwerten möchten, können Sie noch (geröstete) Pinienkerne, Sonnenblumenkerne oder Kürbiskerne darüber streuen.

Vio-Vital-Salat (low fat)

200 g Brokkoliröschen und Strunk
100 g Kohlrabi, in Stücken
1 roter knackiger Apfel, entkernt, geviertelt
30 g Walnüsse
20 g Olivenöl
10 g weißer Balsamicoessig
3 TL Honig
2 TL Senf
1 TL Kräutersalz
¼ TL Pfeffer .... in den Mixtopf geben und **4-5 Sekunden/Stufe 4-5** zerkleinern.

Fruchtiger Rotkohlsalat (Foto, low fat)

300 g Rotkohl, in Stücken
1 Apfel, geviertelt
½ Zwiebel, geviertelt
150 g Ananas, in Stücken oder Weintrauben ohne Kerne
1 TL Zucker
1 TL Salz
20 g neutrales Öl (z.B. Sonnenblumenöl)
25 g Balsamico bianco
30 g Walnüsse .... in den Mixtopf geben und **4-5 Sekunden/Stufe 4-5** mit Hilfe des Spatels zerkleinern.

Tipp: Sehr lecker! Alle Testesser waren begeistert! Schon die Farbe ist schön. Je süßer die Ananas ist (oder auch die Weintrauben), desto besser schmeckt der Salat!

Herbst-Rohkost (low fat)

200 g Zucchini, in Stücken ohne Kerne
1 Apfel, geviertelt
200 g Möhren, in Stücken
150 g Wirsing, in Stücken
10 g Rapsöl (oder anderes neutrales Öl)
20 g Balsamico-Essig
1 gehäufter TL Zucker
1 TL Kräutersalz
⅛ TL Pfeffer .... in den Mixtopf geben und **Stufe 4-5** mit Hilfe des Spatels bis zur gewünschten Feinheit zerkleinern. Sofort servieren.

Bunter Picknick-Salat (low fat)

Den Tag **einen Tag vorher zubereiten** und gekühlt durchziehen lassen.

1 Knoblauchzehe .... in den Mixtopf geben und **5 Sekunden/Stufe 6** zerkleinern.

2 TL Salz
2 gestr. TL Dijon-Senf
1 TL geriebene Orangenschale
30 g Orangensaft
10 g Apfelessig
1 TL Zucker
60 g Olivenöl .... in den Mixtopf geben. **15 Sekunden/Stufe 3** vermischen und umfüllen.

300 g Rotkohl, in Stücken
1 rote Paprika, in Stücken
1 gelbe Paprika, in Stücken .... sowie die Hälfte des Dressings in den Mixtopf geben und **5 Sekunden/Stufe 4-5** mit Hilfe des Spatels zerkleinern. In eine große Salatschüssel umfüllen.

300 g Weißkohl in Stücken
1 grüne Paprika in Stücken
2 Möhren in Stücken .... sowie den Rest Dressings in den Mixtopf geben, **5 Sekunden/Stufe 4-5** mit Hilfe des Spatels zerkleinern. Zum Salat geben und durchmischen.

Den Salat kalt stellen und **über Nacht** durchziehen lassen. Vor dem Servieren mi

20 g Schnittlauchröllchen .... bestreuen.

Tipp: Der Salat ist perfekt für's Picknick oder ein farbenfrohes Sommeressen. Er passt prima zu kaltem Braten, Bauernbrot und einem kühlen Bier. Wenn man ihn direkt nach dem Zubereiten probiert, schmeckt er recht salzig und durch die Orangenschale (die können Sie auch weglassen, wenn Sie keine haben) gewöhnungsbedürftig. Aber am nächsten Tag ist er einfach perfekt! Saftig, lecker, bunt, gesund und geschmacklich rund! Die Menge reicht für 8 Personen als Beilagensalat (z.B. zum Grillen)

Paprika-Zucchini-Salat

1 Knoblauchzehe
½ Bund Petersilie .... in den Mixtopf geben und **6 Sekunden/Stufe 6** zerkleinern.

500 g Zucchini, geputzt gewogen, ohne Kerne (siehe Tipp!), in Stücken
300 g rote Paprika, in Stücken (geputzt gewogen)
50 g Saure Sahne
50 g Joghurt, natur
2 TL Zucker
½ TL Salz
¼ TL Pfeffer
¼ TL Rosenpaprika (scharf) .... dazu geben und alles **3-5 Sekunden/Stufe 4(-5)** (ggf. länger, eventuell mit Hilfe des Spatels) zerkleinern.

100 g Feta (Schafskäse, in mundgerechten Stücken) .... würfeln und mit dem Spatel mit dem restlichen Salat mischen. Sofort servieren.

Tipp: Besonders gut geeignet für diesen Salat sind ganz junge daumendicke Zucchini, bei denen Sie die Kerne gar nicht entfernen müssen. Je nach „Alter" der Zucchini müssen sie ansonsten für den Abfall aus Kernen und Strunk der Zucchini noch bis 500 g beim Einkauf dazu rechnen (d.h. bis zu 1 kg Zucchini kaufen!). 300 g rote Paprika (geputzt gewogen) entspricht etwa 500 g „Kaufgewicht")

Schneller Bayrischer Kartoffelsalat mit Brühe-Dressing (low fat)

500 g warmes Wasser
1 Brühwürfel (für 0,5 l Flüssigkeit)..... in den Mixtopf geben

900 g Kartoffeln in mundgerechten Würfeln .... locker in das Garsieb einfüllen (Dampflöcher!). Die Kartoffeln (mit eingesetztem Messbecher als Deckel) in **25 Minuten/Dampfgaren/ Stufe 1** garen. Die Kartoffeln im Garsieb beiseite stellen, die Garflüssigkeit auffangen, den Mixtopf ausleeren.

6 Stängel Petersilie
1 kleine Zwiebel, halbiert............... in den Mixtopf geben und **3 Sekunden/Stufe 6** zerkleinern, eventuell noch einmal herunter schieben und noch einmal **3 Sekunden/Stufe 6** zerkleinern.

30 g neutrales Öl (z.B. Sonnenblumenöl)
30 g milden Essig
1 TL Salz
1 TL Dijon-Senf, scharf
⅛ TL Pfeffer
⅛ TL Muskat
1 TL Zucker .... sowie 200 g der aufgefangenen heißen Brühe dazu geben und **30 Sekunden/Stufe 3** mischen (das Dressing sollte noch warm sein, wenn es mit den heißen Kartoffeln vermischt wird).

Nun die Kartoffelstücke in einer Schüssel mit dem Dressing vermischen. Den Kartoffelsalat lauwarm oder kalt servieren.

Tipp: Sie können den Salat noch mit hartgekochten Eiern, gebratenen Schinken- oder Speckwürfeln oder Gurken ergänzen. Er schmeckt aber auch so „pur" sehr lecker! – Der ideale Salat für alle, die keine Mayonnaise mögen (ich finde das Wort „Majonäse" nach neuer Rechtschreibung so schrecklich, dass ich es überhaupt nicht mehr verwenden mag...).

Iceberg-Kracher (low fat)

½ Knoblauchzehe 3 Schalotten ½ Topf Basilikum	in den Mixtopf geben und **6 Sekunden/Stufe 6** zerkleinern.
200 g Saure Sahne ½ TL Salz ½ TL Pfeffer 20 g Balsamico bianco 1 TL Zucker	dazu geben und **30 Sekunden/Stufe 3** vermischen.
1 Eisbergsalat, äußere Blätter entfernt, in Achteln	hinzufügen und **20-25 Sekunden/Knetstufe** (!) zerkleinern. Zwischendurch (in der Knet„pause") den Salat mit Hilfe des Spatels von oben nach unten drücken. Den Salat auf vier Tellern anrichten.
1 Dose Mais, abgetropft	auf den vier Tellern verteilen.
1 rote Paprika, in Stücken	in den Mixtopf geben und **4 Sekunden/Stufe 4** zerkleinern, ebenfalls über den Salat geben. Die Salatportionen mit
Schnittlauch	bestreut servieren.

Tipp: Farbenfroh, lecker und schnell gemacht. Natürlich können Sie den Salat individuell noch mit Thunfisch, Schinken, Käse, gebratener Hähnchenbrust, Früchten, Nüssen aufwerten und dadurch eine Hauptmahlzeit daraus machen... Dazu unbedingt leckeres knuspriges Brot servieren.

Spargelsalat mit Kaiserschoten (low fat)

1 kg Spargel	schälen, in Stücke schneiden und in den Garkorb legen (die Spitzen bitte in den Dampfgaraufsatz!)
200 g Kaiserschoten / Kaiserschoten	an den Enden kürzen, dabei vorhandene Fäden abziehen und zu den Spargelspitzen in den Dampfgaraufsatz legen. Auf genügend Dampflöcher achten.
1 EL Zucker	über den Spargelspitzen und den Kaiserschoten verteilen.
250 g Champignons	vierteln. Mit
1 TL Kräutersalz ⅛ TL Pfeffer	würzen, ebenfalls in den Dampfgaraufsatz legen.
20 g Butter, in Flöckchen	über dem Gemüse verteilen. In den Mixtopf bitte
500 g Wasser 1 Brühwürfel (für 0,5 l Flüssigkeit) 1 TL Zitronensaft 1 TL Zucker	einfüllen. Den Gareinsatz einhängen, den Mixtopf verschließen und den Dampfgaraufsatz aufsetzen. Ganz nach Geschmack (bissfest oder nicht??) **20-25 Minuten/Dampfgaren/Stufe 1** garen. Nach Ende der Garzeit den Mixtopf leeren und die Garflüssigkeit auffangen. Das Gemüse aus Dampfgaraufsatz und Garkorb in eine Salatschüssel füllen.
100 g Garflüssigkeit 50 g Olivenöl 2 TL milder Senf 1-2 TL Estragon 15 g Weinessig 1 TL Zucker	in den Mixtopf geben und **10 Sekunden/Stufe 3-4** verrühren. Das Dressing zum Gemüse geben und alles vorsichtig mischen.

Tipp: Ein herrliches Rezept von Marita M. aus Selm. Edle Zutaten, leicht, sommerlich, lecker. Eignet sich prima als edler Beilagensalat oder als Frühlings-Vorspeise für ein festliches Menü. Es passen übrigens als „Bonuspaket" prima Shrimps- oder Hähnchen-Spieße dazu...

Radi-Salat (Foto)

500 g Rettich, geschält, in Stücken
1 TL Salz
¼ TL Pfeffer
1 EL Zucker
1 EL Zitronensaft
100 g (Kaffee-)Sahne oder Sahnequark oder eine Mischung daraus
3 EL Schnittlauchröllchen .... dazu geben und **4-5 Sekunden/Stufe 4(-5)** vermischen und zerkleinern.

Tipp: Mit Quark wird der Salat etwas „fester" als mit Sahne allein. Solo (und dann insbesondere mit Sahnequark zubereitet!) schmeckt er übrigens auch prima auf Brot. Lecker knackig aber auch als Vorspeise.

Knallbunte Rohkost mit Meerrettich (low fat)

10 g Meerrettich, geschält .... in den Mixtopf geben und **8 Sekunden/Stufe 8** fein zerkleinern.

1 gelbe Paprika, in Stücken
1 Bund Radieschen, ohne Grün
1 roter Apfel, entkernt, geviertelt
4 Brokkoli-Röschen
1 ganz kleine junge Zucchini, in Stücken (siehe Tipp)
2 EL Öl
2 EL Zitronensaft
1 EL Zucker
1 TL Kräutersalz
⅛ TL Pfeffer
2 EL Schnittlauchröllchen .... in den Mixtopf geben und **4-5 Sekunden/Stufe 4-5** zerkleinern. Mit
Schnittlauchröllchen .... garniert servieren.

Tipp: Sie müssen hierfür wirklich ganz junge dünne kleine Zucchini verwenden, bei der die Kerne nur „angedeutet" aber unsichtbar sind. Wenn Sie ältere Zucchini verwenden, müssen Sie unbedingt nur das Zucchinifleisch verwenden und die Kerne vorher entfernen.

Gutes-aus-Himmel-und-Erde-Salat (low fat)

200 g frische rote Bete (am besten mit Einweghandschuhen (!) geschält und in grobe Stücke geschnitten)
200 g Möhren, geschält, in Stücken
1 Bund Radieschen, geputzt
50 g Cashew-Kerne, geröstet und gesalzen
1 knackiger Apfel, geviertelt
10 g Zitronensaft
15 g Zucker
½ TL Kräutersalz
20 g Sonnenblumenöl
⅛ TL Pfeffer .... in den Mixtopf geben und **4-5 Sekunden/Stufe 4-5** - eventuell mit Hilfe des Spatels - zerkleinern. Den Salat möglichst frisch servieren. Eventuell noch mit einigen ganzen
Cashew-Kernen .... garnieren.

Tipp: Sehr lecker! Der Salat sieht nicht nur ur-gesund aus - er ist auch ur-gesund und schmeckt richtig lecker. Die rote Bete schmeckt (auf diese Weise zubereitet) nicht erdig. Die Mischung ist einfach nur nussig, knackig & lecker. Rote Bete enthält viel Eisen - ein perfekter Ausgleich zu fleischarmer Kost!

Foto: Radi-Salat

„Astoria"-Salat

50 g Mandeln .... in den Mixtopf geben und **4 Sekunden/Stufe 5** zerkleinern.

150 g Möhren in Stücken
150 g Knollensellerie in Stücken
150 g Apfel in Stücken
50 g Schmand
15 g Zitronensaft
10 g Zucker
1 Prise Salz
1 Prise Pfeffer .... dazu geben und **5-10 Sekunden/Stufe 4-5** zerkleinern. Sofort servieren.

Schneller Sommersalat

½ Zwiebel .... **5 Sekunden/Stufe 6** zerkleinern.

½ rote Paprika, in Stücken
½ gelbe Paprika, in Stücken
50-100 g Gouda, in Stücken
½ Zucchini, in Stücken
100 g Weiß- o. Spitzkohl, in Stücken
30 g Öl
1 Päckchen Salatkrönung
1 TL Zucker .... ca. **4-5 Sekunden/Stufe 4-5** evtl. mit Hilfe des Spatels zerkleinern.

Tipp: Schnell. Bunt. Lecker! Ein toller Salat für's Picknick oder zum Mitnehmen!

Weißkohlsalat mit Tomaten und Eiern

500 g Weißkohl, in Stücken .... **in 2 Arbeitsgängen** in den Mixtopf geben, ca. **4 Sekunden/Stufe 4-5** (evtl. mit Hilfe des Spatels) zerkleinern und in den Dampfgaraufsatz und Einlegeboden geben.

400 ml heißes Wasser................ in den Mixtopf füllen.

4 Eier .... in den Gareinsatz geben, Gareinsatz in den Mixtopf einhängen, Deckel verschließen und Dampfgaraufsatz aufsetzen, **15 Minuten/Dampfgaren /Stufe 1** ohne Deckel garen, abkühlen lassen und den Weißkohl in eine große Schüssel geben.

Mixtopf leeren, das Garwasser entsorgen. Für das

Dressing:

1 Bund Petersilie, grob zerkleinert
1-2 Zwiebeln............................. **7 Sekunden/Stufe 6** zerkleinern.

60 g Öl
20 g Essig
1 TL Kräutersalz
1 TL Senf
1 TL Kümmel
1 TL Zucker
Pfeffer .... zugeben, ca. **10 Sekunden/Stufe 4** vermischen und zum Weißkohl geben.

hart gekochte Eier..................... pellen, in Stücke schneiden und zu dem Weißkohl geben.

250 g Tomaten.......................... in Stücke schneiden, zu dem Weißkohl geben und gut vermengen.

Tipp: Sie können zusätzlich noch Fleischwurst- oder Schinkenwürfel unter den Salat heben.

Außergewöhnlicher Spargel-Salat

20 g mittelsscharfer Senf
100 g Schmand
100 g Orangensaft
30 g Ahornsirup oder Honig
1 TL Salz und ¼ TL Pfeffer .... **10 Sekunden/Stufe 3** zu einer Salatsauce vermischen, umfüllen und kalt stellen. (Den Mixtopf spülen, wenn Sie das Spargelwasser anderweitig, z.B. für Spargelsuppe verwenden möchten.)

500 g Spargel .... in 4 cm langen Stücken in den Gareinsatz geben.

350 ml heißes Wasser
1 TL Salz
¼ TL Pfeffer
1 Prise Zucker........................... in den Mixtopf füllen, Gareinsatz einsetzen und ca. **15 Minuten/ Dampfgaren/Stufe 1** bissfest garen. Spargel umfüllen und nicht abgedeckt abkühlen lassen.

1 Bund Rucola (ca.100 g) .... verlesen, waschen, trocknen und auf eine Salatplatte geben. Den gegarten Spargel auf dem Rucola verteilen.

200 g Erdbeeren, halbiert............. um den Spargel verteilen.

Orangensauce........................... über den Salat geben und mit

50 g Walnüssen .... garniert servieren.

Tipp: Klingt erstmal gruselig, oder? Schmeckt aber vorzüglich und ist wirklich einen Versuch wert!

Möhren-Brokkoli-Rohkost mit Senf-Honig-Dressing (Foto, low fat)

200 g Brokkoli, in groben Stücken
150 g Möhren, in groben Stücken
1 Apfel, geviertelt (ca. 100 g)
50 g Sonnenblumenkerne
15 g Öl
15 g Weinessig
40 g Honig
2 TL Senf
¼ TL Salz.................................. in den Mixtopf geben und **4 Sekunden/Stufe 4-5** zerkleinern. Sofort servieren.

Tipp: Noch aromatischer schmeckt der Salat, wenn Sie die Sonnenblumenkerne vorher in einer trockenen Pfanne leicht anrösten. Aber „ohne tut's auch"!

Natürlich können Sie bei der Zubereitung dieses Salats auch den Strunk des Brokkolis verwenden. Eine farbliche Abwandlung und geschmackliche Variation ergibt sich mit Blumenkohl statt Brokkoli.

Nussiger Spitzkohlsalat

50 g Walnusskerne oder eine Nussmischung
300 g Spitzkohl, in groben Stücken
1 Apfel, nicht geschält, geviertelt
2 EL Zitronensaft
75 g Sahne
1 ½ TL Zucker........................... in den Mixtopf geben und **4(-5) Sekunden/Stufe 4-5** zerkleinern (eventuell länger).

Tipp: Ein wunderbarer Mineralstofflieferant! So schmecken Vitamine und Mineralien richtig lecker!

Kohlrabi und Karotten mit Asia-Dressing (low fat)

2-3 Kohlrabi (mittlere Größe)	schälen und in etwa fingerdicke Stifte schneiden.
300 g Möhren	schälen und in etwas dünnere Stifte oder in Scheiben schneiden. Das Gemüse im Dampfgaraufsatz und im Einlegeboden verteilen. Auf genügend Dampflöcher achten.
400 g Wasser 1 Brühwürfel (für 0,5 l Flüssigkeit).....	in den Mixtopf geben. Den Mixtopf verschließen und den Dampfgaraufsatz aufsetzen. Das Gemüse nach Geschmack **20-25 Minuten/Dampfgaren/Stufe 1** garen. Es sollte noch Biss haben.
½ Chilischote ohne Kerne 1 walnussgroßes Stück Ingwer, geschält in 1 mm dünnen Scheiben 1 Knoblauchzehe........................	in den Mixtopf geben und **6 Sekunden/Stufe 8** zerkleinern.
40 g helle Sojasauce 100 g Orangensaft (= Saft 1 Orange) 40 g Madeira oder Sherry 25 g neutrales Öl, z.B. Sonnenblumen- oder Maisöl	dazu geben und **1 Minute/Stufe 7** mischen. Das Dressing umfüllen und beiseite stellen. Das Dressing über den Kohlrabi und den Karotten verteilen und abkühlen lassen.
40 g Sonnenblumenkerne	in einer trockenen Pfanne rösten und direkt vor dem Servieren über das Gemüse geben.

Tipp: Bitte benutzen Sie helle Sojasauce - denn ansonsten macht das sehr dunkle Dressing die Kohlrabistifte ganz „schmutzig".

Wer auf asiatische Gewürze steht, wird an Kohlrabi und Karotten mit Asia-Dressing seine wahre Freude haben. Eine kreative Beilage zum Grillen oder zu Kurzgebratenem – und eine leckere asiatische Vorspeise (mit Salaten hat's die asiatische Küche ja sonst nicht so...)

Farmersalat

5 Stängel Petersilie, abgezupft........	in den Mixtopf geben und **3 Sekunden/Stufe 6** zerkleinern.
40 g Sahne 30 g Öl 40 g Schmand 1 TL körniger Senf 1 TL Dijon-Senf 20 g Zitronensaft 1 TL Salz ⅛ TL Pfeffer 15 g Zucker	dazu geben und **5 Sekunden/Stufe 4** verrühren.
250 g Weißkohl, in Stücken, ohne Strunk 300 g Möhren, in Stücken 1 Apfel (ca. 100 g, in Stücken ½ Zwiebel (ca. 25 g, in Stücken	hinzufügen und ca. **4-5 Sekunden/Stufe 4-5** mit Hilfe des Spatels zerkleinern. Sofort servieren.

Krautsalat wie beim Griechen (Foto, low fat)

1 Hand voll feine Dillspitzen	in den Mixtopf geben und **6 Sekunden/Stufe 6** zerkleinern.
1 (großer) Weißkohl (ca. 1,2-1,5 kg)..	zerkleinern. Lesen Sie am besten den Tipp, bevor Sie loslegen... Wenn Sie nur mit dem Wundertopf arbeiten möchten, den Weißkohl vierteln und vom Strunk befreien. Jedes Viertel noch einmal in 2-3 Stücke teilen und in mehreren Etappen (ca. 4-5 mal) in ca. **6-8 Sekunden/Stufe 4-5** „auf Krautsalatgröße" zerkleinern. Das zerkleinerte Kraut (mit den Dillspitzen) in eine große Salatschüssel (mit 4-5 Litern Fassungsvermögen) geben.
100 g Zwiebeln, geviertelt.............	in den Mixtopf geben und **6-8 Sekunden/Stufe 5** zerkleinern.
250 g Zucker 130 g Öl 20 g Salz 20 g Dijon-Senf 1 TL Pfeffer...............................	dazu geben und alles **5 Minuten/Dampfgaren/Stufe 1** andünsten. Nun
350 g Kräuteressig 700 g Mineralwasser MIT (viel!) Kohlensäure..............................	dazu geben (Achtung, es schäumt sehr!) und **10 Sekunden/Stufe 3-4** mischen. Den Sud über das Kraut geben und einen Teller oder anderen „Deckel" direkt auf den Krautsalat geben, der direkt aufliegt, also kleiner ist als die Salatschüssel innen. Diesen Teller mit 2-3 schweren Konservendosen (am besten in einer Tüte verpackt!) beschweren. Den Salat so abgedeckt **1 Tag** kühl stellen. Am nächsten Tag den Sud vollständig abgießen und noch einmal abschmecken.

Tipp: Ich kenne viele begeisterte Krautsalat-Esser, die beim Krautsalat einfach die „langen Schlangen" brauchen. Damit es sowohl nach Krautsalat „aussieht" als auch schnell und praktisch ist, zerkleinere ich die Hälfte des Weißkohls mit einer Brotmaschine (auf dünnster Schnittbreite) – oder mit einem „Krauthobel" oder mit dem Messer. Die Teile, die „dahinter" noch übrig bleiben (und die auch per Hand nur noch schwierig zu schneiden wären, zerteile ich grob, damit sie im Wundertopf ganz ohne (meinen) Kraftaufwand zerkleinert werden...

Herzlichen Dank für dieses von vielen „Probierern" schon hochgelobte und doch sehr einfache Rezept an Stephanie G. aus Gabsheim. Mit der wahrlich großen Menge macht man z.B. zu Steakbrötchen schnell mal 20 Personen glücklich und er ist einfach und schnell gemacht. Er lässt sich mit Kümmel oder Kräutern (z.B. Petersilie oder Kresse) variieren.

Mit etwas Sud hält sich der Salat 3-4 Tage im Kühlschrank frisch. Prima also zum Vorbereiten!

Orientalischer Blumenkohl-Salat (low fat, Foto)

60 g oder ca. 10 Stück getrocknete Datteln, ohne Kern ½ Bund Frühlingszwiebeln..........	in feine Ringe schneiden und in eine Servierschüssel füllen.
1 Schalotte oder 1 ganz kleine Zwiebel, halbiert 12 Pfefferminzblätter 1 Chilischote ohne Kerne	in den Mixtopf geben und **6 Sekunden/Stufe 6** zerkleinern.
1 Paprika, in Stücken ½ Blumenkohl, in Stücken und Röschen (ca. 300 g) 30 g Olivenöl 25 g Weißweinessig ½ TL Salz 1 Prise Zimt	dazu geben und **3-5 Sekunden/Stufe 4-5** mit Hilfe des Spatels zerkleinern. Die Salatmischung mit den Datteln und den Frühlingszwiebeln vermischen und mit
Minzblättern..............................	garnieren.

Tipp: So können Sie Ihre Gartenminze verwenden. In meinem Garten breitet sie sich unaufhaltsam aus....

Ein „herzhaft-süßer" sehr orientalisch anmutender Salat. Eine sehr außergewöhnliche, erfrischende und probierenswerte Kombination, die gut zu Backofen-Frikadellen (siehe Rezept „Hauptrollen mit Fleisch") passt.

Süßer Spitzkohl-Erdnuss-Salat

200 g Möhren, in Stücken 400 g Spitzkohl, in Stücken 80 g Erdnüsse, gewürzt und ohne Öl geröstet 100 g Ananassaft (Konserve) 10 g Essig ½ TL Salz 1 TL Curry 150 g Schmand	in den Mixtopf geben und **7-9 Sekunden/Stufe 4** mit Hilfe des Spatels zerkleinern.
150 g Ananasstücke (Konserve) 70 g Erdnüsse, gewürzt und ohne Öl geröstet	unter den Salat mischen und sofort servieren.

Tipp: Der Salat ist fruchtig – aber nicht aufdringlich fruchtig. Durch die gerösteten Erdnüsse (die sonst eher „Fernsehnahrung" sind, schmeckt er recht würzig. Spitzkohl wird sehr schnell sehr klein, daher ist für diesen Salat die Zerkleinerungsstufe 4 „sicherer" als Stufe 4-5...

Wintersalat (low fat)

4 EL Sonnenblumenkerne	in einer Pfanne trocken anrösten, bis sie lecker duften. Danach vollständig abkühlen lassen.
½ Bund Petersilie	in den Mixtopf geben und **3 Sekunden/Stufe 6** zerkleinern.
150 g Möhren, in Stücken 150 g Blumenkohl, in Stücken 2 Äpfel, geviertelt 25 g Öl 20 g Zitronensaft 1 TL Kräutersalz ⅛ TL Pfeffer 1 TL körniger Senf	dazu geben und alles **4-5 Sekunden/Stufe 4-5** zerkleinern. Den Salat auf
100 g Feldsalat	gewaschen und verlesen, anrichten und mit den gerösteten Sonnenblumenkernen bestreuen.

Tipp: Wer auf Zwiebeln steht, kann noch ¼- ½ (rote) Zwiebel oder 1-2 Schalotten mit der Petersilie zerkleinern.

Anti-Grippe-Salat (low fat)

2 mittelgroße rote Bete (frisch) 2 saftige Äpfel (mit Schale) 2 mittlere Karotten (geschält)	in groben Stücken in den Mixtopf geben.
1 EL Zitronensaft 2 EL Distelöl 2 EL süße Sahne ¼ TL Salz 1 EL Zucker 30 g (geröstete) Sonnenblumenkerne	dazu geben und **4-5 Sekunden/Stufe 4-5** bis zur gewünschten Konsistenz zerkleinern. Sofort servieren.

Tipp: Rote Bete sind die reinste Naturapotheke. Ihr dunkelrotes Inneres beinhaltet so ziemlich alles, was der Mensch zum Gesundsein und –bleiben braucht. Dafür sorgt der hohe Gehalt an Eisen, Kalzium, Kalium, Phosphor sowie der vielen Vitamine. Aber ziehen Sie am besten Gummihandschuhe an (bevor Sie die „Gesund-Apotheke" schälen, damit Ihre Hände „sauber bleiben").

Irmi's Kohlrabisalat (low fat)

1 Kohlrabi, geschält , in Stücken
1 Bund Radieschen
1 Apfel, geviertelt
1 rote Paprika, in Stücken
3 Frühlingszwiebeln, in Stücken
3 Essiggurken, in Stücken
150 g Joghurt
20 g Essig
1 TL Dijon-Senf
15 g Zucker
½ TL Salz
⅛ TL Pfeffer .... in den Mixtopf geben und **4-5 Sekunden/Stufe 4-5** oder länger bis zur gewünschten Konsistenz zerkleinern. Sofort genießen.

Tipp: Dieser farbenfrohe „nahezu-Ganzjahres-Salat" ist eine Kreation von Irmgard K. aus Düren. Vielen Dank für diese leckere Zusammenstellung! Und so merkt auch mein Mann gar nicht, dass er Kohlrabi isst (und das würde er sonst wissentlich auch sicher nicht tun...).

Fruchtige Rotkohl-Rohkost (low fat)

1 (großer) Rotkohl (ca. 1,2-1,5 kg) .... zerkleinern. Lesen Sie am besten den Tipp, bevor Sie loslegen...

Wenn Sie nur mit dem Wundertopf arbeiten möchten, den Weißkohl vierteln und vom Strunk befreien. Jedes Viertel noch einmal in 2-3 Stücke teilen und in mehreren Etappen (ca. 4-5 mal) in ca. **6-8 Sekunden/Stufe 4-5** „auf Krautsalatgröße" zerkleinern.

Den zerkleinerten Rotkohl in eine große Salatschüssel (mit 4-5 Litern Fassungsvermögen) geben.

100 g rote Zwiebeln, geviertelt .... in den Mixtopf geben und **6-8 Sekunden/Stufe 5** zerkleinern.

200 g Rohrzucker
130 g neutrales Öl (z.B. Rapsöl)
20 g Salz
20 g körniger Senf
20 g süßer (bayrischer) Senf
1 TL bunter Pfeffer, gemahlen .... dazu geben und alles **5 Minuten/Dampfgaren/Stufe 1** andünsten. Nun

350 g Himbeeressig (oder anderer Obstessig)
100 g Preiselbeeren (mit Saft, Konserve)
700 g Mineralwasser MIT (viel) Kohlensäure .... dazu geben (Achtung, es schäumt sehr!) und **10 Sekunden/Stufe 3-4** mischen.

Den Sud über den Rotkohl geben und einen Teller oder anderen „Deckel" direkt auf den Krautsalat geben, der direkt aufliegt, also kleiner ist als die Salatschüssel. Diesen Teller mit 2-3 schweren Konservendosen (am besten in Gefriertüten eingepackt!) beschweren.

Den Salat so abgedeckt **1 Tag** im Kühlschrank ziehen lassen.

Am nächsten Tag den Sud vollständig abgießen und evtl. noch einmal abschmecken.

Tipp: Besonders schön sieht der Rotkohlsalat aus, wenn Sie die Hälfte des Kohls mit einer Brotmaschine (auf dünnster Schnittbreite) – oder mit einem „Krauthobel" oder mit einem langen Messer hauchdünn zu „langen Schlangen" schneiden und direkt in die Salatschüssel geben. Die „schwierigen" Teile, die per Hand nur gefährlich zu schneiden wären, zerteile ich grob, damit sie im Wundertopf ganz ohne (meinen) Kraftaufwand zerkleinert werden... Praktisch und trotzdem „hübsch"...

Mit wenig Sud hält sich der Salat 3-4 Tage im Kühlschrank frisch. Prima also zum Vorbereiten!

Bayrischer Weißkrautsalat

1 Zwiebel, in Stücken .... **5 Sekunden/Stufe 6** zerkleinern.

50 g Schinkenwürfel
30 g Öl .... zugeben **3 Minuten/Dampfgaren/Stufe 1** andünsten.

400 g Weißkohl, in Stücken
25 g Essig
½ TL Salz
⅛ TL Pfeffer
1 TL Zucker
Kümmel nach Geschmack .... zugeben und **5 Sekunden/Stufe 4-5** mit Hilfe des Spatels zerkleinern.

Tipp: Mal ein anderer Krautsalat. Ich persönlich fand es zugegebenermaßen zuerst etwas befremdlich, Schinkenwürfel in einen Salat zu packen - aber die Testesser sahen das gar nicht so (ich bin halt doch ein norddeutsches Urgestein...

Je nach Würze des Schinkens evtl. noch mit Salz, Pfeffer und eventuell etwas mehr Zucker nachwürzen.

Kartoffeln und Böhnchen im Speckmantel

8-10 lange Scheiben
Frühstücksspeck/Bacon.............. auf der Arbeitsplatte auslegen. Diese mit

etwas Pfeffer .... bestreuen.

500 g ganz feine lange grüne
Bohnen, geputzt (Prinzessbohnen) ...... waschen und noch feucht mit

¼ TL Muskat
1 TL Zucker
1 TL Bohnenkraut...................... vermischen, nun die feinen Bohnen in 8-10 Portionen aufteilen und die Böhnchenpakete jeweils mit einer Scheibe Frühstücksspeck einwickeln. Die Böhnchenpakete mit der Nahtseite nach unten im Dampfgaraufsatz verteilen.

500 g Wasser
1 Brühwürfel (für 0,5 l Flüssigkeit)..... in den Mixtopf geben. Den Garkorb mit

800 g Kartoffeln .... einhängen. Den Mixtopf verschließen und den Garaufsatz aufsetzen. Alles **30 Minuten/Dampfgaren/Stufe 1** garen.

Tipp: Wenn Sie wissen, dass Sie mit den gegarten Päckchen noch relativ viel „herumhantieren" müssen, können Sie einen Faden Küchengarn, einen Faden aus längs geschnittenem Porree oder lange Schnittlauchhalme darum wickeln, so werden sie „leichter transportabel". (Nur vom Dampfgaraufsatz auf den Teller brauchen Sie sich die Mühe nicht zu machen...)

Die Bohnen-Päckchen können Sie schon einige Stunden im Voraus vorbereiten und schon fertig im Dampfgaraufsatz im Kühlschrank aufbewahren.

Diese Beilage passt prima zum Sonntagsbraten und gibt optisch eine Menge her und schmeckt auch ohne extra „Gemüsesauce" prima. Ansonsten können Sie mit dem Garsud natürlich noch eine Sauce zaubern.

Hier im Münsterland fehlen Böhnchen im Speckmantel auf keiner großen Gemüseplatte. Wichtig ist nur, dass Sie ganz lange dünne Bohnen verwenden (da die Garzeit sonst sehr lang ist).

Pasta-Saucen

... mehr braucht Pasta nicht

vegetarisch

Lecker vegetarisch!

Kürbissauce zu Nudeln (Foto)

300 g Kürbis, (z.B. Butternut-Kürbis, Hokkaido- oder Muskat-Kürbisvorbereitet gewogen, in Stücken	in den Mixtopf geben und **4-5 Sekunden/Stufe 4-5** zerkleinern.
40 g Butter	dazu geben und den Kürbis **5 Minuten/Dampfgaren/Stufe 1** andünsten.
300 g Wasser 1 Brühwürfel (für 0,5 l Flüssigkeit) ½ TL Salz ⅛ TL Pfeffer 2 Prisen Kümmel, gemahlen	dazu geben und den Kürbis **10 Minuten/100°C/Stufe 2-3** ohne eingesetzten Messbecher kochen.
150 g Doppelrahm-Frischkäse	zufügen und **2 Minuten/90°C/Stufe 2-3** schmelzen. Die Sauce **30 Sekunden/Stufe 10** pürieren. Anschließend
2 TL in Streifen geschnittenen Salbei	darüber geben und sofort servieren.

Tipp: So viel besser, als ich erwartet hätte! Eine sehr leckere und auch leichte und sehr „anpassungsfähige" Sauce. Ideal als „primi piati" - d.h. als „neutraler erster Nudelgang" für ein italienisches Essen, der die Geschmacksnerven nicht durch zu dominante Gewürze verdirbt.

Als Hauptgericht machen sich zu Pasta und Sauce noch prima gebratene Scampis oder Hähnchenbrust-Stücke oder einfach gebratenes Gemüse.

Lauwarme Tomaten-Mozzarella-Sauce (Eiweißgericht, glutenfrei)

1 Knoblauchzehe ½ - 1 Pepperoni, ohne Kerne	in den Mixtopf geben und **6 Sekunden/Stufe 6** zerkleinern. Die Stücke auf das Messer schieben und noch einmal **3 Sekunden/Stufe 6** zerkleinern.
2 Zwiebeln, geviertelt	dazu geben und **4 Sekunden/Stufe 5** zerkleinern.
40 g Olivenöl	hinzufügen und **3 Minuten/Dampfgaren/Stufe 1** andünsten.
1 TL Zucker 1 Brühwürfel (für 0,5 l Flüssigkeit) 1 TL Salz 1 TL Kräuter- oder Mozzarellasalz 40 g Tomatenmark 800 g geschälte Tomaten (Konserve - oder die gleiche Menge frische Tomaten, ohne grünen Strunk. Dann muss allerdings die Sauce 1 Minute/Stufe 10 püriert werden, bevor die Kirschtomaten dazu kommen)	zur angedünsteten Masse geben und alles **12 Minuten/100°C/Stufe 2** aufkochen. In der Zwischenzeit
250 g Kirschtomaten	halbieren oder vierteln.
300 g Mozzarella	in mundgerechte Streifen schneiden.
1 Bund Basilikum	abzupfen und in die gekochte Sauce geben. Das Basilikum in der Sauce **10 Sekunden/Stufe 8** zerkleinern. Die Sauce mit den Tomatenstücken und dem Mozzarella vermischen oder auf dem Teller hübsch anrichten.

Tipp: Die Sauce mit frisch gekochten heißen Nudeln vermischen und eventuell noch mit Basilikum bestreut servieren. Die Sauce reicht für ca. 6-8 Personen. Sehr lecker!!

Bei Eiweßgerichten schmeckt die Sauce auch prima zu gebratenen Koteletts oder aber mit Eiweiß-Nudeln (ja, die gibtÄ's mittlerweile auch!)

Fruchtige (Nudel-) Currysauce

2 Bananen, in Stücken
1 Apfel, geschält, geviertelt
20 g Butter .... in den Mixtopf geben und **4 Sekunden/Stufe 4-5** zerkleinern. Anschließend **3 Minuten/Dampfgaren/Stufe 1** andünsten.

25 g Mehl
130 g Sahne
3 TL Currypulver
1 Msp. Kurkuma
350 g Wasser
1 Brühwürfel (Hähnchen oder Gemüse)
3 EL Zitronensaft
1 TL Honig
1 Prise Salz
1 Prise Ingwer .... hinzufügen und **8 Minuten/100°C/Stufe 2** zu einer Sauce einkochen. Nach Belieben **10 Sekunden/Stufe 10** pürieren.

Tipp: Sehr lecker zu (Vollkorn-)Nudeln oder Reis. Passt aber auch prima zu Bratlingen, Geflügel oder mildem Fisch wie Pangasiusfilet. Dieses außergewöhnliche Rezept hat Iris K. aus Bad Rothenfelde eingeschickt.

Sauce Aspergii – prima zu Nudeln, Reis, Geflügel

500 g Wasser
1 Brühwürfel (für 0,5 l Flüssigkeit)..... in den Mixtopf geben. Den Garkorb einsetzen.

700 g Spargel, (ca. 1 kg mit Schale), in mundgerechten recht kleinen Stücken .... in den Garkorb füllen.

1 TL Zucker
1 TL Salz .... mit den Händen mit den Spargelstücken vermischen. Dann

70 g Butter, in Flöckchen .... auf dem Spargel verteilen. Den Mixtopf verschließen, den Messbecher einsetzen und den Spargel **25 Minuten/Dampfgaren/ Stufe 1** garen.

Nach Ende der Garzeit den Garkorb entfernen und warm stellen. Zur Flüssigkeit im Mixtopf

25 g Speisestärke
½ Bund Petersilie, abgezupft
1 EL Zitronensaft........................ zugeben und **6 Sekunden/Stufe 8** mischen, dann **1 Minute/100°C/ Stufe 3** aufkochen.

100 g Reibkäse .... dazu geben und alles **10 Sekunden/Stufe 10** vermischen.

Die Spargelstücke zur Sauce geben und **10 Sekunden/Linkslauf/ Stufe 2** mischen. Sofort servieren.

Tipp: Die Sauce passt auch hervorragend zu Geflügel und Reis. Eine prima Sauce „mit Gemüseeinlage"... - Sie können am Schluss noch aufgetaute TK-Erbsen dazu geben. Das verleiht Farbe und Biss.

Milde Gorgonzola-Sauce

100 g Wasser
1 TL Gemüsebrühe
150 g Gorgonzola, mild
200 g Schmand
1 Spritzer Zitronensaft
⅛ TL Muskat
¼ TL Pfeffer
2-3 TL Speisestärke.................... in den Mixtopf geben und **6 Sekunden/Stufe 6** mischen. Anschließend **7 Minuten/90°C/Stufe 2-3** erhitzen.

Tipp: Lecker! Genial zu Pasta und z.B. Schweinelendchen. An der Käsetheke sollten Sie unbedingt nach „mildem" Gorgonzola fragen - es gibt auch alten Gorgonzola (und ich muss sagen - ich bin schon gelegentlich beim Aufmachen der Packung hinten herüber gekippt...)

Es machen sich als „knackiger Belag" geröstete Pinien- oder Walnusskerne sehr gut darauf. Dazu gehört ein leckerer frischer grüner Salat.

Vita-Powersauce zu Nudeln

150 g Möhren 1 Brühwürfel (für 0,5 l Flüssigkeit).....	in den Mixtopf geben und **5 Sekunden/Stufe 5** zerkleinern.
250 g Wasser 20 g Mehl 2 EL Curry 100 g Apfelsaft 1 TL Zucker	dazu geben und **4 Sekunden/Stufe 4** mischen, dann **5 Minuten/100°C/Stufe 2** einkochen.
	In der Zwischenzeit
350 g Brokkoli-Röschen	in schöne kleine mundgerechte Röschen zerteilen.
	Nun die Sauce **1 Minute/Stufe 10** fein pürieren. Als „stückige Einlage" kommen nun die Brokkoli-Röschen dazu, die **6 Minuten/100°C/Linkslauf/Rührstufe** gegart werden.
200 g Schmand..........................	zur Sauce geben und **2 Minuten/100°C/Linkslauf/Rührstufe** untermischen. Sofort servieren.

Tipp: Sehr lecker, sehr gesund und eine echte Vitamin- und Mineralstoff-Bombe! Ideal zu Nudeln oder Reis – eventuell zu Kurzgebratenem.

Chili-Sahnesauce (zu Nudeln oder gebratenem Fisch)

1 Zwiebel, geviertelt 2 Knoblauchzehen......................	in den Mixtopf geben und **4 Sekunden/Stufe 6** zerkleinern.
20 g Olivenöl	zugeben und **3 Minuten/Dampfgaren/Stufe 1** andünsten.
2-3 Chilischoten, ohne Kerne	in den Mixtopf geben und **4 Sekunden/Stufe 6** zerkleinern.
300 g Wasser 250 g Sahne 1 Gemüsebrühwürfel ¼ TL Oregano, getrocknet ⅛ TL Thymian, getrocknet ⅛ TL Rosmarin, getrocknet 30 g Mehl	dazu geben und **6 Sekunden/Stufe 6** vermischen. Anschließend **7 Minuten/100°C/Stufe 2-3** zu einer Sauce einkochen.
	Auf Wunsch noch **30 Sekunden/Stufe 10** pürieren.

Tipp: Vielen Dank für das leckere Rezept an Simone S. aus Bocholt. Sie hatte mich gefragt, ob ich ein Rezept für Chili-Sahnesauce hätte - da ich noch nichts dergleichen anzubieten hatte, hat sie kurzerhand eins ausprobiert und es mir zugeschickt. Superlecker zu Nudeln - aber ebenfalls zu Fischfilets oder Hähnchen. Als „Eindruckschinder-Goodie" können Sie Nudeln mit Chilisauce auch prima mit gebratenen Garnelenspießen anrichten.

Rucola-Pesto

2 Knoblauchzehen......................	in den Mixtopf geben und **3 Sekunden/Stufe 6** zerkleinern.
80 g Pinienkerne, geröstet 150 g Rucola, ohne harte Stiele 100 g Petersilie 1 TL Salz	dazu geben und **15 Sekunden/Stufe 6** zerkleinern. Anschließend
100 g Olivenöl...........................	zugeben und **30 Sekunden/Stufe 8** zu einer homogenen Masse verarbeiten.

Tipp: Sie können die Pinienkerne in einer trockenen Pfanne anrösten – oder aber, wenn Sie gerade Kuchen backen auf einem trockenen (mit Backpapier ausgelegten) Backblech. Sie sollten sich aber nicht zu weit entfernen, da der Röstvorgang innerhalb von einigen Minuten abgeschlossen ist. Wenn Sie das Pesto nicht frisch zu Nudeln, Risotto, gebundenen Suppen oder auf Brot (z.B. cool unter Käse!) verwenden, dann können Sie es in einem Schraubglas – immer mit einer Schicht des guten Olivenöls als „Konservierungsschicht" gut 4 Wochen im Kühlschrank aufbewahren. Zwar flockt das Olivenöl etwas aus, aber das tut dem Geschmack keinen Abbruch und legt sich wieder, wenn Sie es in Raumtemperatur stellen.

Sahnige Tomaten-Sauce für Nudeln (low fat)

½ Bund Basilikum, abgezupft	in den Mixtopf geben und **6 Sekunden/Stufe 6** zerkleinern und umfüllen.
2 Zwiebeln, geviertelt 1 Knoblauchzehe 2 Zweige Thymian, abgezupft	in den Mixtopf geben und **6 Sekunden/Stufe 6** zerkleinern.
5 g Olivenöl	dazu geben und **5 Minuten/Dampfgaren/Stufe 1** andünsten.
400 g geschälte Tomaten (Konserve, mit Saft, oder die gleiche Menge frische Tomaten ohne grünen Strunk, geviertelt 1 Brühwürfel (für 0,5 l Flüssigkeit) 100 g Kaffeesahne ¼ TL Oregano, getrocknet 40 g Tomatenmark 1 TL Zucker ¼ TL Pfeffer	hinzufügen und **10 Minuten/100°C/Stufe 2-3** aufkochen. Anschließend **20 Sekunden/Stufe 10** pürieren. Das Basilikum über die Sauce streuen und alles sofort servieren.

Tipp: Lecker zu Nudeln! Schnell gemacht und wandelbar. Ganz nach Geschmack können Sie noch Schinkenstreifen, Thunfisch, gegartes Gemüse, ... hinzufügen.

Nudelsauce „Spinaci"

450-500 g Blattspinat (TK)	auftauen lassen. Das Spinat-Tauwasser aufbewahren, es kommt mit in die Sauce!
2 Zwiebeln, geviertelt 2 Knoblauchzehen	in den Mixtopf geben und **6 Sekunden/Stufe 6** zerkleinern.
20 g Butter	zugeben und **3 Minuten/Dampfgaren/Stufe 1** andünsten.
200 g Milch 25 g Butter 25 g Mehl 1 Brühwürfel (für 0,5 l Wasser) ¼-½ TL Pfeffer ¼ TL Muskat 1 TL Salz	sowie das „Spinatwasser" (= ca. 130 g) in den Mixtopf geben. Die Sauce zuerst **6 Sekunden/Stufe 6** mischen, dann **6 Minuten/90°C/Stufe 2** andicken. Den abgetropften Spinat zugeben, und **2 Minuten/90°C/Linkslauf / Stufe 2** erwärmen. Nach Wunsch noch kurz auf **Stufe 6** zerkleinern.

Tipp: Sehr lecker zu Nudeln - ich finde besonders zu Bandnudeln oder Spaghetti. Sie können die Nudeln mit der Sauce noch geschmacklich und farblich mit Cocktail-Tomaten-Hälften aufpeppen - oder mit gerösteten Pinienkernen oder Walnüssen.

Rotes Pesto

70 g Parmesankäse, in Stücken 30 g Mandeln	in den Mixtopf geben und **15 Sekunden/Stufe 10** zerkleinern.
70 g getrocknete Tomaten (nicht eingelegt, wirklich getrocknet, gibt es in der gutsortieren Gemüseabteilung!)	dazu geben und **10 Sekunden/Stufe 10** zerkleinern (wenn die Masse noch nicht fein genug ist, eventuell noch einmal **10 Sekunden/Stufe 10** zerkleinern.
70 g Tomatenmark 150 g gutes Olivenöl, extra virgin	dazu geben und die Masse **1 Minute/Stufe 6** zu einer homogenen Masse vermischen.

Tipp: Lecker als Brotaufstrich für Crostini oder auch prima als Nudelsauce, wenn Sie etwas Sahne oder Nudelwasser dazu geben. Sie können das rote Pesto auch prima auf Vorrat herstellen. Füllen Sie es in ein Schraubglas und geben einfach eine Schicht Olivenöl darüber – so hält es sich im Kühlschrank mehrere Wochen.

Spargelpesto

250 g grünen Spargel	das untere Drittel der Spargelstangen schälen, anschließend 3 cm lange Stücke schneiden und in das Garkörbchen geben.
400 g warmes Wasser 1 Brühwürfel (für 0,5 l Wasser)	in den Mixtopf geben. Das Garkörbchen mit dem Spargel einhängen und **11 Minuten/Dampfgaren/Stufe 1** vorgaren. Nach Ende der Garzeit das Garkörbchen entfernen und den Mixtopf ausleeren. Das Spargelwasser anderweitig verwenden (z.B. für eine leckere Spargelsuppe). Der Mixtopf muss nicht ausgespült werden.
50 g Parmesan ½ Bund Kerbel oder Petersilie 1 Knoblauchzehe 50 g Mandeln oder Pinienkerne	in den getrockneten Mixtopf geben und **10 Sekunden/Stufe 9** zerkleinern.
75 g Olivenöl ¼ TL Salz ⅛ TL Pfeffer	sowie den vorgegarten Spargel dazu geben und **10 Sekunden/Stufe 6** pürieren.

Tipp: Das Spargelpesto schmeckt prima zu Nudeln und Spaghetti. Es hält sich im Kühlschrank im Schraubglas ca. 1-2 Wochen lang. Dazu sollte oben auf dem Pesto immer eine Olivenölschicht sein.

Pasta-Saucen

... mehr braucht Pasta nicht

mit Fleisch

Spaghetti Carbonara (low fat)

250 g Vollkorn-Spaghetti .... nach Packungsanweisung kochen und warm stellen. Sie werden direkt mit der Sauce vermischt, sobald sie fertig ist. Für die

Sauce:

1 Zwiebel, geviertelt .... in den Mixtopf geben und **5 Sekunden/Stufe 5** zerkleinern.

40 g magere Schinkenwürfel
1 Brühwürfel (für 0,5 l Flüssigkeit)
50 g Wasser
½ TL Muskat
½ TL Paprika edelsüß .... dazu geben und **5 Minuten/Dampfgaren/Stufe 1** andünsten.

25 g Schmelzkäse, 25% Fett i.Tr.
2 EL Saure Sahne
1 Ei
50 g Wasser .... **Rühraufsatz einsetzen**.
hinzufügen und **5 Minuten/80°C/Stufe 2-3** ankochen. In der Zwischenzeit

100 g Kirschtomaten .... halbieren. Die fertige Sauce mit den gekochten heißen Spaghetti und den halbierten Cocktailtomaten vermischen.

Tipp: Zugegeben: die Sauce sieht „solo" nicht so appetitlich aus, mit den Spaghetti vermischt, ist es aber aber überhaupt kein Thema! Im Gegenteil...

Die Menge reicht für 2 Personen zum Sattwerden.

Bratwurst-Bolognese

300 g Paprika (rot und grün)
200 g Möhren, in Stücken .... in den Mixtopf geben und **4 Sekunden/Stufe 4-5** nicht zu fein zerkleinern.

1 Zwiebel
1 Knoblauchzehe .... in den Mixtopf geben und **3 Sekunden/Stufe 6** zerkleinern.

10 g Öl .... hinzufügen und **3 Minuten/Dampfgaren/Stufe 1** andünsten.

400 g Bratwurst, aus der Pelle gedrückt .... dazu geben und **5 Minuten/Dampfgaren/Stufe 2** dünsten.
Rühraufsatz einsetzen. (sonst bewegt sich der Mixtopf-Inhalt nachher nicht genug)

800 g geschälte Tomaten (Konserve mit Saft) .... mit dem Spatel in der Dose zerkleinern und in den Mixtopf geben.

70 g Tomatenmark
1 TL Pizzagewürz
2 Spritzer Tabasco
3 TL Worcestershire-Sauce
2 TL Salz
2 TL Zucker
¼ TL Pfeffer
2-3 TL Balsamico-Essig .... sowie das zerkleinerte Gemüse zum Bratwurstbrät dazu geben und **15 Minuten/100°C/Linkslauf/Stufe 2** garen.

Tipp: Natürlich klasse zu Nudeln. Schmeckt aber auch zu Reis oder zur Abwechslung mit Zartweizen ganz prima. Da die Menge auch für 8 Personen ausreicht, können Sie (wenn Sie nur zu viert essen) aus dem Rest auch prima Lasagne machen! Sie können einen Teil der Bratwurst-Bolognese auch prima aufbewahren. Dazu Twist-Off-Gläser und die Deckel sterilisieren. Die sterilisierten Gläser fast randvoll mit der Bratwurst-Bolognese füllen, sofort den Deckel verschließen und die Gläser ca. 5 Minuten auf den Kopf stellen. Anschließend vollständig auskühlen lassen. Im Kühlschrank hält sich die Sauce so mehrere Wochen frisch.

Wenn Sie lieber eine mildere, etwas sahnigere Sauce möchten, können Sie nach Ende der Garzeit noch 200 g Schmand oder Crème fraîche zur Sauce geben.

Sehr lecker, schön würzig. Herzlichen Dank liebe Petra K. aus Mühlheim an der Ruhr

Pasta-Saucen

mit Fisch & Meeresfrüchten

Kalte Tonnata-Sauce zu Nudeln

½ Bund Petersilie, abgezupft.......... von den Stielen zupfen und in den Mixtopf geben. **6 Sekunden/Stufe 6** zerkleinern und umfüllen.

1 Dose Thunfisch, in Öl, abgegossen
1 Dose Thunfisch, im eigenen Sud, abgegossen
150 g Joghurt
200 g Schmand
1 TL Salz
⅛ TL Cayenne-Pfeffer .... in den Mixtopf geben und **20 Sekunden/Stufe 4** mischen, anschließend **30 Sekunden/Stufe 8** pürieren.

Die Petersilie (bis auf ca. 1-2 EL zur Dekoration) dazu geben und **20 Sekunden/Stufe 4** mischen.

Nach Geschmack mit

Kapern .... und der restlichen Petersilie bestreut servieren.

Tipp: Die kalte Sauce wird mit heißer Pasta vermischt. Wem das ganze zu wenig „Substanz" hat, der kann noch in Streifen geschnittenen Schweinebraten mit der Pasta und der Sauce vermischen. Da das Essen nicht ganz so „heiß" ist, ist diese Nudelsauce gerade im Sommer eine tolle Sache! Die Sauce eignet sich nicht zum Aufwärmen.

Garnelen- oder Shrimps-Butter (Foto)

80 g gekochte Garnelen oder Shrimps (80 g Abtropfgewicht)......... abtropfen lassen und mit

2 TL Zitronensaft........................ beträufeln. **15 Minuten** im Kühlschrank ziehen lassen.

100 g Butter, weich, in Stücken
2 Tropfen Tabasco
⅛ TL Kurkuma
⅛ TL Curry
¼ TL Salz
1 Msp. Pfeffer .... sowie die abgetropften Garnelen dazu geben und so kurz wie möglich auf **Stufe 4-5** mischen. Nach Wunsch mit

Dill.. garnieren.

Tipp: Passt prima zu Nudeln oder auch Kartoffeln. Lecker aber auch auf knusprigem Baguette, zu gegrilltem Fisch oder gegrillten Meeresfrüchten. Es sieht besonders hübschaus, wenn Sie noch ein paar Garnelen, Shrimps oder Krabben zum Dekorieren oben drauf legen.

Lachssauce zu Nudeln

1 Knoblauchzehe, geviertelt .... in den Mixtopf geben und **4 Sekunden/Stufe 6** zerkleinern.

10 g Butter .... dazu geben und **3 Minuten/Dampfgaren/Stufe 1** andünsten.

10-15 g Zitronensaft
200 g Sahne
1 Brühwürfel (für 0,5 l Flüssigkeit)
100 g Milch
25 g Mehl
½ TL Muskat
¼ TL Pfeffer .... hinzufügen und **5 Sekunden/Stufe 5** mischen, dann **4½ Minuten/100°C/Stufe 2-3** zu einer Sauce einkochen.

250 g Lachsfilet, in 8 Stücke geschnitten (sie werden beim Garen noch kleiner)
25 g Zitronensaft
1 EL frische Dillspitzen .... dazu geben und **4-6½ Minuten/100°C/Linkslauf/Stufe 1** garen. Die Sauce eventuell noch mit Zitronensaft abschmecken.

Wenn die Lachsstücke noch zu groß sind, die Stücke noch in Fischfaserrichtung zerpflücken.

Tipp: Eine leckere Sauce, die eine „Fleisch- oder Fischbeilage" schon enthält und trotzdem schnell gemacht ist!

Saucen

zu Hauptgerichten

vegetarisch

Lecker vegetarisch!

Saucenbinder für dunkle Saucen mit Pilzgeschmack (Reste-Fest: trockene Brötchen)

75 g wirklich durchgetrocknete Brötchen, alternativ oder zum Auffüllen Paniermehl
½ EL Pfefferkörner .... in Stücken in den Mixtopf geben. Eventuell schon **6 Sekunden/Stufe 6** zerkleinern, damit alles besser in den Mixtopf passt.

5 g getrocknete Mischpilze
75 g Röstzwiebeln
20 g gekörnte Brühe .... dazu geben und **30 Sekunden/Stufe 10** zerkleinern. In gut schließenden Gläsern aufbewahren.

Tipp: Die Sauce braucht (danach) nicht noch einmal zu aufzukochen. Den Saucenbinder gut mit dem heißen (fast kochenden) Saucenfond vermischen.

Saucenbinder selbstgemacht (Reste-Fest: Brot/Brötchen)

1 TL Curry
2 TL Paprika, edelsüß
75 g Röstzwiebeln
150 g wirklich trockenes Brot, in Stücken
1 TL Majoran, gerebelt
¼ TL Pfeffer .... in den Mixtopf geben und **1 Minute/Stufe 10** fein zerkleinern. Die Masse in ein dichtes Schraubglas füllen und möglichst rasch verbrauchen.

Tipp: Den Saucenbinder einfach esslöffelweise in den Garsud einrühren. Eventuell Schmand oder Crème fraîche zufügen.

Wenn Sie wirklich sehr trockenes Brot verwendet haben, dann hält sich der Saucenbinder sehr lange. Im Zweifel vielleicht einfach das Brot noch einmal bei 120°C Heißluft im Backofen für ca. 30 Minuten trocknen. Die Ofentür (wenn möglich) einen Spalt offen lassen (z.B. einen Kochlöffel einklemmen) oder aber die Tür zwischendurch mehrmals öffnen, damit Dampf abziehen kann.

Pfeffersauce (Foto)

10 g (etwa 2 EL) gemischte, trockene Pfefferkörner .... in den Mixtopf geben und **5 Sekunden/Stufe 4-5** grob zerkleinern.

80 g Butter .... dazu geben und **3 Minuten/Dampfgaren/Stufe 1** andünsten.

ca. 200 g Zwiebeln, geviertelt......... dazu geben und **8 Sekunden/Stufe 5** zerkleinern, noch einmal **3 Minuten/Dampfgaren/Stufe 1** dünsten.

120 g Portwein
120 g Rinderfond
1 TL Salz .... dazu geben und **12 Minuten/Dampfgaren/Stufe 1** reduzieren.

15 g Mehl
200 g Sahne .... hinzufügen **6 Sekunden/Stufe 6** mischen und dann in **3 Minuten/100°C/Stufe 2** zu einer Sauce einkochen.

Die Sauce (ich finde sie so am besten) kann noch püriert werden dadurch wird sie schärfer. Sie können auch noch

(nach Wunsch) 2 EL grünen (eingelegten) Pfeffer, abgetropft......... dazu geben.

Tipp: Die Sauce passt hervorragend zu Kurzgebratenem - insbesondere zu Rindersteaks so richtig lecker. Auf Wunsch einer ganz lieben Nachbarin habe ich diese Sauce ins Repertoire aufgenommen.

Wenn Sie Gäste bewirten möchten, können Sie die Sauce vorbereiten und im Kühlschrank aufbewahren. Wenn Sie die Steaks gebraten haben, wärmen Sie die Sauce einfach in der heißen Pfanne mit dem „Bratenfond" wieder auf. Die Steaks so lange warm stellen. Superlecker!

Tomatensauce für Spiegeleier (milchfrei)

2 Zwiebeln, geviertelt	in den Mixtopf geben und **5 Sekunden/Stufe 5** zerkleinern.
10 g Öl	zugeben und **3 Minuten/Dampfgaren/Stufe 1** andünsten.
160 g Wasser 280 g Tomatenmark 15 g Mehl ½ TL Salz 1/3 TL Pfeffer 1 TL Maggi 1 TL Zucker	hinzufügen und **4 Sekunden/Stufe 4** mischen, dann **3-4 Minuten/100°C/Stufe 1-2** aufkochen.

Tipp: Sauce für Spiegeleier...? Ja, genau so habe ich auch geguckt... Karin H. aus Emsdetten hat mir dieses Rezept zugesteckt – denn hier hat es schon Tradition! Die Familie isst es über Spiegeleiern auf einer in der Pfanne oder im Toaster gebratenen/gerösteten Brotscheibe. Von der Konsistenz „hält" es sich auch besser auf dem Brot als konventioneller Ketchup. Sie können nach Geschmack noch eine Scheibe Käse, Tomaten oder Gurke auf das Brot legen. Diese Menge reicht aus für 6-7 Spiegeleier.

Frühlingskräuter-Hollandaise (Reste-Fest: 6 Eigelb)

100 g Butter, in Stücken 6 Eigelb Saft ½ Limette (ca. 5-15 g) 1 TL Salz ⅛ TL Pfeffer 200 g Schmand	in den Mixtopf geben und **6 Minuten/80°C/Stufe 3(-4)** zu einer Sauce einkochen.
1 Hand voll frische Kräuter, z.B. Basilikum, Petersilie, Kresse	dazu geben und **15(-20) Sekunden/Stufe 10** zerkleinern und aufschlagen. Die Sauce sofort servieren.

Tipp: Hollandaise-Sauce eignet sich weder zum Aufwärmen noch zum Überbacken (dafür müssten Sie dann doch welche aus der Packung benutzen...) – das Eigelb, dass man ja hier beim Erhitzen die ganze Zeit schlägt würde zu unansehnlichen Klumpen gerinnen.

Die Sauce ist superlecker. Zu Spargel, zu Gemüse, zu Kurzgebratenem, zu frischen Champignons. Richtig lecker!

Weißwein-Senf-Sauce

35 g Butter 200 g Schmand 100 g Weißwein 200 g Wasser 1 Brühwürfel (für 0,5 l Wasser) 25 g Mehl ½ TL Zucker 40 g Senf (nach Geschmack mittelscharf, süß, körnig oder scharf)	in den Mixtopf geben und **6 Sekunden/Stufe 6** vermischen, anschließend **7 Minuten/100°C/Stufe 2-3** aufkochen.
½ Bund Petersilie, abgezupft	zugeben und **15 Sekunden/Stufe 8** zerkleinern. (Wenn Sie TK-Kräuter verwenden, einfach **15 Sekunden/Stufe 4** vermischen.)

Tipp: Die Sauce passt prima zu Kartoffeln & Fisch-Filets - gut aber auch zu Gemüse und Geflügelfilets.

Lecker vegetarisch!

Rotwein-Schalottensauce

2 Knoblauchzehen 200 g Schalotten, abgezogen	in den Mixtopf geben, **3 Sekunden/Stufe 4-5** nicht zu fein zerkleinern.
50 g Butterschmalz, Butter oder Bratfett (z.B. vom Kurzgebraten)	dazu geben und **5 Minuten/Dampfgaren/Stufe 1** andünsten.
300 g Rotwein 200 g Gemüsefond oder wenn es nicht vegetarisch sein muss Bratenfond / Rinder- oder Geflügelfond oder Garsud 1 Brühwürfel (für 0,5 l Flüssigkeit) 2 TL Senf ⅛ TL Pfeffer ⅛ TL Muskatnuss	hinzufügen und **20 Minuten/Dampfgaren/Stufe 2-3** ohne eingesetzten Messbecher einkochen.
20 g Mehl	dazu geben **6 Sekunden/Stufe 6** mischen und noch einmal **1 Minute/100°C/Stufe 2-3** einkochen. Die Sauce bitte jetzt noch einmal abschmecken. Falls der Fond nicht salzig genug war, bitte noch nachsalzen. Als allerletzten Schritt
50 g Butter, kalt, in Stücken	zugeben und **1 Minute/Stufe 10** aufschlagen. Die Sauce sofort servieren. (Sie eignet sich nicht zum Aufwärmen, siehe Tipp!)

Tipp: Genial zu Kurzgebratenem, z.B. Steaks. Reichen Sie jede Menge Brot oder Kartoffeln dazu, denn die Sauce ist der Knaller und Sie brauchen unbedingt etwas (im Zweifel einen großen Löffel, damit Sie die Sauce vom Teller herunter kriegen!

Sie mögen lieber stückige Saucen zu Kurzgebratenem? Dann geben Sie bitte die Hauptzutaten (Schritt 3) in den Mixtopf, dann den Garkorb einsetzen. Geben Sie in den Garkorb weitere 100-200 g Schalotten in mundgerechten Stücken, Spalten oder Ringen. Diese werden beim Reduzieren des Fonds gegart. Bevor Sie das Mehl zugeben, entfernen Sie bitte den Garkorb mit den Schalotten und geben die gegarten Schalotten erst wieder zur Sauce, wenn Sie fertig mit der Butter aufgeschlagen ist.

Da die Sauce am Schluss mit der Butter aufgeschlagen wird, verliert sie beim Aufwärmen Ihre tolle Qualität und setzt das Butterfett ab. Sie können Sie daher (wenn Sie sie vorbereiten möchten) bis zum zweitletzten Schritt vorbereiten und im Mixtopf lassen, dann kurz vor dem Servieren wieder erwärmen und mit der Butter aufschlagen (montieren).

Süßkirsch-Chutney (low fat, milchfrei)

1 Stück Ingwer (walnussgroß) 1 Knoblauchzehe 1 rote Chilischote (entkernt, in Stücken)	in den Mixtopf geben und **10 Sekunden/Stufe 5** zerkleinern.
1 rote Paprikaschote in Stücken 60 g rote Zwiebel in Stücken	dazu geben und **5 Sekunden/Stufe 4-5** zerkleinern. **Rühraufsatz einsetzen.**
600 g frische Süßkirschen entsteint 200 g Rosinen (Sultaninen) 250 g Zucker 130 ml Apfelessig 1 TL Salz ¼ TL gemahlener Zimt	dazu geben und im offenen Topf (d.h. ohne eingesetzten Messbecher am besten eine Lage Spültuch darüber legen, damit die Küche nicht vollspritzt) **30 Minuten/Dampfgaren/ Rührstufe** köcheln lassen. Das Chutney kochendheiß in sterilisierte Gläser füllen, verschließen und für 5 Minuten auf den Kopf stellen. Fest verschlossen hält sich das Chutney bis zu 6 Wochen im Kühlschrank.

Tipp: Dieses rubinrote Chutney ist ein echtes Fest für „Süß-Sauer-Fans". Als typisch amerikanische Würzsauce passt es hervorragend zu Wildgeflügel, gebratenem Schwein oder Putenbraten. Wer es lieber etwas herber mag, kann anstelle des Apfelessigs auch Rotweinessig verwenden.

Mango Chutney (Foto, milchfrei)

1 walnussgroßes Stück Ingwer in 2 mm großen Scheiben	in den Mixtopf geben und **6 Sekunden/Stufe 6** zerkleinern.
600 g Mangofleisch (ca. 2 Stück) 250 g Äpfel, geviertelt 400 g Zucker 2 Msp. Nelken, gemahlen 2 Msp. Muskatnuss, gemahlen	dazu geben und **20 Sekunden/Stufe 4-5** zerkleinern. Nun den **Rühraufsatz einsetzen** und **20 Minuten/Dampfgaren/Stufe 1** (ohne eingesetzten Messbecher aber mit Tuch oder leerem Dampfgaraufsatz aufgesetzt als Spritzschutz) garen. Jetzt
250 g Weißweinessig 100 g Rosinen	zugeben und noch einmal **3 Minuten/Dampfgaren/Stufe 1** auf **100°C** aufkochen. Sofort in sterilisierte Gläser füllen, den Deckel sofort verschließen und **5 Minuten** auf den Kopf stellen.

Lecker vegetarisch!

Tipp: Schmeckt prima zu Geflügelgerichten und allen Gerichten, zu denen auch Currysauce sehr gut passt. Diese süß-saure Sauce schmeckt auch „nicht-gerne-scharf-Essern" zu Frühlingsrollen. Wenn Sie der Essig-Geruch nicht stört (der sich wirklich „lautstark entwickelt", können Sie auch alle Zutaten auf einmal in den Mixtopf geben und alles 23 Minuten kochen. Wenn Sie Ihre Nase schonen möchten, sollten Sie aber lieber die hier vorgeschlagene Zubereitungsart verwenden!)

Cranberry-Relish (Foto, low fat, milchfrei)

2 rote Zwiebeln, geviertelt .... in den Mixtopf geben und **6 Sekunden/Stufe 6** zerkleinern.

80 g Zucker
1 Brühwürfel (für 0,5 l Flüssigkeit)...... zugeben. **5 Minuten/Dampfgaren/Stufe 1** andünsten.

300 g Apfel, geschält, geviertelt .... dazu geben und **6 Sekunden/Stufe 6** zerkleinern.

300 g Cranberries, frisch
100 ml Orangensaft (ca. 2 Orangen)
150 g Gelierzucker
2 Wacholderbeeren
1 TL Rosmarin, getrocknet
1 TL Koriander, getrocknet
1 TL Ingwerpulver
120 g Balsamico bianco (oder rosso, kein dunkler! sonst wird das Relish hässlich braun...)
¼ TL Pfeffer .... dazu geben und **20 Minuten/Dampfgaren/Stufe 2** aufkochen. Bitte schalten Sie die Messergeschwindigkeit so ein, dass sich der Mixtopfinhalt auch oben an der Oberfläche dreht.

Tipp: Sie können das Ingwerpulver auch durch frischen Ingwer ersetzen, etwa ein walnussgroßes Stück reicht aus. Frischen Ingwer vor den Zwiebeln in etwa 1 mm dünnen Scheiben in den Mixtopf geben und 6 Sekunden/ Stufe 7 zerkleinern. Das Relish passt prima zu Wild- oder Bratengerichten oder auch zum Grillen.

Fruchtige Curry-Smoothie-Sauce

10 g Ingwer, in hauchdünnen Scheiben
1 Zwiebel, geviertelt .... in den Mixtopf geben und **3 Sekunden/Stufe 6** zerkleinern. Die Masse zurück auf das Messer schieben.

30 g Butter
2 EL (ja, nicht TL!) Currypulver
1 TL Kurkuma (Gelbwurz)
1 Msp. Cayenne-Pfeffer............... zugeben und **5 Minuten/Dampfgaren/Stufe 1** andünsten.

400 g Kokosmilch
1 Mango, geschält, in Stücken
1 Apfel, säuerlich, nach Geschmack mit Schale - wird eh' püriert
1 Banane, geschält, in Stücken
1 Brühwürfel (für 0,5 l Wasser)
1 TL Zucker
2 EL Zitronensaft
1 TL Salz
15 g Speisestärke....................... dazu geben, zuerst **8 Sekunden/Stufe 8** vermischen, dann **7 Minuten /100°C/Stufe 2-3** aufkochen. Anschließend **1 Minute/Stufe 10** pürieren. Sofort servieren.

Tipp: Viel Obst (in versteckter Form). Trotzdem hat die Sauce die nötige Schärfe und Sie werden kaum jemanden finden, der alle drei Früchte als einzelne Geschmacksträger wirklich „herausschmeckt". Sie können natürlich noch Früchte als Stücke in die Sauce schneiden, z.B. Pfirsiche, Mango, Mandarinen (oder entsprechende Konservenfrüchte verwenden - wäre allerdings ein kleiner Stilbruch...)

Die Sauce passt prima zu Hähnchen - in welcher Form auch immer - und Reis. Als vegetarische fruchtige Sauce ist sie sehr lecker zu Reis mit Paprika-Möhren-Zucchini-Gemüse. Dazu machen sich (geröstete) Nüsse, z.B. Erdnüsse oder Cashew-Kerne ganz hervorragend!

Weltklasse-Zaziki (low fat, glutenfrei)

	Ein Sieb mit einem sauberen Trockentuch auslegen.
3 x 500 g Dickmilch mit 3,5% Fett ...	in das Sieb mit dem Trockentuch geben und mindestens **6 Stunden** oder **über Nacht** an einem kühlen Ort abtropfen lassen. Die Dickmilch muss nahezu „krümelig" sein.
1 Knoblauchzehe	in den Mixtopf geben und **5 Sekunden/Stufe 6** zerkleinern.
1 Schlangengurke, in Stücken (mit oder ohne Schale, ganz nach Wunsch) 1 TL Salz ⅛ TL Pfeffer	dazu geben und **4 Sekunden/Stufe 4-5** zerkleinern. Die abgetropfte Dickmilch zugeben und **15 Sekunden/Stufe 4** mit Hilfe des Spatels verrühren.

Tipp: Vergessen Sie alle anderen Zaziki-Rezepte, die Sie je hatten – dieses low fat-Rezept hier schlägt alles! Und es ist so einfach herzustellen. Ich ärgere mich riesig, dass ich das nicht schon vor 20 Jahren entdeckt habe! Probieren Sie's – und trotz der Gurkenstückchen ist es auch am nächsten Tag noch großartig! (Und selbst das kann man von den meisten anderen Zaziki-Rezepten nicht behaupten...!)

Paprikasauce (low fat, Reste-Fest: gekochte Kartoffeln)

4 rote Paprikaschoten	halbieren, entkernen, waschen und mit einem Sparschäler dünn abschälen. In groben Stücken in den Mixtopf geben und **5 Sekunden/Stufe 4-5** zerkleinern.
20 g Öl	dazu geben und **8 Minuten/Dampfgaren/Stufe 2** dünsten.
1 gekochte Kartoffel, in Stücken 45 g Orangensaft 60 g Ajvar (Fertigprodukt) 40 g Tomatenketchup ½ TL Salz 10 g Weinessig 1 TL Honig 3 Spritzer Tabasco	dazu geben und **25 Sekunden/Stufe 6** fein pürieren.

Tipp: Passt toll zu Gegrilltem, Würstchen, Gemüse, Rind, Hähnchen und zum Fondue.

Kräuter-Mascarpone-Quark (Foto)

½ Zwiebel 25 g Kräuter, in Stücken 1 Knoblauchzehe	in den Mixtopf geben und **12 Sekunden/Stufe 5** zerkleinern.
250 g Mascarpone 250 g Magerquark 1 TL Kräutersalz 1 Prise Pfeffer	dazugeben und **10-15 Sekunden/Stufe 5** mit Hilfe des Spatels zu einem Aufstrich verarbeiten.

Tipp: Man kann auch TK-Kräuter verwenden, diese dann erst mit dem Quark in den Mixtopf geben. Extrem lecker und überall beliebt!

Fruchtiger Ketchup (fast ohne Haushaltszucker, glutenfrei, low fat, Foto)

800 g Tomaten (ohne das Grüne, geviertelt oder einfach 1 Konserve inklusive Saft)
200 g getrocknete Aprikosen
2 Knoblauchzehen
(50 g Zucker bei Bedarf)
150 g Weißweinessig
1 TL Salz
½ TL Pfeffer .... in den Mixtopf geben und **30 Sekunden/Stufe 6** zerkleinern, anschließend **35 Minuten/Dampfgaren/Stufe 2** ohne Deckel – aber mit Küchentuch darüber (als Spritzschutz) reduzieren. Nach Ende der Garzeit **1 Minute/Stufe 10** fein pürieren.

(Wenn Sie den Ketchup nicht frisch verzehren möchten, sollten Sie ihn noch einmal ca. **4 Minuten/100°C/Stufe 2-3** (damit sich die Masse dreht) aufkochen lassen, bevor Sie ihn kochendheiß in sterilisierte Gläser füllen.

Tipp: Eine tolle Alternative zu gezuckertem Ketchup – und der fruchtige Geschmack wird auch Ihre Kinder überzeugen. Sie essen „etwas Gutes", ohne es so zu empfinden...

Tomaten-Konfitüre (als Beilage zu Fleisch)

ca. 1.300 g feste, reife Tomaten ..... über Kreuz einritzen und mit kochendem Wasser überbrühen ODER: die eingeritzten Tomaten in eine Pfanne mit kochendem Wasser setzen und **5 Minuten** ziehen lassen.

Danach die Haut abziehen, die Tomaten vom grünen Strunk und von den Kernen befreien und nur das feste Tomatenfleisch zurück in den Mixtopf wiegen. Sie brauchen genau 650 g vom Tomatenfruchtfleisch. *Den Rest (falls es einen gibt) können Sie anderweitig, z.B. für eine Tomatensuppe, verwenden.*

140 ml Balsamico-Essig
200 g Zucker
1 Prise Zimt
2 Prisen gemahlene Nelken
2 Messerspitzen Muskatblüte
⅛ TL Pfeffer .... dazu geben. Den **Rühraufsatz einsetzen.**

Die Tomatenkonfitüre **30(-40) Minuten/Dampfgaren/Stufe 1** mit eingesetztem Messbecher garen. Die Konfitüre sollte angedickt sein.

Die kochendheiße Tomaten-Konfitüre in sterilisierte Gläser füllen, kochendheiß verschließen und für **5 Minuten** auf den Kopf stellen.

Tipp: Die Tomaten-Konfitüre schmeckt hervorragend zu Kurzgebratenem oder gegrilltem Fleisch. Es ist edler fester, süßsaurer, weniger scharf (und stückiger) als Ketchup. Ein schönes Mitbringsel für einen Grillabend!

Vielen Dank für das Rezept an Annette M. aus Berlin.

Cola-Barbeque-Sauce (low fat) [sprich: kola-babekju-soas]

1 Chilischote, in Stücken
200 g Zwiebeln, in Stücken............ in den Mixtopf geben und in **2 x 3 Sekunden/Stufe 7** zerkleinern. Die Stücke zwischen den Zerkleinerungsvorgängen wieder zurück auf das Messer schieben.

300 g Cola (-Getränk)
300 g Ketchup
100 g Balsamico-Essig
70 g Worcestershire-Sauce
1 TL Salz
40 g Tomatenmark .... dazu geben und alles **35 Minuten/Dampfgaren/Stufe 1-2** kochen (so dass sich der Inhalt reduziert und die Sauce eindickt.)
Übrigens: das sollten Sie am besten am offenen Fenster stattfinden lassen – oder sogar im Durchzug, denn es riecht mit dem Essig ziemlich streng...

Nach Ende der Garzeit die Barbeque-Sauce **1 Minute/Stufe 10** fein pürieren, dann noch einmal **2 Minuten/Dampfgaren/Stufe 2** aufkochen lassen und kochendheiß in 1-2 sterilisierte Schraubglasflaschen füllen, verschließen und für **5 Minuten** auf den Kopf stellen.

Tipp: Für Skepsis von wegen Cola und Barbeque ist bei diesem Rezept kein Grund. Außergewöhnlich und ganz ohne viel Aufwand hergestellt. Wer Barbeque-Sauce mag, wird diese hier lieben! Ein geniales Geschenk für alle, die gerne Grillen! Und außerdem lässt sich dieses Geschenk auch prima auf Vorrat zubereiten!

Wenn Sie mutig sind, nehmen Sie bei der Chilischote die Kerne nicht heraus... Sie können die Sauce evtl. noch mit Tabasco nachschärfen – allerdings entwickelt sich die Schärfe von Chilischoten erst mit der Zeit...! Zugegeben: auch bei diesem Rezept war ich sehr skeptisch und wurde eines Besseren belehrt...

Curry-Ketchup (low fat, Foto, glutenfrei, milchfrei)

Den Deckel vom Mixtopf von innen mit Öl einpinseln. Das verhindert (zumindest ein bisschen), dass der Mixtopfdeckel von innen verfärbt.

500 g reife Tomaten, ohne Stielansatz, geputzt gewogen
2 rote Paprika, in Stücken
1-2 Knoblauchzehen
60 g Weißweinessig
150 g rote Zwiebeln
1 getrocknete Chilischote
3 Pimentkörner .... in den Mixtopf geben und **5 Sekunden/Stufe 7** zerkleinern. Anschließend **40 Minuten/Dampfgaren/Stufe 2** ohne Messbecher (damit Flüssigkeit verdampfen kann) aber mit Spritzschutz, z.B. einem feuchten großen Küchenhandtuch (das nicht in den Topf fallen kann) oder mit dem (ebenfalls eingeölten Dampfgaraufsatz) kochen. Anschließend mit eingesetztem Messbecher **20 Sekunden/Stufe 8** pürieren.

60 g Weißweinessig
1 Prise Zimt
1 Prise Anis
60 g Tomatenmark
2 TL Salz
2 EL Curry
50 g Honig oder Zucker
1 EL Speisestärke mit etwas kaltem Wasser oder Wein angerührt .... zugeben und noch einmal **15-20 Minuten/Dampfgaren/Stufe 2** kochen. Den Ketchup in sterilisierte Gläser füllen und sofort verschließen. Für **5 Minuten** auf den Deckel stellen.

Tipp: Ein prima Geschenk (für andere - vor allem aber auch für Sie selbst, das man lange im Voraus vorbereiten kann - und mit dem man ganz wunderbar Herr der Tomatenschwemme im Sommer wird.

Im richtig verschlossenen und ungeöffneten Glas hält sich der Ketchup ca. 1 Jahr lang. Im angebrochenen Glas sollten Sie den Ketchup unbedingt im Kühlschrank aufbewahren.

Herzlichen Dank für das leckere Rezept an Stefanie Teschke aus Dülmen.

Lecker vegetarisch!

Mexikanischer-Schicht-Dip

400 g gebackene Bohnen = weiße Bohnen in Tomatensoße (Konserve, z.B. von Heinz oder Jonker Fries)
½ TL Cumin (Kreuzkümmel)
¼ TL Pfeffer
½ TL Kräutersalz .... in den Mixtopf geben und **10 Sekunden/Stufe 5** zerkleinern und in eine Auflaufform oder flache Glasschüssel geben. Mixtopf ausspülen und gut trocknen. Für die nächste Schicht

2 Knoblauchzehen
½ kleine Chilischote .... in den Mixtopf geben und **8 Sekunden/Stufe 10** zerkleinern

2 Avocados .... halbieren, schälen und hinzufügen.

100 g saure Sahne
2 TL Zitronensaft
½ TL Salz................................. zufügen und mit Hilfe des Spatels in **30 Sekunden/Stufe 4-6** fein pürieren. Auf dem Bohnen-Dip verteilen.

250 g Salsa-Sauce (fertig gekauft oder selbst gekocht oder roh, siehe Rezept bei Saucen) .... über der Guacamole verteilen.

250 g saure Sahne .... (im Becher) verrühren und auf der Salsa-Sauce verteilen.

150-200 g Reibkäse.................... auf der sauren Sahne verteilen.

60 g schwarze Oliven ohne Kern.. in den sauberen Mixtopf geben und **5 Sekunden/Stufe 4** zerkleinern. Über die saure Sahne streuen. Mit Frischhaltefolie abdecken und bis zum Verzehr kühl stellen.

Tipp: Sehr lecker zu Pellkartoffeln! Und wie ich finde der ultimative Party-Dip für alle, die auf Tex-Mex-Essen stehen. Man isst ihn einfach mit jeder Menge Taco-Chips.

Ein Fest für mich! Rein optisch (wegen der Guacamole, sie wird schnell braun) ist der Dip aber möglichst frisch am besten. Der gute Geschmack verliert sich aber nicht, wenn die Avocado oxidiert und braun wird.

Die Menge reicht als Party-Dip für 1-2 Beutel Taco-Chips – als Kleinigkeit also für ca. 6-8 Personen.

Ramonnaise (low fat, Reste-Fest: hartgekochte Eier)

40 g Zwiebel, halbiert
10 g Kapern
½ Bund Schnittlauch in kl. Stücken.. in den Mixtopf geben und **5 Sekunden/Stufe 5** zerkleinern.

4 Cornichons
1 hartgekochtes Ei
150 g Joghurt
100 g Salatcrème, z.B. Miracel Whip balance
10 g Zitronensaft
¼ TL Salz
⅛ TL Pfeffer
1 TL Senf.................................. dazu geben und **15 Sekunden/Stufe 3-4** verrühren. Die Ramonnaise sollte stückig aber dipig sein.

Tipp: Diese ungewöhnliche Kombination passt toll zu Lachs, Fisch und Fischstäbchen! Den Namen hat die Ramonnaise von meinem Patenkind Nick, der als kleiner Junge zu seinen Fischstäbchen immer „Ramonnaise" (Remoulade) essen wollte. Da wurde es doch Zeit, dass mal jemand eine echte und am besten noch fettarme Ramonnaise erfindet...

Foto: (von links nach rechts) Blauschimmelkäse-Dip, Mexikanisches Maisrelish, Remoulade

Mexikanisches Maisrelish (low fat, Foto: Mitte)

1 Knoblauchzehe ¼ Chilischote (ohne Kerne!)	in den Mixtopf geben und **3 Sekunden/Stufe 6** zerkleinern.
1 rote Paprika, in Stücken 1 TL Salz	dazu geben und **4 Sekunden/Stufe 4-5** zerkleinern.
20 g Öl	zugeben und **5 Minuten/Dampfgaren/Stufe 1** andünsten.
250 g Mais (Konserve)	abtropfen lassen, in den Mixtopf geben und **8 Sekunden/Stufe 6** zerkleinern.

Tipp: Ein leckerer und sehr fettarmer Dip zu Pellkartoffeln oder Backkartoffeln. Ganz nach Wunsch können Sie noch ganze Maiskörner oder klein geschnittene Salatgurke hinzufügen.

Lecker auch zu kurzgebratenem Fleisch oder Fondue.

Remoulade (Foto: rechts, Reste-Fest: hartgekochte Eier)

1 Schalotte (oder ¼ Zwiebel)	in den Mixtopf geben und **5 Sekunden/Stufe 5** zerkleinern.
100 g Gewürzgurken 2 hart gekochte Eier	dazu geben und **10 Sekunden/Stufe 4** zerkleinern.
250 g Schmand 100 g saure Sahne 1 EL Senf 1 EL Sahnemeerrettich 1 TL Pfeffer 1 TL Salz 1 TL Worcestershire-Sauce 1 TL Estragon (getrocknet)	dazu geben und **10-15 Sekunden/Stufe 2-3** verrühren.

Tipp: Ein leckeres Rezept von Marita M. aus dem schönen Münsterland. Diese Remoulade eignet sich sehr gut für Fisch- und Kartoffelgerichte. Dankeschön dafür!

Blauschimmelkäse-Dip (Foto: links)

80 g Salatgurke, ohne Kerne in Stücken	in den Mixtopf geben und **4 Sekunden/Stufe 5** zerkleinern.
250 g Sahnequark 50-100 g Blauschimmelkäse (z.B. Gorgonzola, Bavaria Blu), in Stücken 2 EL Schnittlauchröllchen ¼ TL Salz ⅛ TL Pfeffer	dazu geben und **20 Sekunden/Stufe 4-5** vermischen. Bis zum Verzehr kühl stellen.

Tipp: Schmeckt sehr gut zu Pellkartoffeln oder Backkartoffeln (die in England übrigens den schönen Namen „Jacket Potatoes" tragen).

Und dort kommen die Backkartoffeln auch wirklich aus dem Ofen. Bei uns in Deutschland hat sich ja leider eingeschlichen, dass vorgegarte Pellkartoffeln aufgewärmt und in ein „umweltfrevelndes Jacket" aus Alufolie kommen [das maximal Unaufgeklärten den Anschein erweckt, die Kartoffeln hätten je einen Backofen von innen gesehen...]. Richtige Backkartoffeln schmecken aber viel besser! Hierzu einfach rohe dicke Kartoffeln gründlich waschen und abtrocknen und dann ohne irgendeine weitere Verarbeitung ca. 60-70 Minuten auf dem Backblech bei 200°C Ober- und Unterhitze garen. Gelegentlich umdrehen. Die Backkartoffeln sind fertig, wenn sie bei Druck nachgeben.

Bärlauch-Pesto

150 g frischer Bärlauch (gewaschen und trockengetupft)
60 g Mandeln
100 g frischer Parmesan, in Stücken
½ TL Salz
¼ TL frisch gemahlener Pfeffer
20 g Balsamico-Essig .... in den Mixtopf geben und **20 Sekunden/Stufe 6** zerkleinern. Das Gerät auf **Stufe 4** schalten. Bei geschlossenem Deckel mit Messbecher

60 g extra natives Olivenöl .... auf den Deckel gießen und langsam bei **Stufe 5** einsickern lassen. Am Schluss sollte eine glatte Sauce entstanden sein. Zum Aufbewahren immer wieder die Oberfläche mit Olivenöl bedecken.

Tipp: Dieses Pesto passt prima zu Nudeln, Brot, Kartoffeln und Pfannkuchen. Sie können das Pesto auch in Saucen einrühren oder für Salatsaucen verwenden. Es hält sich im Kühlschrank sehr lange – wenn es auch fest wird, weil das Olivenöl „flockt". Das gibt sich aber von selbst, wenn es lange genug bei Zimmertemperatur steht.

Koriander-Pesto mit Pinienkernen

180 g frisches Koriandergrün (gewaschen und trocken geschleudert)
30 g Pinienkerne
2 Knoblauchzehen
1 Prise Kreuzkümmel, gemahlen
½ TL Salz
¼ TL frisch gemahlener Pfeffer ... in den Mixtopf geben und **15 Sekunden/Stufe 6** zerkleinern. Das Gerät auf **Stufe 4-5** schalten. Bei geschlossenem Deckel mit Messbecher

130 g extra natives Olivenöl .... auf den Deckel gießen und langsam bei **Stufe 5** einsickern lassen. Am Schluss sollte eine glatte Sauce entstanden sein.

Tipp: Dieses (amerikanische) Pesto passt toll zu gegrilltem Geflügel, Lachs oder Meeresfrüchten. Das Pesto in ein Schraubglas füllen. Es kann fest verschlossen im Kühlschrank ca. 8 Tage aufbewahrt werden.

Kürbiscrème mit Pistazien (low fat)

40 g Pistazien .... in den Mixtopf geben **5 Sekunden/Stufe 5** zerkleinern und umfüllen.

700 g Hokkaido-Kürbis .... waschen (nach Wunsch schälen - bei Hokkaido-Kürbissen kann man die Schale mitessen!), halbieren, Kerne und weiße Innenfasern entfernen. Das Kürbisfleisch in grobe Würfel schneiden und in eine Auflaufform geben. Backofen auf **220°C Ober- und Unterhitze** vorheizen.

30 g Öl
2 ganzen Knoblauchzehen, geschält
1 TL Salz
⅛ TL Pfeffer .... mit dem Kürbis vermischen. Die Auflaufform in den Backofen stellen und ca. **40 Minuten** backen. Danach abkühlen lassen.

1 rote Chilischote (ohne Kerne) .... in den Mixtopf geben und **5 Sekunden/Stufe 5-6** zerkleinern.

100-200 g Frischkäse (16% Fett)
1-2 TL Kräutersalz .... sowie die gebackenen abgekühlten Kürbiswürfel zugeben und **20 Sekunden/Stufe 5** eventuell mit Hilfe des Spatels fein pürieren. In eine Servierschüssel umfüllen und mit den Pistazienkernen garnieren.

Tipp: Herzhaft und wirklich lecker! Das Probieren lohnt sich! Ich gehöre auch eigentlich zu den Essern die Sagen – Kürbis? Igittigitt... aber in diese Crème könnte ich mich reinsetzen! Aber was nützt all das Geschwafel... wenn Sie sich nicht trauen, hierfür eigens einen Kürbis zu kaufen, dann warten Sie einfach, bis Sie einen geschenkt bekommen... Hauptsache, es ist auch ein Hokkaido, denn der schmeckt intensiv, hat eine traumhaft schöne intensiv-orange Farbe und sind sein Geld wirklich wert...

Die Kürbiscrème schmeckt prima zu Pellkartoffeln und zu Brot, Brotchips oder als Topping für Geüsesticks.

Meerrettichquark (Foto)

40 g Meerrettich, frisch, geschält ..... in den Mixtopf geben und **10 Sekunden/Stufe 7** fein zerkleinern.

250 g Quark
200 g Schmand
150 g Joghurt, natur
1 ½ TL Salz .... dazu geben und **30 Sekunden/Stufe 5** vermischen (am besten nicht länger als nötig, ansonsten riskiert man, dass die Masse wieder flüssig wird.)

Tipp: Der Merrettichquark schmeckt prima zu Pellkartoffeln, zu Kartoffelwaffeln, Pommes und zu geräuchertem Fisch.

Konfetti-Dip (low fat)

1 Knoblauchzehe .... **8 Sekunden/Stufe 5** zerkleinern.

1 rote Paprikaschote, in Stücken
1 gelbe Paprikaschote, in Stücken
5 g Butter .... in den Mixtopf geben und **10 Sekunden/Stufe 4** zerkleinern, anschließend **5 Minuten/Dampfgaren/Stufe 1** dünsten. Auf **70°C** abkühlen lassen.

1 TL Kräutersalz
¼ TL Pfeffer
2 EL Schnittlauchröllchen
150 g saure Sahne
100 g Frischkäse
150 g Naturjoghurt .... zufügen und **10 Sekunden/Stufe 3** verrühren. Gut gekühlt servieren.

Tipp: Weil die Paprika gedünstet ist, schmeckt der Dip auch noch am nächsten Tag sehr gut.

Mojo verde [sprich: mocho werde]

1 Knoblauchknolle (!) – nicht nur ein paar Zehen... 1 großer Bund Petersilie, abgezupft 1 TL Salz	in den Mixtopf geben und **2 x 6 Sekunden/Stufe 6** zerkleinern.
50 g Weißweinessig ¼ TL Pfeffer ½ TL Kreuzkümmel (Cumin).........	dazu geben und **30 Sekunden/Stufe 10** zerkleinern. Nun den Messbecher aufsetzen, den Mixtopf auf **Stufe 5-6** stellen und nach und nach durch die Deckelöffnung
200 g neutrales Öl (z.B. Sonnenblumenöl) oder mildes Olivenöl....	zugeben. Wenn alles vermischt ist, die Sauce noch einmal **30 Sekunden/Stufe 8** mischen. Die Sauce nach Geschmack mit Essig nachwürzen.

Remoulade „Style-up your fish"

2 EL frischer Estragon................	in den Mixtopf geben und **5 Sekunden/Stufe 5** hacken.
125 g Mayonnaise 50 g saure Sahne 30 g Tomatenmark 1 ½ TL Orangenschale ¼ TL Salz 1 Msp. Pfeffer	zugeben und **15 Sekunden/Stufe 3** verrühren.
1 Tomate	entkernen, würfeln und mit dem Spatel vorsichtig unterrühren. Gekühlt servieren.

Tipp: Wie der Name schon sagt, grandios und wirklich mal etwas anderes zu Fisch oder auch Fischstäbchen!

Mojo picon [sprich: mocho piekonn]

2-4 Chilischoten (am besten ohne Kerne) 1 Knoblauchknolle (!) – nicht nur ein paar Zehen !! 1 TL Salz	in den Mixtopf geben und **2 x 6 Sekunden/Stufe 6** zerkleinern, zwischendurch auf das Messer herunter schieben
50 g Weißweinessig ½ TL Kreuzkümmel (Cumin) 1 TL Paprika edelsüß 1 Portion Safran (0,1 g)	dazu geben und **30 Sekunden/Stufe 10** zerkleinern. Nun den Messbecher aufsetzen, den Mixtopf auf **Stufe 5-6** stellen und nach und nach durch die Deckelöffnung
200 g neutrales Öl (z.B. Sonnenblumenöl) oder mildes Olivenöl....	zugeben. Wenn alles vermischt ist, die Sauce noch einmal **30 Sekunden/Stufe 8** mischen. Die Sauce nach Geschmack mit Essig nachwürzen.

Lecker vegetarisch!

Tipp: Mojo wird in Spanien zu Gegrilltem, Papas arrugadas (= „Runzelkartoffeln", d.h. ganz kleine Kartoffeln mit Schale, die **15-20 Minuten** in ganz stark gesalzenem Wasser [2 l Wasser, 500 g Salz] gekocht werden. Anschließend werden die Kartoffeln ca. **10-15 Minuten** bei **200°C Ober- und Unterhitze** im Backofen „getrocknet", damit man eine leichte Salzkruste bekommen).

Das Rezept – wie auch das nächste – hat Stefanie B. aus Ganacker aus ihrem Spanienurlaub mitgebracht. Herzlichen Dank dafür! Es passt übrigens auch prima zum Fisch in Salzkruste, bei dem die Kartoffeln „All-Inclusive" gekocht werden.

Grüner Joghurt-Kartoffel-Dip (low fat)

600 g Joghurt, Vollmilch ohne Bindemittel .... in einem mit einem sauberen Leinentuch ausgelegten Sieb ca. **1 Stunde** abtropfen lassen.

½ Knoblauchzehe
40 g Kräuter (Petersilie, Kresse, Basilikum, Schnittlauch in 2 cm Ringen, Brennessel, Schnittknoblauch, Dill) .... in den Mixtopf geben und **8 Sekunden/Stufe 6** zerkleinern.

¾ TL Salz
½ TL Pfeffer .... sowie den abgetropften Joghurt dazu geben und alles **20 Sekunden/Stufe 4** vermischen.

Tipp: Wie der Name schon sagt: hervorragend zu Kartoffeln in jeder Form: Pellkartoffeln, Ofenkartoffeln, Pommes, Kartoffelecken, ...

Cranberry meets Chili (Foto)

1 Chilischote (ohne Kerne)
(nach Geschmack) ¼ rote Zwiebel .... in den Mixtopf geben und **6 Sekunden/Stufe 6** zerkleinern.

100 g getrocknete Cranberries .... dazu geben und **20 Sekunden/Stufe 6-7** zerkleinern.

250 g Mascarpone
½ TL Salz .... dazu geben und **10 Sekunden/Stufe 4** verrühren.

Tipp: Feurig und crèmig. Sehr lecker! Cranberries liegen (nicht nur aufgrund ihres hohen Vitamin C-Gehalts) sehr im Trend! Ein leckerer süß-sauer-scharfer Dip mit viel Pepp! Er passt prima zu gegrilltem Fleisch oder Fondue. Lecker aber auch auf Brot!

Russischer Eier-Dip (Reste-Fest: hartgekochte Eier)

6 hart gekochte Eier .... pellen und halbieren. Das Ei**gelb** in den Mixtopf geben und das hartgekochte Ei**weiss** beiseite stellen.

50 g Salatcrème
50 g Crème fraîche
1 ½ TL Dijon-Senf
½ Salz
⅛ TL Pfeffer .... zum Eigelb in den Mixtopf geben und **1 Minute/Stufe 3-4** mischen. Zwischendurch 2 x die Masse vom Rand nach unten auf das Messer schieben. Die Masse sollte ganz homogen und fein sein.

Das hartgekochte Eiweiss dazu geben und **3-4 Sekunden/Stufe 4** zerkleinern (der Dip sollte noch stückig sein)..

Tipp: Der Dip passt hervorragend zu Pellkartoffeln, Reibekuchen oder Brot. Wenn Sie's lieber noch stückiger mögen, können sie noch 3 weitere hart gekochte Eier in Scheiben zum Dip geben.

Frankfurter Grüne Sauce (Reste-Fest: 2 hart gekochte Eier)

1 Knoblauchzehe
2 Schalotten .... in den Mixtopf geben und **3 Sekunden/Stufe 6** zerkleinern.

2 hart gekochte Eier, gepellt......... halbieren, das Eigelb in den Mixtopf geben und **8 Sekunden/Stufe 6** zerkleinern. Das Eiweiß beiseite stellen.

1 Bund Kräuter für „grüne Sauce", d.h. Kresse, Petersilie, Pimpinelle, Sauerampfer, Borretsch, Kerbel und Schnittlauch nach Geschmack auch etwas Dill. Bitte auch den Tipp beachten! [wichtig: Schnittlauch bitte vor dem Zerkleinern aus dem Bund heraus nehmen und mit der Hand, z.B. einer Schere in Rollen schneiden!] .... dazu geben und **8 Sekunden/Stufe 6** zerkleinern - alle Kräuter auf das Messer zurück schieben und noch einmal **4 Sekunden/Stufe 6** zerkleinern. Die Kräuter sollten schön klein zerkleinert sein.

Schnittlauch (aus dem Kräuterbund) .... mit einer Schere in 3 mm kleine Röllchen schneiden und dazu geben.

150 g griech. Joghurt, 10% Fett
250 g Magerquark
40 g Rapsöl
1 EL Dijon-Senf
¾ TL Salz
¼ TL Pfeffer
1 EL milder Weißweinessig oder Balsamico-Bianco .... dazu geben und **20 Sekunden/Stufe 4-5** vermischen.

die beiseite gestellten 2 hart gekochten Eiweiß .... hinzu fügen und **5 Sekunden/Stufe 4-5** vermischen.

Lecker vegetarisch!

Tipp: Wenn Sie nicht in oder um Frankfurt wohnen, dann könnte es schwieriger werden, ein Bund „Kräuter für grüne Sauce" zu bekommen. Verwenden Sie nur die aufgeführten Kräuter - keine Sorte sollte mehr als ein Viertel der Menge ausmachen.

Wenn Sie keine hart gekochten Eier vorrätig haben, können Sie diese im Garkörbchen des Wundertopfes in **15 Minuten/Dampfgaren/Stufe 1** mit 300 g Wasser hart kochen. Anschließend gründlich kalt abschrecken! Wenn Sie keinen griechischen Joghurt bekommen, können Sie auch Vollmilchjoghurt und Sahnequark verwenden.

Paprika-Dip (Foto)

2 Knoblauchzehen .... in den Mixtopf geben und **6 Sekunden/Stufe 6** zerkleinern.

500 g Paprika, rot, in Stücken, geputzt gewogen .... dazu geben und **6 Sekunden/Stufe 5** zerkleinern.

25 g Olivenöl .... hinzufügen und **15 Minuten/Dampfgaren/Stufe 1** ohne Deckel (d.h. eingesetzten Messbecher) garen.

Nach Ende der Garzeit

1 TL Paprika edelsüß
1 ½ TL Salz
¼ TL Rosenpaprika (scharf)
1 TL Zucker .... dazu geben und **1 Minute/Stufe 10** (mit eingesetztem Messbecher!) fein pürieren. Da die Masse auch durch den Deckel noch spritzen könnte, sollten Sie am besten noch ein Tuch darüber legen.

300 g Doppelrahmfrischkäse .... dazu geben und **1 Minute/Stufe 4** verrühren. Die Masse ist noch recht flüssig. Anschließend in eine oder mehrere (Servier-) Schüsseln geben und mindestens **3 Stunden** (besser: über Nacht) gut durchkühlen lassen.

Tipp: Nicht nur die Farbe ist unglaublich appetitlich – auch der Geschmack ist unglaublich gut! Alle Testesser waren mehr als begeistert! Der Dip passt zu allen Brotsorten, zu Gemüsesticks oder zu Crackern, Nachos und Chips und zu Kartoffelgerichten wie Pellkartoffeln, Röstis, Pommes usw. Diese Menge hier reicht als Dip für 12 Personen aus.

Grüner Kräuter-Dip

½ Bund Petersilie, in Stücken
1 Bund Basilikum, in Stücken
¼ Kästchen Kresse
10 Stängel Schnittlauch in kleinen Röllchen
1 Knoblauchzehe .... in den Mixtopf geben und **8 Sekunden/Stufe 5** zerkleinern.

200 g Frischkäse
250 g Magerquark
200 g Schmand
1 TL Salz
¼ TL Pfeffer .... zugeben und **20 Sekunden/Stufe 4** vermischen. Gut gekühlt servieren.

Auberginen-Feta-Crème

600 g Auberginen .... in Alufolie wickeln und im Backofen ca. **50 Minuten** bei **220°C** backen, anschließend schälen, abkühlen lassen und in grobe Stücke schneiden.

2 Knoblauchzehen .... **5 Sekunden/Stufe 8** zerkleinern.

150 g Schafskäse, in Stücken
80 g Olivenöl
100 ml Milch
1 TL Salz
1 Prise Pfeffer
1 EL Essig .... zugeben und **1 Minute/Stufe 4** gut vermischen.

Tipp: Diese Menge reicht als Dip für Kartoffelgericht für 4 Personen aus. Als Brotaufstrich (auch sehr lecker!) für ca. 8-10 Personen. Sie können die Auberginen z.B. prima neben einem Kuchen oder Brot im Backofen rösten. Wenn sich das nicht ergibt, können Sie die Auberginen auch mit einem Sparschäler schälen, in Würfel schneiden und mit etwas Olivenöl **12 Minuten/Dampfgaren/Stufe 1** garen.

Lecker vegetarisch!

Tomaten-Bohnen-Dip

½ Bund Basilikum, in Stücken
1 Zwiebel, in Vierteln
2 Knoblauchzehen .... in den Mixtopf geben und **8 Sekunden/Stufe 6** zerkleinern. Anschließend **3 Minuten/Dampfgaren/Stufe 2** andünsten.

1 gr. Dose weiße Bohnen mit Suppengrün (abgetropft)
1 gr. gesch. Tomaten (abgetropft)
½ TL Pfeffer
1 ½ TL Cumin
1 TL Kräutersalz
1 ½ TL Salz **10 Sekunden/Stufe 4** vermischen. Der Dip soll musig aber nicht fein püriert sein. Gut gekühlt servieren.

Tipp: Schmeckt toll zu Kartoffeln, Brotchips und knusprigen Brotsorten.

Cheesy-Chieve-Dip

40 g Gürzgurken, in Stücken........... bei **Stufe 4** zerkleinern

110 g Scheiben Käse (Gouda) .... aufrollen und durch die Deckelöffnung auf das laufende Messer fallen lassen, sofort abstellen und umfüllen. Mixtopf säubern.

1 Knoblauchzehe
1 Zwiebel, in Stücken
150 g rote Paprika, in Stücken .... **10-15 Sekunden/Stufe 4** zerkleinern.

40 g Butter .... zugeben und **6 Minuten/Dampfgaren/Stufe 1** andünsten.

150 g Sahne-Schmelzkäse........... zugeben und ca. **30 Sekunden/Stufe 2-3** verrühren, bis eine homogene Masse entstanden ist. Dann ca. **10 Minuten** auf **50°C** abkühlen lassen.

½ TL Kräutersalz
¼ TL Pfeffer
200 g Brunch-Käse
50 g Salatcrème, z.B. Miracel Whip ... zugeben und **10 Sekunden/Stufe 3** verrühren. Zerkleinerten Käse, Gurken sowie

4 EL Schnittlauchröllchen .... zugeben und **10 Sekunden/Stufe 3** verrühren.

Tipp: Passt toll zu Pellkartoffeln, Brot, Crackern und Rohkost als Dip. Den Dip habe ich für eine Freundin entwickelt, die total auf „sündhaftteuren Bärlauch-Dip" steht. Schmeckt ähnlich, ist längst nicht so teuer und ist im Gegensatz zu Bärlauch-Gerichten auch ganzjährig herstellbar...

Paprika-Ei-Dip (Foto, Reste-Fest: 5 hartgekochte Eier)

1 Zwiebel, geviertelt .... in den Mixtopf geben und **5 Sekunden/Stufe 5** zerkleinern.

250 g rote Paprika, in Stücken (geputzt gewogen) .... zugeben und **5 Sekunden/Stufe 4** zerkleinern.

10 g Butter
1 Brühwürfel (für 0,5 l Flüssigkeit)..... dazu geben und beides **5 Minuten/Dampfgaren/Stufe 1** andünsten.

300 g Frischkäse
1 TL Salz
¼ TL Pfeffer
1 TL Paprika edelsüß .... hinzufügen und **30 Sekunden/Stufe 3-4** vermischen.

5 hartgekochte Eier, geschält......... dazu geben und **20 Sekunden/Stufe 3-4** zerkleinern und vermischen. Ca. **1 Stunde** kalt stellen.

Tipp: Richtig lecker! Dieser Dip schmeckt besonders gut zu Backkartoffeln, Rohkost und Crackern. Da die Zwiebeln und die Paprika angedünstet sind, kann man ihn auch nach 2-3 Tagen gut gekühlt noch prima essen.

Mexikanischer Chester-Dip

1 große Zwiebel halbiert 2 Knoblauchzehen 1-2 Chillischoten (ohne Kerne)	in den Mixtopf geben und **6 Sekunden/Stufe 6** zerkleinern.
1 rote Paprika, in Stücken 20 g Olivenöl	zufügen und **5 Sekunden/Stufe 5** zerkleinern, anschließend **5 Minuten/ Dampfgaren/Stufe 1** andünsten.
250 g Chester-Scheibletten ½ TL Salz 100 g Sahne oder Kaffeesahne ½ TL Zitronensaft	zufügen und **5 Minuten/60°C/Stufe 2** verrühren, bis der Käse glatt gerührt ist.

Tipp: schmeckt toll zu Tortillas, Taco-Chips, Kartoffeln & Weißbrot. Meine Devise – lieber weniger Chilli, aber eventuell mit Tabasco nachwürzen (was Schärfe betrifft, bin ich ein echtes Weichei...)

Guacamole (Foto)

1-2 Knoblauchzehen ½ kleine Chillischote	in den Mixtopf geben und **8 Sekunden/Stufe 10** zerkleinern
2 Avocados	halbieren, schälen und hinzufügen.
100 g saure Sahne 2 TL Zitronensaft ½ TL Salz................................	zufügen und mit Hilfe des Spatels in **30 Sekunden/Stufe 4-6** fein pürieren. Mit
Tomatenwürfeln	(entkernt und geschält) garniert servieren.

Tipp: Eigentlich gehört in die original mexikanische Guacamole noch Koriander. Allerdings ist das nicht Jedermanns Sache – daher habe ich ihn hier herausgelassen. Wenn Sie es authentisch bevorzugen, können Sie ½ kleines Bund Koriander mit dem Knoblauch und der Chillischote zerkleinern.

Lecker vegetarisch!

Salsa (frisch oder gekocht, Foto)

2 Knoblauchzehen 1-2 Chillischoten	in den Mixtopf geben und **6 Sekunden/Stufe 6** zerkleinern.
1 Zwiebel in Vierteln ½ grüne Paprika in Stücken ½ rote Paprika in Stücken	zufügen und **5 Sekunden/Stufe 5** zerkleinern.
1 große Dose geschälte Tomaten (Konserve à 800 g) 1 ½ TL Salz 30 g Zucker 2-5 Tropfen Tabasco 30 g Zitronensaft	**4 Sekunden/Stufe 4** zerkleinern. Sofort servieren oder, um sie zu konservieren **20 Minuten/Dampfgaren/Linkslauf/Stufe 1** ohne Deckel einkochen lassen. Kochendheiß in sterilisierte Twist-Off-Gläser einfüllen, sofort verschließen und **10 Minuten** auf den Deckel stellen.

Tipp: Wenn die Tomatensauce einkochen soll - bitte ohne eingesetzten Messbecher als Deckel. Setzen Sie aber den leeren Dampfgaraufsatz als Spritzschutz auf den Mixtopf - oder aber ein sauberes feuchtes Spültuch (eine Lage) über dem Deckel ausbreiten. So wird die Küche nicht durch Spritzer verschmutzt. Kochendheiß in Twist-off-Gläser gefüllt uns sofort sauber verschlossen ist die Salsa mehrere Wochen ungekühlt haltbar.

Mit einer Tüte Tortilla-Chips ein tolles Mitbringsel!

„deutsches" Hummus (Foto, low fat)

250 g Kichererbsen, getrocknet	über Nacht in
1,5 l Wasser..............................	einweichen. Eingeweichte Kichererbsen ohne Flüssigkeit in den Mixtopf geben und **10 Sekunden/Stufe 4** zerkleinern.
600 g Wasser............................	zugeben und **7 Minuten/100°C/Stufe 1** aufkochen, anschließend **23 Minuten/90°C/Stufe 1** garen. (Temperatur muss nach dem Kochen heruntergestellt werden, sonst kocht es über.) Durch das Garsieb abgießen, den Sud (ist nicht mehr viel) auffangen. Den Mixtopf säubern.
1 Knoblauchzehe.......................	**8 Sekunden/Stufe 4** zerkleinern.
1 ½ TL Salz Saft 1 Zitrone 60 g Tahin* (Sesampaste)	sowie die gegarten Kichererbsen zufügen und **40 Sekunden/Stufe 6-8** fein pürieren. Sollte die Masse zu fest sein, nach Belieben noch Garsud oder gutes Olivenöl zufügen. Gut gekühlt servieren.

* Wer kein Tahin hat oder kaufen möchte, kann auch 60 g Sesam im Wundertopf fein mahlen.

Tipp: Schmeckt toll zu Fladenbrot und Kartoffeln. Hummus kann übrigens auch gut eingefroren werden. Bei Bedarf einfach bei Zimmertemperatur auftauen, noch einmal durchrühren und servieren.

Das orientalische Original wird mit viel Olivenöl zubereitet und wird als Vorspeise gegessen. Zwar nicht mehr low fat, aber Olivenöl ist aufgrund des hohen Anteils an ungesättigten Fettsäuren sehr gesund!

Sour Cream (Foto)

1 Knoblauchzehe........................ in den Mixtopf geben und **6 Sekunden/Stufe 6** zerkleinern.

400 g Schmand
500 g Magerquark
¼ TL weißer Pfeffer
1 TL Salz .... dazu geben und **20 Sekunden/Stufe 4** vermischen.

Tipp: Klingt erst einmal unspektakulär, oder? Im Gegenteil: diese Sour Cream ist Weltklasse! Die einfachen Dinge sind doch einfach oft die besten! Und so muss sie nämlich schmecken, die „echte Sour Cream"! Nicht das „Mayo-Gepampe" aus der Kühltheke, das (absolut fälschlicherweise!!) so genannt wird! Die Sour Cream schmeckt zu gebackenen Kartoffeln oder Pellkartoffeln, Kartoffelecken, Pommes frites, und so weiter.

Lachs-Dip

½ Bund Petersilie, abgezupft	in den Mixtopf geben und **6 Sekunden/Stufe 6** zerkleinern.
125 g Räucherlachs 250 g Quark 150 g Crème fraîche ¼ TL Salz ⅛ TL Pfeffer 1 Spritzer Zitronensaft	zufügen und **4 Sekunden/Stufe 4-5** miteinander vermischen.
½-1 Bund Schnittlauch	mit einer Schere in dünne Röllchen schneiden und darüber verteilen. Gekühlt servieren.

Tipp: Ich bin nicht gerade der größte Fan, den Räucherlachs hat... aber mit diesem Dip fand' ich ihn ganz ausgezeichnet! Er schmeckt herrlich zu allem „kartoffeligen". Manuela L. aus der Schweiz, die dieses Rezept eingeschickt hat, isst ihn gerne mit Backkartoffeln. Hierzu gut gewaschene Kartoffeln halbieren, die Oberseite mit Öl einpinseln, mit etwas Salz und evtl. Kümmel bestreuen und ca. 30 Minuten bei 220°C im vorgeheizten Ofen backen. Als Ode an die Schweizer (von denen ich übrigens nur wirklich supernette kenne!) habe ich ihn mit Röstis und einem Salat serviert. Hervorragend aber auch zu Reibekuchen!

Senf-Honig-Dip (Foto: links)

3 Stängel Dill (nur die Blätter)	in den Mixtopf geben und **6 Sekunden/Stufe 6** zerkleinern.
200 g Schmand 30 g Dijon-Senf 30 g Honig ½ TL Salz ⅛ TL Pfeffer	dazu geben und alles **10 Sekunden/Stufe 3** verrühren.

Tipp: Wenn Sie keinen frischen Dill haben, können Sie auch ½ TL getrockneten benutzen.

Sehr lecker zu gegrilltem Fisch oder kaltem Braten! Toll auch (statt Butter) zu Brot mit Schnittkäse.

Feta-Crème (Foto: rechts)

200 g Schafskäse (am besten weicher!) 200 g Schmand ½ TL Salz ⅛ TL Pfeffer	**20 Sekunden/Stufe 4-5** vermischen. Zwischendurch ein Mal zurück auf das laufende Messer schieben.

Tipp: Sehr lecker zu Gemüse-Sticks oder kleinen Fleischbällchen, zu Gegrilltem und (als „knoblauchfreie Alternative") auch prima zu allen griechischen Spezialitäten. Der Dip ist übrigens (abhängig von der Schmand- und von der Schafskäsesorte unter Umständen) flüssig. Am festesten bleibt der Dip mit dem H-Schmand vom Discounter.

Thunfisch-Paprika-Dip (Foto: Mitte)

½ Zwiebel ca. 25 g, geviertelt	in den Mixtopf geben und **5 Sekunden/Stufe 5** zerkleinern.
100 g rote Paprika, geputzt, in Stücken	dazu geben und **4 Sekunden/Stufe 4-5** zerkleinern.
20 g Öl (aus der Thunfisch-Konserve)...	hinzufügen und **5 Minuten/Dampfgaren/Stufe 1** andünsten.
200 g Salatcrème (z.B. Miracel Whip) 40 g Ketchup 2 TL Senf 1 TL Curry 1 TL Paprika edelsüß 2 Dosen Thunfisch in Öl eingelegt, abgetropft	dazu geben und **15 Sekunden/Linkslauf/Stufe 4** vermischen. Sofort servieren.

Tipp: Passt prima zu Pellkartoffeln oder gebackenen Kartoffeln. Ist aber auch sehr lecker auf knusprigem Brot! Da die Paprika gekocht ist, schmeckt der Dip gut gekühlt auch noch am nächsten und übernächsten Tag sehr gut!

Salat-Dressing

... denn nur richtig angemacht macht`s an...!

Lecker vegetarisch!

Italienisches Vorratsdressing (Foto: links)

1 Knoblauchzehe .... in den Mixtopf geben und **4 Sekunden/Stufe 6** zerkleinern.

1/8 TL Thymian, getrocknet
2 TL Basilikum, getrocknet
2 TL Salz
3/4 TL Pfeffer
2 EL Röstzwiebeln oder 1 EL Zwiebeln „granuliert"
100 g Öl
100 g Balsamico
35 g Zucker .... in den Mixtopf geben und **1 Minute/Stufe 4-5** mischen. Abschmecken, ob das Dressing noch mehr Süße (Zucker) oder vielleicht noch mehr Säure (Balsamico-Essig) braucht.

Tipp: Für den Vorrat können Sie das Dressing auch verdoppeln. Es hält sich gut gekühlt in einem verschlossenen Behälter mindestens 2-3 Wochen frisch (da nur getrocknete bzw. „konservierte" Zutaten enthalten sind). Vor dem Gebrauch einfach kurz aufschütteln. Fertig.

Ich finde es ganz prima, dass man nach einem Salat mit diesem Dressing weder einen aufdringlichen Knoblauch- noch einen aufdringlichen Zwiebel-Geschmack im Mund hat. Die Menge reicht für 16-20 Portionen Salat aus und passt ganz besonders gut zu Blattsalaten oder Mozzarella mit Tomate.

Dieses Dressing habe ich auf Wunsch einer Freundin von einem Tütendressing abgekupfert. Sechs der zehn Testesser fanden es im direkten Vergleich sogar geschmacklich noch besser - die anderen genau so gut... Dankeschön für das Kompliment!

Honig-Balsamico-Dressing mit süßem Senf (Foto: rechts)

200 g Balsamico, rot, rosé oder weiß
30 g süßer (bayrischer) Senf
40 g Honig
3/4 TL Dijon-Senf
1/2 TL Pfeffer
100 g Wasser
200 g Olivenöl .... in den Mixtopf geben und **1 Minute/Stufe 4-5** mischen.

Tipp: Ein recht neutrales Dressing, das prima zu allen Blattsalaten passt. Sie können das Dressing noch mit Knoblauch, frischen oder gefrorenen Kräutern abwandeln. Diese Menge reicht für 12-16 Portionen Salat aus.

Vorratsdressing mit Gelee (low fat)

1 Knoblauchzehe .... in den Mixtopf geben und **3 Sekunden/Stufe 6** zerkleinern.

500 g Wasser
2 Hühner- oder Gemüsebrühwürfel (für 0,5 Liter Wasser) .... dazu geben und **5 Minuten/80°C/Stufe 2** auflösen.

1 1/2 EL Dijon-Senf oder körniger Dijon-Senf
1 EL schwarzer Pfeffer, gemahlen
1 TL Salz
200 g rotes Johannisbeer-Gelee
100 g Balsamico bianco
200 g gutes Rapsöl .... hinzufügen und alles **1 Minute/Stufe 4** miteinander vermischen. Das Dressing in eine gut schließende Liter-Flasche füllen und bis zur Verwendung im Kühlschrank aufbewahren.

Tipp: Das Dressing hält sich gut gekühlt etwa 2-3 Wochen. Es passt prima zu allen Blattsalaten, z.B. Feldsalat - gerne auch angereichert mit Champgingnons oder Garnelenspießen...

Nuss-Dressing

100 g Edelpilzkäse
60 g Milch
40 g Crème fraîche
50 g Haselnüsse
30 g Zitronensaft
etwas geriebene Zitronenschale
¼ TL Salz
1 Msp. weißer Pfeffer .... in den Mixtopf geben und **30 Sekunden/Stufe 5-6** mixen. Das Dressing darf noch leicht stückig sein. Evtl. noch Milch zufügen (hängt vom Käse ab)

Tipp: Passt zu Möhren, Kohlrabi, Salatgurke, Paprika, Zucchini, Champignons etc. – auch toll als Rohkost-Dip.

Süß-saures Dressing (fettfrei)

1 Knoblauchzehe .... **5 Sekunden/Stufe 5-6** zerkleinern.

120 ml Reisessig
120 ml Reiswein (Mirin)
1 EL Honig
1 TL Dijon-Senf
1 TL Universal-Würzmischung
½ TL Salz
⅛ TL Pfeffer .... in den Mixtopf geben und **20 Sekunden/Stufe 4** vermischen.

Tipp: Passt sehr gut zu Blattsalaten und zu gedämpftem Gemüse

Salatsauce „Grüne Göttin" (low fat)

1 Knoblauchzehe
3 Stängel Petersilie
6 Basilikumblätter .... **10 Sekunden/Stufe 5-6** zerkleinern

160 g Reisessig
1 TL Olivenöl
100 g cremiger Magerjoghurt
1 TL Würzmischung Kräuter
1 TL Kräutersalz .... in den Mixtopf geben und **20 Sekunden/Stufe 4** verrühren.

Tipp: Toll zu Blattsalaten, Paprika und Gurken.

Schmand-Salatdressing

1 Hand voll Kräuter .... gewaschen und grob zerkleinert in den Mixtopf geben und **8 Sekunden/Stufe 6** zerkleinern.

100 g Schmand
15 g Balsamico bianco
½ TL Kräutersalz
1 Prise Zucker
1 Msp. Pfeffer
100 g Joghurt oder Sahne .... dazu geben und **20 Sekunden/Stufe 5** verrühren.

Tipp: Passt toll zu grünem Salat, Rohkost, allen Blattsalaten und Salatzusammenstellungen.

Thousand-Island-Dressing (low fat, Reste-Fest: hartgekochte Eier)

1 Stange Staudensellerie,
gedrittelt, grobe Fäden gezogen
½ Zwiebel .... in den Mixtopf geben und **7 Sekunden/Stufe 5-6** zerkleinern.

100 ml Magermilchjoghurt
4 EL Joghurt-Salat-Crème (leicht)
60 ml Ketchup
⅛ TL Chilipulver oder Cayenne-Pfeffer
1 hartgekochtes Ei
1 EL süßes Relish
½ TL Salz
½ TL Paprikapulver .... dazu in den Mixtopf geben und auf **15 Sekunden/Stufe 4** mit Hilfe des Spatels miteinander vermischen. Kalt servieren.

Tipp: Dieses Dressing schmeckt nicht nur zu Salaten, sondern auch als Dip zu Pommes frites, Burgern, zum Grillen etc.

Salatsauce Joghurt-„Schranke"

45 g Ketchup
35 g Mayonnaise
150 g Joghurt
1 TL körniger Senf
½ TL Zucker .... in den Mixtopf geben und **30 Sekunden/Stufe 4** verrühren. Messer auf **Stufe 4** schalten und nach und nach durch die Deckelöffnung bei geschlossenem Messbecher

40 g Öl .... zugießen. Wenn das Öl komplett im Topf ist, kann das Gerät abgeschaltet werden.

Tipp: Dies ist eine echte „Sabine-Salatsauce". Meine Freundin mag nämlich Salat (wenn überhaupt) am liebsten, wenn er kaum Salat enthält... – z.B. viel Thunfisch, Schinken, Käse, Eier, ... ganz wenig Tomate, Mais, und zur Dekoration ein oder zwei Blättchen grüner Salat.

Joghurt-Sahne-Dressing

150 g Joghurt
50-100 g Sahne
½ TL Kräutersalz
1 Prise Pfeffer
1 TL Zucker
15 g Zitronensaft........................ in den Mixtopf geben und **6 Sekunden/Stufe 3** verrühren.

Tipp: Diese Salatsauce passt prima zu allen Blattsalaten.

Erleichterte Vinaigrette für den Vorrat

150 g heißes Wasser
1 TL Salz
1 TL Zucker
2 TL Brühepulver
2 TL scharfer Senf...................... in den Mixtopf geben und **1 Minute/Stufe 4** verrühren.

100 g Essig
100 g gutes Öl .... dazu geben und **10 Sekunden/Stufe 5** untermischen.

Tipp: Dieses Rezept stammt von Gerlinde S. aus Wietzendorf. Herzlichen Dank dafür!! Gerlinde bereitet die Sauce immer in größeren Mengen vor und bewahrt sie dann im Kühlschrank auf. Diese Menge hier reicht für 3 Salatschüsseln aus. Natürlich lässt sich die Menge beliebig variieren.

Salatdressing mit körnigem Senf (low fat)

1 Knoblauchzehe........................ in den Mixtopf geben und **6 Sekunden/Stufe 6** zerkleinern.

150 g Kaffeesahne
150 g Joghurt, natur
25 g Zitronensaft
1 ½ TL Zucker
1 TL Kräutersalz
1 Prise Chili-Pulver
2 TL körniger Senf...................... dazu geben und **30 Sekunden/Stufe 3** vermischen.

Tipp: Die Sauce schmeckt sehr gut zu gemischten Blattsalaten – z.B. auch Restaurant-Salat-Kombinationen – so mit „Sättigungsbeilage wie gegartem Fleisch, Thunfisch oder großen Käse-Stücken"... - eben all das, was sich meist nur Frauen im Restaurant bestellen...

Als Ute das Dressing im Wundertopf ausprobiert hat, hat sie als Kommentar „Lecker, lecker, lecker!!" dazu geschrieben. Muss ich mehr sagen???

Kräuter-Joghurt-Schmand-Dressing für den Vorrat (Foto)

1 Bund gemischte Kräuter
(Petersilie, Kresse, Basilikum, Borretsch,
Schnittlauch in 2 cm Rollen, abgezupft.... in den Mixtopf geben und **6 Sekunden/Stufe 6** zerkleinern.

500 g Vollmilch-Joghurt, natur
200 g Schmand
20 g Zitronensaft
1 ½ TL Salz
½ TL Pfeffer
20 g Zucker .... dazu geben und **25 Sekunden/Stufe 3** verrühren.

Tipp: Sehr lecker zu gemischten Salaten, gerne auch „Sattmacher-Salate" mit Thunfisch, Schinken, Käse, Ei usw.

Sie können das Dressing in einer gut schließenden Schüssel aufbewahren und ca. 3-4 Tage im Kühlschrank lagern, denn es reicht für 12-16 Portionen Salat aus.

Lecker vegetarisch!

Erdbeer-Vinaigrette mit grünem Pfeffer

100 g Erdbeeren
1 EL Ahornsirup
40 g neutrales Öl
2 EL Himbeeressig
1 EL Dijon-Senf
1 TL Salz
1 TL eingelegter grüner Pfeffer.... in den Mixtopf geben und **5 Sekunden/Stufe 5** mixen.

Tipp: Die Salatsauce passt prima zu allen Blattsalaten.

Fruchtiges Walnuss-Dressing

½ Bund Petersilie....................... in den Mixtopf geben und **6 Sekunden/Stufe 6** zerkleinern.
Rühraufsatz einsetzen.
200 g Sahne .... in den Mixtopf geben und auf **Stufe 4-5** halb steif schlagen.
Rühraufsatz entfernen.

2 Scheiben Dosen-Ananas, in Stücken
50 g Walnusskerne
20 g Zitronensaft
20 g Zucker .... dazu geben und **2 x 15 Sekunden/Stufe 5** zerkleinern und mischen.

Tipp: Sie sollten nur Konserven-Ananas verwenden, bei frischer Ananas würde die Sahne eventuell gerinnen.

Das Dressing passt prima zu Blattsalaten und süß angehauchten Salaten, z.B. Eisbergsalat mit Melonenkugeln oder Erdbeeren.

Parmesan-Dressing

1 Knoblauchzehe
50 g Parmesankäse, in Stücken ...... in den Mixtopf geben und **6 Sekunden/Stufe 6** grob zerkleinern, dann **10 Sekunden/Stufe 10** fein zerkleinern.

150 g Crème fraîche
150 g Vollmilch-Joghurt
1 TL Puderzucker
¼ TL Pfeffer
1 ½ TL Kräutersalz
15 g milder Kräuteressig............ dazu geben und **1 Minute/Stufe 5** verrühren.

Tipp: Hervorragend zu allen Blattsalaten. Auch zu Sorten, die sonst vielleicht eher als „geschmacksneutral" empfunden werden.

Bärlauch-Salatdressing (low fat)

Bitte vorbereiten:
1 Brühwürfel (für 0,5 l Flüssigkeit)..... in
100 g kochendem Wasser .... auflösen und abkühlen lassen.
20 g Bärlauch, in Stücken............... in den Mixtopf geben und **3 x 3 Sekunden/Stufe 7** zerkleinern. zwischendurch die Masse zurück auf das Messer schieben.

20 g Rapsöl
¼ TL Pfeffer
30 g Balsamico bianco
1 TL Zucker .... sowie die aufgelöste Brühe mit dem Wasser zugeben und **20 Sekunden/Stufe 3-4** vermischen.

Tipp: Mann, das ist lecker! Das Dressing passt prima zu jedem gemischten Salat oder zu einem „Satt-macher-Salat" mit Putenbruststreifen. Alle Testesser waren sich 100% einig! In Verbindung mit den nahezu fettfreien Salatzutaten entspricht das Gericht einem sehr fettarmen low fat Gericht!

Joghurtsauce zum Salat für den Vorrat

1 Zwiebel
1 Knoblauchzehe
2 Hände voll Kräuter .... in den Mixtopf geben und **5 Sekunden/Stufe 8** zerkleinern.

200 g Joghurt, natur
200 g saure Sahne
200 g (Kaffee-)Sahne
40 g Zucker
40 g Zitronensaft
1/8 TL Pfeffer
1/2 TL Salz
1 TL Kräutersalz .... zufügen und **30 Sekunden/Stufe 4** verrühren.

Tipp: Toll zu jedem Blatt- oder Rohkostsalat, perfekt für „Restaurant-Salatkreationen", d.h. etwas Grünzeug, Tomaten, Gurke, Zwiebeln und so weiter – und dann eben Schinken- und Käsestreifen, Thunfisch, Schafskäse, Champignons, ... – eben das, was „frau" sich meist beim Essengehen bestellt...

Wer den Salat lieber etwas „säuerlicher" mag, kann noch etwas mehr Zitronensaft zufügen. Ich finde die Sauce aber so perfekt! Im Kühlschrank hält sich die Sauce in einem gut verschlossen Gefäß 4-5 Tage lang.

Salatmayonnaise ohne Ei – à la française

200 g Schmand
3/4 TL Salz
30 g Dijon-Senf
100 g Öl
1/8 TL Pfeffer .... in den Mixtopf geben und **1 Minute/Stufe 4** verrühren. Währenddessen
1 Spritzer Zitronensaft .... dazu geben und zu Ende laufen lassen.

Tipp: Französische Mayonnaise ist meist „senfiger" als unsere. Gerade zu Eiern oder zu Salaten macht sie sich richtig gut! Diese Variante ist vor allem dann genial, wenn man sich aufgrund des Wetters oder überhitzter Luft vor Salmonellen fürchtet.

Tomatendressing (low fat)

1/2 Zwiebel
1 Knoblauchzehe .... in den Mixtopf geben und **5 Sekunden/Stufe 6** zerkleinern.

2 Tomaten, geviertelt ohne Kern
30 g Balsamico-Essig
70 g sehr starke Gemüsebrühe
1/2 TL Zucker
1 TL Kräutersalz
1/8 TL schwarzer Pfeffer .... dazu geben und **30 Sekunden/Stufe 8** vermischen.
1/2 Bund Basilikum .... zufügen und noch einmal **10 Sekunden/Stufe 7** zerkleinern.

Tipp: Die Salatsauce ist sehr lecker zu allen Blattsalaten – besonders auch zu Blattsalaten mit Mozzarella und Tomate!

Karotten-Kren-Sauce (Foto)

25 g Meerrettich, geschält, in Stücken in den Mixtopf geben und **10 Sekunden/Stufe 7** zerkleinern.

250 g Kartotten, geschält, in Stücken
150 g Crème fraîche
20 g Kondensmilch
1 TL Zucker
1/2 TL Salz
1 TL Zitronensaft .... dazu geben und **5 Sekunden/Stufe 4-5** zerkleinern und mischen, dann **20 Sekunden/Linkslauf/Stufe 3** mischen.

Tipp: Eine leckere und sehr würzige Mischung aus Salatsauce und geraspelten Möhren, die sehr gut zu gemischten Blattsalaten mit Tomate und Gurke passt. Aber Achtung: Meerrettich ist ziemlich scharf!

Grünes Sardellen-Schnittlauchdressing (low fat)

4 Stängel Petersilie
2 Stängel Basilikum
1 Knoblauchzehe........................ in den Mixtopf geben und **5 Sekunden/Stufe 8** zerkleinern.

1 EL Sardellenpaste oder
2 abgespülte Sardellenfilets
20 g Zitronensaft
1 TL Weißweinessig
360 g Magermilchjoghurt
30 g Magermilch
¼ TL frisch gemahlener Pfeffer... in den Mixtopf geben und **20 Sekunden/Stufe 3** vermischen.

4 EL Schnittlauchröllchen........... zufügen und nochmals **15 Sekunden/Stufe 3** vermischen.

Tipp: Dieses Dressing passt nicht nur zu Rohkost & Blattsalaten, sondern auch zu gedämpftem Gemüse, Ofen- oder Pellkartoffeln.

Kühlschrank-Salatsauce (low fat)

20 g Gemüsebrühe
300 g Wasser............................ in den Mixtopf geben und **5 Minuten/100°C/Stufe 1** aufkochen.

½ Bund Schnittlauch, in Röllchen
200 g milder Weinessig
120 g Zucker
200 g saure Sahne
70 g Senf
25 g Salz
1 TL Pfeffer
300 g Joghurt
200 g Kaffeesahne .... dazu geben und **30 Sekunden/Stufe 8** vermischen.

Tipp: Die Sauce in einem gut schließenden Gefäß aufbewahren und bei Bedarf kurz aufschütteln. Sie passt prima zu allen Rohkost- und Blattsalaten.

Amerikanisches Caesar-Dressing mit Öl (Foto)

1 Knoblauchzehe........................ in den Mixtopf geben und **3 Sekunden/Stufe 6** zerkleinern.

1 großes Ei (Größe L)
1 ½ EL Worcestershire-Sauce
1 ½ EL frischer Zitronensaft
2 Sardellenfilets
oder 7 cm Sardellenpaste
1 Messerspitze Pfeffer
1 Messerspitze Salz .... dazu geben und **4 Minuten/37°C/Rührstufe** anwärmen. Die Temperatur ausschalten. Nun den Messbecher mit der offenen Seite nach oben auf den Deckel setzen. Das Messer auf **Stufe 7** schalten und

ca. 200 g neutrales Öl (z.B. Rapsöl - das ist etwa ein Kaffeebecher voll) .... langsam durch den Deckel laufen lassen. Erst wenn das gesamte Öl durch den Deckel gelaufen ist, den Mixtopf abstellen, das Dressing abschmecken und genießen.

Tipp: Ich finde das Dressing ganz ausgezeichnet - würzig & mayonnaisig. Es enthält allerdings rohe, frische Eier - es sollte daher sofort gegessen und nicht großartig lange aufbewahrt werden (und wenn, dann nur im Kühlschrank). Der Familie von Gaby Kloppenborg schmeckt es ganz hervorragend zu Eisbergsalat, Parmesanhobeln, Tomaten, Paprika, Ei & gebratener Hähnchenbrust. Ich finde es auch zu Gemüsesticks prima.

Sardellenpaste gibt es übrigens in vielen Supermärkten in der Kühltheke (bei den Fischwaren) - eventuell auch bei den Fischkonserven. Sie hält sich sehr lange und ist daher eine Anschaffung durchaus wert...

Herzlichen Dank für dieses leckere Rezept an Gaby K. - aus meiner „Heimatstadt" Emsdetten!

Lecker vegetarisch!

Erleichtertes Caesar-Dressing mit Kaffesahne

1 Knoblauchzehe 50 g Parmesan, in Stücken	in den Mixtopf geben und **10 Sekunden/Stufe 9** zerkleinern.
100 g Saure Sahne 15 cm Sardellenpaste 1 TL Dijon-Senf 100 g Kaffeesahne 25 g Balsamico bianco 10 g Zucker	dazu geben und **30 Sekunden/Stufe 4** verrühren.

Tipp: Sehr lecker zu Blattsalaten. In der Originalversion – als Cäsar-Salat – isst man das Dressing zu Blattsalaten, Brotcroûtons und großen Parmesanhobeln (z.B. mit einem Sparschäler geschnitten).

Mediterranes Salatdressing mit getrockneten Tomaten (low fat)

1 Knoblauchzehe	in den Mixtopf geben und **4 Sekunden/Stufe 6** zerkleinern.
1 Brühwürfel (für 0,5 l Flüssigkeit) 40 g Honig 100 g Wasser	dazu geben und **4 Minuten/80°C/Stufe 2-3** auflösen. In der Zwischenzeit
10 getrocknete Tomaten in Öl, abgetropft	in feine Streifen schneiden und beiseite stellen.
50 g Öl (von den getrockneten Tomaten) 60 g Balsamico-Essig ¼ TL Pfeffer ½ TL Salz	hinzufügen und **30 Sekunden/Stufe 8** vermischen. Die Tomatenstreifen zum Dressing geben und noch einmal **10 Sekunden/Linkslauf/Stufe 3** vermischen. Das Dressing vor dem Vermischen mit dem Salat vollständig auskühlen lassen. Es hält sich im Kühlschrank ca. 2 Wochen frisch.

Tipp: Sehr lecker zu Blattsalaten mit Käse, Schafskäse und / oder Mozzarella – aufgepeppt mit Gurken, Oliven und Paprika nicht nur ein Hingucker, sondern auch ein Sattmacher!

Cocktail-Salatsauce

1 Knoblauchzehe	in den Mixtopf geben und **6 Sekunden/Stufe 6** zerkleinern.
200 g Sahne oder Kaffeesahne 300 g Joghurt, natur 1 ½ TL Kräutersalz ½ TL Salz ½ - ¾ TL Pfeffer 60 g Balsamico bianco 3 TL Zucker 3 TL Dijon-Senf 100 g Ketchup	dazu geben und **1 Minute/Stufe 4** mischen. Abschmecken, ob noch mehr Säure oder Süße dazu muss (Essig, Senf und Ketchup liefern je nach Marke ganz verschiedene Ergebnisse...).

Tipp: Die Sauce reicht für ca. 20 Portionen Salat. Sie lässt sich aber gut verschlossen für 4-5 Tage im Kühlschrank aufbewahren.

Ein früherer Arbeitskollege von mir sagte immer, dass nach seinem Dafürhalten jede Salatsauce durch Senf und Ketchup gewinnt... sicher hat er nicht immer Recht – aber in diesem Fall schon.

Kartoffeldressing für den Vorrat (low fat)

400 g mehlig kochende Kartoffeln, in Stücken
400 g Wasser
1 Brühwürfel (für 0,5 l Flüssigkeit)..... in den Mixtopf (nicht in das Garkörbchen) geben und **15-20 Minuten/100°C/Stufe 1** garen. (Die Kartoffeln müssen ganz gar sein!).

50 g Öl
35 g Kräuteressig
2 TL Senf
¼ TL Pfeffer
¼ TL Salz................................ dazu geben und **30 Sekunden/Stufe 10** fein pürieren.

1 großes Bund Schnittlauch......... in Ringe schneiden und zum Dressing geben. Zum Dressing geben und **10 Sekunden/Stufe 2** mischen. In einem dicht schließenden Behälter im Kühlschrank ca. 1 Woche haltbar.

Tipp: Superlecker! Die Menge reicht für ca. 20 Portionen Salat. Das Dressing passt besonders gut zu herzhaften Salaten wie Feldsalat, Radicchio oder Batavia-Salat. Sehr schöne Kombination ist beispielsweise Feldsalat mit gerösteten Sonnenblumen-, Kürbis- oder Pinienkernen oder auch mit gebratenem Kochschinken oder ausgebratenem Frühstücksspeck.

Sahnedressing

250 g Sahne
150 g Joghurt, natur
15 g Zitronensaft
1 ½ TL körniger Senf
2 TL Zucker
⅛ TL Pfeffer
¾ TL Salz
½ Bund Schnittlauch, in 2 mm breiten Röllchen............................ in den Mixtopf geben und **30 Sekunden/Stufe 4** miteinander vermischen.

Tipp: Superlecker – schön sahnig und trotzdem richtig frisch. Die Sauce passt prima zu allen Blattsalaten und zu gemischten Salaten mit Blattsalat. Sie hält sich im Kühlschrank 3-4 Tage frisch und muss nur kurz vor dem Anrichten wieder aufgeschüttelt werden.

Dressing für Gurkensalat

1 Knoblauchzehe....................... in den Mixtopf geben und **6 Sekunden/Stufe 6** zerkleinern.

2 EL Kräuteressig
100 g Schmand
2 TL Zucker
1 TL Paprika edelsüß
¼ TL Pfeffer............................ dazu geben und **30 Sekunden/Stufe 5** vermischen.

Tipp: Die Menge reicht für etwa 1-2 Salatgurken. Sie sollten die Gurken nach Geschmack schälen und dann in dünne Scheiben hobeln. Vermischen Sie sie dann gründlich mit 1 TL Salz und lassen die Gurken in einem Sieb auf dem Abtropfblech für etwa 30 Minuten stehen. Anschließend noch einmal gut durchschütteln (im Abtropfsieb) und in einer Salatschüssel mit dem Dressing vermengt 15 Minuten ziehen lassen.

Variieren können Sie den Gurkensalat prima mit Schnittlauchröllchen, Frühlingszwiebelröllchen oder aber Dillspitzen.

Lecker vegetarisch!

Himbeer-Dressing (low fat, Foto: links)

½ Knoblauchzehe
10 g Zucker .... in den Mixtopf geben und **6 Sekunden/Stufe 6** zerkleinern.
30 g Sonnenblumenöl................. dazu geben und **3 Minuten/Dampfgaren/Stufe 1** andünsten.
300 g Himbeeren, aufgetaut
20 g Balsamico-Essig, rosso oder hell
½ TL Salz
¼ TL Pfeffer .... dazu geben und **1 Minute/Stufe 10** fein zerkleinern. Zwischendurch die Masse zurück auf das Messer schieben, damit auch die kleinen Kernchen gut zerkleinert werden.

Tipp: Besonders lecker zu Feldsalat und Rucola oder einem tollen Spargelsalat - oder einfach so zu gedünstetem Spargel. Passt aber auch prima zu allen Blattsalaten. Gerne auch mit Nüssen. Einige Testesser mochten das Dressing auch sehr gerne zu Salaten mit Räucherfisch. Da das nicht so mein Ding ist, ich aber einsehe, dass man schließlich auch Himbeersahne zu geräucherten Forellenfilets isst, gebe ich gerne nach und diesen Tipp zum Dressing...

Aprikosensauce (low fat, Foto: rechts)

1 Konserve Aprikosen (510 ml Abtropfgewicht)............................. abtropfen lassen und nur die Früchte in den Mixtopf geben. Den Saft anderweitig verwenden (eventuell zum Abschmecken zurück lassen!).
30 g Nussöl (oder neutrales Öl)
50 g Balsamico bianco
2 TL Kräutersalz
10 g Zucker
½ TL weißer Pfeffer .... dazu geben und **6 Sekunden/Stufe 6** mischen, anschließend **40 Sekunden/Stufe 10** fein pürieren.

Tipp: passt prima zu allen Blattsalaten - wer's mag auch gerne mit Nüssen und Käsewürfeln, evtl. auch Zwiebeln! Lecker fruchtig mit einer schönen Farbe!

Tipps und Tricks

Dass Kochen kinderleicht ist, beweisen - heute, 10 Jahre später & selbstverständlich mit dem Nachfolger-Modell, dem TM 31 - meine beiden Herren mit Bravour und hervorragenden Ergebnissen! Wer den Koch-Atlas lesen kann, der kann auch kochen! Weil ich nicht nur in meine „Junx", sondern auch in diese Bilder verliebt bin, musste ich sie einfach noch einmal zeigen.

Gewusst wie mit dem Wundertopf

Brotaufstriche mit Schmand und Frischkäse

Schmand und Frischkäse für Aufstriche etc. – die beste Qualität

Wenn Sie Schmand für Aufstriche oder Dips verwenden und den frischen aus der Kühltheke verwenden, werden diese oft sehr flüssig. Sie sollten H-Schmand und H-Frischkäse (z.B. vom Discounter) bevorzugen. Der ist meist stichfester und kann auch das „Herumgerühre" haben, ohne dabei zu flüssig zu werden.

Ganz anfällig für's Flüssigwerden ist übrigens jede Sorte fettreduzierter Schmand oder Frischkäse. Sie „halten die Form" meistens überhaupt nicht!!! Also in dieser Reihenfolge gehen Sie auf Nummer sicher: H-Produkte, Vollfett-Produkte (z.B. Doppelrahm-Frischkäse)

Eis herstellen

Eis – besser als in der Eisdiele

Nach der Eiszubereitung „zum Spülen" den Topf mit **einem Becher Sahne** und einem guten Schuss Amaretto füllen. **1 Minute/Stufe 3** rühren und anschließend über das Eis geben. Eine leckere Eissauce!

Gute Ideen für braune Bananen!

Wenn **Bananen** sehr reif sind, gibt es dafür zwar so einige Rezepte, die meisten finde ich aber nicht sehr überzeugend. Aber es gibt eins, das supergrandios ist!! Frieren Sie „Tiger-Bananen", d.h. sehr reife Bananen mit braunen Flecken, abgeschält und in groben Stücken (ca. 4 x zerteilt) nebeneinander auf einem Backblech ein.

Wenn die Bananenstücke einzeln gefroren sind, können Sie sie in eine Dose oder Tüte umfüllen und möglichst luftdicht verschließen.

Bei Bedarf pürieren Sie die tiefgefrorenen Bananenstücke (etwa 300 g in einem Schwung - besser nicht mehr auf einmal) so lange, bis sie crèmig sind. Die Menge von 300 g reicht für ca. 2-3 Personen als Nachtisch aus.

So machen Sie ein **superköstliches, supergesundes fett- und kristallzucker-freies Bananeneis** daraus. Es kommt theoretisch ganz ohne Milchprodukte aus und wird ohne weitere Zusätze wunderbar cremig!

Wenn Ihnen das Eis aber „zu bananig" ist, können Sie noch Joghurt oder Sahne zugeben.

Dampfgaren im Dampfgaraufsatz

Dampfgaraufsatz zu klein? So machen Sie ihn größer!

Kein Problem! Sie können den Inhalt auch zu einem Berg türmen und den Dampfgaraufsatz mit Alufolie verschließen – möglichst dicht, bitte! Und damit der überschüssige Dampf austreten kann, bitte mit einer Gabel 6-10 Löcher einpieksen. Zwischen dem Gargut und der Alufolie sollte aber noch genügend Freiraum da sein, damit der heiße Dampf zirkulieren kann.

noch Plätze frei im Dampfgaraufsatz?

Wenn im **Dampfgaraufsatz** noch Platz frei ist, füllen sie diesen z.B. mit

- abgewaschenen und/oder in Alufolie gewickelten **Eiern**, die hartgekocht (in 14 Minuten sind sie hart gekocht) für Brotaufstriche verwendet werden können oder mit
- **Kartoffelstückchen**, die später als Bratkartoffeln oder für Aufläufe verwendet werden können

Wie kann man den Dampfgaraufsatz erhöhen?

Sie legen einen **hitzebeständigen Kuchenring** in den Dampfgaraufsatz (geht nur beim TM 31) – genau in die runde Mulde und legen dann erst den Deckel drauf.

Kochen im 5-Schicht-Betrieb

Sie können beim Dampfgaren mit dem Dampfgaraufsatz übrigens nicht nur kochen, sondern auch gleichzeitig Ihre Servierschüssel(n) oder Teller **vorwärmen**. Hierzu die **Schüsseln** oder **Teller** zu Beginn der Garzeit auf den Dampfgaraufsatz (-Deckel) stellen. Herrlich einfach, oder? Wirklich: man kann sich nur wundern, was man mit dem Wundertopf alles machen kann...

zur Orientierung

Gegen das Überkochen

- Den Wundertopf nicht ausschalten, sondern **Temperatur reduzieren** und **Drehzahl** (Stufe) **erhöhen**. Der TM 31 reagiert dank der im Topfboden integrierten Heizung sehr schnell auf das Herunterschalten der Temperatur, z.B. auf 90°C.
- Beim **Dampfgaren** einen **Schuss Öl** mit ins Kochwasser geben

„Blasses Fleisch"

Ist Ihnen oder Ihrer Familie das dampfgegarte Fleisch im Wundertopf zu blass? Da gibt es mehrere Möglichkeiten:

- Fleisch mit **„Zuckercouleur"** einpinseln (gibt es im Supermarkt für wenig Geld bei den Spezialitäten/Gewürzen) – so sieht es wie gebraten aus. Keine Sorge: es gibt aber keinen Geschmack ab. Übrigens: man braucht davon nicht viel und die Flasche hält ewig!
- Fleisch mit **Paprikapulver** + **Currypulver** bestreuen, so wird die noble Blässe verdeckt. **Achtung:** Die Farbe könnte auch auf die Kunststoffteile des Wundertopfes übergehen.

„Fisch zu blass"

Was für Fleisch gilt, kann auch bei Fisch nerven – die Fischfilets mit getrockneten **Dillspitzen** oder **frischen Kräutern** bestreuen. Manchmal passt's auch zum Rezept, ihn mit **Paprika** oder **Curry** zu bestreuen. Statt den Fisch zu salzen, kann man ihn auch mit **Kräutersalz** bestreuen. Lässt den blassen Fisch etwas „fröhlicher" erscheinen!

TK-Gemüse im Dampfgaraufsatz garen

Die Qualität von tiefgekühlten Produkten ist meist sehr hoch, d.h. es ist eine wirklich gute und praktische Alternative zu Frischware! Doch sollten Sie wissen, dass die **Garzeiten** und auch die **Flüssigkeitsverhältnisse** im Gegensatz zu Frischware verändern:

- tiefgefrorenes Gemüse aber auch TK-Fleisch und TK-Meeresfrüchte geben meist noch **viel Flüssigkeit ab**, das ist besonders wichtig, wenn Sie z.B. ein Dampfgar-Gericht mit Kartoffelpüree, Gulasch oder Sauce zubereiten! Der Flüssigkeitsanteil der im Mixtopf landet ist also eindeutig größer als „geplant". Eventuell müssen Sie Flüssigkeit abgießen oder die Sauce noch andicken.

  Die Garzeit von TK-Gemüse ist kürzer (wenn es aufgetaut ist), bei tiefgefrorenem, das noch eisig mitgegart ist, ist die Garzeit etwa gleich lang.

  Wenn Sie **tiefgekühltes Gemüse** oder sogar **„TK-Pfannengemüse"** im Dampfgaraufsatz zubereiten möchten, können Sie das am besten entweder locker **über das andere Gemüse** legen, oder es (mit genügend Platz für Dampflöcher) in den **Einlegeboden** verteilen. Wichtig ist, dass der Dampf genügend **Freiraum** hat. Steif gefrorenes Gemüse bildet nämlich sonst gerne einen **„Eisklumpen"**, den Sie kaum noch gar kriegen...
- Unbedingt auf genügend Dampflöcher achten! Gerade zwischen TK-Gemüse (das noch tiefgekühlt ist) ist die Luft- und Dampf-Zirkulation besonders wichtig, damit das Gemüse nicht zu einem großen Eisblock „verschmilzt". TK-Erbsen übereinander gestapelt „tauen" garantiert zu einem dicken Eisblock!
- Achtung bei gewürzten Gemüsemischungen! Sie enthalten oft **Paprikapulver** oder **Curry**, das das Material des Kunststoffs **verfärben** kann! Lieber Aufpassen statt ärgern – auch wenn sich die Verfärbung nach einigen Bade-Vorgängen in der Spülmaschine wieder verflüchtigt...
- Wenn Sie gefrorenes Fleisch nicht aufgetaut verwenden, **verlängert** sich die **Garzeit**, es empfiehlt sich also eine **Garprobe**, vor allem z.B. bei gefrorenem Hähnchenfleisch, da es immer gut durchgegart verzehrt werden sollte!

„Dampf machen" beim Dampf machen...

- Wenn es mal „noch schneller" gehen soll, befülle ich den Wundertopf und den Dampfgar-Aufsatz **„von unten nach oben"** und stelle ihn an, sobald der Deckel vom Mixtopf verschlossen ist. (D.h. erst Flüssigkeit, dann Gareinsatz mit Kartoffeln oder Reis, dann Mixtopf verschließen). **Während** der Wundertopf die Flüssigkeit und den Inhalt des Garkörbchens schon **aufheizt**, bereite ich den Inhalt des Dampfgar-Aufsatzes vor. (Gemüse putzen, Fleisch/Fisch schneiden und würzen...). Das dauert meist nicht länger als die paar Minuten bis die **Dampfgarstufe** erreicht ist und der fertig gefüllte Dampfgaraufsatz aufgesetzt werden kann.
- Wenn Sie anstelle von kaltem Wasser schon **heißes Wasser** in den Mixtopf füllen, sparen Sie schon jede Menge Zeit. Um z.B. 500 g kaltes Wasser auf 100°C zu erwärmen braucht es ca. **6 ½ Minuten**. Bei 1 Liter Wasser sind es knapp **9 Minuten**. Auch bei Eintöpfen und Suppen macht das schon eine kleine Zeitersparnis aus!

Pilze im Dampf garen

Wenn Sie Pilze im Dampf garen möchten, lassen Sie diese **möglichst ganz**. So bleiben sie wunderbar saftig. Je frischer, d.h. fester die Pilze sind, desto weniger Wasser geben sie beim Kochen ab. Wenn Sie z.B. Gulasch oder Geschnetzeltes mit älteren Pilzen zubereiten, muss die Sauce eventuell (mit etwas mehr Mehl) gebunden werden – und Sie haben mehr Sauce...

Konservengemüse im Dampfgaraufsatz garen

Wenn Sie **Konservengemüse** (z.B. Bambussprossen, Mungobohnenkeimlinge, Mais) im Dampfgaraufsatz „aufwärmen" möchten, braucht es nicht so viel Dampf. Wenn die Garzeit bei **30 Minuten** liegt, reicht es aus, wenn Sie den Konserveninhalt relativ kompakt im Einlegeboden des Dampfgaraufsatzes verteilen. Gar ist es ja schließlich schon, Sie müssen es nur noch „aufwärmen".

Spargel im Dampfgaraufsatz kochen

Wenn Sie sich bei **Spargel** (insbesondere bei TK-Spargel!) sicher sein wollen, dass er auch überall gleichzeitig gar wird, dann sollten Sie ihn „gitterförmig" in den Dampfgaraufsatz schichten.

Eine frühere Kundin erzählte mir, sie wollte mit Ihrem Wundertopf angeben und Spargel mit Hollandaise für Ihre Gäste zaubern. Weil es keinen frischen Spargel gab, hat sie tiefgekühlten gekauft, ihn als „massiven Stapel" in den Dampfgaraufsatz gelegt. Resultat: Der Spargel war ein dicker gefrorener Backstein und nichts mit Neid... - mit diesem Tipp ist sie jetzt etwas schlauer!

Leben und Lernen... noch besser wird der Spargel übrigens im Dampfgaraufsatz, wenn Sie ein paar **Butterflöckchen** sowie insgesamt ca. ½-1 TL Zucker sorgfältig über dem Spargel verteilen. (Keine Sorge, er wird dadurch nicht süß, sondern nur milder und runder im Geschmack.)

Als zusätzlichen Geschmacksträger können Sie noch einen **Liebstöckel** (= Maggikraut)-Zweig mit in den Dampfgaraufsatz legen. So wird der Spargel noch besser!!!

Eiweiß auf dem Gemüse??

Wenn es Sie stört, dass manchmal etwas **Eiweiß** vom Fleisch oder Fisch auf das **Gemüse** im Dampfgaraufsatz tropft, gibt es dafür ein ganz einfaches „Heilmittel"... - lassen Sie den Wundertopf erst einmal „richtig dampfen" – d.h. er sollte schon einmal die „volle Temperatur" erreicht haben, bevor Sie den Dampfgaraufsatz oben auf stellen. So schließen sich direkt die Poren im Fleisch oder Fisch und es tropft weit weniger Eiweiß unten auf das Gemüse.

Tipps für den Dampfgaraufsatz

Mehlspeisen, Dampfnudeln u. Knödel gelingen besser, wenn ein Leintuch (nur 1 Schicht!) auf dem Boden des Dampfgaraufsatzs liegt (Schlitze verkleben nicht, Dampf kann trotzdem durchtreten).

Wenn Sie häufig Knödel oder Dampfnudeln zubereiten, lohnt es sich, 1-2 Leinentücher „auf Maß" für den Dampfgarer bzw. für den Einlegeboden des Dampfgarers zuzuschneiden und umzunähen. Das erleichtert die Arbeit ungemein!

Garkörbchen

Nützliche Tipps für den Garkorb

- Setzen Sie beim Mahlen von **kleinen Mengen Getreide** (unter 100 g) das Garkörbchen ein, so wird der Mixtopf nicht ganz so schmutzig.
- Wenn Sie beim Rühren von **kleinen Mengen Soße/Dip** das Garkörbchen einsetzen, dann wird der Deckel nicht so stark verschmutzt.
- Zum **Waschen** von Reis oder Gemüse verwenden!
- Zum **Abgießen** von kleineren Mengen Nudeln verwenden!

Geschenke aus dem Wundertopf

Geschenke aus dem Wundertopf

Was ist viel schöner, als jedes gekaufte Geschenk? Ein **persönliches, selbst gemachtes**. Wenn Sie's mal „übertreiben" wollen, können Sie gleich einen ganzen **Präsentkorb** zusammenstellen – selbst gemachte:

- Liköre
- Plätzchen
- Kuchen (vor allem welche, die auch nach mehreren Tagen noch frisch sind)
- Pralinen oder Trüffel und andere Leckereien
- Marmeladen
- Brotaufstriche – herzhaftes oder süßes, Chutney, Salsa, Ketchup etc.
- Brot oder Brötchen (am besten mit hohem Vollkornanteil und vielleicht sogar mit Sauerteig, damit es sich besser frisch hält!)
- selbst gemachte Gewürzmischungen:
  - Kräutersalz (verschiedene Trockenkräuter nach Wahl 1: 1 gemischt mit Salz),
  - Tomatensalz (getrocknetes Basilikum, Salz, Pfeffer, evtl. Fondor)
  - Vanillezucker (ganze Vanilleschote in Stücken mit Zucker pulverisiert)
  - Orangen- oder Zitronenschalenzucker (die äußerste Schale von unbehandelten Orangen und Zitronen dünn abschälen und mit Zucker fein pulverisieren)
  - Wildgewürz (fein pulverisierte Lorbeeren, Wacholderbeeren, Nelken, Thymian, Salz, Curry, Paprikapulver, Senfsamen usw.)

Schnell gemacht, sehr persönlich, weitaus günstiger als gekaufte Geschenke und „nicht von der Stange".

Natürlich können Sie Ihre Lieben auch zu einem opulenten Essen – vielleicht sogar ein mehrgängiges – einladen. Genügend „Futter" dafür finden Sie ja hier im Koch-Atlas!

Kalorienbewusst kochen mit dem Wundertopf

Fett beim Überbacken mit Käse sparen

- Anstelle von teurem und nachweislich geschmacklich schlechteren) „low fat"-Käse zu kaufen, können Sie gefrorenen Käse in ca. 2 x 2 cm großen Würfeln wunderbar **fein reiben** und so einfach eine **superdünne Schicht** aufstreuen. Schmeckt wirklich nach Käse und liefert trotzdem weniger Fett!
- Mischen Sie (nicht gefrorenen) **Käse** einfach mit **Möhren in Stücken**, die Sie gemeinsam raspeln. Verhältnis: **1/3 Möhren, 2/3 Käse**. Diese Mischung wie sonst Reibkäse über Pizza oder Aufläufe streuen und so überbacken. Spart Kalorien, gibt zusätzliche Ballast- und Mineralstoffe, schmeckt prima und sieht schön aus.
- Wenn Sie gerne frisch geriebenen Käse verwenden, sich aber beim Käse-Reiben im Wundertopf nicht sicher sind, ob er matschig wird, können Sie zwei Fliegen mit einer Klappe schlagen, wenn Sie die Käsestücke vorher einfrieren: Gefroren lässt sich der Käse viel gleichmäßiger und feiner reiben – und Sie können ihn viel dünner auf das Gericht streuen!

Käse zerkleinern – so wird „low fat" besonders leicht!

- Mischen Sie für eine besonders **knusprige Käsekruste** einfach fein geriebenen Käse mit dem würzigen Paniermehl „würzige Gemüsekruste" aus dem Rezeptteil „Beilagen". Sie können auch ausprobieren, statt Käse einfach **nur** die würzige Gemüsekruste zum Überbacken zu benutzen.

Kartoffelbrei aus dem Wundertopf

Kleisteriger Kartoffelbrei

Achtung! „Viel hilft nicht immer viel" – das ist vor allem beim **Kartoffelbrei** so. Ich habe auch gedacht – wenn ich den jetzt richtig lange püriere und schlage, dann bekomme ich richtig **lockeren** Kartoffelbrei. Und was war das Resultat? **Grauenhafter Kleister**! Denn die Stärke in den Kartoffeln spaltet sich und es wird (auch ganz physikalisch betrachtet) Kleister.

Deshalb die Devise: Kartoffeln immer nur **möglichst kurz pürieren** – lieber den Spatel durch die Deckelöffnung halten (ab einem Volumen von mehr als 1 Liter). Kurz heißt ca. 10 Sekunden.

Was können Sie mit dem „Kleister" machen? Besser nicht Tapezieren... das müffelt nach einer Zeit... aber Sie können ihn **löffelweise** zum **Andicken** von Saucen oder Suppen verwenden. Er hält sich im Kühlschrank 3-4 Tage.

Mixtopf säubern

Sauberer Mixtopf

Wenn der Topf schnell und mit möglichst **wenig Arbeitsaufwand** wieder sauber werden soll, sollten Sie ihn (möglichst schnell nach Gebrauch!)

- mit ca. **1 Liter Wasser** und **1-2 Tropfen Spülmittel** füllen,
- Messbecher aufsetzen, auf **Stufe 6** stellen,
- nach 5 Sekunden den **Linkslauf** aktivieren,
- nach 5 Sekunden wieder **Rechtslauf**, je nach Verschmutzungsgrad des Topfes den Vorgang wiederholen
- den Topf mit **klarem Wasser** ausspülen, abtrocknen und fertig! (Eventuell mit einer Spülbürste noch einmal durchspülen.)

Wenn etwas klebt, Wasser in den Topf füllen und **1 Stunde** stehen lassen.

- Rechts- und Linkslauf abwechseln oder Knetstufe einschalten (funktioniert aber nur bei kaltem Wasser, ab **50°C** nicht mehr!)
- **Essiglösung** aus 1 Liter (billigem) Speiseessig und ¼ TL Spülmittel 10 Minuten/50°C/Stufe 1, dann mindestens **1 Stunde einwirken** lassen. (u.U. länger). Danach mindestens 2-mal mit kaltem Wasser **nachspülen**.

Wenn doch einmal etwas **so richtig angebrannt** ist, einfach 1 Liter Wasser und einen **Spülmaschinentab** in den Mixtopf geben und **15 Minuten/70°C/Stufe 1** schalten, anschließend mit einer Spülbürste durchspülen, gründlich mit klarem Wasser nachspülen – und der Topf wird blitzblank! Das heiße Spülwasser mit dem Tab einfach in den Ausguss gießen, so wird nämlich auch der noch recht schonend von Rückständen gereinigt...!

- Richtig angebrannte Mixtöpfe kann man auch mit **Eierschalen** in klarem Wasser auf Stufe 10 reinigen. Die Eierschalen wirken wie ein Sandstrahler. Anschließend mit sauberem Wasser gründlich ausspülen.

  Das Eierschalenwasser können Sie als Blumendünger verwenden.

Aktion „Saubere Küche"

- Topfdeckel **außen mit Folie** abdecken und Messbecheröffnung ausstanzen, erst dann Dampfgaraufsatz aufsetzen. (Das verhindert Verfärbungen durch **heruntertropfende Flüssigkeit** z.B. Tomate, Curry, Kurkuma) aus dem Garaufsatz (z.B. wenn Fleisch „farbig" gewürzt wurde).
- Den Deckel vom Mixtopf **von innen** (und eventuell auch auf dem oberen Innenrand) **mit Öl einpinseln** (oder mit einem Küchentuch einreiben). Das verhindert (zumindest ein bisschen), dass der Mixtopfdeckel von innen durch Paprika, Tomate, Curry usw. ganz gelb und rot wird.
- Verfärbungen, die auf Beta-Carotin beruhen (bei frischen Paprika, Möhren und Tomaten) hilft es auch, die verfärbten Gegenstände in **die pralle Sonne** zu legen - denn das Beta-Carotin ist lichtempfindlich und verschwindet mit der Zeit. (Leider hilft bei Curry, Safran und Kurkuma-Verfärbungen die Sonneneinstrahlung nicht genau so...)
- Wenn Saucen **„eingekocht"** bzw. **„reduziert"** werden sollen, darf zwar zum besseren Austreten des Dampfes der Messbecher nicht eingesetzt werden, damit aber die Küche nicht völlig verkleckst wird, einfach ein **angefeuchtetes Spültuch** in einer Lage über den Deckel legen. (Tipp ist Gold wert bei Marmelade, Tomatensauce und Ketchup!!)
- Beim **Getreidemahlen Messbecher** immer mit **Öffnung nach unten** einsetzen. So spritzt nicht so viel heraus.

Mixtopf mit dem Spatel auskratzen

Wenn Sie den Mixtopf mit dem Spatel auskratzen möchten, achten Sie immer darauf, dass Sie mit dem Spatel die **stumpfe Seite** des Messers (also hinter dem Messer) im Uhrzeigersinn drehen. So wird der Spatel nicht beschädigt und sieht nicht so schnell wie eine „Zahnbürste" aus...

Messer & Rühraufsatz schützen

Wenn Sie Zutaten in den Mixtopf geben (egal ob mit Rühraufsatz oder ohne) – sollten Sie die Zutaten immer neben den Rühraufsatz und das Messer geben, damit sie nicht daran haften bleiben. Wichtig ist dies besonders z.B. bei Mehl für Saucen, Mehl oder Stärke beim Kuchenbacken (z.B. Biskuit).

Wundertopf riecht z.B. nach Zwiebeln / Knoblauch usw.?

Wenn Sie das Gefühl haben, Ihr Wundertopf riecht z.B. nach Zwiebeln, sollten Sie ihn komplett auseinandernehmen und alle spülmaschinen-festen Teile in die Spülmaschine geben. Danach gut abtrocknen und an der frischen Luft komplett austrocknen lassen. Damit dürfte sich das Problem erledigen.

Wenn nur der Mixtopf riecht:

1 Liter Wasser und ¼ Liter preiswerten Essig und 4 Tropfen Spülmittel in den Mixtopf geben und **10 Minuten/70°C/Stufe 1** mit eingesetztem Messbecher erhitzen. Anschließend mit eingesetztem Messbecher **1 Minute/Stufe 6** durchspülen. Anschließend **1 Stunde** stehen lassen, dann gründlich mit Wasser nachspülen, abtrocknen und an der frischen Luft offen ganz trocknen lassen.

Wenn übrigens die Hände nicht nach Knoblauch und Zwiebeln riechen sollen (insbesondere, wenn Sie danach noch Süßspeisen mit „Handarbeit" zubereiten möchten), können Sie zum Hantieren auch Einweg-Handschuhe anziehen.

Mixtopf trocknen

Zum Mahlen z.B. von Mehl und Puderzucker muss der Topf ganz trocken sein. Abgetrockneten Topf ca. 2 Sekunden auf Turbo schalten. Dann die Wassertropfen noch einmal vom Rand wischen.
Der Wundertopf kann sich auch selber abtrocknen! Einfach ein Trockentuch in den Mixtopf geben und Stufe 3 „abtrocknen" (keine Sorge, da passiert nichts, das Tuch nur vorsichtig herausnehmen!).

zur Orientierung

Reste und was man damit anstellen kann...

Saucen-Reste

Mit dem Wundertopf hat man oft **mehr Sauce**, als man vielleicht braucht, aus dieser Sauce entweder

- sofort mit anderen gekochten Resten (Gemüse, Kartoffeln, Nudeln etc.) und Gemüsebrühe, Milch/Sahne eine **leckere Suppe** kochen, die ganz nach Wunsch fein püriert werden kann.

  Selbstverständlich können Sie auch die Suppe zuerst pürieren und dann im Linkslauf gegarte Gemüse-, Kartoffel- oder Fleischstücke im Linkslauf erwärmen. So haben Sie einen sämigen Eintopf.
- in Gefrierbehältern oder –beuteln **einfrieren** und für Aufläufe verwenden
- **im Kühlschrank** 1-2 Tage in gut schließenden Dosen aufbewahren und einfach für das **nächste Menü** aufbewahren.

Rohkost-Reste

Rohkost-Reste einfach mit **Frischkäse** vermischen und einen tollen Brotaufstrich daraus zaubern.

Gemüse bzw. Rohkost im Wundertopf zubereiten

„Grobe Stücke", was heißt das?

Machen Sie sich's ruhig einfach. Und Ihrem Wundertopf auch! Denn wenn die Stücke sehr klein sind, kann das Messer sie gar nicht „greifen". Grob zerkleinert heißt also beispielsweise: halbierte Zwiebeln, Gemüsezwiebeln können Sie auch vierteln, Möhren 2 x quer durchschneiden, Äpfel vierteln, mittelgroße Kartoffeln werden halbiert, Kohlsorten etwa „faustgroß" zerkleinern. Sehr harte – oder gefrorene Zutaten wie Blockschokolade, gefrorene Früchte oder gefrorener Käse sollten etwa „eiswürfelgroß" sein.

Tipps zum Zerkleinern von Rohkost

- **Stufe 4**, eventuell mit Hilfe des Spatels
- Zeit auf **5 Sekunden/Stufe** erst auf **3** dann langsam auf **5** schalten
- auf **Stufe 5 im Intervall** - d.h. 1 Sekunden/Stufe 5, Pause, dann wieder 1 Sekunde/Stufe 5, Pause, usw... Das ist einfacher und „sicherer", als den Topf einer Stufe laufen zu lassen. Und Sie können zwischendurch immer wieder kontrollieren, ob die Rohkost jetzt „klein genug" ist. Sie laufen so nicht so schnell Gefahr, dass der Rohkostsalat zur „Rohkostsuppe" wird...

Rohkost-Reste

Rohkost-Reste einfach mit **Frischkäse** vermischen und einen tollen Brotaufstrich daraus zaubern.

Geschälte Tomaten oder frische Tomaten?

Wenn in Rezepten Konserventomaten mit Saft angegeben sind, können Sie natürlich ebenfalls frische Tomaten verwenden:

Die Menge ist genau die gleiche: Anstelle von 800 g Dosentomaten können Sie auch 800 g frische Tomaten ohne den grünen Strunkansatz verwenden.

Wenn Sie mit dem Thermomix arbeiten und die Zubereitung ohnehin nachher pürieren möchten, brauchen Sie die Tomaten auch nicht zu häuten. (Beim Pürieren finden Sie von der Tomatenschale nichts wieder).

Sollen die Tomaten allerdings stückig bleiben, ist es besser, Sie häuten die Tomaten vor der weiteren Verarbeitung. Hierzu die Tomaten einfach oben über Kreuz einritzen, dann mit kochendem Wasser überschütten, kurz stehen lassen und die dünne Tomatenhaut abziehen.

Garsud übrig?

Einfach zum **Backen** (Brot, Brötchen) verwenden (sehr passend z.B. ist Kartoffelsud).

Ist der Garsud **gesalzen** oder mit **Brühe** gewürzt (z.B. Gemüsesud), können Sie den Garsud zum Kochen für **Saucen** oder **Suppen** verwenden. Wenn viel Garsud übrig bleibt, können Sie diesen auch zuerst reduzieren (d.h. bei höchster Temperatureinstellung kochen und ohne eingesetzten Messbecher so viel Flüssigkeit wie möglich verdampfen lassen) - so wird das Aroma intensiver und die Menge kleiner.

Möchten Sie übrig gebliebenen nicht direkt weiterverwenden,

- einfach im Eiswürfelbehälter **einfrieren**. Wenn sie fest gefroren sind, können Sie die Eiswürfel auch in eine andere Schüssel oder einen Gefrierbeutel umfüllen und bei Bedarf entnehmen.
- **3-5 Tage im Kühlschrank** in einem geschlossenen Behälter aufbewahren.

Rühraufsatz bzw. Schmetterling

Wichtiges zum Rühraufsatz / Schmetterling

- um **Eischnee** schlagen zu können, müssen Topf und Schmetterling absolut **fettfrei** sein! Im Zweifel nochmals mit Spülmittel durchspülen. Auch das Trockentuch muss fettfrei sein! Es dürfen auch keine Teile vom Eigelb mit im Eiweiß sein, denn Eigelb enthält viel Fett!
- bei **Milchspeisen** immer **Rühraufsatz einsetzen**. Bei 90°C brennt nichts an.

Der Spatel

Was soll eigentlich „mit Hilfe des Spatels" heißen...?

Im Grunde sollen Sie mit dem Spatel „nur" die physikalischen Gesetze außer Kraft setzen... Das aber ganz ohne viel Kraftaufwand! Durch die Fliehkraft, schleudert das Messer den Topfinhalt an den Rand und nach oben. So kann nicht der gesamte Topfinhalt vom Messer erfasst werden und wird z.B. nicht gleichmäßig zerkleinert oder vermischt. Geben Sie dem Inhalt eine Chance, mit dem Messer auf „Tuchfühlung" zu gehen. Hierzu einfach den Spatel während des Zerkleinerungsvorgangs **schräg an den Mixtopfrand nach unten** halten. Weitere „Bewegungen" mit dem Spatel sind dann gar nicht erforderlich, denn so entsteht ein „Strudel" in Richtung Messer.

Glücklicherweise ist der TM 31 ja mit einem „4-Stufen-Messer" ausgestattet. Das Messer des Vorgängers hatte nur 2 Stufen. Hierdurch erübrigt sich in vielen Fällen der Einsatz des Spatels. Beim Vorgänger hatte ich den Spatel meistens in der Hand. Jetzt ist er meistens in der Schublade... (und weil er so unwichtig ist, vergesse ich ihn meistens sogar, wenn ich den TM 31 irgendwo hin mitnehme...)

Linkslauf statt Spatel

Beim TM 31 ist der **Spatel** ja mittlerweile schon fast nur noch „**unbenutztes Zubehör**" oder auch zum Auskratzen gut. Wenn man dann denkt, jetzt wäre der Spatel aber doch einmal zum „Mithelfen" beim Umrühren ganz sinnvoll, dann schalten Sie doch zwischendurch einfach mal den **Linkslauf** ein. So können Sie dann den Spatel noch eine Weile länger in der Schublade lassen...

Wird Ihr Spatel zur Zahnbürste?

Dass man aus dem „ersten Spatel" auch mal eine „Zahnbürste" macht - d.h. dass die Enden des Spatels einfach ausfransen - das lässt sich kaum verhindern. Wenn Sie sich dann aber irgendwann einen neuen gönnen, sollten Sie folgendes beherzigen:

Das Messer hat ja eine scharfe und eine (etwas dickere) stumpfe Seite. Wenn Sie den Spatel immer nur direkt hinter der dickeren Seite und **im Uhrzeigersinn** herum führen (also die dicke Messerseite „anschieben"), trägt der Spatel nicht so schnell Schaden davon...

zur Orientierung

Sahne schlagen

Viele Tipps zum Sahne schlagen

Sahne schlagen ist im Wundertopf das schwierigste Thema... die Gefahr, dass die Sahne flockt (und zu Butterflocken ausflockt) ist schneller gegeben als bei Handrührern und sie wird auch nicht ganz so luftig. Wenn Sie das mit der Sahne „gefahrlos" ausprobieren möchten, dann machen Sie doch einfach gewollt Butter (siehe unten stehendes Rezept) und sehen sich den Schlagprozess genau an:

Die Sahne ist fertig, wenn Konturen am Mixtopfrand sichtbar sind. Wenn Sie durch das Messbecher-Loch schauen, sehen Sie die Kontur deutlich. Die geschlagene Sahne „löst" sich einmal komplett vom Mixtopf. (Kurz danach beginnt sie auszuflocken.)

Ich muss zugeben: wenn die Sahne richtig schön luftig und tuffig aufgeschlagen werden soll (für Torten oder zum „so essen", zu Kuchen, Eis und Desserts) - dann wird sie einfach mit einem Handrührgerät besser. Wird die geschlagene Sahne allerdings „weiter verwendet", z.B. in Crèmes und Puddings, fällt das „weniger luftige" gar nicht auf.

- zum Sahne schlagen Schmetterling, evtl. auch den Mixtopf ca. 2-3 Std. ins Tiefkühlfach legen. Der Mixtopf muss ebenfalls kalt sein. Im Zweifel lieber noch einmal mit kaltem Wasser ausspülen und gut abtrocknen.
- Frische Schlagsahne lässt sich zuverlässiger schlagen als H-Sahne. Gut durchgekühlt sein müssen beide sein. Je höher der Fettgehalt der Sahne ist, desto besser lässt sie sich schlagen.
- Sahne ist ein Naturprodukt - eine generelle Zeitangabe zum Sahneschlagen kann man nicht wirklich machen.
- Sahne mit dem Rühraufsatz in Intervallen 0-Stufe 4-0-Stufe 4-0-Stufe 4 schlagen und die Geschwindigkeit langsam hoch und sofort wieder herunterstellen. (Zwischendurch die „hochgeschobene" Sahne mit dem Spatel wieder nach unten in den Topf schieben) und fest schlagen. So gelingt es ganz sicher!
- Die Sahne erst am Schluss zuckern oder mit Sahnesteif mischen, dann kann man zur Not noch Butter aus der ausgeflockten Sahne machen.
- Wenn die Sahne doch mal „flockt", einfach Butter daraus machen: etwas länger mit dem Rühraufsatz weiterschlagen, sobald größere Butterklumpen entstanden sind, den Rühraufsatz entfernen. Das Wasser durch den Gareinsatz abgießen, einen Messbecher eiskaltes Wasser zufügen und 4-5 Sekunden/Stufe 8 verrühren. Wasser abgießen. Wieder Wasser zufügen und Vorgang wiederholen, bis das abgegossene Wasser „klar" ist. (daher auch der Begriff „Butter klären"). Nach Geschmack salzen und/oder mit Kräutern vermischen.
- es gibt auch „pflanzliche Schlagcrème", z.B. „Crèmefine zum Schlagen von Rama". Diese wird im Wundertopf nicht zu Butter – auch nach längerem Schlagen nicht!

Sahne schlagen - ganz ohne Rühraufsatz!

Und da gibt es noch eine weitere Variante, **größere Mengen Sahne** (mindestens 600 g) zu schlagen: Die gut gekühlte Sahne ohne Rühraufsatz in den kalten Mixtopf geben, dann auf Stufe 10 stellen. Sobald sich das Messer **frei dreht**, ist die Sahne fertig.

Wenn Sie mit einem **aufgelegten Tuch** anstelle des eingesetzten Messbechers arbeiten, hat die Luft eine Chance, die Sahne noch tuffiger zu machen!

Saft selbst zubereiten

Saft zubereiten	Wenn bei der Saftherstellung im Wundertopf der Saft durch ein (Tee) Sieb abgegossen wird, den **Rückstand auffangen** und in den Mixtopf **wiegen**, die entsprechende Menge **Gelierzucker** zugeben und eine **leckere Marmelade** daraus kochen oder beim Marmeladekochen mit verwenden. (Sie können die Rückstände auch einfrieren und erst später für Marmelade verwenden.)
Eisgekühlte Getränke	Wenn Sie Säfte zubereiten, können Sie diese schon wunderbar beim Zubereiten **kühlen**. Ersetzen Sie einfach einen Teil des **Wassers** durch **Eiswürfel** und zerkleinern Sie diese mit den Früchten oder dem Gemüse.

Schokoladen-Reste verwerten

„Minderwertige" Schokolade, Nikoläuse & Osterhasen (Reste-Fest)	Solche „Schokoladenhohlkörper" (auch wenn sie aus nicht sehr hochwertiger Schokolade sind) finden im Wundertopf eine prima Verwendung z.B. in **Schokoladenpudding**, **Cappuccino** oder zum **Kuchenbacken**. Meist verwende ich zum Kochen und Backen eine nicht so teure Schokoladensorte – denn den Preis für hochwertige Schokolade „schmeckt man nicht heraus".

Marmelade selbst gemacht...

Marmelade kocht über	Wenn Marmelade überkocht, zuerst die **Drehzahl des Messers** langsam ein bisschen **erhöhen** und die Temperatur eine bzw. zwei **Stufen herunterschalten**. „Sprudelnd kochen lassen" heißt nicht unbedingt Dampfgar-Stufe. Je nach Siedepunkt des Obstes reichen auch schon 100°C! Gegen das Überkochen kann man auch bei Marmelade **1 TL Öl** zugeben.
Und was kommt nach der Marmelade?	Wenn Sie Marmelade gemacht haben, klebt meist noch jede Menge von dem „süßen Stoff" am Topfrand. Und da bietet es sich wirklich an, noch einen leckeren „**Saft**" hinterherzumachen, der dann meist weitaus weniger andere Süße nötig hat. So ist der Topf wieder beinahe sauber und alle „Reste" wunderbar verwertet!

Teigzubereitung im Wundertopf

Schneller fertig mit mehreren Kuchen	• Bei **verschiedenen Kuchenteigen** nacheinander: erst Biskuit, dann Rührkuchen zubereiten - ganz ohne dazwischen zu spülen. Praktischer kann Zeitsparen nicht sein...
So gelingt Teig noch besser	• damit Hefeteig **besser aus dem Mixtopf geht**, bei der letzten Umdrehung **1-2 EL Mehl** durch die Deckelöffnung geben. • **Teigreste am Messer** einfach durch **1 x 1 Sekunde Turbo** an den Topfrand schleudern und entfernen.
Obst- oder Käsekuchen zu Baiserkuchen machen (Reste-Fest: Eiweiß)	Ganz einfach. Einen einfachen und schnellen Obstkuchen können Sie aufwerten, wenn Sie eine **Baiser-Haube** oben drauf setzen. Hierzu den Kuchen nach Backanleitung zubereiten und backen. Für die Baiser-Haube: Mit dem Rühraufsatz 3 Eiweiß in **3 Minuten/Stufe 4** zu steifem Schnee schlagen. Das Gerät auf **Stufe 3** schalten. 3 Esslöffel Zucker und 1 EL Speisestärke (gesiebt) einrieseln lassen Die Masse **5 Minuten vor Backzeitende** auf dem Kuchen verteilen und mitbacken.

„Andere" Teigrezepte im Wundertopf umsetzen

Wenn Sie Hefeteig, z.B. Brotteig im Wundertopf zubereiten möchten und diese Rezepte mehr als 500 g Mehl enthalten, ersparen Sie sich eine Menge Arbeit, wenn Sie zuerst **maximal 500 g Mehl** mit den anderen (insbesondere flüssigen) Zutaten 1 ½ Minuten lang verkneten und erst ganz **am Schluss** den Rest des Mehls dazu geben und noch einmal verkneten.

Nach meinem Dafürhalten schafft der TM 31 Teige mit mehr als 750 g nicht wirklich... Lieber „zweimal", dafür dann aber definitiv schneller!!!

„kalte Butter" klein kriegen...

In den meisten Rezepten steht „weiche Butter in Stücken". Wenn Sie aber nur **kalte Butter** haben, können Sie sie so „klein kriegen"... – stellen Sie den Wundertopf auf **Stufe 6** und lassen sie die kalte Butter **stückchenweise** durch die Deckelöffnung **auf das laufende Messer** fallen. So lange auf Stufe 6 stellen, bis die Butter cremig ist.

Brot- und Brötchen-Assistent

Drauf gekommen bin ich im Sommer... Häufig wollen Brötchen und Brot beim Aufgehen leicht feucht gehalten werden. Sie können sich einen Sprüher mit Wasser zulegen, oder sich einfach eine Spraydose mit „Thermalwasser", z.B. von Evian kaufen (und im Kühlschrank aufbewahren). Das Wasser ist luftdicht verpackt und hält ewig. Sie bekommen es in Frankreich in jedem größeren Supermarkt (eigentlich ist es zur Kühlung von Gesicht und Nacken gedacht) und in Deutschland in Apotheken. Sie sollten nur darauf achten, dass es wirklich nur reines Mineralwasser (ohne kosmetische Zusätze) ist.

Prima geht auch ein zweckentfremdeter „Blumensprüher". Allerdings sind die Tropfen meist „etwas gröber" als bei Essig- und Öl-Sprühern und vor allem als bei Thermal-Spraydosen.

feste Teige (Hefeteig, Mürbeteig) besser aus dem Mixtopf bekommen

Es hilft bei festen Teigen immer, bei den letzten Umdrehungen noch einen Esslöffel Mehl hinzuzufügen – allerdings verändert das auch die Konsistenz des Teiges und macht ihn fester.

Manchmal reicht es auch schon, den Teig ca. **10 Sekunden** im **Linkslauf** auf **Stufe 6** zu vermischen – dann verbindet er sich auf dem Messer zu einem Teigklumpen.

Wenn Sie schon den größten Teil des Teiges aus dem Mixtopf herausgeholt haben, können Sie nach dem gleichen Prinzip bei **10 Sekunden/Linkslauf /Stufe 6** den Teig „zusammenführen" und viel besser aus dem Mixtopf bekommen.

Nudelteig im Wundertopf herstellen

Wenn Sie Nudeln „mit Geschmack", z.B. mit Spinat, Kräutern, Pilzen, Möhren, Safran herstellen möchten, tun Sie sich einen großen Gefallen, wenn die „Zusatz-Zutaten" wirklich ganz klein und möglichst ganz ohne Fasern sind. Die Fasern werden nämlich von den Schneidwerkzeugen bei Nudelmaschinen meist nicht fein genug zerkleinert.

Feine Zutaten erreichen Sie am einfachsten, wenn Sie zuerst die Zusatzzutaten (z.B. gut ausgedrückten aufgetauten Blattspinat) zuerst so weit wie möglich zerkleinern. Anschließend geben Sie nur das Mehl sowie die weiteren trockenen Zutaten zu und mixen das Mehl langsam zuerst auf Stufe 6, Masse zurück auf das Messer schieben, dann auf Stufe 7, die Masse wieder auf das Messer zurück schieben, dann auf Stufe 8, Stufe 9 und schließlich Stufe 10. Dadurch wird alles zu „Feinstaub" zerkleinert. Wenn Sie nun die feuchten Zutaten (Wasser, Eier, ...) zugeben, verbindet sich alles schnell zu einer homogenen Masse.

Hefeteig zubereiten

Frische Hefe einfrieren

Frische Hefewürfel kann man auch **einfrieren** (ohne Papier, in Kunststoffdosen). Die gefrorene Hefe einfach **im Wundertopf zerkleinern** und wie gewohnt weiter verwenden. Bei gefrorener Hefe aber bitte **50% mehr** als in der Rezeptangabe verwenden. Übrigens: wenn Sie die Hefe auftauen, wird sie **flüssig**, daher immer einen Teller darunter stellen!

Frischhefe oder Trockenhefe?

Wenn Sie anstelle von frischer Hefe Trockenhefe verwenden (müssen), sollten Sie die doppelte Menge benutzen (2 Päckchen Trockenhefe statt 1 Würfel frische Hefe). Teig mit Trockenhefe braucht **fast doppelt so lange** zum Aufgehen wie Teig mit Frischhefe! Frische Hefe gibt geschmacklich mehr her! Durch das sehr effektive Wundertopf-Kneten kann man normalerweise einen Aufgehvorgang sparen (bei konventionellen Rezepten), so viel Triebkraft hat aber nur frische Hefe – oder (mindestens) 2 x Trockenhefe (die wie gesagt lieber 2 Aufgeh-Vorgänge hat!)

Brot- bzw. Hefeteig im Wundertopf

Häufig werden „reine Vollkornbrote" (die ja im Wundertopf wirklich überhaupt kein Problem sind!) etwas mürbe und fallen wieder zusammen. Um das zu verhindern, sollten Sie 2 TL Gluten zum Teig geben. Gluten ist der „Kleber" im Weizen. (Daher auch die andere Bezeichnung „Weizenkleber"). Dieser Weizenkleber erhöht die Wasseraufnahme im Teig und macht das Brot saftiger und lockerer.

Hefe-Booster

Was macht eigentlich Hefe? Sie vermehrt sich und bildet dabei Kohlendioxid – und genau das sind dann die „Luftlöcher" im Hefeteig. Hefe braucht „Nahrung" um wirken zu können. Das sind Kohlenhydrate, Flüssigkeit, Wärme und Sauerstoff. Geben Sie daher immer mindestens eine Prise **Zucker** zum Teig, damit er gut aufgehen kann. (Zucker ist ein „einfacher strukturierteres Kohlenhydrat" als Mehl).

Gibt man dem Brotteig eine Messerspitze **Vitamin C** zu, geht der Teig noch etwas schneller auf! Es wird durchs Backen zerstört und schmeckt nicht nach.

Schon Großmütter wussten, dass ein Schuss **Schnaps** ebenfalls hilft, dass der Teig besser aufgeht. Probieren Sie's!

Hefeteig mit warmen Zutaten

Hefeteig mit **warmen Zutaten** sollte <u>sofort</u> nach der angegebenen Gehzeit gebacken werden.

Soll der Teig etwas länger vor dem Backen vorbereitet werden (z.B. mittags für abends), **verlängert sich die Aufgehzeit** des <u>fertig geformten</u> Gebäcks, weil der Teig nicht mehr „warm" ist.

Brot backen leicht gemacht

- So testet man, ob das Brot von innen schon **lange genug gebacken** hat: Das Brot mit einem doppelt gefalteten Küchentuch umdrehen. Mit den Fingerknöcheln auf die Unterseite des Brotes **klopfen**. Klingt es <u>**hohl**</u>, so ist es fertig.
- Beim Brotbacken ist eine **hohe Luftfeuchtigkeit** für den Erfolg des Brotes wichtig, daher ein Gefäß mit **(kochendem) Wasser** in den Backofen stellen, oder (am allerbesten!!) zu Backbeginn Wasser auf den **Ofenboden** oder eine mit **vorgeheizte Fettpfanne** gießen und die Ofentür sofort schließen.

Waage

Ups, vergessen die Waage zu aktivieren?

Passiert das nur mir? Sie füllen etwas in den Mixtopf und Sie haben vergessen, die Waage vorher zu aktivieren? – Ist kein Problem! **Der Mixtopf wiegt „leer" 1110-1120 Gramm.**

1) Nehmen Sie deshalb den Mixtopf aus dem Gerät
2) aktivieren Sie die Waage und
3) stellen Sie den Mixtopf wieder in das Gerät.
4) Und dann müssen Sie nur noch rechnen... der gesamte Inhalt des Mixtopfes wiegt Ergebnis – 1110 Gramm.

Leider funktioniert das nur bei einem „ausreichend kühlen" Mixtopf, nicht (bzw. nicht zuverlässig), wenn er vielleicht noch heiß ist.

Und das hilft Ihnen bei Ihrer Kopf- bzw. „Koch"-Rechnung:

- der Rühraufsatz wiegt 30 g
- der Garkorb wiegt leer 120 g
- der Dampfgaraufsatz wiegt leer 550 g
- der Einlegeboden des Dampfgaraufsatzes wiegt 240-250 g
- der Deckel des Garaufsatzes wiegt 360-370 g

Sicherheitshalber sollten Sie sich kurz Zeit nehmen, um Ihre „Gerätschaften" auszuwiegen. Sie können sich ja die Ergebnisse hinter diese schreiben. So sind sie immer griffbereit.

Andere Tipps zur Waage

Flüssigkeitsangaben in ml können 1: 1 in Gramm umgerechnet werden. Steht im Rezept z.B. 150 ml Wasser, können Sie 150 Gramm Wasser in den Mixtopf **wiegen**. Und bei anderen Rezeptangaben hilft Ihnen folgende Faustregel:

1 Teelöffel = ca. 5 g der Menge

1 Esslöffel = ca. 10-15 g der Menge „auf dem Löffel"

Was man sonst mit dem Wundertopf machen kann...

Stauben Sie Ihren Eierkocher ein!

Und wieder ein Küchengerät weniger in der Küche... Als der Wundertopf mit unserer Familie im Urlaub war, ist es zum ersten Mal passiert... wir haben ihn als **Eierkocher** benutzt. Und das geht ganz wunderbar... Sie brauchen die Eier nicht einmal anpieksen!

250 g Wasser in den Mixtopf geben, den Gareinsatz einhängen und 4-6 Eier in den Gareinsatz legen. 11 Minuten/Dampfgaren/Stufe 1 garen **(weiche Eier)**, 14 Minuten/Dampfgaren/Stufe 1 **(harte Eier)**.

Wenn Sie gleich für einen ganzen Eiersalat **jede Menge** Eier brauchen, können Sie gleich 25 Eier im Dampfgaraufsatz garen – 26 Minuten/ Dampfgaren/Stufe 1.

Koch- und Würzzutaten selbst herstellen

Besser als jede Gewürzmühle

Übrigens: Im Wundertopf können Sie auch alle **möglichen Gewürze** frisch mahlen (dadurch kommt das Aroma noch besser heraus!). Mahlen können Sie z.B. Pfeffer, Koriander, Muskatnuss, Nelken, Lorbeer, Zimtstangen, Zitronen-, Orangen-, oder Limettenschale, Vanilleschoten. Die Gewürze – oder eine Mischung daraus in den Mixtopf geben und **10-20 Sekunden/ Stufe 9** zerkleinern, bis die gewünschte Feinheit erreicht ist. Eine grandiose Kombination ist auch Zucker mit Zimt – Ganz toller Zimtzucker-Puder entsteht, der sich viel besser mit allen Speisen vermischt, als mit körnigem Zucker.

Ganz prima: Vanillezucker selbst machen, Kräutersalz, Gemüsebrühenpulver, leckere Gewürzmischungen für Pommes oder Fleisch ganz nach Ihrem Geschmack...

Kräutersalz selbst herstellen

Hierfür einfach (ganz nach Geschmack!) 100 g Salz, 4 EL getrockneter Schnittlauch, 3 EL getrocknete Salatkräuter, 3 EL getrocknetes Suppengewürz (oder was Sie gerne mögen!) in den Mixtopf geben und **1 Minute/ Stufe 10** fein mahlen. Wie Kräutersalz aus dem Reformhaus verwenden. – Und diese Mischung enthält garantiert **kein Glutamat** oder andere **Geschmacksverstärker**.

Faustregel: 100 g getrocknete Kräuter und 100 g Salz.

Reismehl statt Soßenbinder oder Mehl – entschlackend und mineralstoffreich

250 g Milchreis oder Langkornreis in den Mixtopf geben und **3 Minuten/ Stufe 10** zu feinem Reismehl mahlen. Das Reismehl zum Andicken von Suppen, Soßen und z.B. für Babybrei einfach Spitze. Es muss allerdings für **1-2 Minuten mitkochen**. Man sollte immer ein Schraubglas oder einen luftdichten Behälter davon auf Vorrat haben.

Spart im Gegensatz zu Soßenbinder nicht nur Geld, es entschlackt auch und enthält wichtige Mineralstoffe aus dem Reis. (Im Laden kosten 200 g Reismehl ca. 3,50 Euro, weil handelsübliche Getreidemühlen keinen Reis mahlen können! Er ist zu hart.)

Achtung: Nicht zu viel davon nehmen, es dickt gründlich nach!

Für Diabetiker

Sie können im Wundertopf auch Puderzucker aus Fruchtzucker oder aber **Vanille-Fruchtzucker** herstellen! Nehmen Sie einfach 250 g Fruchtzucker und eine ganze Vanilleschote in Stücken. Das Ganze einfach **30 Sekunden/ Stufe 10** pulverisieren und fertig!

Natürlich können Sie auch mit dem Wundertopf viel Gutes für sich kochen! Ersetzen Sie einfach die **Zuckermenge** in den Rezepten durch 75-80% **Fruchtzucker** (denn dieser hat mehr Süßkraft als Zucker). **Marmeladen** oder **Chutneys** kochen können Sie beispielsweise mit Fruchtzucker und Gelfix – oder Gelierzucker 3: 1 und Süßstoff.

besten Vanillezucker selbst herstellen

Ganz einfach – und viel günstiger und besser als der gekaufte. Geschmacklich sogar dem „teuren **Bourbon-Vanille-Zucker**" noch überlegen: Hierzu einfach 1 Vanilleschote (Inneres und Schale, in ca. 2 cm langen Stücken), 250 g Zucker in den Mixtopf geben und 2 x **15 Sekunden/Stufe 10** pulverisieren.

In ein Schraubglas oder eine Frischhaltedose füllen. Unter Umständen wird dieser Zucker irgendwann klumpig, dann einfach gut durchschütteln. 2 Teelöffel von diesem Vanillezucker ersetzen 1 Päckchen Vanillezucker.

Wildgewürz selbstgemacht

Dieses **Wildgewürz** macht Manuela L. aus der Schweiz im Wundertopf selbst:

1 EL Salz
5 Lorbeerblätter
20 Nelken
2 EL Wacholderbeeren
2 EL getrockneter Rosmarin
1 TL schwarze Pfefferkörner
1 TL Kümmel

in den Mixtopf geben und **1 Minute/Stufe 10** pulverisieren. Ich habe noch 1 EL Senfkörner, 1 EL Paprikapulver dazu gegeben. Anstelle des Salzes können Sie auch 2 EL selbstgemachtes Gemüsebrühenpulver (das trockene) dazu geben, dann schmeckt es noch „intensiver".

zur Orientierung

Nährstoffreiches Andicken

Warum werden „dicke Soßen" eigentlich so „verteufelt"? – Punkt 1: weil sie meistens **viel Fett** enthalten. Punkt zwei: weil die Soßenbindung meist viele „**leere Kalorien**" enthält. Was sind „leere Kalorien"? – Energie, die dem Körper zwar Brennstoff liefert, aber sonst keine Nährstoffe, Ballaststoffe oder Vitamine.
Mit dem Wundertopf stehen Ihnen da ganz neue Möglichkeiten offen, um das Andicken wenigstens nicht mehr „leer" laufen zu lassen...

- Reismehl (vergleiche extra Punkt)
- gekochte Kartoffeln
- gekochter Reis
- gekochtes Gemüse (eventuell auf die „Farbzusammenstellung" achten... damit nicht die weiße Sauce ungewollt grün oder rot wird...)
- Reibkäse oder Käsereste

In die Sauce geben und sie damit andicken. Sie brauchen die gekochten Kartoffeln oder den Reis nur mit in die Sauce zu geben und die Sauce auf Stufe 6-8 vermischen, bis Kartoffeln, Reis oder Gemüse fein püriert sind. Vorteil: die Sauce muss nicht mehr Kochen (wie beispielsweise bei Mehl oder Stärke). Darüber hinaus eignen sich auch noch Tomatenmark oder Schmelzkäse.

Brotgewürz selbst herstellen

Brotgewürz wird in Süddeutschland häufig dem Brot zugefügt. Jeder Bäcker hat so seine eigene Mischung – meistens echte „**Geheimrezepte**". Versuchen Sie doch einfach, Ihr eigenes Rezept zu entwickeln... Hier aber eine Grund-Variante:

1 Tasse Fenchelsamen
1 Tasse Kümmelsamen
1 Tasse Anissamen
½ Tasse Koriander

Alle Zutaten in den Mixtopf geben und **1 Minute/Stufe 10** fein mahlen.

Das Brotgewürz in einer gut schließenden Dose aufbewahren. Auf 500 g Mehl (insbesondere schwere dunkle und vollkörnige Mehle) kommen **maximal 2 Esslöffel** vom Brotgewürz.

Als andere Geschmacksvariante passen z.B. Thymian, Muskat, Piment, Nelken zum Brotgewürz dazu.

Anfangen sollten Sie aber lieber erst einmal mit kleinen Mengen, z.B. 1 TL pro 500 g Mehl. Mein „norddeutscher" Gaumen musste sich erst einmal an den Geschmack von Brotgewürz gewöhnen...

Crème fraîche selbst herstellen

Ja, ja, ich bin ein echter „**Basics-Macher**"... auch Crème fraîche kriegen Sie selbst hin (wenn auch weniger mit dem Wundertopf...): Verrühren Sie einfach 250 g frische Sahne mit drei Esslöffeln Vollmilchjoghurt. Die Mischung sollte bei Zimmertemperatur ca. **2 Tage** ruhen. Anschließend noch **3 Tage** im Kühlschrank ruhen lassen und fertig! (Gut, es ist einfacher, sich einfach eine Packung zu kaufen. Aber ich finde es trotzdem wichtig, zu wissen, wie es geht, für den Fall, dass...)

Puderzucker herstellen

Geben Sie max. 200 g Haushaltszucker in den absolut trockenen Mixtopf und pulverisieren ihn in 2 Arbeitsgängen **5 Sekunden/Stufe 10**.

zur Orientierung

Zuckerguss zubereiten

ist im Wundertopf ja wirklich kein Problem... Erst den **Zucker zu Puderzucker** vermahlen und dann die Flüssigkeit zugeben. Am besten erst nur wenig, dann tropfenweise mehr zugeben, damit der Guss nicht zu flüssig wird, sondern möglichst streichbar bleibt.
- mit Saft (z.B. Zitronensaft oder Orangensaft), damit er etwas fruchtig wird und eine schöne Farbe bekommt
- mit Milch, damit er schön weiß wird
- mit einigen Tropfen (oder Messerspitzen) Lebensmittelfarbe und Wasser, damit er die Herzen der Kinder höher schlagen lässt.

Der Puderzucker wird übrigens im Wundertopf nicht ganz so fein wie gekaufter Puderzucker. Sollte Sie das „leicht kristalline" stören, greifen Sie besser auf gekauften Puderzucker zurück.

Orangenzucker oder Zitronenzucker

Wenn Sie geriebene Orangen- oder Zitronenschale benötigen, können Sie diese besonders einfach im Wundertopf zerkleinern, wenn Sie die Schale direkt mit dem Zucker zerkleinern.

Schälen Sie die heiß abgewaschene und abgetrocknete Bio-Zitrusfrucht (mit unbehandelter Schale) bitte dünn ab, z.B. mit einem Sparschäler. Es sollte wirklich nur die äußere Schale sein. Das Weiße ist bitter. Dann geben Sie den im Rezept angegebenen Zucker zusammen mit der Schale in den Mixtopf und zerkleinern diesen ca. 15 Sekunden/Stufe 10.

Zerkleinern im Wundertopf

Zu viel Krach beim Zerkleinern und Mahlen im Wundertopf?

Dann legen Sie doch einfach einen **Schalldämpfer** über den Wundertopf! Hierzu einfach ein **Handtuch** oder **Küchentuch** über das Gerät, das fängt schon eine paar Dezibel auf! Je dicker das Tuch, desto größer die Wirkung.

Noch ein Tipp: Schroten Sie das Getreide erst 10 Sekunden/Stufe 7 und anschließend erst weiter auf Stufe 10 – dann ist „das Schlimmste" bereits vorüber...

Käse zerkleinern

- Mein Mann liebt frischen Parmesankäse, damit ich immer welchen vorrätig habe, **friere** ich einfach ca. **2 x 2 cm** große Würfel **frischen Parmesan** nebeneinander auf einem Backblech ein. Die tiefgefrorenen Einzelwürfel können anschließend zusammen in eine Tüte gepackt werden. Die gefrorenen Würfel lassen sich prima im Wundertopf zerkleinern.
- **Käsereste**, z.B. Reste von Feiern (egal welche: Roquefort, Mozzarella, Gouda, Camembert, Parmesankäse...) einfach (wie oben beschrieben) **in Würfeln einfrieren** (ruhig auch gemischt) und gefrorene Würfel im Wundertopf zerkleinern. Dieser Käse eignet sich prima zum Überbacken.

Ingwer, Schnittlauch, Frühlingszwiebeln, Lauch zerkleinern

Da diese Gewächse sehr „fädig" sind, empfiehlt es sich, zuerst Scheiben zu schneiden, damit die **„Fäden und Fasern"** nicht im Essen bleiben:

Ingwer: ca. 1 mm dünne Scheiben

Schnittlauch: in max. 2 cm langen Ringe hinzugeben, besser 0,5 – 1 cm

Lauch: ca. 1 cm lange Ringe

Lauchzwiebeln: 1 cm lange Ringe

Und sonst

Ups, der Käse...

Zugegeben, mein früherer Wundertopf-Boss, Stefanie Teschke, regt sich immer auf, dass ich mit **fertig geriebenem Reibkäse** arbeite. Aber das liegt wohl nur daran, dass ich nicht rechtzeitig den folgenden Tipp bekommen habe...:

Damit Ihnen das böse „Erwachen" erspart bleibt, sollten Sie z.B. beim Backen von Pizza und Gemüsekuchen immer auf die richtige Reihenfolge achten: Zuerst den **Käse reiben** (falls erforderlich), dann den **Teig herstellen** und am Schluss die **Sauce** oder den **Guss**.

Lieber 2 x laufen lassen, als mit der doppelten Menge quälen…

So groß (oder klein??) der Mixtopf ja ist – Sie tun sich selbst einen großen Gefallen damit, wenn Sie die „doppelte Menge" Teig nicht in einem Mal zubereiten, sondern lieber in zwei Arbeitsgängen hintereinander.

Einfacher und schneller ist es, wenn Sie die doppelte Menge jeweils einzeln in zwei Arbeitsgängen hintereinander zubereiten. Zeit sparen können Sie trotzdem: Sie sollten vorher alle trockenen Zutaten zusammen zerkleinern (und die trockenen Zutaten für die zweite Portion in einer separaten Schüssel aufbewahren). Gemeint sind damit z.B. Körner, die gemahlen, oder Zucker, der pulverisiert wird.

Warum? Wenn Sie die doppelte Menge in einem Arbeitsgang zubereiten, brauchen Sie ansonsten sowohl z.B. beim Zerkleinern sehr viel Fingerspitzengefühl und den Spatel – den Sie ja sonst getrost in der Schublade liegen lassen können - als auch viel unnötiges Gemansche mit dem Spatel für große Mengen Teig…

Kirschen, Mirabellen oder Zwetschgen entsteinen

700 g gewaschene Kirschen (Süß- oder Sauerkirschen) oder Mirabellen oder Zwetschgen in den Mixtopf geben und **2 Minuten/Stufe 3-4** mischen. Die Kirschkerne entweder mit der Hand aussortieren (wenn Sie noch Stücke in der Marmelade haben möchten) oder Sie seihen die Kirschmasse durch ein Sieb ab (= ohne Fruchtstückchen)

Für die Kirschkerne (damit sie ganz toll sauber werden) – die Kirschkerne ohne Fruchtstückchen mit 300 g heißem Wasser und ¼ TL Spülmittel in den Mixtopf geben und die Kerne **3 Minuten/Dampfgaren/Stufe 1** aufkochen. Heraus kommen wirklich saubere Kirschkerne – sehen Sie selbst, auf dem Foto!

Nach Ende der Garzeit die Kerne auf einem trockenen Küchentuch vollständig trocknen lassen. Fertig - und prima z.B. für Kirschkernkissen oder auch für „Rasseln" für Kleinkinder.

Schokolade im Wundertopf schmelzen ohne „Schokokorrosion" - d.h. ohne weiße Ränder auf der Schokolade

Gerade bei Pralinen und edlem Gebäck hat man beim Überziehen mit Kuvertüre manchmal so einer Art „Schokokorrosion", d.h. einen weißen Film auf der Schokolade. Das kann man verhindern, wenn man die Schokolade zwei Mal über schmilzt und „zwischendrin" einmal abkühlen (aber nicht fest werden!) lässt.

Am besten verfahren Sie so: 200 g Kuvertüre, in Stücken (etwa walnussgroß) in den Mixtopf geben und 8 Sekunden/Stufe 6 zerkleinern. Dann etwa 3 Minuten/60°C/Stufe 2-3 schmelzen. Nun ca. 60 Minuten abkühlen lassen (nicht länger, sonst wird sie wieder fest!) und erneut 3 Minuten/50°C/Stufe 2-3 schmelzen.

Wenn - insbesondere eine größere Menge Schokolade oder Kuvertüre im Mixtopf fest geworden ist, hat das Messer keine Chance mehr, sich zu drehen. Nun hilft nur noch rohe Gewalt - oder aber Sie stellen den Mixtopf bei 70°C Heißluft in den Backofen (nicht mehr!) und haben jede Menge Geduld, bis die Kuvertüre wieder weich geworden ist.

Wissenswertes für den Küchenalltag - Kleines Küchen-Alphabet

B - wie Backofen

Ofen für das komplette Menü

Wenn es „Ofengerichte" gibt, kann man daraus auch im Backofen ein „AI-Menü" herstellen. Hierzu einfach vorher

- (vorher) einen Kartoffelauflauf im Wundertopf zubereiten (siehe Rezeptteil) und gleichzeitig mit dem Ofengericht im Heißluftofen backen.
- oder einfach Reis nach der Quellmethode im Backofen mitgaren: Hierzu 300 g Langkornreis mit 600 g Gemüsebrühe oder Salzwasser und 20 g Butter in eine verschließbare hitzebeständige Form oder einen Topf mit Deckel geben. Bei 200°C Ober- und Unterhitze bzw. 180°C Heißluft (vorgeheizt) etwa 40-45 Minuten garen. Wenn man die Flüssigkeit mit dem Reis erst (z.B. im Wundertopf aufkocht, verkürzt sich die Kochzeit auf ca. 20 Minuten). Für Curryreis einfach vor Backbeginn einen Esslöffel Curry untermischen.

Backofenhitze voll ausnutzen

Um Energie zu sparen, planen Sie ruhig gleich mehrere Gerichte für den Backofen (mit Heißluft) gleichzeitig ein: z.B. Auflauf, süßer Kuchen und ein Brot. Was passt noch in den Backofen? Mandeln, Nüsse oder Kerne rösten. Gemüse (z.B. Paprika oder Auberginen) rösten (für Brotaufstriche). Reis garen (siehe „Komplettmenüs im Backofen"). Braten zubereiten. Nun ja – und sicher fällt Ihnen noch so einiges mehr ein...

Wenn Sie mehrere Einschubleisten des Backofens gleichzeitig benutzen möchten, müssen Sie das Heißluft-Programm wählen. Mit Ober- und Unterhitze würde sonst nur die obere Seite des oberen Bleches und die untere Seite des unteren Bleches gegart. Alles was dazwischen liegt, bekäme nicht ausreichend Hitze um laut Rezept fertig zu werden.
Also wichtig: **mehrere Bleche heißt immer zwangsläufig Heißluft**!

Backofen: Ober- und Unterhitze oder Heißluft ??

Mal abgesehen davon, dass Heißluft ein Muss ist, wenn mehrere Ebenen / Bleche gleichzeitig gebacken werden sollen - ist das eine echte Gretchenfrage... zuerst einmal: Garzeiten im Backofen sind immer Richtwerte. Denn jeder Backofen „tickt" etwas anders. Welche Einstellung Sie vornehmen, ist „Geschmackssache"... folgendes kann man aber zur richtigen „Geschmacksfindung" sagen:

- **Heißluft** trocknet das Backgut eher aus (stellen Sie sich das vor wie Wind, der ja auch die Wäsche schneller trocknet...)
- **Heißluft** verteilt die Hitze im Backofen gleichmäßiger, daher können Sie auch mehrere Backbleche gleichzeitig darin backen. Achten Sie aber unbedingt darauf, dass dazwischen noch genügend Platz zur Luftzirkulation bleibt. Stellen Sie (gerade bei Plätzchen) die Backbleche immer so „weit wie möglich voneinander weg".
- **Heißluft** braucht **10-15°C weniger**, als die gleiche Einstellung bei **Ober- und Unterhitze**. Wenn Sie also statt **Ober- und Unterhitze** lieber auf **Heißluft** umstellen möchten, dann sollten Sie unbedingt die Temperatur geringer einstellen.
- **Ober- und Unterhitze** (oder nur Ober- oder nur Unterhitze) kommt „daher, wie es sich anhört" – eben von oben und/oder von unten. Ist meistens besser, wenn Sie nur mit einem Blech oder mehreren Formen auf einer Ebene / einem Rost Form arbeiten.
- **Unterhitze** ist ideal für Obstkuchen oder Pizza – wo unten der Teig garen soll und das Obst und der Belag nur „auch warm werden muss"
- **Oberhitze** ist ideal für das Bräunen von oben, z.B. bei (schon vorgegarten) Aufläufen (mit warmen Zutaten, bei denen nur noch der Käse schmelzen soll.)

B - wie Belag für Kuchen / Pizza usw.

Belag verstreichen

Wenn man „**Beläge**" verstreicht, z.B. Sahne auf Biskuit, Kräuterbutter für eine Brotrolle, Glasur auf glatte Teigplatten, Belag für Zwiebelkuchen etc. geht das besonders schnell und einfach mit einem **Tortenheber**. Probieren Sie's einfach! Es geht viel schneller als mit einem Teigschaber, Sie kommen prima in die Ecken und es haftet nicht so viel am Tortenheber, wie an einem Teigschaber!

B - wie Braten

Braten angebrannt? Einen **angebrannten Braten** kann man retten, indem man ihn abbraust, dann das Schwarze sorgfältig entfernt, in einem **sauberen Topf** neues Fett erhitzt und den Braten wieder aufsetzt.

Knusprige Braten-Kruste Mögen Sie gern richtig krossen Schweinebraten? Sie erhalten eine besonders schön krosse Kruste, wenn Sie die Schwarte des Bratens 15 Minuten vor Ende der Garzeit mit Salzwasser oder Bier einstreichen. Wenn Sie mit dem Backofen-Resultat noch nicht zufrieden sind, können Sie ihn noch kurz unter dem Backofengrill perfektionieren.

B - wie Brot und Brötchen

Brot ist „trocken" und krümelig? Das ging mir auch oft so – versuchen Sie's mal mit **geringerer Backzeit**! Häufig ist das die Begründung – zu lange im Ofen!

Brot - Gebackene Blume Ein ganz tolles Mitbringsel: Kaufen Sie einen neuen etwa **„Brotgroßen" Blumentopf** (oder am besten gleich mehrere..., denn diese Idee setzt sich durch...) – Nun Backen Sie Ihr Brot nicht in einer Brotform, sondern im Blumentopf! – Entweder sehr gut eingefettet oder mit einem entsprechend zurechtgeschnittenen Backpapier. Nach dem Backen das Brot stürzen und auf einem Kuchenrost auskühlen lassen. Jetzt eine **Serviette wie eine Blumenblüte** schneiden, **in den Blumentopf legen** und das **abgekühlte Brot** wieder hineingeben. So ist das Brot der „Blumenstempel" und die Blütenblätter quellen aus dem Blumentopf. Schnell, einfach – nun ja, und Brot isst doch jeder gern! Dazu eventuell noch ein selbstgemachter Brotaufstrich oder eine Marmelade?

Brot und Brötchen backen... Wenn Sie häufig Brot und Brötchen backen, können Sie sich das Einstreichen mit Wasser „sparen", wenn Sie sich einen **Sprüher** (z.B. Essig- oder Öl-Sprüher) anschaffen, diesen mit Wasser füllen und die fertig geformten Brot-Laibe oder Brötchen mit Wasser einsprühen.

Knuspriges Brot und Brötchen Der Backofen muss möglichst „Dampf-frei" (aber erst am Ende der Backzeit!, zu Beginn tut es dem Brot sehr gut, denn dadurch geht es besser auf!) sein. D.h. 10 Minuten vor Ende der Backzeit den Ofen noch einmal kurz öffnen, damit der Wasserdampf entweichen kann.

Braune Backwaren Süße Brötchen werden besonders schön braun, wenn Sie sie mit **Kondensmilch** oder **Eigelb** bestreichen.

Wenn Sie herzhaften Hefeteig (Brot, Brötchen) mit **Naturjoghurt** bestreichen, werden sie wunderschön braun – außerdem haben Körner oder Käse auch bessere „Brothaftung".

Brot aus dem eigenen Backofen oder vom Bäcker? Was passiert heute, wenn ein Bäcker einen Stoff aus Tier- oder Menschenhaaren vermischt und damit seine überalterten Teige aufarbeitet? (Cystein – E 921). Oder wenn er Substanzen aus der Bauchspeicheldrüse eines Schlachtviehs benutzt, damit das Brot nicht so schnell altbacken wird? (Amylasen – E 1100) – **Nichts**! Denn das sind zwei der 297 Lebensmittelzusätze, die von der EU 1996 beim Brotbacken zugelassen wurden. Ohne Enzyme oder andere technische Kunstgriffe würden gefrorene Teigrohlinge das Aufbacken allenfalls als matschige Klumpen überstehen. Da Enzyme als technische Hilfsstoffe gelten, müssen sie nicht einmal auf der Zutatenliste deklariert werden. Mehl, Wasser und etwas Salz haben jahrtausendelang ausgereicht, unser tägliches Brot als eine der ältesten Speisen der Menschheit herzustellen. Da schmeckt das selbstgebackene Brot aus dem Wundertopf doch gleich noch einmal so gut, oder?

Keine Brotform zur Hand? Kein Problem! Sie können das Brot entweder in Backpapier einzwirbeln oder auch einen Bratschlauch benutzen. Den Bratschlauch sollten Sie oben einfach einmal einschneiden. Den Tipp hat Gabriele K. eingeschickt. Herzlichen Dank dafür!

Wie Sie Brotrinden noch leckerer machen... Nicht nur praktisch, sondern auch lecker ist eine „geschmacklich variierte" **Brotrinde**! Wenn Sie die Brotform eingefettet haben, sollten Sie sie zur Abwechselung mal nicht mit Paniermehl oder Mehl ausstreuen, sondern mit **Körnern**! **Z.B. Sonnenblumenkerne, Sesam, Mohn** usw. (Leinsamen eignen sich nicht ganz so gut, weil sie sehr viel Flüssigkeit aufsaugen und um sich herum eine „Schleimschicht" produzieren, die dann vielleicht das Gegenteil bewirkt und Sie das Brot nicht mehr aus der Form bekommen...)

C - wie Champignon

Champignons	Frische Champignons sollte man **auf keinen Fall** in oder mit Wasser (ab) waschen. Sie saugen sich mit dem Wasser voll. Um sie zu putzen, einfach mit einer **Gemüsebürste** oder aber mit **Küchenkrepp** putzen. Ich kenne auch Leute, die die Pilze mit einem Schälmesser schälen (bzw. vom Kopf die Haut abziehen) – das ist aber überflüssig (und eine ziemlich langwierige Arbeit...)
Wie erkennt man frische Champignons?	Frische Champignons fühlen sich fest an. Sie haben nach unten zum Stiel hin geschlossene Kappen, d.h. man kann keine Lamellen sehen. Sie werden noch durch eine (meist weiße) Haut zwischen Kopf und Stiel verdeckt.
Champignons, gekochte Kartoffeln oder Mozzarella schneiden	Wenn Sie's gerne bequem haben, dann können Sie ihren (wohlgemerkt robusten!!!) Eierschneider auch zum Schneiden von gekochten Kartoffeln (z.B. für Kartoffelsalat), kleinen Mozzarella-Kugeln und frischen Champignons verwenden. Allerdings stressen solche Aktivitäten das Werkzeug schon ein bisschen. Sie sollten also in Kauf nehmen, dass Sie gelegentlich einen „Ersatz-Kauf" vornehmen... Mir ist es das Risiko wert!

E - wie Eier

Eier zum Backen oder Aufschlagen	Eier dürfen zum Backen (und bei Zabaglione etc.) nie ganz frisch sein. Am besten verwenden Sie 1-2 Wochen alte Eier. Durch das Alter der Eier verändert sich übrigens auch die Backzeit und die „Tuffigkeit" des Kuchens!
Eier – welche Größe??	Das ist immer so eine Sache... meist wird in Rezepten von der **Größe M** ausgegangen. Wenn Sie aber nur Eier in **Größe L** vorrätig haben, können Sie z.B. 4 Eier der Größe M durch 3 Eier der Größe L ersetzen. Die Information kann für die Zubereitung von Teigrezepten sehr wichtig sein.
Eier trennen	Jetzt wo meine Jungs sich ebenfalls gerne mal [sehr zum Stolz ihrer Mutter] in der Küche tummeln, wurde es Zeit, einen Trick zu finden, wie auch die beiden gefahrlos Eier trennen können. Ich weiß, es gibt „Eiertrenner" aus Porzellan und Kunststoff. Wenn Sie aber keinen haben, tut's auch ein „normaler Trichter". Stellen Sie ein Gefäß (oder ein Trinkglas) unter den Trichter und schlagen Sie das Ei darüber auf. Das Eiweiß fließt durch den Trichter und das Eigelb bleibt oben. [Und nebenbei bemerkt: so ist es auch einfacher, eventuell vorhandene Eierschalenreste mit einer Pinzette heraus zu fischen...]
Zu viel Eigelb?	Wenn frische **Eigelbe** übrig bleiben, geben Sie sie einfach in ein kleines Gefäß mit ein bisschen Wasser oder kalter Milch. Verschließen Sie den Topf. So können Sie das Eigelb **2-3 Tage** aufbewahren ohne harte Eigelbhaut.
Frische-Test für Eier	Ob Eier **frisch sind**, lässt sich ganz einfach testen, indem man rohe Eier vorsichtig in **ein Glas mit Wasser** legt. Frische Eier sinken sofort auf den Boden. Steigen die Eier nach oben, sind sie schon etwas älter. Ihre Luftkammern sind nämlich größer als bei frischen Eiern. Und noch einmal: wenn Sie **legefrische Eier** benutzen, gelingen Teige und Zabaglione manchmal nicht! (Wie meine allererste Zabaglione – und ich habe gedacht, ich hätte irgendetwas falsch gemacht... – gut, dass ich jetzt weiß, dass es nicht an mir gelegen hat!)
Eiweiß-Reste	Eiweiß-Reste lassen sich übrigens nicht nur direkt (z.B. im „Reste-Fest") verwerten, sondern auch **einfrieren**! Das Eiweiß in ein gut schließendes Kunststoffgefäß füllen (am besten beschriften, wie viele drin sind) und einfrieren. Nach dem Auftauen kann man hieraus **besonders gut Eischnee** schlagen! Sicherheitshalber das Eiweiß besser nur für „gebackene" oder „gekochte" Gerichte verwenden.

E - wie Einweghandschuhe

Einweg-Handschuhe - Cooles, nützliches Küchenutensil

Sie sollten sich eine Packung Einweg-Handschuhe zulegen und in ihrer Küche aufbewahren. Prima z.B. wenn Sie

- Pralinen oder auch Rumkugeln rollen
- Rote Bete schälen
- Knoblauch / Zwiebeln schälen (denn der Geruch löst sich auch immer nur schwer von den Händen!)

Nach der Benutzung einfach ausziehen und entsorgen. Ich habe mir eine große Packung zugelegt, als meine Jungs noch kleine Babies waren und immer wenn ich gerade meine Hände bei der Gartenarbeit schmutzig gemacht hatte, brauchten Sie mich mit sauberen Händen. Das Prinzip lässt sich aber in der Küche auch ganz ausgezeichnet umsetzen...!

F - wie Fett

Fett sparen - Weniger Fett als Sahne

Und dadurch auch viel weniger Kalorien hat **Kaffeesahne** mit 10% Fett. Bei allen Gerichten, in denen die Sahne flüssig verwendet wird, kann man Sahne durch Kaffeesahne ersetzen.

Backformen, Pfannen und Waffeleisen einfetten

Sie haben (gerade) keinen Backpinsel? Kein Problem! Sie können auch ein Küchenkrepp benutzen, eine dicke Butterflocke darauf geben und damit die Form oder das Waffeleisen einfetten.

Da die meisten Backpinsel (außer Silikonpinseln!!) nicht hitzebeständig sind, sind sie für heiße Waffeleisen oder Pfannen eher ungeeignet. Jedes Einfetten macht die Haare nämlich sonst kürzer und borstiger... das sieht etwas unappetitlich aus und tut Ihrem Pinsel ja schließlich auch weh...

F - wie Fisch

Fisch-Knigge für gegarten Fisch

Zum Filetieren von Fisch zuerst die unterhalb der Augen liegenden „Bäckchen" des Fisches (eine echte Delikatesse!) ausheben. [Und mal ehrlich... für die Arbeit des Tranchierens ein verdienter Lohn..., oder?]

Anschließend Rücken-, Bauch- und Schwanzflossen mit dem Fischmesser vom Fisch abtrennen. Um die Haut des Fisches ablösen zu können, muss man über die gesamte Länge des Rückgrats einschneiden. Setzen Sie hierzu am besten unter den Kiemenlappen an und ziehen bis zur Schwanzflosse hin durch.

Vom Kopf her können Sie die Haut mit einer Gabel anheben und dann mit dem Fischmesser vom Fischfilet abziehen.

Die beiden frei gelegten Filets jetzt vorsichtig abheben, indem Sie das Messer zwischen Gräten und Fischfleisch schieben. Die Filets dabei ganz vorsichtig von den Gräten lösen.

Den Grätenstrang nun (am Schwanzende beginnend) mit der Gabel anheben und bis zum Kopf vom Fischfilet ablösen. Die jetzt praktisch grätenfreien Fischfilets können nun leicht von der Hautfläche abgenommen werden.

F - wie Flecken

Wieso Möhren und Karottenflecken Fett mögen...

In Möhren-Gemüse gehört **Butter** oder **Sahne**, in Rohkost **Öl**. Nur mit Fett kann der Körper das Karotin aus den Möhren in Vitamin A (für Haut und Augen) umwandeln. Dass **Karotin fettlöslich** ist, hat auch einen praktischen Vorteil: Mit Öl lassen sich nämlich gelb verfärbte Hände, Schüsseln und Geräte leichter säubern!

F - wie Fleisch

Fleisch richtig anbraten

Als wir mit 16 Erwachsenen und 18 Kindern im Urlaub waren und „viele Köche den Brei" in unserer Gastro-Küche verderben konnten, ist es mir aufgefallen: Jeder, der an einer Pfanne vorbei geht, „rührt und stochert darin herum". Und das ist beim Fleisch anbraten gar nicht gut!

Damit das Fleisch eine schöne Kruste bekommt, sollten Sie das **Fett in der Pfanne richtig heiß werden lassen**. Das Fleisch hineingeben und auf der Seite – so wie hineingelegt – auch richtig braun anbraten. Danach möglichst nicht „umrühren" sondern „**umdrehen**", damit auch die andere Seite schön goldbraun wird.

Wenn Sie „rühren", dann tritt nur der Fleischsaft aus, das Öl wird verdünnt und es wird nichts mehr braun. Und wenn's nicht richtig braun werden kann, dann können Sie's auch sofort „dämpfen" oder „kochen"... - also: beim Anbraten richtig heißes Fett, eine Seite braun werden lassen, umdrehen auf die andere Seite und dort auch „braun werden lassen".

F - wie Frischkäse

Frischkäse „low fat" selbst herstellen

Fettarmen Frischkäse kann man leicht **selbst herstellen**. Hierzu

- ein **Sieb** in eine Schüssel hängen und mit einem sauberen (gekochten) **Küchen- oder Mulltuch** auslegen.
- **Joghurt**, **saure Sahne** oder **Quark** (alles ohne Bindemittel oder Gelatine) hineingeben und
- **5-8 Stunden** an einem **kühlen Ort** abtropfen lassen.

Die Masse im Tuch je nach gewünschter Konsistenz etwas **ausdrücken**. Joghurt verliert bis zu 65% seines Gewichts an Flüssigkeit, saure Sahne 50% und Quark etwa 30%. Die Käsemasse nach Wunsch weiter verarbeiten, als Brotaufstrich „naturell" etwas salzen.

G - wie Gäste

Gäste-Bewirtung: Feste feiern und nicht genug Geschirr?

Nutzen Sie einfach kleine Einkochgläser zum Abfüllen von netten kleinen Portionen (z.B. Desserts, Salate, kalte Suppen). Sie können die Einkochgläser (z.B. mit 140 oder 160 ml Inhalt) sogar kostengünstig im Internet direkt beim Hersteller bestellen. Vorteil: Sie haben nette kleine Portionen und die Gläser lassen sich mit Deckel wunderbar platzsparend im Kühlschrank stapeln und abstellen.

G - wie gerechte Portionen

Gerechte Portionen & auch noch schön angerichtet:

Reis, Brötchen, feste Brotaufstriche, Kräuterbutter, ...

Wenn Sie gleich große Reis-Portionen erhalten möchten, können Sie prima einen kleinen Tortenring (gibt es auch als kleine Backringe) oder einen Eisportionierer oder eingebutterte Kaffeetassen verwenden. Dann sind die Reisportionen auf dem Teller hübsch angerichtet und alle gleich groß.

Bei Brötchen können Sie sehr weiche Teige mit einem Eiskugelstecher abteilen und dann die Brötchen formen. Das geht auch hervorragend mit festen Brotaufstrichen.

Kräuterbutter sieht sehr hübsch aus, wenn Sie sie z.B. zu einer Rolle formen (am besten schon in Backpapier oder in einem aufgeschnittenen Gefrierbeutel). Die Rolle gut kühlen und dann in Scheiben schneiden. Die Scheiben nebeneindaner auf einem Backblech einfrieren. Tiefgefroren können die Scheiben dann in einen Beutel oder eine Dose verpackt werden. Sie können die Scheibchen tiefgefroren auf ein frisch gegrilltes Steak legen. Die Butter ist im Nu aufgetaut...

Zu meiner Hochzeit habe ich Kräuterbutter mit einer Spritzgebäckpresse (nicht mit Kurbelaufsatz!) zu kleinen Herzen geformt. Darüber freuen sich z.B. auch Geburtstags- oder Kommunionkinder... - die fertig gepressten Butterherzen (oder andere Formen) einfach auf Backpapier spritzen, in der Tiefkühltruhe (schock-)frosten und anschließend zwischen Backpapierlagen stapeln und in eine Dose legen. Da die Portionen sehr klein sind, können Sie sie erst kurz vor dem Servieren herausnehmen. Sie tauen schnell auf.

G - wie Gelatine

„Angleichen" von Gelatine – Gelatine-Creme ohne Klumpen zubereiten

Ein Verkaufsargument für den Wundertopf war schon zu TM 21er Zeiten, dass Hefeteig und Gelatine-Speisen, die ja sonst oft eher abschreckend sind (!?!) immer sicher gelingen. Als mir dann seinerzeit eine Kundin, die nachweislich keine Ahnung vom Kochen oder Backen hatte (!), direkt am ersten Wundertopf-Tag einen genialen Gelatine-Kuchen präsentiert hat, wurde mir klar – Gelingsicherheit ist toll, aber kein Verkaufsargument.

Denn wer keine Ahnung vom Kochen hat, der weiß gar nicht, was mit Gelatine oder Hefeteig überhaupt schwierig sein kann – woher auch?? Wenn Sie's auch nicht wissen – hier erfahren Sie's!

Gelatine bildet in der Crème Klumpen, wenn man sie nicht richtig „angleicht". Wie wird's richtig gemacht?

Zuerst die Gelatine in kaltem Wasser mindestens 5 Minuten quellen lassen.

Bei warmen Speisen: Die Gelatine (bei Blättern) ausdrücken, gemahlene Gelatine in eine warme (nicht kochende) Speise rühren und darin auflösen. Die Speise dann zum Festwerden einige Stunden kühlen.

Bei kalten Speisen: Wenn Sie die Gelatine in eine kalte Speise rühren möchten, die Gelatine vorsichtig erwärmen und dabei auflösen. Sie darf nicht kochen. Sicherheitshalber z.B. 80°C im Wundertopf einstellen. Dann zuerst einen, dann wenige Esslöffel der Crème unter die aufgelöste Gelatine rühren, damit sich die Temperatur angleichen kann. Diese Mischung erst danach unter die übrige Crème ziehen.

Exoten stehen nicht auf Gelatine...

Zwei, die sich nicht vertragen: Frische Tropenfrüchte wie Ananas, Kiwis oder Mangos enthalten ein Enzym, das **Gelatine nicht fest werden lässt**. Dieser Stoff wird aber beim Garen zerstört. Also: Fruchtstücke **kurz erhitzen** oder gleich Konservenobst verwenden.

G - wie Gemüse

Gemüse behält die Farbe

Wenn **grüne Gemüse** (z.B. Wirsing, Bohnen, Brokkoli) (Dampfgaraufsatz-) blanchiert wird, behält es seine schöne Farbe, wenn man es direkt nach dem (Dampfgaraufsatz-)Blanchieren **in Eiswasser** abgeschreckt.

H - wie Hafer

Hafer beim Backen verwenden

Wenn Sie Hafer zum Backen benötigen, können Sie ihn in der Regel auch durch Haferflocken ersetzen, die Sie natürlich auch „mahlen" können.

Sie können Haferflocken in „kernig" und auch in „zart" zu kaufen. Sowohl gemahlene Flocken, als auch kernige und zarte brauchen jedoch unterschiedlich viel Wasser. Darauf sollten Sie beim Backen achten.

H - wie Honig

Wenn Honig fest wird...

„Echter" Honig kristallisiert nach einer Weile und wird hart. So kann man ihn zum Backen meist nicht so gut verwenden. Wenn Sie ihn wieder flüssig machen möchten, geht das besonders gut **im Wasserbad**. Erhitzen Sie Wasser im Wundertopf auf **50°C** und gießen Sie es in eine große Schüssel. Honig hinein stellen und abwarten.

Ganz Ungeduldige können ihn auch in der **Mikrowelle** wieder verflüssigen (jeweils 30 Sekunden bis 1 Minute bei ca. 400 Watt - also möglichst geringer Leistung!), umrühren und evtl. noch weiter verflüssigen. Allerdings ist die Gefahr groß, bei zu starker Mikrowellenleistung den Honig zu viel zu dünnem „Sirup" zu verflüssigen.

K - wie Käse

Käse länger frisch halten

Wenn Sie Ihren Käse in einer Käseglocke lagern, sollten Sie ein **Stück Würfelzucker** dazu legen. Der Zucker nimmt Feuchtigkeit auf und hilft so, Schimmel vorzubeugen.

K - wie Kartoffel

Die „richtige" Kartoffel & Kartoffeln richtig behandeln

Wenn Sie **Kartoffeln** schälen und sie gar nicht erst mit Wasser in Berührung kommen, werden sie erst einmal nicht braun. Im Wasser lösen sich leider auch die wasserlöslichen Vitamine. Deshalb sollten Sie Kartoffeln immer erst kurz vor dem Kochen schälen und waschen.

Man unterscheidet zwischen **festkochenden**, **vorwiegend festkochenden** und **mehlig kochenden** Sorten:

Mehlig kochende Sorten platzen beim Kochen leicht auf. Sie sind für Suppen, Eintöpfe und Püree geeignet. Sorten: Aula, Freya

Fest kochende Sorten haben meist gelbes „Fleisch" und bleiben beim Kochen fest. Sie sind für Salat, Rösti und Bratkartoffeln besonders geeignet. Sorten: Sieglinde, Linda, Cilena.

K - wie Kokosnuss

Kokosnüsse auslösen

Ist eigentlich gar kein Akt. Ich habe auch zuerst gedacht, mein Mann müsste das machen. Aber die Männer sind ja manchmal dann nicht da, wenn Frau sie braucht... also:

- zuerst die Kokosnuss an den „3 Punkten" anstechen und die Milch ablaufen lassen. (Kann man prima zum Kochen statt oder mit Sahne verwenden.)
- Die Kokosnuss in ein altes Handtuch einwickeln. Auf den Boden legen und mit dem Hammer die Schale entfernen.
- Um das Fleisch auszulösen, mit dem Messer zwischen Fleisch und Schale „fassen" und auslösen. Das Kokosnussfleisch unter kaltem Wasser abspülen.

Ist wirklich kein Akt, aber als ich die Kokosnuss dann selbst ausgelöst habe, fühlte ich mich ein bisschen wie Tom Hanks in dem Film, in dem er als Fed-Ex Mitarbeiter auf der einsamen Insel strandet... (Heißt der „Verschollen"??)

Kokosnüsse schälen

Wie kann man Kokosnüsse noch leichter schälen? Heizen Sie den **Backofen** auf **200°C** vor. Die Kokosnuss **15 Minuten** darin **„austrocknen"**. Danach lässt sich die Schale sehr leicht mit einem Hammer entfernen. Vorher aber bitte die Kokosmilch entfernen...!

K - wie Kräuter

Kräuter - frisch oder getrocknet? Faustregel für die Mengen

Angaben in Rezepten über Kräuter sind ja manchmal etwas missverständlich... Generell kann man bei kleinen Mengen aber sagen: getrocknete Kräuter haben etwa doppelt so viel Würzkraft wie frische. Steht z.B. 1 TL Petersilie, frisch im Rezept, verwenden Sie bitte ½ TL getrocknete Petersilie.

Frische Kräuter sind nicht nur aromatischer - man kann sie auch längst nicht so schnell „überdosieren" - dies gilt insbesondere für Basilikum oder Petersilie.

Mit frischem Oregano, Thymian, Majoran, Rosmarin, Dill sollten Sie generell etwas vorsichtiger sein....

Schnittlauch-Röllchen schneiden

Ganz einfach – nahezu maßgenau – und richtig schnell kriegen Sie Schnittlauchröllchen hin, wenn Sie sie mit einer Schere schneiden.

Kräuter mögen kein Wasser...

Frische Kräuter aus dem Topf (wenn Sie sie eingekauft haben) – wie beispielsweise Kresse, Petersilie oder Schnittlauch – brauchen in der Regel **nicht gewaschen werden** – es sei denn, sie sind augenscheinig versandet.

Das Waschen würde nur den Geschmack verwässern und macht, wenn es unsinnig ist, ja auch nur unnötig Arbeit.

K - wie Kuchen

Kuchen 2 Tage vorher vorbereiten	Rührkuchen & Muffins bleiben länger frisch, wenn Sie die fertigen Kuchen (oder Muffins in Papierförmchen) direkt nach dem (vollständigen!) Auskühlen mit einer dichten Glasur „versiegeln". Das Aroma der fertigen Kuchenstücke oder Muffins bleibt so in einem „Glasur-Tresor" und vermischt sich in sich noch besser. Glasur sieht also nicht nur schön aus, sie hat auch ihren guten Sinn und Zweck...
Kuchen oder Ähnliches „tränken"	Wenn Sie Kuchenböden, Löffelbiskuits oder was auch immer mit Flüssigkeiten tränken möchten, ist das **gleichmäßige Tränken** – gerade mit nur **geringen Mengen**, z.B. Likör – besonders einfach, wenn Sie dafür eine Einweg-Spritze (ohne Nadel) verwenden. Für diesen Zweck habe ich eine **20-ml Spritze** aus der Apotheke gekauft, die sich auseinander genommen auch prima in der **Spülmaschine** reinigen lässt. Und dieses praktische Küchenutensil (das nebenbei genau 2 Esslöffel misst) ist wirklich nur eine Cent-Angelegenheit!
Kuchen mit „nicht-ertrunkenen" Rosinen	Ertrinken Ihnen die Rosinen und Korinthen in Ihrem Kuchen? Da gibt es eine einfache Hilfe, mit der Sie es der Schwerkraft schwerer machen... bestäuben Sie die **Rosinen** und **Korinthen** mit **Mehl**, bevor Sie sie in den Teig einrühren. So sinken sie nicht ganz so schnell auf den Boden des Kuchens.
Kuchen verzieren	Wenn Sie einen Kuchen oder eine Torte **aufwendig verzieren** möchten, geben Sie auch den „Zu-Spät-Kommern" noch eine Chance, Ihre wunderschöne Tortenverzierung noch zu sehen: **Vierteln** Sie die Torte einfach **in Gedanken** und suchen sich einfach ein Viertel für die besonders schöne Verzierung aus. Die anderen drei Viertel werden zuerst angeschnitten und das „schönste Stück" bleibt bis zum Schluss auf der Tortenplatte! – z.B. auch mit Kerzen bei einer Geburtstagstorte, beim Belegen mit Ornamenten etc.
Wie Sie Streuselkuchen und andere Kuchenteige geschmacklich noch besser machen...	Die **Streuselmasse** auf dem Streuselkuchen wird noch leckerer, wenn Sie **40 g vom Mehl durch ein Päckchen Vanille-, Mandel-, Sahne- oder Karamellpudding** ersetzen. Außerdem werden die Streusel dadurch noch mürber und knuspriger. Wenn Sie bei **Kuchenteigen** 40 g des Mehls durch Puddingpulver „mit Geschmack" ersetzen, gewinnt der Teig dadurch ebenfalls geschmacklich und wird etwas **mürber**.
Streuselkuchen	Und noch ein Tipp für Streuselkuchen: wenn Sie Streuselkuchen backen, werden die Streusel beim Backen nicht so schnell hart und trocken, wenn man anstelle des normalen Zuckers die gleiche Menge Puderzucker verwendet.

M - wie Milch(produkte)

Alternativen zu Milch beim Kochen und Backen

Die Anzahl von Allergikern gegen Milchprodukte wird immer höher. Daher hier einige praktische Tipps:

Beim Kochen und Backen gibt es mehrere Alternativen:

- Sojamilch (lässt sich sogar aufschäumen!!)
- Reismilch
- Hafermilch
- Kokosmilch
- Mandelmilch
- Saftsorten wie Orangen- oder Apfelsaft
- Bananenpüree
- Mandelrahm
- Sojacrème oder
- Hafercrème (Reformhaus)

ersetzen z.B. Joghurt.

Je nachdem, auf was Sie allergisch sind – ob **Milchzucker** (Laktose) oder **Milcheiweiß** – gibt es sogar schon in einigen Supermärkten Austauschprodukte, wie laktosefreie Milchprodukte, bzw. rein pflanzliche Produkte wie Sojamilch, die natürlich kein Milcheiweiß enthalten.

zur Orientierung

M - wie Muffin(-Form)

Muffin-Kekse „Muffies"

Wenn Sie keine Muffin-Formen haben – oder einfach mal etwas „Kleines" Backen möchten, können Sie aus Muffin-Teig auch Muffin-Kekse (die heißen dann „Muffies" backen. Hierzu einfach den Muffin-Teig mit einem Esslöffel auf einem mit Backpapier ausgelegten Backblech verteilen und **10-15 Minuten** kürzer als im Muffin-Rezept angegeben backen.

Schönere Muffins

Wenn Sie Papier-Muffin-Formen leicht einfetten oder einige Tröpfchen Öl auf den Boden pinseln, lassen sich die fertigen Muffins viel leichter aus der Papierform lösen und werden unten noch etwas brauner.

Was man mit Muffin-Formen noch machen kann

Neben den beliebten Mini-Kuchen lässt sich in den Mulden von Muffin-Blechen z.B. portionsweise Eis einfrieren. Oder man kann kalte Crèmes zum Stürzen darin kühlen, im Ofen Hackfleisch-Küchlein oder Soufflés backen und bei Partys Snacks und Antipasti damit servieren.

Wenn Sie gerne Muffins backen, kennen Sie sicher das „ein bisschen Teig bleibt über"-Problem: Kaufen Sie sich doch einfach ein oder zwei kleine Mini-Backformen (gibt's häufig zur Winterzeit). Die können Sie problemlos mit dem Teig füllen, deutlich kürzer backen, im Zweifel „verschenken" und Sie sind so auf effektive Weise den Teig los.

N - wie Nudeln

Nudeln kochen wie in Italien

Nudeln brauchen **Platz**, die richtige Menge **Salz** und **viel Wasser**! Nehmen Sie

pro 100 g Nudeln 1 Liter Wasser und 10 g Salz

Geben Sie das Salz in das sprudelnd kochende Wasser, schütten Sie die Nudeln hinein und rühren Sie direkt ein paar Runden mit dem Kochlöffel, damit die Nudeln nicht aneinander festkleben. Die Hitze sollten Sie sofort nach dem ersten Aufkochen wieder herunterschalten, damit die Nudeln nicht überkochen. (Kurz vor dem Siedepunkt sollte das Wasser aber bleiben!)

Sie verringern das Risiko des Überkochens, wenn Sie die Nudeln ohne Deckel kochen.

Damit nichts festsetzt, rühren Sie die Nudeln noch 1-2 x um.

Wenn Sie Öl direkt mit in das Kochwasser geben, legt es sich wie ein Film um die Nudeln und hält sie davon ab, richtig aufzugehen. Außerdem können sie danach die Sauce nicht richtig aufnehmen.

Zur Geschmacksintensivierung können Sie die Nudeln nach dem Abgießen in Butter oder Öl schwenken.

Nudeln Rohgewicht – wie hoch ist das gekochte Gewicht

Wie viel Gewicht haben gekochte Nudeln, wenn nur das Rohgewicht angegeben ist?? – Die Umrechnung liegt durchschnittlich bei einem Multiplikator von 2-2,5.

Das heißt: aus 100 g trockenen, rohen Nudeln werden beim Kochen ca. 200-250 g gekochte Nudeln. Das ist natürlich davon abhängig, ob Sie die Nudeln eher „al dente", also bissfest – oder lieber ganz weich mögen. Weiche Nudeln saugen mehr Wasser auf.

Nudelholz weg? Weinflasche oder Wasserglas gehen auch...

Wenn Sie kein (oder nicht genügend!) Nudelhölzer zum Ausrollen von Teig haben (weil z.B. Ihre Kinder auch mitmachen möchten...) – können Sie einfach eine leere oder volle Weinflasche dazu benutzen. Allerdings sollten Sie unbedingt vorher das Etikett ablösen, damit es keine Spuren auf dem Teig hinterlässt (weder in Form von Farbe, noch in Form von Abdrücken...)

Mein Mann benutzt zum Ausrollen von Pizza am liebsten ein Wasserglas. Ich konnte noch nicht wirklich herausfinden, wieso er das lieber macht - habe aber den Verdacht, dass es daran liegt, dass unser Nudelholz nicht spülmaschinenfest ist - unsere Wassergläser schon...

N - wie Nüsse

Nüsse mahlen

Gemahlene Nüsse aus der Tüte haben schon viel **Aroma verloren**. Mahlen Sie daher Nüsse immer erst kurz vor Gebrauch.

Noch mehr Aroma bekommen die Nüsse, wenn Sie sie vorher in einer trockenen Pfanne anrösten und vor dem Mahlvorgang vollständig auskühlen lassen.

O - wie Obst

Obst - Erdbeeren noch nicht süß genug?

Ich freue mich immer riesig auf die Erdbeerzeit. Sie auch? Aber wenn es die Sonne noch nicht all zu gut mit den Erdbeeren gemeint hat, Sie aber trotzdem welche gekauft haben, können Sie sie geschmacklich noch wunderbar aufwerten: Putzen Sie die Erdbeeren, entfernen Sie das grüne Blättchen und mischen Sie sie mit **1-2 Päckchen (oder besser selbstgemachtem!) Vanillezucker** und etwas **flüssigem Honig**. Wenn Sie die Erdbeeren für einen Kuchen verwenden möchten, sollten Sie sie so gesüßt ganz vorsichtig durchmischen und dann in einem Siebservierer aufbewahren (in dem der Saft unterhalb von den Früchten aufbewahrt wird). Wenn Sie die Erdbeeren „pur" oder für eine Nachspeise verwenden möchten, können Sie auch „im Saft" lagern, denn der Zucker „zieht noch Saft".

Obst - Kirschen, Erdbeeren und anderes Stielobst waschen

Wenn Sie **Obst waschen** (insbesondere die empfindliche Beeren), sollten Sie das immer in reichlich klarem Wasser und unbedingt noch **mit den Stielen** bzw. dem Grünansatz tun. Sonst läuft schon jede Menge des wunderbaren Saftes aus (vor allem bei Kirschen und Erdbeeren). Lassen Sie das Obst abtropfen und entfernen Sie das Grün erst danach.

Obstboden wird matschig??

Dann können Sie folgendes probieren:

Mürbeteigboden:

- vor dem Belegen mit dem Obst „Blind backen", d.h. den Mürbeteig ausrollen, beschweren (z.B. erst eine Lage Backpapier, dann getrocknete Erbsen drauflegen, die den Teig beschweren sollen)
- den Mürbeteigboden vor dem „Blind backen" evtl. noch mit Eiweiß bestreichen
- gebackenen Mürbeteigboden mit Kuchenglasur oder flüssiger Schokolade einpinseln und diese anziehen lassen

Alle Böden (egal welcher Teig):

- gebackene Böden durch eine Schicht geschlagene Sahne, Frischkäse, Mascarpone, Quark oder Pudding vom Obst trennen
- Oblaten zwischen Teig und Obst legen und erst dann belegen
- gebackene Böden mit einer dünnen Schicht Marmelade einpinseln und erst danach mit Obst belegen (bietet sich besonders für etwas sauere Sorten an)
- wenn Sie Plätzchen-Krümel, zerbröselte Zwiebäcke, Plätzchen oder Amarettini auf dem Boden verteilen – oder (falls Sie so was nicht haben einfach Zucker mit Paniermehl mischen) und danach erst das Obst darauf legen, saugt das die überschüssige Flüssigkeit auf.
- Bei fertigen Böden:
  ➔ Sie streuen ein **Päckchen Sahnesteif** auf den Boden, bevor Sie ihn mit dem Obst belegen.

Obstfliegen ade!

Sind Sie im Sommer auch manchmal von Obstfliegen genervt? Hier ist die Lösung für eine einfache, preiswerte und für Menschen nahezu ungiftige Fruchtfliegenfalle!

Mischen Sie in einer kleinen flachen Schüssel 2/3 (reinen) Apfelsaft und 1/3 Essig. Damit die Oberflächenspannung die Obstfliegen nicht „auf dem Wasser laufen lässt", müssen Sie noch 3-4 Tropfen Spülmittel dazu geben. Die Fruchtfliegen glauben, hier Nahrung zu finden und ertrinken.

Sie können die Schüssel auch mit Klarsichtfolie bespannen und einige Löcher in die Oberfläche hineinpieksen. Wenn Sie noch eine Klarsichtfolie mit Löchern darüber spannen, laben sich die Fruchtfliegen nicht nur im „gefahrlosen Bereich", sondern tappen im wahrsten Sinnes des Wortes „in die Falle" und kommen nicht wieder heraus.

P - wie Paniermehl

Paniermehl-Alternativen in Brot- und Kuchenformen

Wenn Sie Ihre Kuchen- oder Brotformen mit Paniermehl ausstreuen, damit Sie das Brot oder den Kuchen **besser aus der Form** bekommen möchten, können Sie auch einmal folgende Alternativen benutzen:

- Sonnenblumenkerne
- Kürbiskerne
- Sesamsamen
- Haferflocken
- Mehl
- gemahlene/gehackte/gehobelte Nüsse oder Mandeln

P - wie Pizza

Pizzateig noch schmackhafter?

Für ganz dünne Pizzaböden: lassen Sie Pizzateig bis zu 1 Woche in einer gut verschlossenen Kunststoff- oder Keramikschüssel im Kühlschrank „gären". Vor dem erneuten Ausrollen wieder auf Raumtemperatur bringen, noch einmal durchkneten und ausrollen. Der etwas „gegorene" Geschmack macht die Pizza noch herzhafter und der Gärvorgang ist für superdünne Pizza ideal!

Die Methode ist allerdings nicht unbedingt zeit- oder arbeitssparend, da der gegorene Teig meist noch etwas mehr Mehl braucht, das zusätzlich eingeknetet werden muss und außerdem muss der Teig ja erst einmal wieder Zimmertemperatur annehmen, bevor er verarbeitet wird. Geschmacklich lohnt sich der Mehraufwand bei dünner Pizza aber auf alle Fälle!

Pizzabelag „läuft weg"

Wenn z.B. frische Pilze o. ä. auf eine Pizza kommen, wird **der Belag oft zu flüssig**, da die Pilze viel Flüssigkeit abgeben. Das lässt sich verhindern, wenn man etwas Grieß (egal welcher, z.B. Weizen- oder Maisgrieß) auf der Tomatensoße verteilt.

Wie Pizza noch schneller wird...

Übrigens: finden Sie eigentlich auch, dass es lästig ist, Pizzateig für ein Backblech **auszurollen**? Für mich war dieser Teil der Arbeit eigentlich schon vor Wundertopf-Zeiten immer superlästig (und ich habe ihn gerne an meinen Mann weiter delegiert...). Durch die weit bessere Teigkonsistenz vom Wundertopf ist diese Strafarbeit schon etwas angenehmer geworden... wenn Sie sich die „Arbeit" aber noch einfacher machen möchten, dann benutzen Sie doch einfach **mehrere Backbleche** und rollen Sie „**runde Individual-Pizzen**" aus. Das geht viel schneller, erlaubt jedem eine „individuelle Pizza", die in der Größe individuell variiert werden kann und dann auch noch individuell belegt werden kann.

Die Kinder lieben ihre „**Mini-Pizzen**" und es macht viel weniger Arbeit! Rund ausrollen ist ganz einfach, wenn man den Teig immer von der Mitte nach außen rollen und den Teig dabei auf der bemehlten Arbeitsfläche nach jedem Rollen weiterdreht.

Die zweite lästige Arbeit ist das **Zwiebeln schneiden**... denn die sind ein „Muss" auf jeder Pizza für meinen Mann. Deshalb mache ich den Pizza-Teig zuerst, spüle den Topf gar nicht aus und zerkleinere die Zwiebeln einfach schnell grob auf 3 Sekunden/ Stufe 4 im Wundertopf – und ab auf die Pizza...

P - wie Pflaume

Pflaume oder Zwetschge?

Zwetschgen und Pflaumen lassen sich nicht ganz so einfach unterscheiden. (Und zu allem Überfluss ist es meist sogar den Rezeptschreibern ganz egal...) – fest steht jedoch, dass Zwetschgen einen etwas flacheren Stein haben als Pflaumen – und Zwetschgen sind meist auch länglicher als die eher rundlichen Pflaumen. Zwetschgen werden in der Küche lieber verwendet, weil sich der Stein besser lösen lässt!

P - wie Plätzchen

Plätzchen richtig aufbewahren

Am besten bewahrt man Plätzchen in luftdicht verschlossenen Behältern aus Kunststoff- oder Blech auf. – Eine hübsche Alternative – gerade zum Verschenken – sind aber auch Einkochgläser oder große Twist-Off-Gläser (z.B. große Gurken- oder Salatgläser). Hieran lassen sich nämlich besonders einfach hübsche Geschenkanhänger befestigen!

Wichtige Regel:

Weiche Plätzchen nur zu anderen weichen Plätzchen.

Knusprige Plätzchen oder stark gewürzte Plätzchen (z.B. Lebkuchen, Spekulatius, Anissterne) sollten ebenfalls in einer gut schließenden Dose „unter sich" bleiben.

Wenn Sie diese Regeln nicht beherzigen, werden aus knusprigen Plätzchen weiche und die nicht gewürzten Plätzchen nehmen das Aroma der gewürzten Plätzchen an....

Keine Plätzchen-Ausstecher?

Wenn Sie keine (oder nicht die richtigen) Plätzchenausstecher haben (ich kann leider da überhaupt nicht an mir halten und kaufe immer und ständig neue – obschon ich am liebsten Plätzchen backe, die man gar nicht ausstechen muss...) – können Sie sich aus Gläsern, Tassen & Eierbechern wunderbar Kreise ausstechen (am besten dünnwandiges Geschirr benutzen. Wenn Kreise zu langweilig sind, halbieren Sie sie einfach (das ergibt hübsche Halbmonde) – oder Sie vierteln oder achteln Sie – so haben Sie nette „kleine Kuchenstücke".

Ganz einfach (und besonders schnell) geht es übrigens auch, wenn Sie den ausgerollten Teig einfach schneiden – in Streifen, Quadrate, Dreiecke, Rauten, Rechtecke...

P - wie Pudding

Pudding ohne Haut

Wenn man Pudding mit Milch kocht und dieser abkühlt, bildet er normalerweise eine Haut. Die einen mögen sie, die anderen hassen sie. Bei vielen Rezepten stört sie bei der Weiterverwendung.
Wenn Sie die Haut vermeiden möchten, können Sie den Pudding beim Auskühlen entweder ständig rühren – aber wer will das schon? – Oder aber Sie legen eine Klarsichtfolie / Frischhaltefolie direkt auf den Pudding (nicht auf die Schüssel, wirklich direkt in den Pudding hineindrücken). So können Sie den Pudding (ganz allein und ohne Umrühren) völlig erkalten lassen.

R - wie Reste

Sahne-, Crème fraîche-Reste oder Zitronensaft-Reste

Reste von Sahne, Crème fraîche oder auch z.B. Zitronensaft können Sie einfach in Eiswürfelbehältern einfrieren. So haben Sie immer etwas zur Hand, nicht die angebrochenen Packungen im Kühlschrank (und keine unnötigen Kalorien zugefügt, da man ja doch dazu tendiert, „den letzten Rest noch mit hineinzutun").
Meine Mutter hat für Sahne immer einen schönen Spruch: 10 Sekunden auf der Zunge, 10 Stunden im Verdauungstrakt und 10 Jahre auf den Hüften...

Wein + Brühe

Reste von Wein oder Brühe einfach in Eiswürfelbehältern einfrieren. So haben Sie immer einen kleinen Vorrat, zum Beispiel zum Verfeinern von Saucen oder Suppen. Bei Bedarf einfach die Würfel tiefgefroren in die Sauce oder Suppe geben.

S - wie Schokolade

Schokospäne selbst herstellen

Viel günstiger, frischer und trotzdem ganz einfach können Sie Schokospäne selbst herstellen: Hierzu einfach eine Tafel Schokolade für mindestens 1 Stunde ins Tiefkühlfach legen. Dann mit einem Sparschäler oder scharfen Messer Späne abhobeln.

Schoko- oder Mokkabuttercrème herstellen

Wenn Sie Mokka- Schokoladen- oder Kaffee-Buttercrème herstellen möchten, kochen Sie den Kaffee (z.B. Nescafé frappé, Cappuccinopulver), die Nuss-Nougatcrème oder die Schokolade doch einfach schon im Pudding mit.

S - wie Salat

Salat anrichten - und Salat ohne viel Kleckern....

Sind Sie auch so eine Kleckerliesel wie ich? Dann tun Sie sich selbst, allen anderen und auch der Umwelt (Waschmittel...!) den Gefallen und schneiden Sie die Salatblätter und Rucola beim Anrichten des Salats sowie auch die anderen Salatzutaten schon in mundgerechte Stücke (die man nur unfallfrei aufpieksen kann).

Darüber hinaus ist es auch nett, wenn Sie den Salat vor dem Servieren schon mit dem Dressing vermischen (zumindest die Blattsalate). Die Dekoration (z.B. hübsche Cocktailtomaten [am besten halbiert, das verhindert größere Unfälle beim Aufpieksen...], Gurkenscheiben usw. danach darüber legen. Ein kleiner Schuss Dressing sieht oben drüber dann sogar noch recht dekorativ aus.

Beide Tipps verringern die Kleckergefahr und man kann den Salat viel zivilisierter Essen. [Stellen Sie sich ruhig vor, Sie hätten mich zum Essen eingeladen - und da würden Sie mir jede Menge Peinlichkeit ersparen... Ich wäre Ihnen überaus dankbar!!]

S - wie Spargel

Spargelkauf – wie merken Sie, ob er frisch ist? – und was ihn „perfekt macht"...

Wie können Sie erkennen, ob **Spargel richtig frisch** ist?

Wenn Sie die Schnittstelle vom Spargel zusammendrücken, dann sollte sofort Flüssigkeit sichtbar werden. Von „unten nach oben" werden die Spargelstangen trockener.

Spargelstücke haben eine etwas längere Kochzeit als die Spargelspitzen. Im Grunde reicht ¼ der Kochzeit der anderen Spargelstücke. Wenn Sie auch finden, dass die Spargelspitzen das Beste sind, dann sollten Sie sie auf einem Extrateller beiseite stellen und erst **ganz am Schluss zufügen**.

Wenn Sie Spargel „konventionell" kochen, sollten Sie immer **Salz**, einen Würfel **Zucker** und einen Stich **Butter** zum **Kochwasser** geben. Perfekt macht sich auch „**Maggikraut**" auch bekannt als „**Liebstöckel**" im Kochwasser. Wenn Sie das alles im Wundertopf zubereiten und der Spargel nicht direkt mit dem Wasser in Berührung kommt, können Sie auch etwas Zucker und Salz über den Spargelstangen im Dampfgaraufsatz verteilen – so wie auch ein paar Butterflöckchen.

Spargel – noch mehr Tipps

- **Wie viel Spargel** muss man **pro Person** einkalkulieren?
  Wenn Spargel der „Hauptakteur" ist, z.B. bei Spargel mit Kartoffeln, Schinken und Hollandaise, rechnet man „Pro Mund ein Pfund" – d.h. ungeschält **500 g Spargel** pro Person.
  Spielt der Spargel eine heimliche aber bedeutende Nebenrolle (z.B. zu Schnitzel, Steak, Lachsfilet), reichen ca. **250 g pro Person**.
- **Einkaufshilfe**:
  Frischer Spargel „quietscht", wenn man die Stangen gegeneinander reibt. Wenn Sie die Schnittflächen „zusammendrücken", muss Wasser hinaustreten.
- Richtig **aufbewahren** – mit und ohne Schale:
  Am besten in einem feuchten Trockentuch, dann in einer Zeitung eingewickelt und am Schluss eine Plastiktüte oder in einen Kunststoffbehälter und dann ab in den Kühlschrank oder besser die frostfreie Nullgradzone damit. So hält er sich gut 2 Tage (und übrigens auch am Vorabend geschält und so verpackt!)
- **Schäl**-Hilfe:
  Für mich echte Strafarbeit! Daher bin ich sehr froh, dass es bei den Spargelständen in unserer Region meist auch geschälten Spargel gibt. Meine Mama ist darin ungekrönte Meisterin: **Weißen** und **violetten** Spargel schält man vom Kopf nach unten abwärts – bitte aber erst ca. 1,5 cm unterhalb des Kopfes anfangen. Dabei den Kopf zwischen Zeigefinger und Daumen festhalten, mit der Handinnenfläche abstützen. Dann gerade mit dem Spargel- oder Sparschäler nach unten ziehen. Bei grünem Spargel reicht das unterste Ende (ca. das unterste Drittel)

S - wie Spritzbeutel

Spritzbeutel-Ersatz – oder einfache Einweg-Spritzbeutel für Zuckerguss, Schokolade usw.

Wenn Sie keinen Spritzbeutel haben, können Sie auch einfach einen Gefrierbeutel benutzen oder sich aus Backpapier eine „Tüte drehen"... - Vorteil eines Gefrierbeutels? Sie können Schokolade und Kuvertüre direkt darin schmelzen.

Bei Gefrierbeuteln sollten Sie aber unbedingt die Innenseite nach außen umdrehen, dann lässt sich leichter damit „manövrieren".

S - wie Suppe

Suppeneinlage hübsch dekoriert

Wer sagt, dass Eierstich immer rechteckig sein muss? Wie wär's, wenn Sie mal mit kleinen Plätzchenausstechern hübsche Figuren ausstechen – oder aus Möhren, Paprika, Lauch und Co. ein hübsches Herz, einen Stern oder ein Haus schnitzen??

Gemüsesuppe

Ganz einfach stellen Sie Gemüsesuppe aus Resten von Saucen und gekochtem Gemüse her. Einfach mit Brühe auffüllen, ein Schuss Sahne dazu und alles pürieren.

T - wie Teig

Teige roh abschmecken

Weil ich rohen Teig (wenn es sich nicht um Kuchenteig handelt...) - insbesondere also Hackbraten- oder Frikadellenteig ebenfalls aber Teig für vegetarische Bratlinge einfach so roh nicht „durch den Hals kriege", nehme ich einfach einen Teelöffel der Mischung auf einen kleinen Teller und gare ihn bei voller Leistung kurz in der Mikrowelle. Zwar fehlen die Röstaromen aus der Pfanne und Fett als Geschmacksträger, aber immerhin kann man den Geschmack schon einigermaßen gut einschätzen und gegebenenfalls nachwürzen.

Teig im Kühlschrank ruhen lassen.

Wenn Sie Teig – z.B. für Plätzchen im Kühlschrank ruhen lassen, trocknet er schnell aus, weil Kühlschrankluft dem Teig auch Feuchtigkeit entzieht.

Das lässt sich verhindern, indem Sie den Teig entweder in Klarsichtfolie oder in einen Folienbeutel oder aber in eine größen-angepasste Kunststoff-schüssel mit gut schließendem Deckel geben.

Hefeteig aufgehen lassen

Wenn Sie Ihren Hefeteig in einem anderen Topf als dem Mixtopf aufgehen lassen, sollten Sie ihn immer abdecken, sonst bildet sich eine ungewünschte „Kruste".

Ganz prima können Sie eine sehr große Frischhalte-Schüssel benutzen. Den Deckel verschließen und beispielsweise in warmes Wasser ins Spülbecken stellen. So beschleunigen Sie das Aufgehen. Wenn der Teig genug gegangen ist, springt der Deckel mit einem lauten „Plopp" ab.

Teig ausrollen

Wenn Sie Teig ausrollen, können Sie eine Menge Zeit und Arbeit sparen,

- wenn Sie ihn zwischen zwei Dauerbackfolien ausrollen, dann sparen Sie nämlich lästiges Mehl auf der Arbeitsfläche. Alles bleibt sauber – Arbeitsplatte und Nudelholz. Und so können Sie den Teig „drehen und wenden" wie Sie wollen...
- soll der Teig eckig ausgerollt werden, z.B. für ein Backblech: rollen Sie den Teig immer von der Mitte in die Ecke aus. So wird er automatisch „eckig". Hierzu die Dauerbackfolie einfach immer entsprechend um 90° drehen und immer von der Mitte zur Ecke rollen.
- soll der Teig rund ausgerollt werden, z.B. für eine Springform: drehen Sie die Backform immer und rollen von der Mitte nach außen und drehen Sie den Teig danach. So wird der Teig automatisch rund.

Cool bleiben: Mürbeteig

Damit sich Mürbeteig gut ausrollen lässt, muss er mindestens 30 Minuten im Kühlschrank ruhen. In einen Gefrierbeutel geben oder in Folie wickeln, dann trocknet die Oberfläche nicht aus.

Teig-Schnecken aufrollen

Also ich dachte immer, man rollt zuerst die ganze Teigplatte auf und schneidet sie dann in **Schnecken**. (Quasi so wie bei einer Biskuit-Rolle).

Aber viel schöner werden die Schnecken, wenn Sie die Teigplatten **zuerst** in **Streifen schneiden** und erst dann zu Schnecken aufrollen. Sonst sind die Schnecken meist schon ganz „gequetscht".

T - wie Tisch decken

Tisch decken, kleiner Tischknigge & wenn „das Besteck spricht..."

Messer rechts, Gabel links – das können sich sogar schon die kleinsten merken... Das benutzte Besteck liegt nicht auf dem Tisch(tuch) – sondern auf dem Messerbänkchen – oder wenn es nicht ganz so vornehm zugeht wieder auf dem Teller liegen sollte. (Stellen Sie sich einmal ein hübsch garniertes Messer mit einer dicken Schicht Nuss-Nougat-Crème auf einer weißen selbstbestickten Damast-Tischdecke vor, dann wissen Sie auch warum...)

Und dann kam mein Sohn aus dem Kindergarten und meinte, dass man mit dem Besteck auch „Mitteilungen senden" kann...

Vielleicht interessiert es Sie ja auch? Wenn Sie beim Essen einfach nur eine Pause einlegen möchten, legen Sie die Gabel und das Messer gekreuzt auf den Teller (die Gabel mit der Wölbung nach oben über dem Messer).

Halten Sie das Besteck waagerecht in den Händen, lassen Sie die Spitzen zur Tellermitte zeigen und haben die Handballen auf dem Tisch, signalisieren Sie damit, dass Sie noch mehr möchten.

Legen Sie die Gabel mit den Zinken nach oben nebeneinander in 5-Uhr-Position auf den Teller, heißt das, dass Sie mit dem Essen fertig sind.

Urlaubsfeeling am Esstisch

Auch im Winter können Sie aus Ihrem Esszimmer einen mediterranen Urlaubsplatz machen... Mit ein paar Kerzen und herrlich duftenden frischen Kräutern in Terrakotta-Töpfchen als Blumendeko auf dem Tisch wird's schon richtig sommerlich-italienisch – ein kleiner Clou, der bei meinen Gästen immer gut angekommen ist: Tomatenmarkdosen unten und oben vom Deckel befreien und als Serviettenring verwenden.

T - wie Torte

Tortenböden durchschneiden

Ist etwas **einfacher**, wenn Sie zum Beispiel:

- den Anfang durchschneiden und dann den Rest einfach mit einem in die Hand gelegten **Zwirnfaden** weiterschneiden. Mit dem Messer schneiden immer vom Körper weg, mit dem Zwirn weiterschneiden vom Körper weg.
- den Tortenboden auf ein **niedriges Backblech in die Ecke** legen und die Backblechkante zur Schnittführung benutzen. Den Tortenboden nach ca. der Hälfte des Schnitts drehen, damit Sie die Schnittführung über den ganzen Tortenboden fortgeführt werden kann.
- wenn Sie Krümel vom Durchschneiden produziert haben, können Sie diese einfach **vor der Füllung** auf den Tortenboden verteilen.

Hübscher Rand von Tortenböden

Der Rand von Torten wird viel schöner, wenn Sie Fruchtfüllungen für Torten nicht ganz bis zum Rand verstreichen (sondern ganz bewusst einen Zentimeter Platz lassen). Diesen Zentimeter füllen Sie mit der Crème (das geht besonders einfach mit einem Spritzbeutel), setzen danach erst den nächsten Boden auf und haben beim Glattstreichen der Crème am Tortenrand keinen Stress mehr.

Wenn Sie den Rand einer Torte mit Schokoladenraspeln verzieren können, können Sie sie einfach an die Sahne „anbappen", indem Sie eine Zitrone aufschneiden, mit der Schnittfläche in Schokoladenraspel tauchen und sie dann an die Torte stempeln.

Torten direkt auf der Tortenplatte dekorieren – ohne gefährliches „Umbetten"

Eine dekorierte Torte sicher von der Arbeits- auf die Servierplatte zu bekommen ist wirklich nicht einfach... dekorieren Sie die Torte **lieber gleich** auf der Servierplatte oder Tortenspitze. Zum **Schutz der Tortenplatte** und –spitze legen Sie einfach ca. 15 cm lange **Backpapierstreifen** zwischen Torte und Tortenspitze, die Sie vorsichtig unter der fertigen Torte wegziehen. (Eventuell mit einem Messer anheben.)

Z - wie Zucker

Zucker sparen

Wenn man Gerichte nicht mit **Zucker** süßen möchte und es mal vollwertig versuchen möchte, kann man häufig auch **Bananen** verwenden (z.B. für Getränke, Marmeladen, Desserts) – dafür eignen sich übrigens auch schon etwas **braun gefleckte** Bananen.

Wenn Sie nicht auf die Süße verzichten möchten, können Sie die Hälfte des Zuckers durch die entsprechende Menge **Süßstoff** (siehe Packungsaufschrift) ersetzen. Beim Backen oder Kochen **verliert Süßstoff seine Süßkraft**. Sie sollten mit den Mengen ein bisschen „experimentieren".

Z - wie Zwiebel

Zwiebelgeschmack (von rohen Zwiebeln) nervt?

Mich nervt der Geschmack von rohen Zwiebeln in Salaten. Wenn rohe Zwiebeln aber „trotzdem" wichtiger Geschmacksträger sind, z.B. in Salaten, gibt es einen Trick:

Zerkleinern Sie die Zwiebeln entsprechend dem Rezept, geben diese in ein mikrowellengeeignetes Schälchen und verteilen 1 TL Öl oder 1 EL Wasser darüber. Nun abgedeckt für 2-3 Minuten bei voller Leistung in die Mikrowelle stellen. Abwarten, bis die Zwiebeln abgekühlt sind (das ist insbesondere bei frischen und Blattsalaten wichtig! Die würden sonst sehr durch die Hitze gestört!) Nun dem Rezept beimengen. So müffeln Sie und der Salat nicht mehr nach rohen Zwiebeln... Auch wenn ich zugeben muss, das z.B. zu einem griechischen Essen ein bisschen Zwiebelmuff dazu gehört...

Eine andere Alternative: wenn Ihnen rohe Zwiebeln zu stark schmecken (z.B. im Salat) – und insbesondere auch dann, wenn Sie den Salat (oder Dip) noch am nächsten Tag essen möchten - können Sie den Geschmack entschärfen, indem Sie die Zwiebelringe oder Stücke ruhig bis zu ½ Tag vorher in Wasser einweichen und erst dann abgetropft zum Salat geben.

Zwiebelringe braten

Wenn Sie Zwiebelringe vor dem Braten mit **Paprikapulver** bestäuben und in **Mehl** wenden, werden sie **herrlich braun**, pikant und knusprig. Über Kartoffelpüree, Leber oder über dem Salat ein echter Feinschmecker-Tipp!

Index

zur Orientierung

zur Orientierung

zur Orientierung

Paprikamark

Parmesan

Party

Pastinaken

Pepperoni

Petersilie

zur Orientierung